人民军队征战丛书　　《人民军队征战丛书》编写委员会

深入敌后

1937 年 7 月—1938 年 10 月

张文杰　编著

人民出版社

总　序

　　1927 年 8 月 1 日凌晨，南昌城头的枪声划破了黎明前的黑暗，中国共产党领导下的人民军队由此诞生。之后，这支人民军队在党的领导下，历经风雨，不断发展壮大。从土地革命战争到抗日战争、解放战争，再到抗美援朝战争，人民军队在每一个历史阶段都发挥了重要作用，都为民族独立和人民解放事业作出了巨大贡献。

　　在土地革命战争时期，南昌起义部队与秋收起义队伍在井冈山会师后，逐步形成中国工农红军，并在以毛泽东同志为主要代表的中国共产党人领导下，由城市转入农村，在农村建立和扩大根据地，深入开展土地革命，一次次粉碎国民党军的"进剿"、"会剿"和"围剿"。在第五次反"围剿"斗争遭到严重挫折后，中央红军进行了举世闻名的二万五千里长征，使革命转危为安，打开了中国革命的新局面。而留在南方根据地的红军和游击队则在险恶的生存环境下，紧密依靠群众，坚持了三年不屈不挠、英勇顽强的游击战争。

　　在抗日战争时期，东北各地自发成立的各抗日义勇武装，纷纷举起抵抗日本帝国主义侵略的大旗，并最终会聚成中国共产党领导的东北抗日联军。1937 年全民族抗战爆发后，红军主力部队改编为国民革命军第八路军（简称"八路军"，后改称"第十八集团军"），活动在江西、福建、广东、湖南、湖北、河南、浙江、安徽等八省的红军游击队集中改编为国民革命军陆军新编第四军（简称"新四军"）。在中国共产党倡导的以国共合作为基础的抗日民族统一战线旗帜下，中国共产党以全民族的全面抗战为总路线，以持久战为总方针，独立自立地领导八路军、新四军、华南抗日游击队和东北抗日联军等武装，深入敌后开展游击战争，创建扩大根据地，不断壮大力量，并发起百团大战。在敌后抗战进入严重困难时期后，中国共产党一面顽强地坚持独立自主与自力更生的对日作战，一面反投降、反分裂，不断粉碎国民党顽固派的反共摩擦，经过不懈的艰苦斗争与浴血奋战，终于战胜重重困难，最终迎来了抗日战争的伟大胜利，在全民族抗战中发挥了中流砥柱作用。

在解放战争时期，中国共产党为争取国内和平，一面与国民党政府谈判，一面不断击退国民党军队的进攻。到1946年6月，国民党在美国支持下，撕毁停战协定和政协协议，悍然对解放区发起全面进攻。解放区军民奋起反击，中国共产党领导的武装部队也开始陆续使用"人民解放军"称号。在连续粉碎国民党军队的全面进攻和重点进攻后，人民解放军遵照中共中央的战略计划，由战略防御转入战略进攻，将战争推进到国民党统治区，经过辽沈、淮海、平津三大战役，以摧枯拉朽之势摧毁了国民党赖以维持其反动统治的主要军事力量，转入了向全国进军的新阶段。以渡江战役为起点，中国共产党领导人民军队向仍残存于大陆的国民党军队展开了大规模进攻，并在胜利进军的凯歌声中，迎来了新中国的诞生。从此，中国彻底摆脱了半殖民地半封建社会的悲惨命运，真正实现了民族的独立和解放并走向富强。

新中国成立后不久，朝鲜内战爆发。美国立即进行武装干涉，同时侵入中国台湾海峡，将战火烧到鸭绿江边。中共中央和毛泽东等在国家安全面临严重威胁的情况下，经过艰难曲折的抉择，作出了"抗美援朝、保家卫国"的决策，组成中国人民志愿军赴朝作战。中国人民志愿军同朝鲜人民军密切配合，经过连续五次战役，将侵略军从鸭绿江和图们江边赶回到了"三八线"

附近，迫使侵略者展开谈判，并最终在停战协定上签字。抗美援朝战争的胜利，不仅保卫了朝鲜民主主义人民共和国和中国的安全，而且捍卫了远东和世界和平，对国际局势也产生了深远影响。

2027年8月1日，是中国人民解放军诞生100周年纪念日。为此，我们组织编写了这套《人民军队征战丛书》。丛书分为4篇共16部：土地革命战争篇分为《星火燎原》《铁血破围》《万里远征》《烽火南国》4部；抗日战争篇分为《孤悬喋血》《深入敌后》《巩固发展》《艰苦奋战》《反攻凯歌》5部；解放战争篇分为《大开局》《大转折》《大决战》《大追击》4部；抗美援朝战争篇分为《艰难决策》《席卷千里》《战场逼和》3部。这套丛书的作者，都是从事军事历史与军事理论研究或教学的专业人员，因此特色明显。

一是宏观与微观相汇融。各部书大多以时间顺序作为纵线，不仅从战略层面记述了各场战争的来龙去脉、决策过程，而且对战争中的重要环节和场面进行了全景式地画面描绘。历史纵深感强，场景复杂宏阔。在重点叙述人民军队作战行动壮阔画卷的同时，还细致入微地记述了众多革命先烈和英雄人物，立体、具体、多元地呈现了我军征战的历程。

二是学术性与生动性相兼顾。各部书在学术上保持权威、可靠、严谨的基础上，文风鲜明活泼、语言晓畅明白，力求深入浅出地将历史讲清楚、讲生动。特别是书中融入大量权威的将帅传记内容与战争当事者原汁原味的回忆史料原文，使对人民军队征战的叙事更加活泼多姿、引人入胜，具有较强的可读性。

三是史与论相结合。各部书坚持马克思主义历史观，严格依据正史讲述战争的发生发展进程，同时引入大量的原始电报、文件、档案等历史资料，力争重要引言与对话皆有出处，不作臆断发挥，以保证严谨与严肃性。同时，各部书注重恰如其分地加入适当的历史背景分析、战略战术评价等，画龙点睛地揭示出战争发生的矛盾源头与战争发展的内在规律，以给读者以更为深入的思想启迪。

希望广大读者能够通过这套丛书，更全面更准确地了解人民军队征战的辉煌历史与优良传统，以利于更好地把握今天、面向未来，以昂扬向上的精神风貌投身于全面建设社会主义现代化国家和实现中华民族伟大复兴的事业中去。

由于我们水平有限，且本套书史料繁杂，涉及面广，难免有疏漏和不当之处，恳请读者批评指正。

《人民军队征战丛书》编写委员会

2025 年 8 月

目　录

第 一 章

誓师出征

八路军总部云阳誓师——宋庆龄为国共密谈"牵线搭桥"，蒋介石承诺"联红抗日"——围绕红军改编的五次谈判——中央革命军事委员会发布红军改编命令——红军战士拒戴"青天白日"帽——贺龙"现身说法"，刘伯承冒雨阅兵

1937 年 7 月，日本帝国主义蓄谋已久，挑起了卢沟桥事变。

北平沦陷！

天津失守！

全国最大的工业城市上海遭日军重兵包围……

长城内外，大江南北，硝烟弥漫，哀号连天。

寇深祸亟，抗日救亡运动如大海怒涛，汹涌澎湃……

八路军总部云阳誓师

9 月初的黄土高原，微露凉意。

在地图上一个不太起眼的小镇云阳，已是热闹非凡。

八路军总部的出师抗日誓师大会，9 月 5 日在镇上的大操场上举行。

云阳属陕西泾阳县，距西安以北 60 多公里，南临泾河，北靠嵯峨山，西（安）兰（州）公路从镇南穿过。镇上只有一条街，但破破烂烂，俗称"十里烂云阳"。此时这里已成为军事重镇，西边、北边、南边都驻扎着待命出

征的红军。十几天前的 8 月 22 日，南京国民政府军委会已正式宣布红军主力部队改编为国民革命军第八路军。8 月 25 日，中共中央军委正式发布红军改编为八路军的命令，将红军前敌总指挥部改为八路军总指挥部，朱德任总指挥，彭德怀任副总指挥，叶剑英任参谋长，左权任副参谋长，任弼时、邓小平则分任八路军政治部的正、副主任。继第一一五师先期出动之后，附近的八路军正在集结，准备出动。一时间，云阳周边的山山岭岭里，大路小路上，四处军号声声，战马奔驰。

此时，大操场里已是人声鼎沸，战歌嘹亮。"坚决与敌决死战"的歌声震荡在操场上空。会场里挤满了雄壮威武的队伍与来自各界的代表和群众。一幅幅醒目的"拥护军委命令""为保卫国土流尽最后一滴血"的大字标语，被高高举过头顶。"打倒日本帝国主义！""收复一切失地！"的小彩旗在情绪热烈的人们手中摇动。操场附近的树上、屋顶上也爬满了人，都在等着观看这个有重大意义的场面。

时间已到。主持大会的邓小平副主任宣布抗日誓师大会开始。

全体指战员跟随朱总指挥高声复诵《八路军出师抗日誓词》：

> 日本帝国主义，是中华民族的死敌，它要亡我国家，灭我种族，杀害我们父母兄弟，奸淫我们母妻姊妹，烧我们的庄稼房屋，毁我们的耕具牲口。为了民族，为了国家，为了同胞，为了子孙，我们只有抗战到底！
>
> 为了抗日救国，我们已经奋斗了六年，现在，民族统一战线已经成功，我们改名为国民革命军，上前线去杀敌。我们拥护国民政府及蒋委员长领导全国抗日，服从军事委员会统一指挥，严守纪律，勇敢作战，不把日本强盗赶出中国，不把汉奸完全肃清，誓不回家。
>
> 我们是工农出身，不侵犯群众一针一线，替民众谋利益，对友军要亲爱，对革命要忠实。如果违反民族利益，愿受革命纪律的制裁，同志

的指责。谨此宣誓。[1]

掷地有声的誓词，从誓词者每个人的肺腑中喷涌而出，声若黄钟大吕。会场四周的观众无不为之震惊和感动。

接着，八路军政治部主任任弼时宣布《八路军三大纪律八项注意》。"三大纪律"和红军时期明显不同的，是把"实行抗日救国纲领"作为第一条。这"三大纪律"与"八项注意"总起来不过 11 条，但却包括了争取民众，影响友军，创造模范抗日军队的大道理，是共产党领导的人民军队区别于其他军队的根本标志，受到群众热烈欢迎。

表示杀敌决心和欢送八路军上前线的军内外代表讲话之后，当地国民党政府的专员也讲了话。

大会最后一项，是国际友人讲话。穿着八路军服装的乔治·哈特姆（即马海德）一到台前，台下便响起欢迎的掌声。这位美国炼钢工人的儿子于1937 年 2 月已加入中国共产党。面对出征的战士，他用汉语说：我们欢送八路军到哪里去？到华北前线去。去干什么？拖住日本侵略军的尾巴，打他的"后沟子!"[2]

这句把脊梁骨称为"后沟子"的陕西土话，大家听着非常亲切、生动、有幽默感，会场上立即迸发出欢快的笑声，随后是狂风般的掌声，此起彼伏的口号声，震天动地的抗战歌声，气氛显得十分昂扬、热烈。

宋庆龄为国共密谈"牵线搭桥"，蒋介石承诺"联红抗日"

云阳誓师气氛如此热烈，不是没有理由的。眼看日本人打进了中国，蒋介石国民党政府却一心剿共，无心抗日。多年来，红军将士虽有心杀敌，却是请缨无路，报国无门……

1931 年 9 月 18 日，日本关东军以沈阳北郊柳条湖附近的铁路路轨被炸为由（实为日军所为），向驻沈阳北大营的中国军队发起进攻，制造了震惊中外的九一八事变。蒋介石国民党政府一心剿共，对日本的侵略采取不抵抗政策。日军迅速占领了东三省，19万东北军陆续退入山海关内。日本扶植清朝废帝溥仪，成立了"满洲国"，东三省沦为日本的殖民地。

1932年1月28日，日军又向上海发动进攻。中国军队在上海人民的大力支援下，同日军血战一个多月。国民党政府推行"攘外必先安内"的政策，一面与日本签订《淞沪停战协定》，一面继续集中兵力对中国工农红军进行"围剿"。

1933年1月，日军攻占山海关，3月，侵占热河省[3]，继而进犯古北口、喜峰口等长城关隘和河北省滦县、察哈尔省[4]多伦等地。驻守长城防线的国民党军和长城内外的义勇军进行了四个多月的长城抗战之后，国民党政府与日本签订《塘沽协定》等，默认日本占领东北三省和热河省的既成事实。

1935年，日本得寸进尺，策动华北五省"联合自治"，组织亲日政权，企图变华北为第二个"满洲国"。国民党政府步步退让，华北危机日趋严重。

与蒋介石国民党政府不抵抗以及妥协、退让的态度相反，中国共产党从九一八事变起就坚决主张抗日。

1931年9月20日，中共中央发表《为日本帝国主义强暴占领东三省事件宣言》，坚决反对日本帝国主义的侵略，号召全国人民"以民族革命战争，驱逐日本帝国主义出中国"，并先后派遣杨靖宇、赵尚志、赵一曼等干部到东北，加强中共满洲省委，开展东北地区的抗日斗争。

1935年8月1日，中共驻共产国际代表团依据共产国际七大精神草拟，并于10月1日正式发表的，以中华苏维埃共和国中央政府和中国共产党中央委员会名义发表的《为抗日救国告全体同胞书》（即《八一宣言》），郑重要求国民党当局停止内战，集中一切国力抗日救国。该宣言指出，当今我亡国灭种大祸迫在眉睫之时，共产党和苏维埃政府再一次向全体同胞呼吁：无论各党派在过去和现在有任何政见和利害的不同，无论各界同胞间有任何意见上和利害上的差异，无论各军队间过去和现在有任何敌对行动，大家都应当有"兄弟阋于墙外御其侮"的真诚觉悟，首先大家都应该停止内战，以便集中一切国力（人力、物力、财力、武力等）去为抗日救国的神圣事业而奋斗。苏维埃政府和共产党特再一次郑重宣言：只要国民党军队停止进攻苏区行动，只要任何部队实行对日抗战，不管过去和现在他们与红军之间有任何旧仇宿怨，不管他们与红军之间在对内问题上有任何分歧，红军不仅立刻对之停止敌对行为，而且愿意与之亲密携手共同救国。

可惜，当时的党中央和红军正在长征途中与蒋介石军队苦战，且由于电台被破坏，对于《八一宣言》的产生和发表并不知晓。

1935 年严冬，北风呼啸，雪花飞舞。在茫茫的内蒙古沙漠上，一位骑着骆驼、身穿光板皮衣、货筐里装满小孩衣帽的商人，越过内蒙古边境，一路风尘仆仆，抵达陕北。他就是大名鼎鼎的张浩，原名林育英，此次奉命从苏联回国传达国际精神。为了保密，他启程回国前花半个月功夫，将共产国际七大主要文件的精神及《八一宣言》的基本内容都背了下来。此时，红军结束万里长征到达陕北，刚刚站稳脚跟。12 月 17 日至 25 日，中共中央召开政治局扩大会议（瓦窑堡会议），会议根据张浩传达的精神，制定了新的路线和策略，明确提出"建立广泛的民族革命统一战线"，以及把国内战争同民族战争结合起来、准备直接对日作战的力量和扩大红军的方针。会后，毛泽东在党的活动分子会上又作了《论反对日本帝国主义的策略》的报告，系统阐明了党的抗日民族统一战线的策略方针，就是组织千千万万的民众，调动浩浩荡荡的革命军，去反对当前的主要敌人——日本帝国主义。

瓦窑堡会议后，为扩大抗日武装和根据地，准备东出直接对日作战，红一方面军以"中国人民红军抗日先锋军"的名义，于 1936 年 2 月中旬从陕北渡过黄河，进入山西，发起东征战役。同时，为进一步促进统一战线工作，毛泽东、周恩来向国民党上层领导人和军队将领发出大量信件，宣传抗日主张。

在国民党方面，由于日本侵略者步步紧逼，直接威胁到它的生存，南京政府也在逐渐调整其政策，并试探着通过苏联的帮助，设法打通同中国共产党的关系。经过宋庆龄的"牵线搭桥"，国民党领导人找到了董健吾。

董健吾，江苏青浦县人，共产党员，公开身份是上海圣彼得教堂牧师。他早年与宋子文同窗，一直与宋家来往密切。1936年2月27日，董健吾带着国民党当局要求同中共中央谈判的信息，秘密来到瓦窑堡，同博古见面。3月4日，正在山西前线的张闻天、毛泽东、彭德怀致电博古转董健吾，表示："弟等十分欢迎南京当局觉悟与明智的表示，为联合全国力量抗日救国，弟等愿与南京当局开始具体实际之谈判。"并向南京方面提出五项具体要求：一、停止一切内战，全国武装不分红白，一致抗日；二、组织国防政府与抗日联军；三、容许全国主力红军迅速集中河北，首先抵御日寇迈进；四、释放政治犯，容许人民政治自由；五、在内政与经济上实行初步与必要的改革。

董健吾把这个密件带回南京。国共两党高层之间中断八年之久的联系接通了。为了表明诚意，5月初，原已渡过黄河开入山西的中国人民红军抗日先锋军全部回师河西，并发出《停战议和一致抗日通电》，公开放弃反蒋口号，呼吁停战议和，一致抗日。

1936年8月25日，中共中央公开发表《中国共产党致中国国民党书》，敦促国民党担负起救亡图存之责任，并提议国共两党进行谈判，再次结成一个坚固的革命的统一战线。9月1日，中共中央在内部发出《关于逼蒋抗日问题的指示》，确定了"逼蒋抗日"的总方针。从"抗日反蒋"到"逼蒋抗日"，再到以后的"联蒋抗日"，中国共产党根据情况发展和实际状况作出了重大的政策变动。

时局的危机，中国共产党建立抗日民族统一战线的主张及其政策的改变，也加速了国民党上层及其军队内部的分化。

许多国民党元老如张继、邹鲁、胡汉民等一个个同他唱反调。胡汉民竟提出，"与其亡于日，毋宁亡于赤"，"宁愿挂红旗，不愿挂白旗"。身处前线的国民党军队，有的也违反政府的"不抵抗"命令。长城抗战爆发后，爱国将领冯玉祥、吉鸿昌、方振武等，曾在张家口成立察哈尔民众抗日同盟军，奋起抗战，后被蒋介石用重兵镇压。吉鸿昌被捕杀，方振武流亡海外，冯玉祥被迫又回泰山"读书"。

毕竟，抗日救亡的高潮一浪高过一浪，蒋介石"攘外必先安内"的老调已经很难再唱下去了。果不其然，1936年的冬天，执迷不悟的蒋介石一个跟头"栽"在了东北军和西北军手里。他的心境必定比这个冬天还要寒冷。

东北军将士深受家乡沦陷痛苦，早就不愿同主张抗日的红军作战，强烈要求打回老家去。这种情绪对张学良和东北军高级将领产生了影响。中共中央派联络局局长李克农两次去见张学良商谈合作抗日。1936年4月9日晚间，周恩来和张学良在延安一座教堂中秘密会见。两人一见如故，"坐谈竟夜，快慰平生"。双方一致同意停止内战、共同抗日，并在军需、通商、经济互助等方面达成协议。爽快的张学良还当即向周恩来赠银洋2万元、法币20万元，军用投影套色大地图一本。不久，他又送50万元给红军作经费。

杨虎城是第十七路军总指挥、西安"绥靖"公署主任，也是陕西地方实力派的首领。他有抗日的要求，也有一定的进步思想。中共中央先后派汪锋、王世英等去见他，也同他达成合作的初步协议。

这样，到1936年上半年，红军和东北军、第十七路军之间，实际上已形成了"三位一体"的抗日民族统一战线。

蒋介石觉察到了张、杨与中共的密切关系。他惊呼：这一事态的发展，如不设法防止，"势将演成叛乱"。于是，决心背弃国共秘密谈判中所表示的联共抗日立场，亲自到西安坐镇来打碎西北的"三位一体"。1936 年 12 月 4 日，蒋介石亲赴西安，督促东北军和西北军开赴陕北前线继续"剿共"。张、杨连续几天向蒋进谏，均遭蒋严词训斥。12 月 7 日，张学良到蒋介石的住所临潼华清池，再次向他痛陈利害。两人争论了两三个小时，张学良讲得声泪俱下。最后，蒋介石把桌子一拍，厉声说："你现在就是拿枪把我打死了，我的剿共政策也不能变！"被逼无奈的张、杨别无他法，于 12 月 12 日凌晨扣留了蒋介石及其随行的陈诚、卫立煌、蒋鼎文等 10 余名国民党军政要员，发动了震惊中外的西安事变。

中国共产党对事变的发生颇感突然，广大的红军将士则异常激动、兴奋。时任红第二师师长的杨得志回忆起那时的情景，仍然清晰如昨：得知中国最大的反动头目被活捉了，指战员们的掌声、歌声、欢呼声连成一片，人人欢喜若狂，个个奔走相告，庆祝再盛大的节日也没有这样的欢乐过。大家除了赞扬张、杨两位将军的爱国行动外，几乎都想到一个问题：怎么处置蒋介石这个祸国殃民的罪魁祸首呢？指战员们想到这个问题是很自然的，完全可以理解。我们是被蒋介石逼着拿起枪杆子的。从拿起枪杆子的第一天起，想的、做的，都是为着打倒蒋介石，推翻他的统治。为了这个目的，宁肯吃苦、受罪、流血、牺牲！十年内战，蒋介石的双手沾了人民群众和我们共产党人多少鲜血？苦难的中国人民，哪个没有一本血泪账，谁个忘得了那仇和恨？"蒋介石罪大恶极，死有余辜，杀了他，毙了他！"这就是指战员们一致的反映和要求！有的同志甚至说："除了党中央和毛主席的决定，谁要说不杀蒋介石我就和他拼！"**5**

然而，党中央在弄清了情况并经过认真研究后决定，不能杀蒋介石，西安事变要和平解决，并先后派周恩来等代表前往西安参加谈判。经过艰苦细致的工作，南京方面终于作出"停止剿共""三个月后抗战发动"等项承诺。

12 月 24 日晚，周恩来在宋子文、宋美龄兄妹陪同下去见蒋介石。

蒋介石见周恩来进来，作出勉强在床上坐起来的样子，请周坐下。

周恩来先对蒋介石说："蒋先生，我们有十年没有见面了，你显得比从前苍老些。"

蒋介石点点头，叹口气，然后说："恩来，你是我的部下，应该听我的话。"

周恩来回答："只要蒋先生能够改变'攘外必先安内'的政策，停止内战，一致抗日，不但我个人可以听蒋先生的话，就连我们红军也可以听蒋先生的指挥。"

周恩来问蒋介石为什么不肯停止内战，宋美龄代蒋介石回答说：以后不剿共了，这次多亏周先生千里迢迢来斡旋，实在感激得很。接着，蒋介石作了三点表示：停止剿共，联红抗日，统一中国，受他指挥；由宋、宋、张全权代表他与周解决一切；他回南京后，周可直接去谈判。

谈完这三点后，蒋介石表示很疲劳的样子，指着宋氏兄妹说："你们可以同恩来多谈一谈。"

周恩来说："蒋先生休息吧，我们今后有机会再谈。"

蒋介石说："好，好。"

周恩来告辞退出。

围绕红军改编的五次谈判

新的一年来到了，国共双方之间的坚冰也随着这个春天的到来，被抗日的热情渐渐融化。

这一年的2月至9月，围绕着红军改编这一实质性问题，国共双方先后进行了五次谈判。

1937年2月中旬，古城西安。男男女女还沉浸在春节的气氛里，国共双方代表便正式坐到了谈判桌前。中共谈判代表是周恩来、博古、叶剑英，国民党谈判代表则是顾祝同、贺衷寒和张冲。双方相互为敌多年，难免有些拘谨。但毕竟坐在了一张桌子前，气氛还算良好。

谈判前，周恩来收到毛泽东、洛甫（张闻天）发来的电报，内称："军事方面，同意提出初编为十二个师四个军，林（彪）贺（龙）刘（伯承）徐（向前）为军长，组成一路军，设正副总司令，朱（德）正彭（德怀）副。""饷项，如对方允即改番号，即照中央军待遇领受，如对方仍欲缓改，则每月接济至少八十至一百万。""红军中的组织领导不变"。[6]

国民党方面，蒋介石2月16日密电顾祝同，向他交底："对于第三者处理方针，不可与之说款项之多少，只可与之商榷留编部队人数之几何为准。当西安事变前，本只允编3000人，后拟加为5000人，但5000人之数，尚未与之言明也。今则时移情迁，彼既有诚意与好意之表示，中央准编其四团制师之两师，照中央编制，八团兵力当在1.5万人。以上之数，不能再多，即以此为标准，与之切商。其余人数，准由中央为之设法编并与安置。但其各师之参谋长与师内各级之副职，自副师长乃至副排长人员，皆应由中央派充也。"[7]双方距离太大，谈判无果，但当时合作气氛尚好。从3月起，南京开始接济红军的薪饷。3月12日，中共代表提出与蒋介石直接谈判的要求。

阳春三月，西子湖畔。下榻于湖边蝶来饭店的周恩来、潘汉年无暇欣赏这里的美景，抵达后第二天就登上了莫干山，同驻在那里的蒋介石进行谈判。周恩来向蒋介石递交了11条书面意见和6点口头声明，主要集中在苏区改制和红军改编这两个问题上。关于红军改编，周恩来说：红军名义可以取消，改编为国民革命军，服从中央军委会及蒋委员长之统一指挥，准备为国防需要而调赴前线参加作战，其编制人员给养及补充，统照国军同等待遇，各级军政人员由其部队长官推荐，呈请中央军事委员会任命。周恩来又说：红军应改编为3个国防师，计6个旅、12个团，及其他直属之骑兵、炮兵、工兵、通讯、辎重等部队，总人数不得少于4万人；原苏区地方部队改为地方民团及边区保安队；3 个师以上设立总指挥部，国民党不得向红军派副佐人员及政训人员；红军的防地也应增加。

蒋介石对周恩来还是较为了解的，也很赏识他当年的这位部下的才干，尤其周恩来在几个月前的"西安事变"中作了许多努力，也让蒋介石存有几分感激，因此他很仔细地倾听了周的意见，并表露了难得的善意。他说，军队人数不与你们争了，总司令部也可以设，副佐人员也可以不派，决不来破坏你们的部队，但要向改编后的红军派联络人员。蒋又提出，中共不必与国民党合作，只是与他合作，并要商量出一个"永久合作"的办法。周恩来明确答复蒋介石，共同纲领是保证国共两党合作到底的一个最好办法。蒋介石表示让周恩来起草一个共同纲领。谈判就此结束，周恩来于 4 月 4 日返回延安，准备起草纲领草案后，再南下与蒋介石继续谈判。

6 月 4 日，中共代表周恩来等来到庐山，继续与蒋介石、宋子文等进行谈判。但蒋介石这次谈判的立场，同杭州谈判相比，却大大后退了。蒋介石提出，关于红军改编问题，中共要根据以前的申明，发表一对外宣言，而后南京政府发表红军改编 3 个师的番号，并委任师长。3 个师 12 个团编制，总人数可容至 4.5 万人。3 个师之上设立政治训练处指挥，并特别强调要毛泽东、朱德"出来做事"。中共谈判代表返回延安后，中共中央反复研究后致电蒋介石，坚持 3 个师之上设指挥部，朱德为指挥人。南京要周恩来再上庐山来谈。

周恩来、博古、林伯渠上庐山之前，在上海作短暂停留。不曾想白天刚刚抵沪，晚上七七事变爆发。7 月 8 日，中共中央为卢沟桥事变发表通电：平津危急！华北危急！中华民族危急！只有全民族实行抗战，才是我们的出路！呼吁"国共两党亲密合作抵抗日寇的新进攻"。同日，毛泽东、朱德等致电蒋介石，表示"红军将士，咸愿在委员长领导之下，为国效命，与敌周旋，以达保土卫国之目的"。9 日，彭德怀、贺龙、刘伯承、林彪、徐向前、叶剑英等红军将领，又致电蒋介石，表示"我全体红军，愿即改名为国民革命军，并请授命为抗日前锋，与日寇决一死战"。

7 月 14 日，周恩来一行抵达庐山。谈判中，蒋介石乘危要挟，露出了几分让人不易觉察的上海滩赌徒的心态。他仍反对设总指挥部，表示 3 个师须直属行营，政治机关只管联络；3 个师的参谋长由南京派；朱、毛必须出洋。如朱德不"出来做事"，从 7 月起断绝红军接济。中共代表则坚持红军与苏区必须全权由我党包办，绝不让步；人选问题亦绝不让步，国民党不准插入一人；中共希望国民党尽快发布红军改编的名称和番号，如国民党方面继续拖延不决，红军将于 1937 年 8 月 1 日自行改编。周恩来将蒋介石的顽固态度及时电告中央。毛泽东于 7 月 20 日致电周恩来："日军进攻之形势已成，抗战有实现之可能。""我们坚决采取蒋不让步、不再与谈之方针。"[8] 同日，周恩来一行离开庐山，于 28 日返回延安。

8 月的南京，酷热难当，不愧"火炉"之称。更让蒋介石着急上火的是，这个月的 13 日，日军向国民政府的心脏地带上海发起进攻——八一三事变爆发了。蒋介石调动 70 万大军进行"淞沪会战"。当时，国共双方代表正在南京谈判。蒋介石为了使红军早日出动到华北前线参战，借以牵制日军，减轻上海方面的压力，不得不在红军改编等问题上作出让步。8 月 19 日，南京政府同意将红军改编为国民革命军第八路军，并同意红军改编后设立总指挥部，朱德为总指挥，彭德怀为副总指挥，也答应部队的给养一律照发；中共代表所提出的红军的战略方针，南京方面也表示同意。

8 月 22 日，国民政府军事委员会正式公布了红军改编的命令：在陕甘宁边区的红军主力部队改编为国民革命军第八路军[9]，辖第一一五、第一二〇、第一二九师。每师辖 2 个旅，每旅辖 2 个团，每师编制定额为 1.5 万人。这三个师的番号原属张学良的东北军建制，内战中这三个师被歼灭，番号被取消。有意思的是，这些番号现在竟落到了歼灭它们的红军手里。

至此，长达半年的谈判，终成协议。红军虽然放弃了自己用血与火铸造的光荣称号，却实现了从九一八事变以来为之奋斗了六年之久的直接对日作战的宏愿，并且保住了党的领导权、指挥权和独立性。经过十年内战锤炼的英勇善战的共产党武装，终可名正言顺，奔赴抗日救国的前线了。

中央革命军事委员会发布红军改编命令

鉴于在主要问题上已同国民党当局达成协议，为了早日完成红军改编，出动抗日，在南京参加国防会议的朱德提前离开南京，回到陕西。

8月19日，朱德回到云阳抗日红军前敌总指挥部，加紧进行红军改编工作。第二天，他和彭德怀率全体指战员发布《留别西北同胞书》，说明：

> 敝军要与相聚八个月的父老兄弟姊妹们暂且告别。为了国家，为了民族，为了使西北父老兄弟姊妹不做亡国奴，敝军要走上抗日的前线去。要以我们的头颅和热血，把日本强盗赶出中国，把汉奸铲除干净，那时再回来与我们亲爱的父老兄弟姊妹相见，过快活的太平日子。

同时，发布《为东下抗日告同胞书》，表示：

> 我们改名为国民革命军，受命上前线去。我们抱定了最大的决心，要为民族的生存流到最后一滴血，不把日本帝国主义赶出中国，不把汉奸卖国贼完全肃清，决不停止。

还发布《告抗日友军将士书》，指出：

> 我们和你们同是黄帝子孙，同是中华军人，同是患难中的朋友。我们的敌人只有一个——日本帝国主义。我们要胜利，要不做亡国奴，只

有亲密团结起来，结成铁的长城。**10**

在对红军的改编和出动迅速作了部署后，朱德马上赶往洛川县冯家村，参加中国共产党历史上一次非常重要的会议——洛川会议。

洛川会议非常重要，场地却非常简陋。会场设在村西北角的一所私塾里。教室的中间放了些长的、方的、粗糙的、古朴的桌子，拼成整齐的一排，20多个人挤在周围坐下，便算是会场了。参加会议的有毛泽东、张闻天（洛甫）、周恩来、朱德、任弼时、彭德怀、刘伯承、聂荣臻、徐向前、林伯渠、林彪、贺龙、关向应、罗荣桓、张国焘、凯丰、秦邦宪（博古）等23人。

会议从8月22日至25日开了四天，毛泽东在会上对军事问题和国共两党关系问题作了说明，指出，党领导的人民抗日武装应以创建敌后抗日根据地，钳制和消耗敌人，配合友军正面战场作战，保存与扩大自己力量为基本任务；人民武装要执行独立自主的山地游击战，不受限制地放手发动群众，组织抗日武装，建立抗日根据地的战略方针。会议通过了《关于目前形势与党的任务的决定》《抗日救国十大纲领》，还通过了《八路军出师抗日誓词》《八路军抗日三大纪律》《八路军抗日八项注意》。会议决定成立新的中共中央革命军事委员会，毛泽东、朱德、周恩来、张闻天、彭德怀、任弼时、叶剑英、林彪、贺龙、刘伯承、徐向前等11人为委员，毛泽东为书记，朱德、周恩来为副书记。

洛川会议的最后一天——1937年8月25日，中共中央革命军事委员会发布红军改编的命令：

　　南京已经开始对日抗战，国共两党合作初步成功。为着实现共产党中央给国民党三中全会红军改名之保证，使红军成为抗日民族战争的模范，推动这一抗战成为全民族的抗日革命战争，以争取最后的彻底胜利，特依据与国民党及南京政府谈判结果，宣布红军改名为国民革命军第八路军。着将：

前总指挥部改为第八路总指挥部，以朱德为总指挥，彭德怀为副总指挥，叶剑英为参谋长，左权为副参谋长。

总政治部改为第八路政治部，以任弼时为主任，邓小平为副主任。

第一军团、十五军团及七十四师合编为陆军第一一五师。以林彪为该师师长，聂荣臻为副师长，周昆为参谋长，罗荣桓为该师政训处主任，萧华为副主任。

二方面军、二十七军、二十八军、独立第一第二两师及赤水警卫营、前总直之一部等部合编为陆军第一百二十师。以贺龙为师长，萧克为副师长，周士第为参谋长，关向应为政训处主任，甘泗淇为副主任。

四方面军、二十九军、三十军、陕甘宁独立第一、二、三、四团等部改编为陆军第一百二十九师。以刘伯承为师长，徐向前为副师长，倪志亮为参谋长，张浩为政训处主任，宋任穷为副主任。

以上各部改编后人员委任照前总命令行之。各师改编为国民革命军后，必须加强党的领导，保持和发挥十年斗争的光荣传统，坚决执行党中央与军委会的命令，保证红军在改编后成为共产党的党军，为党的路线及政策而斗争，完成中国革命之伟大使命。

中央革命军事委员会主席 毛泽东

副主席 朱 德

周恩来[11]

同日，中共中央还发出电令：在各师主力开赴抗日前线后，八路军在延安设立后方留守处（后改称"留守兵团"，直属中央军委），萧劲光任主任，担负保卫陕甘宁边区的任务。

朱德总指挥、彭德怀副总指挥随即向全国发布就职通电，表示"日寇进攻，民族危急，敝军请缨杀敌，义无反顾。兹幸国共两党重趋团结，坚决抗战，众志成城"，表示愿"追随全国友军之后，效命疆场，誓驱日寇，收复失地，为中国之独立、自由、幸福而奋斗到底"。8月26日，他们又签发《八路军总指挥部布告》：

本军奉命抗日　为求民族生存
拥护中央领导　驱逐日寇出境
团结全国各界　联合法苏美英
保卫中华领土　收复失地完整
实行统一战线　抗日救国纲领
本军纪律严明　买卖照常公平
禁止拉夫拉车　禁止侵犯百姓
凡属中华同胞　一律保护认真
汉奸敌探间谍　严办决不容情
望我国人奋起　共负救亡责任
抗日战争胜利　大家共享太平

在红军改编为国民革命军、主力即将开赴抗战前线的情况下，为加强党对八路军的绝对领导，中共中央于8月29日决定前方设立党的军委分会(后称"华北军分会")，以朱德、彭德怀、任弼时、张浩、林彪、聂荣臻、贺龙、刘伯承、关向应等9人组成，朱德为书记，彭德怀为副书记，受中共中央军委统辖。同时，决定各师成立军政委员会。第一一五师以林彪、聂荣臻、罗荣桓、周昆、萧华组成，林彪任书记；第一二○师以贺龙、关向应、萧克、甘泗淇、王震组成，贺龙任书记；第一二九师以刘伯承、张浩、徐向前、陈赓、王宏坤组成，刘伯承任书记。各师军政委员会均受军委分会统辖。

细心的读者会发现，在红军改编为八路军的命令里，没有"政治委员"一职。因为国民党军队里没有这一职务。但抗战初期的一段实践证明，这使八路军的政治工作受到了削弱。10月19日，八路军总部致电中央，建议恢复党代表和政治机关制度。22日，张闻天、毛泽东复电同意，同时指出党代表名义不妥，仍应名为政治委员。24日，朱德、彭德怀、任弼时发布命令：根据中共中央决定，恢复军队中的政治委员及政治机关制度。各师、旅、团政训处立即改为政治部和政治处。聂荣臻、关向应、张浩分别任第一一二○、第一二九师政委。

红军改编大局已成。中国共产党经过艰苦努力，保证了党对军队的绝对领导。

其间还有一个小插曲：红军改编以后，蒋介石仍坚持要向改编以后的红军派人，只是由以前提出的派一系列副职，改为向三个师及总指挥部各派一名联络参谋。时任国民党军委政治部第二厅厅长、特务组织"复兴社"总社社长的康泽提出了一个4人名单。这4人经蒋介石认可后，不经我方同意，即动身前往西安。9月20日，中共中央电示博古、叶剑英，要他们坚决拒绝，"不许其踏入营门一步"。坚持维护了党对军队的绝对领导这一不可动摇的原则。

红军战士拒戴"青天白日"帽

红军改编还是广大红军指战员思想、观念上的转变过程。

改编是红军的缩编，许多干部"连降三级"，军长当旅长，团长当连长，连长当战士，这些大家都没有意见，谁参加革命也不是为了当官。但听说改编还要取下红军帽徽，换上国民党军队的，指战员们感情上一时都接受不了。他们的目光一齐冲着新发下来的帽徽，那"青天白日"像疯狗的牙齿一样，阴森森的，狰狞可恶。以前这个帽徽多是在战场上从敌人的头上或俘虏的头上看到的，今天却要戴在自己头上了，那不和白军一样了吗？有些人气得把它扔到地上，还有的流泪、骂娘。

"蒋介石杀害了我们多少同志，他逼着我们爬雪山、过草地，连草鞋上的牛皮鼻子也吃了，这仇怎么能忘记？"

"改编改编，我看这是上了蒋介石的当！"

杨成武所在的独立团的一位江西籍的班长，猛然把自己军装扯开，亮出胸脯上的一些伤痕，其中一处弹伤还未痊愈。他闷声闷气地说："和国民党军干了这些年仗，没想到今天自己倒成了国民党军，这是什么改编？我就不改！我至死都是红军！……敌人欠我们的血债还不还了？地主、老财的地分不分了？那仇还报不报了？再说，要是苏区百姓见我们这身打扮，会怎么想？我们一块从村里出来投红军的共有十几个，如今只剩下我和排长了，我们要是戴上这玩意儿，怎么对得住那些牺牲的同志啊？"这位从长征里走出来的老战士说不下去了，蹲下身子，捂着脸悲伤地哭了起来，哭得浑身颤抖，泪珠从指间渗出来，掉到了地上……

为了帮助干部战士转好思想弯子，领导干部分别下到部队进行解释。左权来到了随营学校各团，耐心地解释，我们取下"红星"，不是要丢掉它，这里有烈士的鲜血和我们的理想。要往远处看。为了抗日救国，可以把红星保存起来，把它放在心坎里。红星在我们心里，我们就不会迷失革命方向。

在红军中，罗荣桓一直以平易近人、没有架子和善于做思想工作而闻名。他耐心地听完大家发牢骚，然后像拉家常一样说，共产党人要把祖国和人民的利益看成最高的利益。现在大敌当前，国家民族危在旦夕，我们要暂把阶级的仇恨吞在心里，与国民党一起共同抗日。换个帽子算不了什么，那是形式，我们人民军队的本质不会变，红军的优良传统不会丢，实现共产主义的理想不会动摇！帽徽虽然是白的，但我们的心却永远是红的！一席话使在场的红军战士明白了很多道理。他们也许还有一些疑虑，心里却比以前敞亮多了。

在换帽徽的同时，总政还给全军颁发了"红军十年艰苦奋斗"奖章。广大指战员收起红军帽徽，得到了红军"奖章"，思想情绪总算渐渐稳定下来。

贺龙"现身说法"，刘伯承冒雨阅兵

9月2日，陕西省富平县庄里镇。

八路军第一二〇师抗日誓师大会在这里隆重举行。

会场上红旗招展。朱德、任弼时、贺龙、关向应、萧克、周士第等人坐在主席台上。

贺龙站起来大声说道："同志们，我们今天在这里开誓师大会，党中央很重视，朱老总亲自来到我们师，下面请朱总指挥讲话。"

朱德先讲了抗日救国的道理和改编的意义，然后再次做起了指战员们的思想工作：

> 同志们，你们思想不通，党中央知道，毛主席也知道。我是受党中央与毛主席的委托，来做你们的工作的。现在国共合作了，我们工农红军改编成国民革命军第八路军，为了消除各阶层的疑虑，我们可以穿统一的服装，戴青天白日帽徽。同志们思想不通，甚至有的高级干部思想也不通，这个心情我们理解。毛主席说了，红军改编，统一番号是可以的，但是，有一条不能变，就是一定要在共产党的绝对领导之下。

朱德这番话引起了阵阵掌声。贺龙很高兴，他在讲话时说："朱总指挥已经给大家讲得很详细。这是党中央的决定，我们大家都要执行。"接着，他谈起了自己。他说："就我本人来说，国民革命军的军装，过去我穿过；青天白日帽徽，过去我戴过；青天白日旗，我也打过。有人说，我当将军，皮靴不穿，愿穿草鞋跟红军爬山；高楼不住，愿跟红军钻芦苇。可是，他们哪里知道，当红军，穿草鞋，钻芦苇，是我的心愿。算起来，从革命失败到现在，我已经闯荡了十年，跟国民党斗了十年。现在国难当头，为了国家与民族的生存，共同对付日本帝国主义，我愿带头穿国民政府发的衣服，戴青天白日帽徽，和国民党部队统一番号。这样，看起来我们的外表是白的，但我们的心却是红的，永远是红的。"**12**

贺龙的话，在干部、战士的内心里引起了十分强烈的反响，"白皮红心"的话长时间牢牢地记在心上。

四天之后。

陕西省泾阳县石桥镇。

雨越下越大。

八路军第一二九师的抗日誓师大会冒雨举行。

检阅台很简陋。野地里竖起四根立柱，上架几块木板。立柱外侧贴上了标语。刘伯承、张浩等在检阅台上，无遮无盖，任凭风吹雨打。一位参谋找来雨衣给刘伯承披上。刘伯承说："你知道为将者应当'冬不衣裘，夏不张盖'吗?"参谋赶紧把雨衣收起。

誓师大会总指挥、第一二九师第三八六旅旅长陈赓宣布大会开始，请刘师长讲话。

刘伯承高声宣布："今天是我们的改编和出征誓师大会，也是我们八路军第一二九师宣告诞生的日子。"他简要谈了改编的意义，概括了全国和华北抗日的形势，紧接着说道："经过我们共产党的努力，抗日民族统一战线建立起来了。我们共产党人要把祖国和人民的利益看作最高的利益。现在大敌当前，国家民族危在旦夕，我们要把主要矛头指向日本帝国主义。为了抗日救国，挽救国家民族的危亡，我们要把阶级的仇恨埋在心里，跟国民党合作抗日。"

说到这里，他加重了语气："同志们，对改编这件事需要从这样的高度来认识，换帽子算不了什么，那不过是个形式，我们人民军队的本质是不会变的，红军的优良传统不会变，我们解放全中国的意志也不会动摇!"他拿出一顶军帽，指着青天白日帽徽说："这顶军帽上的帽徽是白的，可我们的心永远是红的。同志们! 为了救中国，暂时跟红军帽告别吧!"**13**

说罢，他将缀有国民党党徽的军帽迅速戴在头上，然后发出命令："现在换帽子！"随着刘伯承一声令下，全师指战员一起戴上了准备好的黄军帽，把换下来的红军帽仔细地折叠起来，揣进怀里。

授旗仪式完毕，阅兵仪式开始。

刘伯承全身湿透，两腿紧夹马身，腰板挺直，右手标准地行着军礼，骑马绕场一周。

大雨如倾。全师出征将士个个斗志昂扬！

近万名官兵齐诵《八路军出师抗日誓词》的声浪，气壮山河，久久回荡在会场上空……

注　释

1. 何理等编写：《八路军事件人物录》，上海人民出版社 1988 年版，第 5 页。

2. 中国人民解放军历史资料丛书审编委员会：《八路军·回忆史料》（1），解放军出版社 1990 年版，第 65 页。

3. 旧省名，原辖今河北省东北部、辽宁省西南部和内蒙古自治区东南部地区，1955 年撤销。

4. 旧省名，原辖今河北省西北部和内蒙古自治区锡林郭勒盟，1952 年撤销。

5. 杨得志：《横戈马上》，解放军文艺出版社 1984 年版，第 199—120 页。

6. 《毛泽东军事文集》第一卷，军事科学出版社、中央文献出版社 1993 年版，第 791 页。

7. 申伯纯：《西安事变纪实》，人民出版社 1979 年版，第 213 页。

8. 金冲及主编：《周恩来传》（一），中央文献出版社 1998 年版，第 449 页。

9. 1937 年 9 月 11 日，按新的全国统一的战斗序列，又将八路军改称第十八集团军，总指挥部改称总司令部，正副总指挥改称正副总司令。

10. 转引自中共中央文献研究室编：《朱德传》，人民出版社、中央文献出版社 1993 年版，第 399—340 页。

11. 《毛泽东军事文集》第二卷，军事科学出版社、中央文献出版社 1993 年版，第 34—35 页。

12. 《贺龙传》编写组编：《贺龙传》，当代中国出版社 2007 年版，第 131—132 页。

13. 《刘伯承传》编写组：《刘伯承》，当代中国出版社 1992 年版，第 150 页。

第 二 章

艰难谈判

共产党呼吁"兄弟阋于墙外御其侮"——南方八省游击健儿改编为新四军——叶挺表示完全接受共产党的领导——新四军获得了国民党一个丙等师的待遇

1936年11月10日，秋风送爽。上海沧州饭店内，客人如梭。

10时许，一位气宇轩昂的年轻人出现在饭店大厅内，他就是中国共产党派来与国民党谈判的潘汉年。在这里，国共双方将就合作抗日问题进行谈判。这是国共第二次合作的初次谈判，蒋介石对此极为重视，派遣自己的心腹人物陈立夫作为谈判代表。

面对共同的敌人，国共这对冤家兄弟，终于又要联手御侮。

共产党呼吁"兄弟阋于墙外御其侮"

九一八事变爆发后，日军长驱直入，东三省迅速沦陷。

中国共产党迅速高举抗日大旗，反复发表宣言，号召"全中国工农兵士劳苦民众"行动起来，"一致反对日本强暴占领东三省"[1]；呼吁"无论各党派在过去和现在有任何政见和利害的不同，无论各界同胞间有任何意见上或利益上的差异，无论各军队间过去和现在有任何敌对行动，大家都应当有'兄弟阋于墙外御其侮'的真诚觉悟，首先大家都应该停止内战，以便集中一切国力（人力、物力、财力、武力等）去为抗日救国的神圣事业而奋斗"[2]。并同意与南京国民政府停战议和一致抗日。

丢失东三省，蒋介石也痛苦万分。1931 年 9 月 20 日，他在日记中写道："闻沈阳、长春、营口被倭寇强占以后，心神不宁，如丧考妣。苟为吾祖吾宗之子孙，则不收回东北，永无人格矣！小子勉之！"[3]25 日，日记又写道："我不能任其鸱张，决与之死战，以定最后之存亡。与其不战而亡，不如战而亡，以存我中华民族之人格。"

但是，正在"剿共"前线的蒋介石，首先想到的却是政权的维持。他将中共视为"心腹大患"，而将日本侵华视为"皮肤小病"。1933 年 1 月 20 日和 1934 年 11 月 15 日，蒋介石在日记中分别写道："惟以天理与人情推之，则今日之事，应先倭寇而后赤匪也"；"救国之道，惟在免除内战"。蒋介石清楚地知道不能置民族危机于不顾，应以解决日寇为"第一"。

然而如何去做？是和平解决还是战争解决？蒋介石还是偏重前者。

蒋介石企图通过国联的调停，解决东北问题。但无论是国联还是美国，对日本都没有采取什么有效措施。当时的外长顾维钧在与蒋介石、汪精卫交谈之后，得出结论："我很自然地得出一个明确的概念，就是他们都对日内瓦国际联盟失去了信心。"[4]

蒋介石彻底对国联和美国失去了信心，自然将目光投向了苏联。1935 年底，蒋介石派遣陈立夫秘密访苏，希望结成共同对日军事同盟。但与苏联谈判就不能回避中共和红军问题。1936 年春，蒋介石又命令陈立夫与苏联驻华大使鲍格莫洛夫交涉。1 月 22 日，蒋介石又表示："在如下基础上同共产党达成协议是可能的：红军承认中央政府及司令部的权威，同时保持自己目前的编制，参加抗日战争。"[5]改善国共关系成了蒋介石获得苏联援助与支持的前提条件。

在种种条件促使下，特别是在全国人民的抗日呼声和共产党的一片诚意中，国共双方终于坐到同一张谈判桌前。

谈判伊始，双方都显得有些拘谨。潘汉年根据《国共两党抗日救国协定草案》的精神，首先陈述了中共关于合作抗日的设想。陈立夫坐在一旁静静地听着，脸上没有任何表情。听完潘汉年的陈述，陈立夫站了起来，首先着重声明他是代表委员长个人提出国民党方面的意见：

（1）既愿开诚合作，就不好有任何条件；

（2）对立的政权与军队必须取消；

（3）目前可保留3000人之军队，师长以上领袖一律解职出洋，半年后召回量才录用，党内与政府干部可量才分配到南京政府各机关任职；

（4）只要军队问题能如此解决，则中共所提政治上各点都好商量。

这分明是蒋介石提出的收编条件而不是抗日合作的谈判条件。

多年之后，蒋介石提到当年的谈判时也承认："我对于中共问题所持的方针，是中共武装必先解除，而后对他的党的问题才可作为政治问题，以政治方法来解决。"[6]

中共中央对蒋介石的意图看得很清楚，要求潘汉年虽可在谈判中有所让步，但一定要坚持党的独立性及对军队的绝对领导权等原则。谈判就在这个问题上僵住了。

正当这时，西安事变爆发。双方酝酿已久的高层会晤，终于有了机会。

1937年2月中旬至3月中旬，中共代表周恩来、博古、叶剑英与国民党方面代表顾祝同、贺衷寒、张冲等进行了西安谈判。

但国民党方面仍然意在"解除中共武装"，即使不能"收编"也要将红军人数减到最少，以至达到最后根除红军武装的目的。蒋介石在2月8日的日记中写道："考虑大局，决定编共而不容共。"[7]

经过周恩来等人的努力，西安谈判还是有一定成效的，国共合作已经初露曙光。

三月的杭州，还是有一丝丝寒意的，但在周恩来眼里，这寒意中却透露着莺飞草长、鸟语花香的春的气息。在这里，蒋介石在谈判问题上的积极配合，让周恩来看到了国共合作同上战场的光明前景。周恩来向蒋介石提出的国共关系、红军改编和苏区政权改制问题，蒋介石都一一作了回应。

根据杭州之行打下的基础，6月4日，周恩来、张云逸等人来到了庐山，与蒋介石进行了第一次庐山谈判。本以为这次谈判会卓有成效，但是周恩来一到庐山就感觉到气氛不对，蒋介石以事务繁忙为由，让周恩来在庐山上整整等了四天。蒋介石的怠慢使周恩来愈加对谈判感到担心。果然，蒋介石完全没有了杭州时的爽快，并且推翻了在杭州的一些许诺。

蒋介石的出尔反尔令周恩来十分生气，在反复磋商无效的情况下，周恩来决定返回延安。

1937年7月7日，就在蒋介石在国共谈判上反复无常，对侵略者不断姑息忍让的时候，日军悍然挑起了卢沟桥事变，铁蹄踏入华北大地。

中国人民愤怒了，纷纷上书要求蒋介石抗日。

中国共产党更为焦急。就在卢沟桥事变发生的第二天，毛泽东、朱德、彭德怀、贺龙、林彪、刘伯承、徐向前联名发出"为日寇进攻华北致蒋委员长电"，要求"实行全国总动员，保卫平津，保卫华北，收复失地。红军将士，咸愿在委员长领导之下，为国效命，与敌周旋，以达保土卫国之目的"[8]。

7月15日，中国共产党又公布了《国共合作宣言》："……寇深矣！祸亟矣！同胞们，起来，一致地团结啊！……"[9]

中共的通电和宣言表明了中共尽快促成国共谈判、两党携手抗战的诚意。

蒋介石也认识到了卢沟桥事变的严重性。7月17日，他发表了著名的"庐山谈话"，指出："我们知道全国应战以后之局势，就只有牺牲到底，无丝毫侥幸求免之理。如果战端一开，那就是地无分南北，年无分老幼，无论何人，皆有守土抗战之责任，皆应抱定牺牲一切之决心。"

这是蒋介石自九一八事变以来，对日态度最为强硬的讲话。然而就在这篇讲话中，他仍表示"在和平根本绝望之前一秒钟，我们还是希望和平的，希望由和平的外交方法，求得卢事的解决"。

但蒋介石获得的却是外国列强"不行使武力，不干涉内政，信守条约"之类的回答。

大敌当前，蒋介石所代表的国民党政府也被迫作出强硬反应，下令全国准备抵抗，同时也将重点转向了与中共的合作谈判。周恩来、林伯渠和博古就在这种情况下再次上了庐山。

但蒋介石害怕与强烈要求抗日的中共谈判触怒日本人。在谈判中，国民党表现很不积极，提出了许多苛刻的条件：要求红军改编后各师直属行营，政治机关只管联络，无权指挥；3个师的参谋长由南京派遣；政治主任只能转达人事和指挥；等等。

周恩来断然拒绝了这个提议：蒋对红军改编后指挥与人事的意见，我党决不能接受。

8月13日，日军大举进攻上海，把战火烧到了南京政府的心脏地带。蒋介石再也坐不住了。

八一三事变的爆发，使蒋介石终于放弃与日媾和的幻想，他需要红军早日出动到华北前线参战，以牵制日军，减轻上海方面国军的压力。8月19日，国民党同意红军改编为国民革命军第八路军。8月22日，国民政府军事委员会正式公布了红军改编的命令。以后又依照抗日序列，改八路军为国民革命军第十八集团军。

陕北的八月，太阳毒辣辣的，天气像着了火一样的炙热。

陕西省洛川县冯家村，中共中央政治局正在这里召开扩大会议，毛泽东、张闻天、周恩来、朱德、任弼时等23人出席了会议。

此次洛川会议的重要议题就是国共合作及军事问题。毛泽东在会议上作了发言："以西安事变和国民党三中全会为起点的国民党政策上的开始转变，以及蒋介石先生七月十七日在庐山关于抗日的谈话，和他在国防上的许多措施，是值得赞许的。所有前线的军队，不论陆军、空军和地方部队，都进行了英勇的抗战，表示了中华民族的英雄气概。"**10**

毛泽东的这段话，在提到蒋介石及其政府时态度已经有所改变，语气也有所缓和。之所以这样做，是为了让蒋介石看到中共为了维护国内和平、促进国共两党合作的诚意。

8月25日，中共中央革命军事委员会发布命令："……着将：前总指挥部改为第八路总指挥部，以朱德为总指挥，彭德怀为副总指挥，叶剑英为参谋长，左权为副参谋长。总政治部改为第八路政治部，以任弼时为主任，邓小平为副主任。"**11**

红军主力部队改编为八路军，为南方红军游击队的战略转变以及此后的改编都产生了极大的影响和推动作用。

南方八省游击健儿改编为新四军

第五次反"围剿"失败后，中央红军被迫长征。离开中央苏区时，中国共产党成立了中共中央分局、中央政府办事处和中央军区，统管中央苏区，同时领导闽浙赣（后称皖浙赣）、闽北等苏区的游击战争。项英、陈毅、贺昌、瞿秋白、陈潭秋等组成中央分局，项英任书记、军区司令员兼政委，陈毅任中央政府办事处主任。奉命留在中央苏区的红军约2万人，另外还有近3万名伤病员。这些部队孤悬敌后，同几十倍、上百倍的敌人进行了九死一生的斗争，先后在江西、福建、广东、湖南、湖北、河南、安徽、浙江8个省内建立了15个游击区。

赣粤边游击区（亦称赣南游击区）：1934年10月中央红军突围转移后不久，项英、陈毅率部突围至赣粤边油山地区，与在此地活动的李乐天部

会合。之后，蔡会文与陈丕显率部也到达油山。几路突围部队会合后共约
1400 余人，一直坚持到抗战爆发，主要活动于南雄、大余、信丰、南康、
安远一带。国民党获知项英、陈毅等中共主要领导人留在此地，遂加强了对
赣粤边的"围剿"。在项英、陈毅的直接领导下，从 1935 年 4 月到 1937 年
5 月，赣粤边游击区先后挫败了国民党粤军余汉谋部和中央军第四十六师的
五次大规模"清剿"。

闽赣边游击区：中央苏区于 1934 年陷落后，闽赣边游击区遭受国民党
围攻，受到严重打击。后由钟德胜、胡荣佳、彭胜标等领导并独立坚持斗
争，逐渐又发展至 200 人左右，活动的范围包括瑞金县大部、福建省长汀县
的古城和四都地区，以及江西省的会昌县、石城县一部。中心区是瑞金大柏
地的罗汉岩、武阳、白竹寨和长汀县一带。直到 1937 年底，项英、陈毅派
陈丕显前往该部，才恢复了与中共组织的联系。

闽西游击区：由原红军独立第八、第九团以及张鼎丞从中央苏区带来的
部分难民武装和陈潭秋、谭震林带来的红第二十四师 4 个连队等部组成，活
动在福建省西南部的龙岩、永定、上杭、连城、漳平、宁洋[12]、平和、南靖、
长汀、清流、宁化、归化（今明溪）及广东省的大埔、饶平县等广大地区。
三年游击战争中，在闽西南军政委员会和张鼎丞、邓子恢、谭震林等领导
下，粉碎了国民党五次残酷"清剿"。闽西游击区于 1936 年获悉中共中央关
于建立抗日反蒋统一战线，并将闽西红军改称为中国工农红军闽西南抗日讨
蒋军。

闽北游击区：1934 年底，国民党占领了闽北大部分地区，并对闽北地区
进行"清剿"。由于军分区司令员李德胜的叛变，部队电台丢失，中断了与
上级领导机关的联系。黄道、黄立贵、吴先喜、曾镜冰领导闽北游击队，出
没在崇安、邵武、武夷山一带，鼎盛时期达到 3000 人。后在蒋介石的"北
和南剿"期间，遭受重大损失，锐减为 700 人左右。

闽东游击区：原为中国工农红军闽东独立第二团，叶飞为政委，后与红

第二团、红第三团合编为独立师，赖金彪为师长，叶飞为政委，活动在福安、浦城、政和、松溪、庆元一带，整编时有921人、枪500余支。1936年冬，闽东游击区范围扩大到南抵福州附近，北至浙江的龙泉、泰顺、庆元，西达闽北政和，东及东海之滨的广大地区。

闽粤边游击区：主要由何鸣领导的闽南独立第三团组成，后与红军潮澄饶独立营改编为中国人民红军闽南抗日支队，主要活动在福建省的南靖、平和、漳浦、云霄、诏安和广东省的潮安、澄海、饶平、大埔等县。

闽中游击区：由莆田工农游击队和福清游击大队整编为闽中工农游击队，由王于洁领导。王于洁被捕后，由刘突军、吴德标领导，于1937年6月改编为中华人民抗日救国义勇军。

皖浙赣边游击区：其前身是方志敏领导的赣东北（闽浙赣）苏区，1934年北上抗日先遣队在皖南失败后，余部在关英、李步新的领导下，在皖浙赣边区坚持斗争。3年游击战争中，特别是在蒋介石"北和南剿"的政策下，损失很大。主要活动在浙赣路以北、鄱阳湖以东的浮梁、婺源、都昌、乐平一带。

浙南游击区：1935年1月，闽浙赣省委根据上级指示以红第十军团余部为基础，与闽浙赣军区红第三十师第一团100余人，组成工农红军挺进师，粟裕任师长、刘英任政委，开辟了浙南游击区。游击队主要活动在仙居、天台、新昌、黄岩、温岭、东阳、永康诸县的交界山区。

湘鄂赣边游击区：以原红第十六师为基础，创建湘鄂赣边游击区，由傅秋涛等领导。第五次反"围剿"失败，湘鄂赣苏区主力红第十六师受重创，剩下一个营的兵力，地方武装也损失甚巨，苏区被分割成11块小游击区。1934年11月，重新恢复红第十六师，全师曾发展到5000余人。后由于国民党大举"清剿"，人数锐减。活动于以平江为中心的平修铜、修铜宜奉、浏宜万、鄂东南、修武崇通等地。

湘赣边游击区：1934年8月，红第六军团奉命突围西征后，留在湘赣苏区的共产党和红军部队组成中共湘赣省委和军区，由陈洪时担任书记兼政治委员，谭余保担任副书记兼组织部长。后经国民党残酷"清剿"，加之叛徒出卖，湘赣边游击区遭到极大损害。1937 年 10 月，湘赣红军游击队由谭余保、刘培善、段焕竞领导，在湘赣边恢复和建立了明月山、棋盘山、杨梅山、五里山、大平山、九陇山、铁镜山等大小 10 余块游击根据地。

湘南游击区：主要有彭林昌、谢竹峰、刘厚总领导的湘南赤色游击队，李林领导的湘南红军独立大队（后称"湘粤边游击队"），蔡会文、陈山领导的湘粤赣游击支队。不久，部队大部损失，余部仍坚持于上犹、崇义、汝城、郴州、宜章、乐昌一带。整编时约 300 人。

鄂豫皖边游击区：1934 年 11 月，红第二十五军长征离开鄂豫皖地区后，留在鄂东北和皖西北地区的红军游击队共有 2000 余人。1935 年 2 月 3 日，中共鄂豫皖省委常委兼皖西北道委书记高敬亭奉命重建红第二十八军，高任政治委员，全军共 1400 余人。1937 年 6 月，红第二十八军转战鄂豫皖边地区，共歼敌 18 个营、15 个连，缴枪 4000 余支（挺），最多时牵制国民党军 68 个团，游击队发展到 1000 余人，便衣队发展到 82 个、600 余人，活动地域达 45 个县。

鄂豫边游击区：1936 年 1 月，在鄂豫边区省委领导下成立红军游击队，领导人为张星江、周骏鸣。该部以桐柏山为依托，承受住了国民党多次重兵"清剿"，一直活跃在泌阳、确山、桐柏、信阳、新野、唐河等县之间，直到下山改编。

琼崖游击区：1936 年 5 月，冯白驹领导的游击队成立游击司令部。到抗日战争全面爆发前，成立琼崖红军游击司令部。根据地拥有琼文、澄迈、临高、儋县（今儋州）、乐万、琼东、文昌等县。

南方游击队所在区域，靠近蒋介石统治的中心地带，直接威胁着南京国民政府的政权，蒋介石当然将游击队看作眼中钉、肉中刺，欲除之而后快。

国共两党决定开始谈判时，中共中央是把陕甘宁边区和南方游击区、红军主力和南方红军游击队作为整体来考虑跟国民党谈判的。与中共的诚心促成国共合作相反，蒋介石在西安事变之后虽同意与中共进行合作谈判，但他始终不承认南方革命力量，不但没有停止军事进攻，还制定了"北和南剿"的政策，进一步加大了对南方红军游击队的"清剿"。在全国大部分地区内战都基本停止的情况下，南方游击队却开始了改编前最艰苦的一段时间。

蒋介石调集40多个正规师、60多个保安团，对分散在南方各游击区的红军游击队发动了残酷的"清剿"。国民党军的部署是：除继续以第四十六师进攻赣粤边游击区，以第五十师进攻湘鄂赣边游击区，调集第一五七、第一五八师进攻闽粤边和闽西游击区外，还从湖南调第四路军总指挥刘建绪到浙江江山设立"闽浙赣皖边区主任公署"并任主任，成立以卫立煌为督办的"鄂豫皖边区督办公署"。

国民党军队配合还乡的恶霸地主，对游击区实施连续不断的"堵剿""追剿""按剿"，烧山、封山、搜山，"移民并村"、平毁大批村庄，成千上万地屠杀中共党员和干部群众。1937年10月1日和12月17日，江西省政府和江西省第八区专员公署还下达"对零星红军游击队'剿抚'的训令"和"限期'肃清'零星红军游击队的布告"，要求国民党军队"即派队迎头痛剿而靖地方。并将剿抚情形随时具报"，"将所辖境内残匪，一律停止收编，并限于月内肃清具报"。**13**

大多数游击队都没有巩固的后方，又无法与中央取得联系，部队得不到休整，得不到补充，不得不长年累月地鏖战于深山密林之中。斗争越来越紧张，困难越来越大。但游击队员们在异常艰苦的条件下，顽强地坚持着斗争，没有粮食就挖野菜、采野果。陈毅在《赣南游击词》中写道："天将午，饥肠响如鼓。粮食封锁已三月，囊中存米清可数。野菜和水煮。"正是当年游击队生活的真实写照。

南方游击队的主要领导人项英和陈毅活动的赣粤边游击区，受到国民党军第四十六师的残酷"清剿"。1936 年 11 月 28 日，江西省第四行政区保安司令部为配合第四十六师的"清剿"计划，扬言从 12 月 10 日开始，限期 4 个月，必须肃清"清剿"区域内的游击队。项英、陈毅带领游击队队员在丛山密林中与国民党军队周旋。就是在这段时间，身体带伤的陈毅日夜蛰伏在丛莽间达 20 多天之久，在苦虑不得脱身的生死关头，他慷慨陈词，写下了豪气冲天、荡气回肠的《梅岭三章》[14]。

但就在陈毅留下绝笔诗的当天，敌人未进山搜剿，第二天山里也很平静。于是项英和陈毅预感到可能有了新的情况，后来才从报纸上得知发生了西安事变。国民党第四十六师急急忙忙从游击区周围撤走了，一些地方武装也龟缩在碉堡里不敢出来，梅山因此而得解围。

诗前面还有一段小序，是陈毅后来补写的："一九三六年冬，梅山被围。余伤病伏丛莽间二十余日，虑不得脱，得诗三首留衣底，旋围解。"这段小序交代了陈毅作诗时的处境。

西安事变之后，南方游击队中洋溢着一种乐观情绪，很多人高兴地说："蒋介石被抓真是太好了！应该赶快杀掉，用他的血来向全国人民谢罪。""捉了蒋介石，全国人民就可以团结起来，共同打倒日本帝国主义。我们也该下山了。"项英并不这么认为，凭着多年的经验，他认识到西安事变的发生，将推动中国抗日统一战线形成的进程，也就意味着抗日的革命高潮即将到来。但他又清醒地看到国民党反动派的阶级本性并没有改变，游击队不能有片刻的松懈情绪，要做好各种准备，随时防备国民党军有可能采取新的军事"清剿"。

项英的判断是对的。西安事变和平解决了，可蒋介石却对南方游击区进行了更加残酷的"清剿"。

在赣粤边游击区，第四十六师又猛扑过来，进行大抄山、大烧山。在获悉国民党军的"清剿"计划后，项英当即进行布置反抄山、烧山的具体措施。1937 年 5 月上旬，国民党利用共产党的叛徒陈海，假传中共中央来人联络，企图诱捕项英、陈毅等人，但陈毅等机智脱险。随后，国民党第四十六师包围了项英、陈毅隐蔽的梅岭，整整围困了 5 天，却一无所获。气急败坏的敌人又开始了第三次大规模"清剿"。直到七七事变发生后，国民党第四十六师才停止了对赣粤边游击区的"清剿"。

在浙南游击区，蒋介石将刘建绪调赴江山建立"闽浙赣皖边区主任公署"。刘建绪就职主任之职后，立即制订了"闽浙赣皖边区绥靖计划"，并调集重兵，在云和县设立"清剿"指挥部，将浙南游击区划为第三"清剿"区，采取拉网推进战术，以及由北向南、由西向东、由外围向中心的逼近包围方针，企图将浙南游击区的挺进师向东南紧逼，赶到飞云江以南、沙埕港以北之间的沿海地区聚而歼之。

按照以前的习惯，刘英和粟裕就会带着部队隐藏大山中，让敌人摸不着、打不到。可是这一次，闽浙边临时省委认为已经呼吁国民党军与红军携手共同抗日，并发表《为抗日救国告闽浙两省各界人民书》，国民党这样的做法只不过是为了在国共谈判时多一些筹码而已。因此，他们决定针锋相对、主动出击，挫败蒋介石的阴谋，不给蒋介石在谈判中讨价还价的筹码。1937 年 2 月，刘英、粟裕率领挺进师主力 1000 多人，准备在泰顺县峰文村对国民党军第八十师一个团和浙江保安团等共 3000 余人进行伏击。双方大战 3 天，峰文伏击战是挺进师三年游击战争中最后一次较大的战斗。战斗中，浙南军分区司令员罗连生被俘叛变，再加上闽浙临时省军区政治部主任兼中共浙东南特委书记刘达云也投敌叛变，向刘建绪提供了不少情报，把临时省委和挺进师的主要领导和主力部队就在附近的情报告诉了刘建绪。刘建绪认为自己这次立功的时机到了，不断调部队增援，准备包围挺进师主力。幸亏刘英、粟裕及时意识到和国民党军死打硬拼是不行的，很快作出跳出包围圈的决定，并把部队分散，使游击队没有被完全摧垮，但浙南游击根据地却在这次"清剿"中遭到了严重摧残。

在鄂豫皖边游击区，1937 年初，在各级党组织和红第二十八军的领导与斗争下，游击区域迅速扩大到三省边区的 45 个县，是鄂豫皖边区三年游击战争中形势最好的阶段。但西安事变后的 1937 年 4 月 27 日，国民党中央军事委员会将"豫鄂皖边区主任公署"撤销，成立"鄂豫皖边区督办公署"，任命卫立煌为公署督办，并授予他调整撤换辖区地方有关官员的权力，以期加强对鄂豫皖边的"清剿"指挥。六七月，卫立煌将"清剿"的重点定在高敬亭领导的红第二十八军主力的活动区域——鄂东北。这一次是三年游击战争中最凶猛的一次。由于曾在前三次反"清剿"中取得胜利，以高敬亭为首的红第二十八军领导人犯了麻痹大意、草率轻敌的错误，没有及时将红第二十八军主力从鄂东北一带转移，使部队陷入了国民党军的重重包围之中，遭受严重损失。就在这种危急情况下，高敬亭却还认为红军队伍需要整顿、"肃反"，使鄂东北和军队许多优秀的领导干部被错杀、错押，严重影响和削弱了领导力量。敌人乘这个机会对鄂豫皖边区进行猛烈打击，红军部队不断受挫，形势极为不利，许多部队被打散。看着部队受到严重威胁，高敬亭心急如焚，怎么办？和党中央的联系早已中断了，无法获得任何指示与帮助，只有孤军奋战。抱着革命必胜的信心，依靠根据地群众，这支英雄的部队顽强地以各种方式和敌人周旋，终于使国民党"三个月内彻底消灭鄂豫皖边区红军"的梦想破灭了。

在闽赣边游击区，中共闽赣省委向联合抗日转变的表示与行动，不但没有得到国民党当局的响应，反而面临着全面"清剿"。闽北红军独立师政治委员、抚东军分区司令员兼政治委员吴先喜、闽北游击区领导人黄立贵先后牺牲，闽北红军游击队由 3000 人减少至 700 余人。国民党粤军 3 个师采用军事、政治、经济并用的手段对红军游击队发动第五次"清剿"，致使红第三支队支队长阙树槐、政治委员邱尚聪等 20 余人牺牲。闽东地区遭到国民党的残酷"清剿"和疯狂屠杀，第一作战分区军政委员会主席许旺因叛徒出卖而遭杀害。

在南方的其他游击根据地，国民党在西安事变之后也都采取了残酷的

"清剿"。

中央很早就考虑到了南方游击队的改编问题。

1937年2月12日，毛泽东、张闻天致电正在西安与国民党代表张冲等谈判的周恩来，向国民党提出"陕、甘以外各省的红军游击队，一律改民团或保安团"[15]。周恩来就此向国民党谈判代表顾祝同提出要求，但当时顾认为要请示蒋介石，因此没有得到国民党方面正式答复。

3月16日，中共中央又致电周恩来，要周向国民党提出立即停止闽浙赣边、鄂豫边等地区的"剿共"战争。6月4日，周恩来在第一次庐山谈判中向蒋介石提及南方红军游击队改编问题时，蒋表示各边区由中共方面先派人联络，经国民党调查后进行编遣，其首领必须离开。周恩来断然拒绝了这一无理要求。

1937年6月23日，周恩来向美国学者介绍国共两党谈判情况时说："到目前为止，我们已经举行了五次谈判会议。……至于军事问题，我们仍在南方一些游击区活动的部队，成了一个特殊的问题。南京企图把他们缴械、瓦解掉，这我们不能同意。"[16]为了进一步促进国共合作早日形成，中共中央决定采取灵活机动的妥协方针，在一定程度下对国民党有所让步。关于让步，毛泽东曾在同美国记者的谈话中进行了解释："共产党向国民党要求的，是请他们结束十年的老政策，转变到新的民族革命与民主革命的政策。这些要求，表现在共产党给国民党三中全会的电报中，那就是：关于召集救国代表大会，人民民主自由，改善人民生活，迅速准备抗战等等。在这种情况下，共产党愿意改变苏维埃与红军的名义，取消同国民党的对立，停止没收地主土地。没有疑义的，共产党的这种步骤，是对国民党一个大的让步。但这种步骤，是必要的，因为这种让步是建立在一个更大更重要的原则上面，这就是抗日救亡的必要性与紧急性。这叫做双方让步，互相团结，一致抗日。国民党中所有明智的领袖与党员，都是明白这种意义的。"[17]

6 月 25 日，中共中央在《关于与蒋介石谈判的方案》中再一次提出："各游击区原则上一律停止没收土地及建立苏维埃，取消红军名义，改以抗日义勇队名义出现"，"大的游击区在停止双方攻击后，争取大的部队改编成各省的独立团或保安团，小的编成保安团或民团"。**18** 但这样并没有使蒋介石改变其原有态度，他依然抱有彻底消灭南方红军游击队的幻想，在谈判中缺乏诚意，使南方游击队改编的谈判一再陷入僵局。

八一三事变第二天，中国国民政府发表《自卫抗战声明书》。在这种情况下，8 月，蒋介石授意国民政府军事委员会参谋总长何应钦，表示同意中共派人到各边区"传达并协助改编"，国共两党在把南方红军游击队改编为抗日武装问题上取得了共识。

周恩来在与蒋介石进行第一次南京谈判之后就收到毛泽东电报，要求周恩来与彭德怀急去山西，与阎锡山谈判有关合作及八路军入晋问题，第二次南京谈判的重任就落到博古与叶剑英肩上。

9 月中旬，博古、叶剑英首先就南方红军游击队干部选派问题向国民党方面提出，"国民党不得派任何人员和部队侵入及破坏苏区"。而这正是国民党所不能接受的，蒋介石就是企图以此对南方红军游击队进行收编。特别是在军长人选问题上，双方一直僵持不下。

蒋介石打算派陈诚或张发奎任军长，企图以此夺取南方红军游击队的领导权，削弱共产党在江南的实力。对于蒋介石的企图，中共中央看得十分清楚，坚决不同意国民党在新四军内部安插人，并提出让叶剑英担任军长。但国民党方面又不同意。

要找到一个双方都满意的人选是相当不易的，但这件事情周恩来早就预料到了。

在上海期间，周恩来曾巧遇北伐名将叶挺。周恩来考虑到南方红军游击队改编后的干部人选问题，蒋介石希望派人来，中共方面绝对不会接受；而中共提名的人选，蒋介石也不会轻易接受。因此，周恩来以个人名义与叶挺商量，是否能由他出任军长一职，叶挺欣然接受了这一重托。

叶挺，这位北伐时的名将，在广州起义失败之后愤然出走，旅居海外已达十年之久了。当他从报纸上得知中国抗战不利的消息之后，心急如焚，按捺不住保卫祖国的赤诚之心，踏上了归国的征程。

1936年，叶挺在香港见到了正在长征途中奉命转赴苏联向共产国际报告工作的潘汉年。潘汉年告诉叶挺，中共已经开始转变对国民党政府的政策了，将过去推翻国民党政府改变为联合国民党一同抗日。潘汉年还邀请叶挺出山，利用其在国民党中的威信，为国共合作抗日做一些工作。这次会面是叶挺回来之后第一次与中国共产党接触。叶挺对此念念不忘，逢人便说："我现在好了，和那边（中共）有了联系了，不是孤家寡人了！"

此后，叶挺又在澳门遇到了张云逸，老战友会面分外高兴。在交谈当中，叶挺向张云逸表达了他的想法，抗日是他的夙愿，国共合作抗日，更是他的向往，只有这样国家才能真正有力量。但又表示不愿意到国民党军队去工作，他不能适应国民党军队的作风。张云逸就向他建议，不妨到上海或广东的东江地区走一走，也许在不久的将来，那里会有可做的事情。

叶挺接受了张云逸的建议，回到了上海。1937年7月，叶挺在上海遇到前往庐山谈判的周恩来。周恩来向叶挺提到了南方红军改编的情况，对叶挺抗日的愿望表示欢迎与慰勉，同时希望他能出任抗日部队的军事领导工作。周恩来的热诚激励，使叶挺受到很大鼓舞。他表示，明知道有很多困难，而为了促进团结，想对于国内团结与抗战，尽自己的力量。毅然表示接受这一使命。

这时，叶挺想到了陈诚。叶挺与陈诚是袍泽之谊，当年在保定军校是校友。出于抗日爱国的热情，陈诚答应出面向蒋介石保荐叶挺。叶挺找到了蒋介石，向他提出：为了抵抗日本侵略，为了在华中日本占领区内开展游击战争，让我来集合仍留在南方的红军和改编这些军队。改编之后的番号就叫国民革命军陆军新编第四军吧。

第四军，这个番号在叶挺心里是具有特殊意义的，北伐时期就是他带领的独立团作为"铁军"第四军的先锋部队，所向披靡，立下赫赫战功，叶挺也因此成为北伐名将，现在叶挺希望"铁军"的精神能够在这支新的第四军中复活。蒋介石同意了他的建议，但在其中增加了"陆军"两个字。这样，南方八省游击队改编之后的番号即定为国民革命军陆军新编第四军（简称"新四军"）。

叶挺表示完全接受共产党的领导

叶挺的出现，让蒋介石着实松了一口气——这个人选终于找到了。在蒋介石看来，南方八省游击队的改编势在必行，他需要一支部队来协助自己牵制日军，但这个区域包括了国民党政府的统治中心，若是在这里有一支共产党领导的军队，岂不是养虎为患？而插入一个国民党将领，中共是坚决不同意的。蒋介石认为，叶挺已经脱离中共，不一定为中共信任。如果由国民政府委任其为军长，叶挺就会将收编的部队带来转向国民政府，这样就可以削弱中共在南方的势力了。

1937 年 9 月 28 日，国民党当局没有征求中共中央的意见，就发布通报：

铨叙厅关于叶挺为新四军军长等任命的通报

（1937 年 9 月 28 日）

兹奉

委员长核定：……（七）任命叶挺为新编第四军军长。等因。除承办给委并分报外，相应通报。

国民政府军事委员会铨叙厅（印）**19**

10月6日，蒋介石命令电告国民党江西省政府主席熊式辉：鄂豫皖边、湘鄂赣边、赣粤边、浙闽边和闽西等红军游击队，均编入新四军，由叶挺调用。

10月12日，熊式辉转发了蒋介石6日电报。从1939年新四军成立两周年起，新四军领导人一致确定10月12日为新四军成立纪念日。

蒋介石在催促中共中央作出决定，但中央对叶挺是否适合担任新四军军长仍未最后明确。

10月1日，中共中央书记处在关于南方各游击队集中改编方针致张云逸等的电报中指出："叶挺须来延安，在行营他完全同意中央的政治、军事原则后，可以去闽粤边（或闽浙边）指挥张鼎丞部（或刘英部），以此为基础扩大部队。"[20]中央对此时的叶挺并不太了解，是因为叶挺与党中央长期失去联系。而"南方各游击区是今后南方革命运动的战略支点。这些战略支点是十年血战的结果，应该十分重视他们"[21]。中央不能把这些队伍轻易地交给还不了解的人。叶挺是否会完全同意中共在抗日战争中的政治、军事原则，是否愿意在中共的领导下开展工作，这是关系到南方红军游击队改编为新四军后，能不能保持其独立性和中共的绝对领导的重大问题，中央必须采取谨慎的态度。

毛泽东与周恩来联系，详细询问周恩来与叶挺见面时的谈话内容。

10月5日，潘汉年给在延安的毛泽东、张闻天发了一封电报：

毛、洛同志：

　　南京军委已委叶挺为新编第四军军长，任务为改〔编〕与指〔挥〕闽赣边游击部队。但叶在南京与剑英及博古同志接洽，尚未得最后结论，急待我方答复，我们是否同意他去。如何？请示。

　　　　　　　　小开（小开即是潘汉年的化名）　五日[22]

毛泽东多次打电报给博古（秦邦宪）和叶剑英，商讨叶挺之事。为此，博古、叶剑英和董必武于10月8日电报中央："叶挺事，据他说，恩来第一次在沪曾和他提过这个办法，故他才敢活动。现已委任为新编四军军长，拨发了五万元活动费。他表示，如我们不赞成，他仍可辞职。"并向中央汇报了叶挺主动"请缨"的原因及态度。

10 月 19 日，中央电告博古、叶剑英："叶挺是否愿意恢复党籍或完全受党指导，而不受国民党干涉，并是否愿意来延安及八路总部接洽一次（取得何应钦同意）。"

遵照中央指示，博古和叶剑英通过对叶挺的考察与了解，及时向中央报告："叶挺愿前来面陈，已得何同意，约一两日后即起程。……叶声明完全接受党的领导。" **23**

中央对叶挺的态度感到满意，但对军长的人选仍持保留态度。直到 10 月 30 日，叶挺到达延安的前五天，张闻天、毛泽东在给博古、叶剑英的电报中还提到，叶挺为军长，尚"待考虑"，并且指出："叶挺是否能为军长，待你们提出保证之后，再行决定。"11 月初，毛泽东又电报周恩来："据云，在沪你曾要他编游击队，他才敢对国民党说。因为蒋委他为新四军长。究竟你对他说过些什么？"可见，此时的毛泽东还未下定决心。

11 月 3 日，叶挺风尘仆仆地赶到延安，向毛泽东和党中央表示："暂时在中共组织之外，但愿在中共领导下进行工作。"

叶挺坦诚的态度赢得了毛泽东的信任，并正式同意叶挺任新四军军长。在欢迎会上，毛泽东首先发言："今天我们为什么要欢迎叶挺军长呢？因为他是大革命的北伐名将，因为他愿意担任我们新四军军长，因为他赞成我党的抗日民族统一战线的政策，所以我们欢迎他……"

叶挺受到中共中央如此隆重的欢迎，心情十分激动："同志们欢迎我，实在不敢当，革命的道路，是艰难的，很不平坦的，十年内战时期，许多好同志倒下了，也有个别人叛变了。坚持下来的同志，是中华民族的脊梁，是真正的英雄。革命好比爬山，许多同志不怕山高，不怕路难，一直向上走，我有一段是爬到半山腰又折回去了，现在又跟上来。今后，一定遵照党所指示的道路走，在党中央的领导下坚决抗战到底。"

在延安期间，中共中央和毛泽东还在改编、干部配备、作战区域及军事方针等问题上与叶挺、项英达成了共识，放心地将新四军军长的重任交给了叶挺。

陈毅说过："叶挺同志是过去北伐时代老四军的领导人物"，"没有叶军长出来调停奔走，要增加成立新四军的困难。叶军长为本军的保持发展尽了最大的力量，这是叶军长的功绩"。**24**

新四军获得了国民党一个丙等师的待遇

军长的人选问题解决了，可是在其他干部安排上，国共双方还是分歧较大。国民党方面为了控制新四军，坚持要派人到新四军担任支队、团、营的职务，并要红军游击队的领导人离开部队。

党中央和毛泽东坚决要保持改编后部队的独立性，"国民党不得干涉，不得插入任何人"。

11 月 21 日，叶剑英与叶挺就新四军改编问题去见蒋介石。叶挺把准备好的意见向蒋介石提出，蒋介石听后沉吟半晌，说："各游击队不能照第八路军的办法。延安提出干部名单不能同意，第八路军拒绝点验，现在必须派人点验，按枪的多少决定编制，不能先委任师、旅长。"

有多少枪编多少人！蒋介石真是会算计，游击队手里能有多少枪啊？大多数人都是手握大马刀作战的。

叶挺皱皱眉头，没有发作："眼下大敌当前，还是先改编部队上前线吧，人事问题容易解决。"

"不行，他们的部队能不能到前线去还是问题呢！我估计他们根本不会调开的。希夷……"蒋介石顿了顿说："他们都是共产党，你不是共产党，将来你有性命危险。"

蒋介石竟然不顾就坐在旁边的叶剑英，公然挑拨叶挺与共产党的关系。

叶挺回答说："收编可以增加抗日力量，对后方安定也是有好处的。"

蒋介石却答道："如扰乱地方便是破坏抗战，我要剿的，你们决不能在江南。"这就是蒋介石的态度。

叶挺愤然提出辞职。蒋介石一看叶挺态度坚决，也就改口，让叶挺有什么事去找陈诚商量。

新四军军长还是要让叶挺当。

后经双方让步，共产党方面同意国民党方面在新四军军部和各支队派驻联络员。1938年1月8日，何应钦核准陈毅、张鼎丞、张云逸（兼）、高敬亭为新四军4个支队的领导人。在叶挺的交涉下，以后国民党又陆续批准项英为副军长、张云逸为参谋长、周子昆为副参谋长、袁国平为政治部主任。

1937年10月6日，毛泽东在致博古电中就指出：决定新四军隶属八路军，编师四旅八团，拟项英任副军长，陈毅任政治部主任，周子昆任参谋长，军部暂驻武汉，南昌、福州设办事处。10月19日，洛甫（张闻天）、毛泽东在致博古、叶剑英电中又提出，要求何应钦将叶挺之新四军隶入八路军建制。

但蒋介石拒绝同意，一直不承认南方游击队为正规部队，不给师和旅的番号。

叶挺又接到中央电报要求与何应钦协商，新四军能否下设7个或4个支队，支队上面设2个纵队。

但国民党仍不同意。

12月23日，中共中央决定在编制上再做让步，提出新四军不隶属八路军，在所在地区直辖；军以下不设师、旅和纵队，直辖4个支队；在南方各地区只设留守处、办事处，军队全部开赴抗日前线。但仍然坚持独立成立一个军，坚持共产党对军队的绝对领导权，坚持独立自主地在敌后开展抗日游击战争等条件。

这时，蒋介石才勉强同意新四军按正规军编制，建立1个军，军以下设4个旅及支队共8个团，新四军归国民政府军事委员会第三战区序列。12月27日，项英在武汉与国民党谈判，向毛泽东、张闻天报告："四军编制为四个支队，支队等于旅……如何？望告。"**25**次日，毛泽东回电："同意编四个支队。"**26**

至此，在新四军改编问题上，国共双方初步达成一些共识。

南方游击队由于长期遭到封锁，不仅缺衣少食，而且武器弹药也少得可怜。不少游击队员听说国共开始谈判了，都希望马上能谈判成功，就能得到新武器、新军衣。到那时，穿着崭新的军衣，拿着称手的机关枪去打鬼子，多痛快啊！

可是蒋介石哪里会让这支部队发展起来而威胁到自己呢？叶挺和叶剑英同蒋介石交涉，希望向新四军发放经费与武器，蒋介石却借口财政困难和武器已经发完，不同意拨给新四军经费与武器，转而推给地方政府解决。

12月14日，叶挺收到毛泽东、项英从延安发来的电报："新四军原则上可照军何（应钦）提议做进一步的磋商。……如暂时说不通，可稍延缓，但不要破裂。"

经过叶挺和叶剑英多次争取，蒋介石、何应钦才批准了新四军的薪饷和装备，也只是核准每月6.5万元的经费。整个新四军的经费只相当于国民党军一个丙等师的经费，维持新四军的伙食费还差1万元，"购买枪支更谈不上，一切衣毯均无，严冬作战大成问题"。**27**后经周恩来、叶挺交涉，经费增加到9万元。但对于请拨1万套棉军衣一项，国民党方面竟批道："新四军打游击，不需要军衣。"武器就更不要提了，根本没有。为了能尽快与国民党达成协议，合作抗战，中共再次作出了让步，终于与国民党达成了协议。

1938年1月8日，国民政府军事委员会参谋总长何应钦正式核定，新四军编制情况如下：

（一）该军编为第一、第二、第三、第四共四个游击支队，每月发给经费一万五千元及军部经费等为每月共一万六千元。

（二）所请以陈毅、张鼎丞、张云逸、高俊［敬］亭分任第一、二、三、四游击支队司令一职，准与照委。

（三）拨遣费准发给三万元。

（四）所称垫借伙食费，应另案请理。

（五）开拨费准发给一万元，由该军长统筹支配。

（六）准发给五瓦特无线电机五架。

（七）该军归陈总司令诚指挥。

（八）集中地点，由陈司令决定之。28

注　释

1. 《抗战时期国共合作纪实》上卷，重庆出版社1992年版，第19页。

2. 《抗战时期国共合作纪实》上卷，重庆出版社1992年版，第168页。

3. 《蒋介石日记类抄·党政》，中国第二历史档案馆藏，转引自杨天石：《蒋氏秘档与蒋介石真相》，社会科学文献出版社2002年版，第351页。

4. 《顾维钧回忆录》第二分册，中华书局1985年版，第235页。

5. 陈立夫：《关于参加抗战准备工作之回忆》，转引自王邦佐主编：《中国共产党统一战线史》，上海人民出版社1991年版，第209页。

6. 中共中央党校中共党史教研室编：《中国国民党史文献选编（一八九四年——一九四九年)》，中共中央党校科研办公室1985年版，第230页。

7. 《中华民国重要史料初编·对日抗战时期·中共活动真相（1)》，台北中央文物供应社1981年版，第264页，转引自王静：《折冲樽俎——周恩来与国共谈判》，重庆出版社1998年版，第51页。

8. 《毛泽东军事文集》第二卷，军事科学出版社、中央文献出版社1993年版，第1页。

9. 《抗战时期国共合作纪实》上卷，重庆出版社1992年版，第398页。

10. 《毛泽东选集》第二卷，人民出版社1991年版，第352页。

11. 《毛泽东军事文集》第二卷，军事科学出版社、中央文献出版社1993年版，第34页。

12. 今分属永安、连城、漳平、龙岩。

13. 中国人民解放军历史资料丛书编审委员会：《新四军·参考资料》(2)，解放军出版社1991年版，第27、42页。

14. "断头今日意如何？创业艰难百战多。此去泉台招旧部，旌旗十万斩阎罗。南国烽烟正十年，此头须向国门悬。后死诸君多努力，捷报飞来当纸钱。投身革命即为家，血雨腥风应有涯。取义成仁今日事，人间遍种自由花。"

15. 《毛泽东年谱（一八九三——一九四九）》上卷，人民出版社、中央文献出版社1993年版，第653页。

16. 转引自《新四军的组建与发展》，军事科学出版社2001年版，第61页。

17. 《抗战时期国共合作纪实》上卷，重庆出版社1992年版，第287页。

18. 盐城新四军纪念馆编：《新四军史料研究集刊》1991年第3、4期合刊，转引自《新四军的组建与发展》，军事科学出版社2001年版，第61页。

19. 中国人民解放军历史资料丛书编审委员会：《新四军·参考资料》(2)，解放军出版社1991年版，第38页。

20. 中国人民解放军历史资料丛书编审委员会：《新四军·文献》(1)，解放军出版社1988年版，第37页。

21. 中国人民解放军历史资料丛书编审委员会：《新四军·文献》(1)，解放军出版社1988年版，第36页。

22. 中国人民解放军历史资料丛书编审委员会：《新四军·文献》(1)，解放军出版社1988年版，第43页。

23. 中国人民解放军历史资料丛书编审委员会：《新四军·文献》(1)，解放军出版社1988年版，第54页。

24. 中国人民解放军历史资料丛书编审委员会：《南方三年游击战争·综合篇》，解放军出版社1995年版，第579页。

25. 中国人民解放军历史资料丛书编审委员会：《新四军·文献》(1)，解放军出版社1988年版，第65页。

26. 中国人民解放军历史资料丛书编审委员会：《新四军·文献》(1)，解放军出版社1988年版，第66页。

27. 中国人民解放军历史资料丛书编审委员会：《新四军·文献》(1)，解放军出版社1988年版，第71页。

28. 中国人民解放军历史资料丛书编审委员会：《新四军·文献》(1)，解放军出版社1988年版，第70页。

第 三 章

东渡黄河

第一一五师"未待改编完毕"先行出动——贺龙部告别西北父老——八路军总部过黄河——第一二九师为何最晚出动——刘伯承黄河边呵斥腐败官

风在吼。

马在叫。

黄河在咆哮。

黄河在咆哮。

河西山岗万丈高。

河东河北高粱熟了。

万山丛中,

抗日英雄真不少!

青纱帐里,

游击健儿逞英豪!

……

这首由光未然作词、冼星海作曲的"黄河大合唱",诞生于全民族抗日战争初期。她塑造了伟大的民族形象,向全中国、全世界发出了民族解放的战斗警号。一经演唱,迅速传遍全国,至今国人耳熟能详。

第一一五师"未待改编完毕"先行出动

1937 年 8 月，一支声势浩大的队伍，正踏着雨后的泥泞，向黄河西岸的禹门渡口挺进。这支队伍正是八路军第一一五师。他们 8 月 21 日即奉命换装，改编为国民革命军第八路军。当时国共两党的谈判尚未结束，南京政府还没有正式发布红军改编的命令。但华北战局危急。毛泽东 8 月 10 日发电报给正在太原同阎锡山接洽的彭雪枫，"因时局紧急，红军不待改编即拟出动，到大同后再行改编"。并说朱德、周恩来等正在南京谈判。如果部队到时，阎锡山问及如何还未改编，就据实回答"南京方面的拖延（不发表宣言，不决定政治纲领，不发表指挥部，也不给番号，最近几天内才把番号颁下，但指挥部还未委任）"[1]。

这样，中央以红一军团为主，组成抗日先遣部队，"未待改编完毕"即提前东进。

改编的当天，在陕西泾阳县云阳镇附近举行了抗日誓师大会。军团政委聂荣臻宣读了中央军委的命令，红第一军团、红第十五军团和陕北红军第七十四师改编为八路军第一一五师。当时，师、旅两级指挥员的名单尚未确定。次日，聂荣臻奉命参加洛川会议，林彪当时任红军大学的校长，也确定参加会议，队伍由红第一军团代理军团长陈光、政治部主任罗荣桓率领，浩浩荡荡，向黄河边挺进。

部队日夜兼程。其间，8 月 25 日，陈光、罗荣桓接到了部队改编为第一一五师的正式命令：师长林彪，副师长聂荣臻，参谋长周昆，政训处主任罗荣桓，副主任萧华。当时正处于夏末初秋季节，天公不作美，忽而烈日曝晒，忽而大雨倾盆，沿途山洪暴发，还几次遇上了泥石流。好在这支队伍是从二万五千里长征中摔打出来的，这点困难根本不在话下。

8 月 30 日，部队到达黄河西岸的韩城县芝川镇，前面就是禹门渡口，黄河水的呼啸声已经隐隐可闻。

师政训处主任罗荣桓和第三四三旅旅长陈光把独立团团长杨成武和第六八六团团长李天佑找了去。罗荣桓说：

"禹门渡口设有国民党检查站，未经改编的红军一律不让过河，你们是不是都彻底换装了？"

两人将部队换装的情况报告之后，罗主任又说：

"你们是第一批过河的八路军，要提高警惕。渡口两岸都驻有国民党的重兵，如果他们只是一般的刁难，你们则要沉着、镇定，忍着，争取安全地渡过河去。如果他们背信弃义，有预谋地制造争端，发生了意外事情，你们就要立刻向总部和师部报告。过了河以后，你们把队伍拉往侯马一带，如果途中发生了意外事件，你们两个团就要合起来，李天佑同志负责军事，杨成武同志负责政治，共同应付突然情况，要尽量减少损失，把部队带上抗日前线。"**2**

虽然国共已经实现了合作，但对于蒋介石的反复无常和其他难以预料的不测事件，还是得保持必要的警惕。罗荣桓想得很细。

第二天一早，杨成武率部首先到达渡口。

透过蒙蒙细雨，只见黄河水由北而南，沉重地呼啸着奔腾而去，河水混沌，水势浩大，浪头上翻滚着一块块烂木板和一堆堆灰黄泡沫，河水发出震耳的吼叫，脚下的大坝也似在微微抖动。这里相传是大禹治水的地方，故得名禹门渡口。

杨成武四下望望，发现渡口设了严密的检查站，河岸上筑有不少掩体，大堤上有荷枪实弹的国民党兵巡逻；泊船处的守卫们为了加强对渡船的警戒，扯起了一根根的铁索。一个军官模样的人，头戴雨帽，手上拿着个大纸夹子，在渡口处来回踱步。一打听，原来他是国民政府派驻这里的口岸检查官。如果要从这里过河，非得他那个大纸夹子里有番号不可。

可第一一五师的编制序列里，恰恰没有杨成武独立团的编制。增设这个团是中共中央的主张，未经国民党的批准。为了避免麻烦，杨成武命令部队全部到一个小树林里休息。

正在这时，第六八六团的骑兵侦察哨上来了。杨成武迎上去问：

"你们团离这里还有几里路？"

"大概3里，十几分钟就可开到。"

"你快回去告诉你们团长，让他把部队先拉到小树林里与我们会合。"

"是！"

侦察哨掉转马头，很快消逝在蒙蒙细雨中。

十几分钟后，团长李天佑和副团长杨勇率团赶到。杨成武说：

"老李，国民党在渡口设有检查站，检查官是个上校，如果要从这里过河，非得他那个皮夹子里有我们部队番号才行，否则，他是不会放行的。"

"他娘的，抗日打鬼子还有这么多麻烦。"李天佑骂了一句，"我这个团是有番号的，干脆两个团混在一起，一拥而上，先占了船再说。"

"好主意，就这么办。"杨成武手一挥，"独立团的听令，立即插进六八六团队列，速度快点！"

李天佑折下一根树枝，拔出匕首，边走边削，领着队伍来到渡口。

"请问贵军番号。"那个检查官问道。

"三四三旅第六八六团。"李天佑把玩着匕首对检查官说，"前线吃紧，小鬼子猖狂得很。本团长奉上级命令日夜兼程往前线赶。阎长官恐怕急眼了，盼着咱们早点开上去。他娘的，下了几天雨这黄河都望不到边了。"

"你们团有多少人？"检查官问。

"两千多人，大部队马上就开来了，"李天佑将匕首插入刀鞘，挥着树枝说，"没什么问题的话，本部人马立即渡河。"

李天佑故意将"立即渡河"说得很重。身后的战士一听便高喊着"立即渡河，快上船"，一窝蜂拥上码头，将20多条大船全都占了。

面对乱哄哄的人流和多出近一倍的人来，检查官也许无法点数，也许佯装不知。在不违背上级指令的情况下，也许他希望更多的部队往前开呢。

贺龙部告别西北父老

第一二〇师抗日誓师大会之后，贺龙、萧克、关向应发布渡河命令："明日起，分 6 天向韩城芝川镇前进，由芝川镇渡河，到侯马待命。"

这样的渡河地点及出动路线，也是毛泽东考虑陕北的实际情况，在 8 月上旬就定下的。毛泽东在 8 月 10 日的电报中说，关于"出动路线，因洛川至府谷千余里无粮，延安南北八百余里颗粒无买（机关粮食从晋西与西安买来），因此决不能走陕北，只能走韩城渡河经蒲县、孝义、汾阳到大同集中"³。古人云，兵马未动，粮草先行。现在，几万人的大军出动，粮食等等的供应不是个小问题。毛泽东定下了这条出动路线，顿使韩城芝川镇黄河渡口喧闹异常，八路军的三个师及总部，都先后从这里渡过黄河，奔赴华北。

就要开拔了。红军官兵有的忙着送还借物、挑水扫院，有的磨刀擦枪、整理背包，有的忙着写信向家中父老报喜。老乡也是家家磨声隆隆，户户炊烟袅袅，准备为红军饯行。十几天前，红军曾发布《留别西北同胞书》，向曾经留驻、接纳、养育了红军的西北人民致意。公告表达了红军的抗日决心和必胜信念，希望西北人民加紧一切抗战准备，巩固抗日后方。

9 月 3 日，天刚蒙蒙亮，第一二〇师的官兵们便在陕西富平县庄里镇的河边集合了。

雨过天晴，大地被洗得葱翠碧绿。河滩上红旗招展，刀光闪闪，队伍如龙似虎，激昂的歌声此起彼伏。谁都是笑盈盈的，互相交换着兴奋的眼光。队伍四周是前来送行的群众，男的、女的、老的、少的，有的提着茶水，有的拿着鸡蛋，有的牵着高骡大马，上边驮着慰问品。河滩上黑压压一片。

部队行动了。整个河滩更像开了锅似的翻腾起来。锣鼓震天，鞭炮齐鸣。群众伴着部队缓缓而行，抢着往战士口袋里塞鸡蛋、馒头、毛巾、布鞋……一个老大爷一边走，还一边嘱咐着："遇到鬼子汉奸，多杀两个，也替我老头子出一口气！"一个老大娘像送别自己的儿子一样，抚摸着一个战士说："孩子，打了胜仗，给我们捎个信来！……"

天地之间口号声响成一片：

"欢送红军开赴抗日前线！"

"把日本侵略者赶出中国去！"

"打倒日本帝国主义！"

数不清的男女老少，频频向他们的子弟兵招手挥旗，不肯离去……

9月9日，第一二〇师师部、第三五八、第三五九旅（欠第七一八团。第七一八团编入八路军后方总留守处，已脱离第一二〇师建制）及5月组建的教导团共8227人，抵达韩城县芝川镇黄河渡口。几天前，第一一五师的部队刚从这里渡河北上，第一二〇师尾随其后，踏上了新的征程。

八路军总部过黄河

洛川会议结束的第二天，八路军总部的朱德、彭德怀、任弼时，以及林彪、聂荣臻、徐向前、萧克等人乘坐一辆卡车从洛川出发，奔赴八路军云阳总部。

山路崎岖，到处是坑坑洼洼，一车人被颠得晕头转向。彭德怀揉着额角的一个大包，气得大骂：

"娘卖×，把屎尿都颠出来了！"

这辆卡车原属张学良的东北军，西安事变时送给了周恩来，大半年颠簸在陕北高原上，像一头快要寿终的老牛，早就有气无力了。每逢上坡或掉到坑里便要人推。聂荣臻见状问他的四川同乡傅钟：

"老傅，四川话在这里怎么说呀？"

"图相因买老牛，爬坡过坎要人搉"，傅钟笑道。

彭德怀还在生闷气:"要不是条铁牛,老子早把它捶死了。"

一车人说说笑笑,便到了中部县(今黄陵县)城。有人提议去看看黄帝陵。

黄帝陵就在前面那片郁郁葱葱的桥山上。它是海内外炎黄子孙共同向往和瞩目的地方。几千年来,历代王朝直到民国,每年清明节,都要派出官员来扫墓、祭奠,以表示对先祖的虔诚和敬仰。眼下,八路军就要上前线了,大家都有一颗"壮士一去不复还"的杀敌决心,因此,也就格外想去看看黄帝陵。

看过之后,一行人从桥山上下来,进了轩辕庙。朱德说:"今年清明节,我们还派人给轩辕黄帝送了祭文哩。都去看看!"

一进轩辕庙,果然,在黄帝塑像脚下的大供案上,陈列着许多祭文,以毛泽东主席、朱德总司令名祭献、由林伯渠亲笔书写的那幅格外引人注目。祭文写得非常好。大家拥过来看,有人情不自禁地读出了声:

中华民国二十六年四月五日,苏维埃政府主席毛泽东、人民抗日红军总司令朱德恭遣代表林祖涵,以鲜花束帛之仪致祭于我中华民族始祖轩辕黄帝之陵:

赫赫始祖,吾华肇造;胄衍祀绵,岳峨河浩。

聪明睿知,光被遐荒;建此伟业,雄立东方。

世变沧桑,中更磋砣;越数千载,强邻蔑德。

硫台不守,三韩为墟;辽海燕冀,汉奸何多!

以地事敌,敌欲岂足;人执笞绳,我为奴辱。

懿维我祖,命世之英,涿鹿奋战,区宇以宁。

岂其苗裔,不武如斯,泱泱大国,让其沦胥。

东等不才,剑屦俱奋,万里崎岖,为国效命。

频年苦斗,备历险夷,匈奴未灭,何以家为。

> 各党各界，团结坚固，不论军民，不分贫富。
>
> 民族阵线，救国良方，四万万众，坚决抵抗。
>
> 民主共和，改革内政，亿兆一心，战则必胜。
>
> 还我河山，卫我主权，此物此志，永矢勿谖。
>
> 经武整军，昭告列祖，实鉴临之，皇天后土。
>
> 尚飨！ **4**

好一篇祭文！抑扬顿挫，铿锵有力，动人肺腑。

朱德说，"这是我们建军十年第一次向老祖先明志"。大家也都称赞祭文写出了全军指战员的情怀，就是我们开赴抗日前线的《出师表》哩！

看完轩辕庙，一行人又乘车赶路。跑着、推着，那辆快要散架似的"铁牛"，终于在大雨中抛锚。朱德一行只好顶着倾盆大雨徒步行军，8月30日下午到达云阳总部。

9月6日，八路军总部由朱德率领，从云阳出发。队伍除机关外，有随营学校的3个团和1个警卫总部的特务团。浩浩荡荡的劲旅，在秦川大地上疾进，引起沿途收秋、秋种农民的注目。队伍经过村子，人们拥到街上送茶水、梨子、桃子、鸡蛋，许多青年纷纷要求加入到行军行列里。

9月15日，总部到达韩城芝川镇黄河渡口。

候船的间隙，时任总部民运部部长的傅钟等人，听说镇西南司马坡上有座司马迁祠，决定去看看。

进得祠内，只见碑碣林立，铭刻着对这位太史公的赞词颂语，不由使人想起了他的巨著《史记》。《史记》从《五帝本纪》到《太史公自序》共130篇，确实如鲁迅所说，是"史家之绝唱，无韵之《离骚》"，代表着中国古代文化的高度成就。司马迁忍辱负重，用笔为中华民族的统一和发展作出了不朽的贡献，而今天，八路军则要用刀枪和自己的血肉去搏斗，去收复被日本帝国主义践踏的土地，去书写中华民族雄立于世界的光辉篇章。

一股浩然之气不禁在傅钟等人的心间回荡。

回到渡口，傅钟与朱德、任弼时、邓小平、左权等同船过河。

这一天风和日丽。再有四天就是中秋节了，家中亲人可安好？

立在船头的朱德放下望远镜，心头掠过一丝对家人的思念。在总部出发前一天，他曾给四川的亲属写了一封信。这是他十年来第一次写家信。信中说：

> 别久念甚。我以革命工作累及家属本属常事，但不知你们究受到何等程度。望你接信后，将十年情况告我是荷。理书（二哥之子）、尚书（大哥之子）、宝书（朱琦）等在何处？我两母亲（生母和养母）是否在人间？……近来国已亡三分之一，全国抗战，已打了月余。我们的队伍已到前线，我已动身在途中。对日战争我们有信心并有把握打胜日本。如理书等可到前线上来看我，也可以送他们读书。我从没有过一文钱，来时需带一些钱来。

过后不久，他又修书一封：

> 理书、尚书、宝书、许明扬（大姊之子）等现在还生存否？做什么事？在何处？统望调查告知，以好设法培养他们上革命前线，决不要误此光阴；至于那些望升官发财之人，决不宜来我处，如欲爱国牺牲一切，能吃劳苦之人，无妨多来。我们的军队是一律平等待遇，我与战士同甘苦己十几年，快愉非常。因此，无论什么事都好办……我为了保持革命军队的良规，从来也没有要过一文钱，任何闲散人来，公家及我均难招待，革命办法非此不可。**5**

信不长，但一个革命者此时的心情和高尚情操，已跃然纸上。

木船在汹涌翻滚的波涛中前进。船工们驾驶大船的强健体魄，使朱德他们感受到了中国人民当中蕴藏的无穷力量。依靠人民，坚持抗战，一定能驱逐日寇出中国。

大船靠岸。

朱德一行的脚步，有力地踏上了三晋大地。

第一二九师为何最晚出动

刘伯承的第一二九师是最晚出动的，时间是 9 月 30 日。此时，距第一一五师出动已有 39 天，比第一二〇师也晚了 27 天。

为什么第一二九师按兵不动，迟迟没有出发？

为什么第一一五师要"先动"，第一二九师却要"后发"？

这显示了毛泽东的过人之处。

第一一五师"未待改编完毕"即先行出动，一是由于华北战局危急；二是由于蒋介石在谈判中对许多问题拖延不决，先出兵是占一先着。第一二九师后发，也绝不是毛泽东有意保存实力，而是为了在国共谈判中争取到更加完整的抗日权利。

第一二九师是毛泽东手里的一张牌。

毛泽东在 9 月 1 日曾致电周恩来：第一一五、第一二〇师及八路军总部接连出发，第一二九师非待国共间各主要问题解决后决不出动，这种部署是完全正确的。八路军主力接蒋介石第一次命令即出发，并无丝毫延迟，国民党一切无理的拖延与限制则层出不穷，表示其没有必要的诚意。9 月 17 日的电报中也说："我四方面军在外交问题解决后，或在适当时机，进至吕梁山脉活动。"**6**

第一二九师第三八六旅旅长陈赓在 9 月 4 日的日记中写道："……特区问题，南京多方迁延，企图削弱我特区政权。我师在特区问题未得正式解决以前，为保卫苏区计，暂不开动，静候解决。"**7**

这里所说的"外交问题""特区问题"，就是毛泽东要用第一二九师这张"牌"，向南京政府争取的东西。

国共谈判中，除了红军改编问题之外，"特区问题"，即陕甘宁革命根据地的改制问题，也是重要的议题之一。中共代表保证：取消苏维埃政府及其制度，现在的红军驻屯地区收为陕甘宁边区，执行中央法令与民选制度。国民党方面提出，边区政府只隶属于陕西省政府，南京要派人到边区政府任正职，还要向边区派专员、副县长、副区长等。中共代表则坚持，边区政府应隶属于南京行政院，且必须是一个整体，不许分割，其行政人员由地方推荐，中央任命，拒绝国民党向边区政府派人。

谈判中的另一个重大问题，是发表国共合作宣言，承认共产党的合法地位，也就是毛泽东电报中所说的"外交问题"。

早在7月14日，周恩来上庐山，即将《中共中央为公布国共合作宣言》交给了蒋介石。中共希望国民党方面于7月中旬公开发表此宣言。蒋介石对宣言的态度却十分冷淡。周恩来后来回忆说："我们带去起草好的宣言，他要动手改两句，那时候我们还客气，同意他修改了两点。但修改了他也不发表，总想把共产党合法这一点抹杀掉。"**8**7月27日，周恩来抵西安，西北实力派人物蒋鼎文转达蒋介石催促红军出动到前线抗日的意见。周恩来说：红军出动抗日这是没有问题的，但南京必须发表《中共中央为公布国共合作宣言》。

8月中旬，两党继续在南京谈判，国民党谈判代表康泽对中共的合作宣言百般刁难。

康泽，四川安岳县人，1925年曾在莫斯科中山大学学习。1927年10月回国后，在北伐军中做政治宣传工作，深受蒋介石重用，是特务组织"复兴社"的发起人和"十三太保"之一。当时是国民党军委政治部第二厅厅长、"复兴社"总社书记，思想极为反动。他反对文件中提民主，要求取消文件中对民族、民权、民生三条的解释，不同意提"与国民党获得谅解"，共赴国难等。他认为，我方的文本只须保留中共对国民党的四项保证即可。康泽的意图，是要把国共两党有原则的合作歪曲为共产党的屈服、被招降。中共代表对此作了坚决斗争。

9月以后，周恩来、彭德怀、徐向前等去往山西太原，同阎锡山商谈八路军入晋后的活动地区、作战原则、指挥关系以及补充计划等问题，同南京的谈判改由博古、叶剑英负责。国民党方面的代表仍是康泽。这次谈判的中心问题，是发布国共合作宣言。双方在"国民党"与"政府"一词上无法取得一致：中共坚持用"国民党"，康泽坚持用"政府"。

这一天，蒋介石召集双方代表在南京孔祥熙家磋商。蒋介石说："宣言都同意，签了字，是很好的，剩下来的这个问题——'政府'和'国民党'几个字的问题，这本来不是要紧的问题。"

呷了一口茶，润了一下因着急上火而略有些嘶哑的嗓子，蒋介石又说道："用'国民党'本来没有什么关系，但还是用'政府'好些。"

蒋介石拍了板，中共代表不好再坚持，关于宣言的谈判算最后解决。

9月22日，国民党中央通讯社发表中国共产党于7月15日递交的《中共中央为公布国共合作宣言》。23日，蒋介石发表承认中国共产党合法地位的谈话。

第一二九师出动的障碍终被清除。

9月中旬的一天，正当刘伯承一边准备、一边等待中央的出动命令之时，第一二九师师部来了位不速之客。此人40多岁，头戴礼帽，身着便服，自称叫乔茂才，要求见一见刘伯承师长。负责接待他的参谋处处长李达问道："不知先生现在何处高就？"

"不敢，兄弟在蒋主任处当个参议。"乔茂才满脸堆笑地答道。他所说的"蒋主任"，是当时国民党西安行营主任蒋鼎文。

乔茂才接着说："我过去在四川时，认识刘师长，兄弟此次来到贵师，是想拜望一下刘师长。"

这可不是个普通朋友。我们没有请他，上级也没有通知说他要来，还是先去问一问刘师长。李达拿定主意：

"乔参议稍候，我帮你找一找刘师长。"

听了李达介绍，刘伯承说："乔茂才我认识，可是我们已经几十年没有来往了，他来干什么呢？在没有弄清他的意图之前，我暂时不好出面，你先去招待一下，跟他谈谈，就说我到前边部队去了，有什么事等我回来再说。"

李达出来后，对乔茂才说："实在不巧，刘师长到外面视察部队，现在还没回来。"

"那么，刘师长几时才能回来呢？"乔茂才急切地问道。

"现在还说不准。"

听了李达的话，乔茂才像被兜头浇了一瓢凉水，半天没说话。最后，他终于沉不住气了，不得不对李达和盘托出实情："李处长，兄弟此来，一是拜望，二是有公事相商。不知你可否转告刘师长？"

李达说："这几天，刘师长正在前边忙于公务，行踪不定，一时难于找到他。乔参议如有公事，可以跟我说，刘师长回来，我一定转告他。"

乔茂才从随身携带的公文包里拿出一封信，递给李达。

"请李处长先过目。"

李达打开一看，竟然是蒋介石亲笔签署的一个命令：第一二九师经陇海路转平汉路[9]北上，加入石家庄方向作战。李达感到事关重大，随即向乔茂才问道："这封信朱总司令看过没有？我们怎么没有接到八路军总部的指示呢？"

"没，没有。"乔茂才尴尬地说。

李达这时已经弄清了他的来意，便把信交给乔茂才，对他说："乔参议，这是个大事，还是把这个命令先放在这里，等到刘师长回来由你自己亲自交给他为好。你先到房间里休息一下，我马上就派人去找刘师长。"

李达立即把这些情况向刘伯承作了汇报。刘伯承说："来者不善，善者不来。找我叙旧是借口，分明是想分化我们八路军，他好向蒋介石邀功请赏。"

说着，刘伯承来到地图跟前。"第一一五师已经到了灵丘、广灵、阜平、行唐一线，第一二〇师正活动在神池、宁武、朔县一带。北路日军正跟国民党友军在内长城激战，东路日军旨在夺取石家庄，然后沿正太路[10]西犯，威胁晋北友军侧背。我们师如果按照蒋介石的命令，加入石家庄方向作战，不但对大局无补，而且很容易被日军隔在井陉要隘以东，失去与我第一一五师、一二〇师的联系，形成孤军失险之势。"

他不由得回想起一个月前的洛川会议上，曾经讨论过这样的问题。

蒋介石早就有把八路军"分割"使用的企图。国民政府军事委员会第一部部长黄绍竑和国民党军副参谋总长白崇禧，曾提出过一个"黄白案"——八路军以两个师由渭南上车，经风陵渡、同蒲路至代县附近下车，至蔚县一带集中；另一师沿陇海路转平汉路，在徐水下车，到冀东玉田、遵化一带，开展游击战争。毛泽东敏锐地察觉到，这是蒋介石的一个阴谋。他在8月17日即电告国民党谈判代表张冲，并转正在南京参加国民党政府召开的国防会议的朱德、周恩来、叶剑英：红军为安全计，为荫蔽计，为满足晋绥渴望计，"同意我军主力集中阳原、蔚县、涞源、广灵、灵丘地域，但前进不走平汉路而走同蒲路，在侯马上车，到代县下车，向目的地集中"[11]。明确提出了"决不走平汉路"的策略。第二天，洛甫、毛泽东又致电博古、林伯渠、彭德怀、任弼时并告周恩来、叶剑英："黄白案"将红军分割出动，其中包含着极大阴谋，坚决不能同意。"国民党阴谋已表现得很明显，他的企图是：（一）将红军全部送上前线。（二）分路出动，使不集中，强使听命。（三）红军受命出动后即变为蒋之下属，彼以命令行之。彼时党的问题与边区问题，由彼解决，甚至将不许发表宣言并取消苏区……此事关系重大，须在洛川会议上慎重讨论。"[12]

这个在洛川会议上已经讨论过的问题，想必刘伯承早已心领神会。

沉思片刻，刘伯承坚决地说："这是个大阴谋，蒋介石想借日本人的刀杀我们，老子不上这个当！"

李达问："这个乔茂才怎么打发呢？"

刘伯承嘿嘿一笑，"他想给蒋介石当诱饵，乘机除掉我们一个师。我们不理睬他。国共谈判的时候，已经定了的，对八路军的指挥一定要通过八路军总部，谁也无权越级下命令。蒋介石这么干，不符合这个协议嘛！让他等着，等得不耐烦，他就回去了。"

乔茂才一连等了几天，只是李达陪他吃饭、散步，一直见不到刘伯承，心中也明白了是怎么回事，只好自己找个台阶下：

"我回去还有事情要办，等刘师长回来后，我再来拜访。"

他一定会为没有办成蒋委员长交办的这个差事而沮丧不已。

刘伯承黄河边呵斥腐败官

刘伯承没有见他那位"老相识"，可对于来驻地探望、慰问的老百姓却是礼貌有加，热情相待。

部队就要出征了。消息传出后，前来第一二九师驻地的老百姓络绎不绝。有送鞋、送袜、送慰问品的，有带牲口要求为部队驮行李的，有送锦旗表示鼓励的。更有一位年过八旬的老先生，亲自带着一个万民匾，上书"万民之师"四个大字，专程到师部求见刘师长。

老先生一见刘伯承的布衣布鞋，裤子上还打着一个大补丁，按捺不住内心的激动，伸出双手紧紧握住刘伯承的手，连声说："你们真是秋毫无犯，堪称'万民之师'，真可谓尧舜之师不如也。"

经过革命战争洗礼的人，无人不晓得人民群众的重要性。毛泽东曾讲过，真正的铜墙铁壁是什么？是群众，是千百万真心实意地拥护革命的群众。这是真正的铜墙铁壁，是什么力量也打不破的。刘伯承这位川中名将，从投身辛亥革命起，出生入死几十年，新旧军队一对比，对这句话的理解，自然更加深刻。他明确指出，"走也要走得让老百姓满意"。他要求各部队利用与老百姓谈心、贴标语、召开群众大会等方法，向群众宣传共产党、八路军抗日救国的纲领和主张。指战员们则争相为群众做好事、扫院子、打水、干农活。一位老大娘查看部队住过的房子，见门板上得规规正正，地面扫得干干净净，桌椅板凳归放得整整齐齐，连喝水打碎的粗瓷碗也留下了道歉的字条和赔款，她十分欣喜，逢人便说："你看看，你看看，这样的军队能不打胜仗吗？"

接到出发的命令后，细心的刘伯承决定率先遣队先行。

打日军毕竟不同于打国民党军队，他要在师主力到达前了解和掌握敌人和友军的情况，以保证及时进行作战和开展工作。先遣队由师前方指挥所和第三八五旅的第七六九团组成。第三八五旅旅部和第七七〇团已划归八路军后方总留守处，脱离了第一二九师建制。第七六九团团长是陈锡联，副团长是汪乃贵。鉴于师参谋长倪志亮还未到职，刘伯承把参谋处处长李达留在后梯队协助政委张浩工作。后梯队主要是由第三八六旅旅长陈赓、副旅长陈再道率领的第七七一、第七七二两个团组成。

出发前，刘伯承抓紧时间给师司令部干部上军事课，讲战车、装甲车防御法。他从战车、装甲车的一般性能、作用讲起，讲到如何利用地形地物、破坏道路、埋设地雷以及伏击等防御办法。他强调指出，日军的优势主要在武器，我们要树立敢打敢胜的思想。有了勇敢精神，还要讲战术，敌人的东西只要我们把它研究透了，总会有对付的办法。

9月30日，刘伯承率先遣队从陕西富平县庄里镇出发。也许是战马闲得太久了，出得镇来一溜小跑，两名警卫员纵马紧随其后。大队人马在秋后田野的土路上扬起一溜黄尘。

一行人日夜兼程，向韩城县芝川镇黄河渡口急进。他们不能不急。自第一一五、第一二〇师开赴前线后，胜利的消息一个接着一个：9月25日，第一一五师已经在平型关拔得头筹，歼敌千余；第一二〇师战雁门、袭宁武，也频频得手。兄弟师的消息让第一二九师有些沉不住气了。

经过5天的夜宿晓行,10月5日,先遣队来到了韩城县芝川镇黄河渡口。

这期间,陈赓率第三八六旅于10月1日出发跟进,张浩率师后梯队也于10月2日启程。

刘伯承带着参谋到渡口察看,只见河面约有5里宽,湍急的水流夹带着泥沙翻滚直下,仿佛是一条怒不可遏的黄色巨龙。他让参谋去找渡船,几个参谋在岸边走了几个来回,竟没有看到一只船的影子。

刘伯承生气了。他让参谋把芝川镇的国民党地方官找来。参谋从赌场里找了两个管渡口事务的官员。

进得门来,刘伯承劈头就问:"你们这里为什么不备好船?"

两人支支吾吾地回答:"我们不知道贵军今天要过河,实在抱歉,明天一定想办法。"

刘伯承本来就痛恨腐败无能的国民党官吏,见他们国难当头,还醉生梦死。不由得一拍桌子,厉声喝问:

"你们认识我吗?"

旁边的一位参谋走上前,向他们介绍道:"他就是大名鼎鼎的国民革命军第八路军一二九师师长刘伯承将军。"

一听到刘伯承的名字,两人忙说:"刘将军的大名,我们久仰,久仰,今天得见,非常荣幸。"

"啪!"刘伯承又狠狠地拍了一下桌子,严厉地对他们说道:

"什么荣幸不荣幸的,别给我来这一套。告诉你们,我们是奉了蒋委员长、阎司令长官的命令,渡河去抗日前线的。我们明天拂晓必须全部过河。限你们两个小时内把船调齐,要是贻误了军机大事,"刘伯承顿了一下,"就把你们两个当汉奸论处,听清楚没有?!"

两个地方官一听要把他们当汉奸论处,真的害怕了,再也不敢拖延,马上按要求找齐了船。

　　刘伯承连夜安排渡河。根据船只的数目和两岸渡口的数量，他把先遣队分成两批过河。第一批由陈锡联带第七六九团两个营先过，其余人员由他亲自率领第二批渡。他还规定了各部队上下船的次序，严令不准丢弃任何装具器材。

　　第二天一早，一位参谋问正在指挥渡河的刘伯承："师长，我可从来没见你发过昨夜那么大的火呀？"

　　刘伯承说："你看到了吧，国民党政权腐败成这个样子，还能不失民心？还能不打败仗？我在旧军队待过，知道国民党的作风。他们欺软怕硬，媚上压下，看势头办事。何况这次是故意刁难我们，吓唬他几下子，他就知道八路军不是好惹的了，这就叫以其人之道，还治其人之身。"

　　说罢，朗声大笑起来。

注　释

1.《毛泽东军事文集》第二卷，军事科学出版社、中央文献出版社 1993 年版，第 28—29 页。

2.《杨成武回忆录》，解放军出版社 1987 年版，第 358 页。

3.《毛泽东军事文集》第二卷，军事科学出版社、中央文献出版社 1993 年版，第 29 页。

4. 转引自中国人民解放军历史资料丛书编审委员会：《八路军·回忆史料》(1)，解放军出版社 1990 年版，第 63—64 页。

5. 转引自中共中央文献研究室编：《朱德传》，人民出版社、中央文献出版社 1993 年版，第 405 页。

6.《毛泽东军事文集》第二卷，军事科学出版社、中央文献出版社 1993 年版，第 48 页。

7.《陈赓日记》，解放军出版社 2003 年版，第 9 页。

8.《周恩来选集》上卷，人民出版社 1980 年版，第 195 页。

9. 今京广线一段。

10. 正定到太原的铁路，今石家庄至太原线。

11.《毛泽东军事文集》第二卷，军事科学出版社、中央文献出版社 1993 年版，第 30 页。

12.《毛泽东军事文集》第二卷，军事科学出版社、中央文献出版社 1993 年版，第 32 页。

第 四 章

走出丛林

何鸣事件，我党向国民党当局提出严正交涉——一本杂志让项英欣
喜若狂——高敬亭化名李守义——谭震林一行在瑞金被扣——"左"倾
危害，"叛徒"陈毅险些被杀——大军初创，百事待举

国共合作的序幕拉开了，南方各地红军游击队也走出茂密山林，开始了
与国民党地方当局的谈判，进一步按照中央的精神实现战略任务的转变。

国民党中确有申明大义者，诚心诚意与南方红军进行谈判，支持国共合
作共赴国难。但部分国民党的军政官员却总是抱着另外一种企图与红军游
击队进行谈判，妄图通过政治谈判达到军事"清剿"所未能达到的目的。这
就使得红军游击队与国民党地方当局合作抗日的谈判步履艰难，斗争非常
激烈。

这些国民党官员边谈边"剿"。有的乘红军游击队与外界信息不通，散
布共产党、红军向国民党投降了的谣言，企图瓦解红军游击队；有的写信、
登报或派出共产党的叛徒到游击区进行"招抚""劝降"活动，许以高官厚禄，
对游击队进行分化瓦解；有的以谈判为掩护，以武装包围、袭击，企图迫使
红军游击队就范，或用欺骗手段，诱使红军游击队下山集中，然后收缴红军
游击队的枪支。

南方游击区国共合作共同抗日的谈判过程，是一个曲折、复杂、尖锐的
斗争过程。

1937 年 8 月 1 日，鉴于这样的形势，中共中央发出了《关于南方各游

击区域工作的指示》，其中关于与国民党谈判的内容包括：

　　在保存与巩固革命武装，保障党的绝对领导的原则之下：（1）较大的红色部队，可与国民党的附近驻军或地方政权进行谈判，改变番号与编制以取得合法地位，但必须严防对方瓦解与消灭我们的阴谋诡计与包围袭击。（2）改变番号与编制后，部队中可成立队长或副队长，政治处主任及总支部书记的党的秘密委员会，领导部队中一切工作。党的工作与政治工作均须改变以适合于新的情况。（3）脱离生产的小的地方性的游击队，游击小组，原则上可一律变为民团，以取得合法地位，不可能时，仍可非法存在。（4）赤少队取消，有计划有组织的改编或混编在当地壮丁队民团中去起作用。（5）未与国民党政府及当地驻军确实谈判好以前，则我们的一切武装部队，可以自动改变番号，用抗日义勇军抗日游击队等名义，根据党的新政策，进行独立的活动，继续开展统一战线工作，以灵活的游击行动，去发动与组织人民，建立党的秘密组织，捉杀汉奸，扩大党的新政策的影响。但在取得与国民党驻军停战谈判机会后，即当用大力量，利用时机，进行整顿与训练，并掩护当地群众工作。用一切方法提高部队每个指战员的政治水平及坚定的意识，防止一切收买利诱分化的阴谋。（6）关于部队给养问题，在未与对方谈判好以前，我们可采取由富有者募捐的方式募集钱粮。只有确实是汉奸的财产，才采取没收的办法。

　　……

　　现在我们对于国民革命军工作的方针一般的不是瓦解它，而是采取争取其官兵共同抗日的方针。（1）站在抗日的民族统一战线的立场上，向官兵宣传解释我党的主张，首先是以和平统一团结御侮的主张，去争取停止内战互不侵犯，以至进行和平谈判，成立协定。（2）利用一切机会去接近下级的官佐士兵，提高官兵政治的民族的觉悟与抗日情绪，建立党的秘密组织，从部队的日常生活出发，逐渐的进行改善士兵生活，改良部队的纪律组织与教育。(3)但在它们继续向我们进攻时，我们仍应坚持自卫的游击战争。

对于民团，一般的要同样采取以上的方针。但顽固的反动的民团与土匪的坚持与我们作对者，争取不可能时，可以以政治瓦解与军事进攻消灭之。在我们和当地驻军与政权谈判好时，可同它们共同解决之。[1]

这是指导南方各游击区工作转变的纲领性文件，对正在与国民党地方军政当局谈判的南方各游击区具有强烈的针对性和现实指导性。同时，中共中央还派出联络人员至南方各游击区，传达中央指示，协助游击区与国民党地方当局的谈判。

此时，一些红军游击队在反"清剿"的同时，从直接或间接获知的西安事变后国内形势变化和中共中央关于抗日民族统一战线政策的内容，在思想上、军事上、政策上也作了一些适应性的调整，并且有的游击区在与党中央取得联系之前，就开始了与国民党的谈判。但是由于没有直接得到党中央的指示，一些地区在与国民党当局谈判的时候，难免出现一些偏差。

何鸣事件，我党向国民党当局提出严正交涉

1937 年 3 月 5 日，闽粤边特委收到设在香港的中央南方临时工作委员会的指示信，信中提到中共中央已将"抗日反蒋"的口号改为"联蒋抗日"，并指示闽粤边特委与当地国民党军进行谈判，达成共同抗日协议。4 月，闽粤边特委开始了与驻漳州的国民党粤军第一五七师的谈判。

谈判并不顺利。首先是第一五七师师长黄涛企图利用谈判机会对游击队进行"收编"，被中共的谈判代表识破。其次，第一五七师边打边谈，不但对游击队发动军事攻击，还逮捕和关押了谈判代表何鸣等人。在中共闽粤边

特委积极营救下，国民党方面很快释放了何鸣等人。可是就是这次被捕而又轻易被释放，加上在此之后双方之间的冲突减少，给何鸣造成了错误印象，渐渐放松了对国民党的警惕，为日后被缴械埋下了伏笔。

6月下旬，何鸣等与第一五七师签订合作协议，协议中第一五七师接受红军游击队关于合作抗日的主张，承认闽南共产党和红军游击队的合法地位，但提出红军游击队必须离开原来的根据地，到漳浦县城集中。闽粤边特委就是否下山进驻漳浦城，展开了讨论。何鸣担心影响国共合作，坚持应去漳浦城集中。

7月初，中央南方临时工作委员会得悉红军游击队改编、准备离开根据地的消息，派人传达指示：番号可以改变，政治上要保持独立，部队必须提高警惕，要驻在根据地，不能开到平原去。但何鸣却没有执行中共南临委关于游击队应驻扎根据地的指示，说："已经开出来了，再开回去不好意思。"

7月13日，何鸣将部队800余人带到了漳浦城外孔庙。至于前途怎样，何鸣也拿不准。而同来的副团长卢胜更是表情严肃，他本就不同意下山，现在心里有一种不祥的预感挥之不去。战士们见到团长和副团长的脸色，心里也都是提心吊胆的。

国民党第一五七师的联络官过来嘘寒问暖，跟大家交代这交代那的，真是一副合作的样子，这才使战士们的情绪渐渐平静下来。大家又开始想象着用新式装备上抗日前线痛痛快快打鬼子。

在战争这个你死我活的年代，麻痹大意、缺乏警惕就会带来严重后果。7月16日晨，粤军第一五七师以点名发饷和整训为名，包围并解除了红三团的武装，扣留了所有人员，制造了"漳浦事件"。

当国民党乌黑的枪口对准红军战士时，他们表现出了宁死不屈的气节。

短枪连的战士嗖的一声全拔出驳壳枪，机枪手也把机枪架起，一个个虎目而视，只听见一片"咔嚓咔嚓"的子弹上膛声和"拼了算""打"的愤怒声音。

何鸣却慌忙出面阻止大家说："同志们，不要动，训练不一定要拿武器，大家要相信我，这是全国性的问题，不要冲突！"

四周埋伏的国民党部队也逐渐向前逼近了。符义山连长把驳壳枪的撞针、大簧卸下，把枪一摔，说："枪壳子给他，心子不能给！"有的战士当场晕倒了，有的战士把国民党发的衣服、帽子撕得粉碎，枪支、铜号丢得遍地皆是。部队回到孔庙，许多人失声痛哭……

这支艰苦奋斗、经过国民党十年"围剿"未能"剿"灭的红军游击队，却由于他们领导人的思想错误，被兵不血刃地解除了武装。

当天晚上，卢胜带着少数战士，冒死穿越了敌人的封锁线，重新潜回山中。并将陆续逃脱的红军战士重新组织起来，重新打起红三团的旗帜。到1937 年底再次下山改编时，又发展到 300 余人。

"漳浦事件"共被缴去重机枪 2 挺、轻机枪 5 挺、驳壳枪 200 余支、步枪 500 余支、子弹十几万发。这件事暴露了国民党内反共顽固派乘谈判改编之机并吞南方红军游击队的阴谋。

事件发生后，引起了中共中央的极大关注，并与国民党当局进行严正交涉，要求国民党妥善解决"漳浦事件"作为南方红军游击队改编集中的一个前提条件。

8 月底，毛泽东致电张云逸，务须向余汉谋严重抗议，并要他们迅速将原人原枪全部退回。9 月 14 日，张闻天、毛泽东致电与国民党谈判的博古、叶剑英等，要求南京政府责令余汉谋退回何鸣部人枪，不得缺少一人一枪。[2]

10 月 1 日，中共中央书记处致电张云逸等，再次强调"国民党首先把何鸣部人枪交还，经证实具报无误后，方能谈判各游击区问题"[3]。10 月 15 日，张闻天、毛泽东致电潘汉年等，"候国民党交还何鸣部人枪并公开认错之后"[4]，其他游击区再行商谈改编事宜。10 月 18 日，毛泽东在电报中仍强调"首先要国民党交还何鸣部人枪"[5]。10 月 30 日，张闻天、毛泽东致电博古、叶剑英等，指出"在何鸣部人枪没有如数交还以前，不能集中"[6]。11 月 12 日，毛泽东在延安共产党活动分子会议的报告提纲中，强调要警戒"何鸣危险"。

经过中共中央严正交涉以及社会舆论的强大压力，国民党福建省当局不得不于 1938 年 3 月 2 日将人枪交还。

一本杂志让项英欣喜若狂

1937 年 7 月下旬，在赣粤边密林中的项英有些迷惑：西安事变以来，这半年里国民党军队比以往更加疯狂地"清剿"南方游击区，这是项英早已预料到了的。可是这段时间，国民党军队却停止进攻了。

为什么呢？难道又出现了新情况？

项英一边思索着，一边随手翻着一批刚刚找来的书籍。忽然，一本《新学识》杂志上登载的文章吸引了项英的目光，标题为《中国共产党在抗日时期的任务》，是毛泽东 1937 年 5 月 3 日在延安召开的中国共产党全国代表会议上的报告摘要。

与党中央失去联系已经近三年了，突然得到了党的指示，尽管是间接的，但还是令项英如获至宝、无比欢欣。项英后来还常常提到："那种高兴的心情真是无法用言语去形容。因为有了它，我们再讲国共合作，就有根据了。"

项英赶紧让人下山去找来更多的报纸、杂志，这才知道了敌人不进攻的原因是发生了"卢沟桥事变"。

8 月 8 日，项英、陈毅以中共赣粤边特委和红军游击队名义，发表《停止内战，联合抗日》宣言，呼吁国民党军立即停止进攻红军游击队。

是否应该同国民党地方当局谈判呢？项英心里也是踌躇不定，他与陈毅商量："事关重大，本该请示党中央批准，但是现在没办法直接请示。如果一直不采取行动，恐怕会丧失有利时机。南方红军和游击队，这三年太苦了，也需要休整一下了。"因此，项英决定同国民党谈判停战，他还起草了同国民党当局谈判的条件，主要内容是：要求国民党承认共产党的合法地位和言论行动的自由，释放政治犯；解散"铲共团"；重新组织抗日武装，将游击队组成独立的抗日部队；保证游击队的给养；保护游击区群众的利益。

项英在如此复杂而又敏感的关键时刻，能够敏锐地察觉到中央政策的变化，在没有中央直接指示的情况下及时进行战略转变，真是难能可贵的。

8 月 20 日，项英又以中共赣粤边特委的名义，写信给国民党江西省政府主席熊式辉、第四行政督察专员公署专员兼第四行政区保安司令马葆珩、国民党第四十六师师长戴嗣夏，宣传中国共产党关于建立抗日民族统一战线的政治主张，敦促他们协商合作抗日事宜。

8 月 27 日，国民党江西省大余县县长彭育英给项英、陈毅发来"感秘代电"。他认为，"非有中共参加抗日之力量，决不能战胜日寇"，"现在是志士抗日救国之时，欢迎下山谈判，共商北上抗日事宜"。9 月 3 日，陈毅函复彭育英，指出"日寇肆虐，非举国一致不能抵抗；举国一致，非各派首先联合无由实现"，"国共两党为中国两大政党，两党重新合作则抗日统一战线告成"。之后，陈毅下山赴大余、赣州与国民党当局进行谈判。

看着欢送自己的游击队队员回转大山的身影，陈毅感到自己肩上责任重大。第一次国共合作的教训还历历在目，于是百感交集，有感而发，作《生查子·国共二次合作出山口占》："十年争战后，国共合作又。回念旧时人，潸然泪沾袖。抗日是中心，民主能自救。坚定勉吾侪，莫作陈独秀。"

彭育英在国民党中算是深明民族大义的人。有他的协助，谈判过程比陈毅想象得要顺利一些。陈毅与国民党初步协议之后，项英于 9 月下旬即赴赣州，与国民党谈判有关国民党军从游击区域撤退、释放政治犯、红军游击队改编为抗日义勇军等问题，准备达成最后协议。

直到此时，项英和陈毅依然没有同党中央直接联系上。

由于不了解党中央关于南方红军游击队与国民党谈判改编的方针、原则及具体办法的情况，项英在谈判中也出现了一些偏差。如他在给中共闽浙临时省委书记刘英的信中所附的《收编实施办法》中，要求"各收编部队自改编以后必须绝对服从政府一切命令"；在与国民党江西省当局达成的《收编十二条》协议中，同意红军游击队调离游击区。并在9月29日发表的《告南方游击队公开信》中，要各地游击队"接信后立即集中，听候点编，统一于国民政府之下，效命杀敌"。在当时的特定情况下，其中许多判断失误是难以避免的。

9月底，项英听说博古等人在南京工作，立刻发去一封电报。

三年之中，中央一直也在尽力寻找着留在南方的各路游击队。当从报纸上获得项英和陈毅并没有牺牲，而且还在与国民党当局进行谈判，中央领导都感到非常高兴和欣慰。

但中央发现项英在谈判中同意集中改编时，感到非常不安。

10月1日，中共中央书记处致电张云逸等，指出："项英同志似还不明白统一战线中保持独立性原则，似还更不明白，不应无条件集中而应保持南方战略支点的原则，他在南昌的做法带着危险性，望速通知他来延安讨论。"[7]10月2日，洛甫、毛泽东致博古、叶剑英的电报中再次提到："速电项英到南京，告以政策，到宁后并令其来中央讨论。南方游击队万不宜集中，项在江西的做法上了国民党的当。"[8]同时，中共中央连续急电西安、南京、武汉和香港等地的中共代表，要他们迅速设法向项英转达中共的正确政策。

根据中央的要求，博古、叶剑英对项英与国民党的谈判过程作了了解，给中央回信："因情况不明，项、陈在谈判中有些不妥处，但总的方向是对的。"[9]1937年10月中旬，博古又派顾玉良携带信件，从南京来到了赣粤边游击区。

顾玉良的到来给项英和陈毅带来了莫大的欣喜，三年的时间，日日夜夜盼望能和党中央取得联系，现在党派来的人就在眼前啊！

他们的手紧紧握在了一起。

顾玉良向项英、陈毅传达了中共中央有关指示精神。之后，项英就匆匆与顾玉良一同去了南京。但项英没有想到，这却是他与赣粤边游击区的最后离别。

高敬亭化名李守义

在鄂豫皖游击区，红第二十八军已经在政治委员高敬亭的领导下，与国民党当局谈判达成了一定的协议。

1937 年 7 月初，高敬亭从国民党报纸上看到有关国共合作的消息，又得到姜述堂从西安红军办事处带回中共中央关于抗日救国的文件后，向国民党鄂豫皖边区督办公署发出了停战谈判的倡议。

这一倡议很快得到国民党方面"愿意谈判"的回应。高敬亭随即委派何耀榜为红第二十八军的正式代表下山谈判，自己则在必要时以红第二十八军政治部李守义主任的身份，参加谈判和掌握进程。

双方见面的当天，国民党的官员还很客气。

可就在那天晚上，国民党第三十二师和安徽省几个保安团便把游击队驻地南田村一带包围了。国民党的用意是十分明显的，一方面是炫耀武力，威胁红第二十八军，企图促使谈判时降低条件；另一方面是用重兵压境，动摇红军谈判的决心，若试图突围，便可以乘机歼灭，并把罪名强加在红军头上。

高敬亭权衡利弊后下令：敌人不主动进攻，就不轻易突围，以免给敌人借口。

经过何耀榜的交涉，对方同意撤走。

7 月 22 日，何耀榜与卫立煌派来的代表刘刚夫开始了正式谈判。谈判中，双方进行了激烈争论，焦点是红军改编是否归共产党领导；作战地域只能在规定的地域内，还是哪里有日军，仗就在哪里打；能不能补充发展、能不能留人在原地活动等问题。

经过 6 天的艰苦谈判，达成以下协议：停止内战，一致抗日；红军在黄安县七里坪、礼山县（今大悟县）宣化店、罗山县张家湾一带集中；红军在湖北省黄安县（今红安县）、河南省确山县、安徽省立煌县（今金寨县）设办事处；红军改编后，武器弹药和给养由国民政府补充；红二十八军番号暂定为鄂豫皖工农抗日联军；高敬亭接受国民党当局的工农抗日联军挺进司令的委任；所有红军便衣队一律在3个月内到指定地点集中；等等。

7月28日，双方分别在正式协议书上签字。

随后，高敬亭派人给延安送了一封信，将谈判事宜向党中央进行了汇报："各处的地方现已准备集中，但是到处地方工作亦有保持实力的布置"，"此外，同国民党谈判时，他要我们收集各处便衣队，我尚未收来。以上情形及一切问题，祈上级急急的派一主要负责同志前来，以作主张一切，是为至盼"。**10**

毛泽东收到高敬亭的信之后，立即于9月15日致电林伯渠转告高敬亭："不要收回各县便衣队。部队不要集中，依原有区域分驻。要求国民党发给养，如不发给仍打土豪，一切大问题听候两党中央谈判解决。不许国民党插入一个人。时时警戒，不要上国民党的当。"

9月初，郑位三、萧望东和张体学等人从延安来到七里坪时，向高敬亭、何耀榜传达了中共中央关于谈判、改编、共同合作抗日等问题的立场和政策。并指出："党中央再三交代，不能擅自接受国民党方面的任何委任、整编。你们不了解中央指示精神，责任也不全在你们身上，但要吸取这个教训。现在要想办法尽快退掉委任状。"高敬亭根据中央要求取消了"抗日联军"的番号，并退回了任命。

当时，中央鉴于"漳浦事件"的教训，一再要求部队不能集中整训。10月3日，中央又致电广东省负责人张文彬："国民党企图集中南方各游击队，我们决不可中其计，速派人传达党的正确的方针。"**11**10月15日，毛泽东又致电林伯渠，要求他写信转告高敬亭："坚持独立性，拒绝外人，严防暗袭及持久的艰苦奋斗等项。"在当时党中央看来，南方各游击区是今后南方革命运动的战略支点，这些战略支点是土地革命十年浴血奋战的结果，不应轻易地放弃。因此，倾向将各边区红军游击队改编为独立团、民团或保安团等地方武装形式，各地队伍不集中，不要求大地方，不脱离根据地，坚持在原地开展抗日斗争，坚持部队的独立性和中共的绝对领导。

但是，国民党则千方百计想拔去这些战略支点，极力主张各边区游击队必须全部集中，由他们派员进行编遣，然后统统调离江南，企图借改编之机瓦解游击区，溶化游击队；或者把红军游击队派往对日作战的最前线，又失去根据地的依托，在战争中假日本侵略军之手消灭或者削弱中共的武装力量。

鉴于从抗日大局出发，具体参与国民党谈判改编新四军的博古、叶剑英和董必武经过仔细考虑，向中央提出了南方各地红军游击队还是以集中改编为好的建议。10月8日，他们致电中央："关于南方游击区域，应坚决保持其为战略支点，是绝对必须的。但现在各地区之游击队，长期保留在原地区极为困难。因为各区实际上无大的根据地，多数系流动之部队，大多数极其分散，一集结则给养无法，而继续分散则将消耗力量。各地军阀也企图利用这一力量补充自己。我们认为，南方各地游击队似以集合成为一个军，归八路军指挥为好。这样编的好处是，成一整个的力量不致分散；可直接属我们领导；补充给养均较好接洽领取，该军以后仍可要人员补充区；使用时间问题要由我们决定。同时，各地方仍可公开与秘密的留一部分武装，保卫小根据地及发展革命运动。"[12]

他们的建议引起了中共中央和毛泽东的高度重视。10月18日，毛泽东复电博古、叶剑英、童必武等指出："同意你们齐午电，南方游击区由八路军节制，首先由党中央派人到各游击区整理队伍，在整理期间，由国民党发给伙食被服。"[13]10月30日，中央又电："集中五分之三，留下五分之二于原地改为保安队为原则，并坚持此原则，反对全部集中的国民党要求；留下五分之二改为保安队部分，均须加以政治上整理，坚决反对投降主义，反对国民党派遣任何人，同时严防国民党之暗算，森严自己壁垒；集中五分之三为一军，以叶挺为军长（待考虑），项英为副军长，陈毅或刘英为参谋长。反对国民党插入任何人；以四个月为清理时间。任何游击队地区，均须党中央派人亲去传达，然后集中；在何鸣部人枪没有如数交还以前，不能集中。"**14**

可见，当时中共党内关于如何集中改编新四军也是在不断考虑决策中的。

谭震林一行在瑞金被扣

1937 年 5 月，闽西南军政委员会从南方工委的指示信中，得知中共中央已从"抗日反蒋"转为"联蒋抗日"的方针。闽西南军政委员会立刻传达了进一步建立和发展抗日民族统一战线的要求，并把"讨蒋"两个字从口号中去掉，将"闽西南抗日讨蒋军"改为"闽西南人民抗日红军"，各县的"抗日讨蒋游击队"改为"人民抗日义勇军"。张鼎丞、邓子恢、谭震林还签署发表了《致闽西南各界人士书》。

之后，派邓子恢、谢育才等赴龙岩，同国民党粤军第一五七师第四六九旅旅长练惕生及第六行政官员公署专员张策安进行谈判。

双方谈判争论的焦点在于红军集中的地点上。国民党坚持红军游击队的集中地点应由他们指定，而邓子恢唯恐出现类似"漳浦事件"的情况，坚决要求分两地集中。双方争执不下，直至 7 月 29 日，在社会各界抗日舆论的压力下，双方才基本达成协议：闽西红军游击队分别在龙岩县白沙、平和县芦溪集中接受点编。

虽然经过三年的艰苦磨难，但红军游击队员仍保持着饱满的精神。就连参加点编的张策安在向福建省政府主席陈仪报告的电报中，也禁不住写道："所有官兵精神表现甚佳，军容亦极严整"，"枪械整齐，军容甚盛"。**15**

1938 年 1 月 11 日，谭震林及随员 7 人，前往赣南向项英汇报请示工作。

途经瑞金县城时，谭震林在瑞金办事处召集汀瑞中心县委和抗日游击支队负责人会议。会议进行期间，叛徒黄镇中派出1个营的兵力包围办事处，将谭震林和参加会议的负责干部30余人全部扣押，并枪杀了萧忠全。面对这个突发事件，谭震林非常镇定。当时，红军游击队的干部、战士都极为气愤，有的拔出枪来，准备开枪自卫。警卫员在一边说："这是敌人的阴谋，不要开枪，不要中计上当。"谭震林冷静而严肃地对在场的红军游击队干部、战士和冲进来的敌兵说："同志们，同胞们，我们不能打内战！党中央、毛主席明确指示，所有中国人民和抗日同胞，在这个中华民族的生死存亡关头，都要联合起来，团结对敌，把日本帝国主义打倒！要消灭一切汉奸卖国贼！"

但是，敌人还是进行了搜身检查，把枪支、弹药、钱物收缴登记，扬言"暂时收留起来。什么时候解决问题，什么时候归还"。谭震林、张开荆和游击队其他干部、战士被非法扣押在办事处的不同房间里。第二天，从南昌新四军军部领取电台的温仰春及其所带报务员和其他工作人员，在返回龙岩途经瑞金时，也被黄镇中派人扣留。

与此同时，以新四军联络参谋身份前往龙岩的邓振询、李坚真，途中得知事件发生，急忙赶来瑞金，与黄镇中交涉。他们出示公文证件，要求释放谭震林和所有其他人员，但也被蛮横地软禁了起来。至此，先后被扣押的干部、战士达40多人。

"瑞金事件"发生后，新四军驻大庾**16**池江办事处和龙岩办事处分别向国民党地方当局提出强烈抗议。项英得到消息后，亲自到赣州同国民党赣州专员马葆珩交涉，并给国民党江西省主席熊式辉发出急电，抗议国民党军黄镇中部破坏合作抗日协议的阴谋活动，要求立即释放被扣人员，归还被抢去的电台、枪支和钱物。

经过斗争和再三交涉，加上迫于形势和社会舆论的压力，国民党江西省保安司令部在发给瑞金当局的电报中，不得不承认这是破坏国共合作、破坏抗日的违法行为，下令释放被扣人员。"瑞金事件"才得到妥善解决。

1937年8月23日，派去延安与党中央联络的罗其南、张正坤携带着党中央的文件与最新指示，风尘仆仆地回到了湘鄂赣游击区。他们的到来，为已经在傅秋涛的领导下同国民党开始合作谈判的湘鄂赣省委带来了明确的方针。经过一番激烈争辩，8 月 26 日，双方就释放在押政治犯、在浏阳建立红军办事处、红军部队集中、改番号为湘鄂赣人民抗日红军游击支队等问题达成初步协议。嗣后，刘玉堂、黄耀南赴武汉，与国民党武汉行营代表谈判。确定由武汉行营下令停止对红军的军事行动，划平江县长寿、嘉义为红军集中改编地点，并发给给养，红军游击队改编后番号为湘鄂赣抗日军第一游击支队，武汉行营派副司令、参谋长、副官主任、军需主任、副官等 6 人到支队任职。双方正式签订了和平合作协议。

然而就是这项合作协议，让远在延安的毛泽东极为不满，对此提出了严厉批评。9 月 14 日，张闻天、毛泽东致电博古、叶剑英："湘鄂赣边区傅秋涛等派至武汉谈判代表，承认武汉行营派军需主任、副官主任等许多人到部队中去及其它许多不利条件，完全错误，已电伯渠、必武，通知谈判代表停止谈判，即速回去，由傅秋涛另派代表，否认原定条件，重定办法，坚持下列各点：（一）国民党不得插进一个人来。（二）一定的军饷。（三）驻地依靠有险可守之山地，严防暗袭及破坏，不要求驻大地方。""统一战线中，地方党容易陷入右倾机会主义，这已成党主要危险，请严密注意。"**17** 后来湘鄂赣红军游击队改编为新四军第一支队第一团时，将国民党派来的"副司令"、"参谋长"等礼送出境，维护了共产党对这支武装的绝对领导。

其他南方游击区的游击队和地方党组织，如闽赣边、闽北、皖浙赣边、湘南等地，都先后按照中共中央的指示精神，开始分别与国民党地方当局进行谈判，并在不同程度上达成停战和合作抗日协议。

"左"倾危害，"叛徒"陈毅险些被杀

昨天是敌人，现在成了朋友，将要去共赴国难。这不仅是思想认识上的

大转变，而且从感情上也要有巨大的转变。在这个历史转折关头，能否适应抗日战争的形势，就意味着能否跟上历史潮流前进的脚步。要摒弃原来的工作方式、斗争方式，去摸索和适应新的斗争环境。

南方各地红军游击队和地方党组织在反"清剿"的同时，直接或间接获知国内形势变化和中共中央关于抗日民族统一战线政策的内容之后，在思想上、军事上、政策上也作了一些适应性的调整。但是，这个思想的转变不是那么容易做到的。几年来，国民党反动派总是千方百计地要消灭红军游击队。现在遇到一个改编的新问题，有的游击队担心上反动军队的当，不肯下山。

一提起国共合作，有的人马上想到了三年艰难的游击战争，想到了反动军队残酷的"围剿"；有人还想起了四一二反革命大屠杀，那是在国共合作、北伐战争取得胜利的关键时刻，蒋介石叛变，革命力量遭受重大损失……一些游击区的领导人接到合作抗日的指示后，思想上一时难以转过弯来。有的人说："蒋介石做梦都想消灭游击队，我们怎么可能和他合作？"还有的人说："你们看，山下就是国民党军队，我们怎么能轻易下山？"有些人甚至认为，香港《工商日报》刊登的中国共产党给国民党三中全会的电报是假的。

党中央也对红军游击队内部大力进行细致的思想政治工作，帮助南方红军游击队指战员在思想上逐步度过了这一战略转变的过程。1937 年 7 月，项英写出了《中国新的革命阶段与党的路线》一文，指出中国革命的中心任务是打倒日本帝国主义，而国共合作是打倒日本帝国主义，保证抗战胜利的主要力量。这就为赣粤边红军游击队跟国民党谈判、合作抗日，奠定了思想基础。赣粤边游击区先后在 1937 年底和 1938 年 2 月编写了《关于国共合作问题政治问答》和《抗日民族统一战线政治问答》（这是赣粤边特委在游击队下山改编时编写的政治教材），专门就一些同志提出的问题作了回答。绝大多数南方各游击区领导人能够很快提高认识，根据中共中央的指示精神，开始实行战略任务转变，先后分别同当地的国民党驻军及其地方政府开始进行谈判。

然而，在这场痛苦的、激烈的思想转变斗争过程中，南方红军还是付出了沉重代价的。许多在枪林弹雨中出生入死的同志，没有牺牲在敌人的枪口下，反倒惨遭自己同志的杀害。在党内、少数游击队领导人当中，由于各种复杂的原因，产生了"左"或右的倾向，不仅给战略转变造成了障碍，也给革命事业造成了许多无法弥补的损失。

赣东北弋阳磨盘山和三县岭发生的惨剧让人心痛不已。从 1937 年秋到 1938 年春，党组织曾先后两次派四人来到这里，联系由杨文翰率领的游击队下山改编事宜。而杨文翰由于常年被国民党围困，对外界形势变化一无所知，再加上又多次因叛徒出卖险遭不测。他不但拒绝下山改编，还杀害了四名联络人员。此后不久，他又以"反革命两面派"的罪名枪毙了上级党组织派来劝说其下山改编的余明兴。1938 年 4 月，中共原皖浙赣省委书记关英带着中共中央东南分局的指示，以新四军代表的身份，再次上山动员杨文翰下山改编时，杨反怀疑关英已经叛变，竟下令将关英等 4 人枪毙。事后，杨文翰派人到南昌新四军办事处核实情况，办事处对杨文翰的行为进行了严厉的批评，并要来人转告杨文翰，令其迅速率部下山改编。然而，杨文翰仍坚持"不见到红军大部队，决不下山"。

由于拒绝接受党的抗日民族统一战线政策，拒绝下山抗日，失去了政治方向，失去了党的领导和人民的支持，必然会遭到失败。1943 年 3 月，杨文翰因叛徒告密被捕，不久遭到杀害，这支部队也被消灭了。

在赣东北德安、九江、瑞昌地区，活动着刘维泗领导的一支游击队。1937 年 10 月，中共湘鄂赣特委派红第十六师政治委员明安楼和平修铜中心县委书记林梅清，到赣北游击区动员刘维泗率部下山改编。但刘维泗不但拒绝下山，还把明安楼、林梅清当作叛徒杀害。这支游击队脱离抗日救国的政治大方向，在政治上陷入孤立无援的境地，必然失去人民的支持，孤军奋战，最后也被国民党顽固派打垮了。

就连陈毅也因为去劝说游击队下山，差点被当作"叛徒"杀掉。

1937年10月，驻九陇的工作组向湘赣支队司令员段焕竞和政委刘培善汇报说，山下来了一个叫陈毅的人，到处打听游击队和谭余保同志，说是要上山和游击队领导见面。

陈毅是由国民党派兵护送，用轿子抬来的。他身穿长衫，手执文明棍，头戴博士帽，外表看来，气度不凡，很像位绅士。他一到山下，就把护送的国民党士兵打发走了，身边只留下个勤务兵模样的人。

陈毅一上山就被严密地监视起来，失去了行动自由。但是见到游击队队员，陈毅仍旧像见到久别重逢的战友，爽朗地跟大家打招呼："同志们，你们辛苦啦，好不容易找到你们了。"接着又自我介绍说："我是党代表陈毅。是奉毛主席、朱总司令之命，代表中共中央跟国民党谈判的。今天到你们这里来，是向你们传达党中央指示的。"

"你有介绍信吗?"段焕竞问。

"有，这是项英同志写的介绍信。"陈毅掏出信递给他，上面写着："兹特派党代表陈毅同志，来你们这里联络"，落款署名是"项英"。

信是用毛笔写的，既没有文头，也没有公章和私章。段焕竞和刘培善面面相觑，十分为难。

相信陈毅吧，他不仅打扮一副阔相，又有国军护送，而且还没有接到上级指示；不相信陈毅吧，他又只身跑来冒险，只带了个勤务兵，而且携带有项英的介绍信。万一错杀了中共中央政治局委员、中华苏维埃共和国临时中央政府副主席派来的人，岂不是要犯大错误?

陈毅看出了段焕竞和刘培善的怀疑："你们现在对我有怀疑，这是可以理解的。这三年，你们处境困难，斗争残酷，经过万死千伤。这很不容易。残酷的斗争，使你们立场坚定，对敌人、叛徒有强烈的仇恨心和高度的警惕性，这是难能可贵的。但我不是叛徒，是共产党，是代表中央来向你们传达党的指示的。"

陈毅拿出了《抗日救国十大纲领》递给段焕竞和刘培善。接着他又侃侃而谈：日本帝国主义打进中国来了，中国的民族矛盾已上升为主要矛盾，国共两党应该合作，一致对外，集中力量抗日。为此，党中央决定，坚持在南方各省的红军游击队，要下山集中，开赴抗日战场。接着，他又从西安事变讲到卢沟桥事变，从八一三事变讲到全国抗日。

段焕竞和刘培善已经同党中央失去联系并与外界隔绝达三年之久，对于陈毅所讲的话，将信将疑、似懂非懂。段焕竞从心里觉得共同打日本鬼子，是应该赞成的，但要游击队下山和国民党合作，从思想感情上真是难以接受。

段焕竞打断陈毅的话，郑重地说："你讲的都是重大的原则问题，我们无权决定，还是请你去找谭余保商量吧，他是省委书记，又是我们的政委，是湘赣地区最高领导人，如果他同意下山改编，我们就下山。"陈毅同意了，于是段焕竞派李启森、黄炳光带着一个侦察班，护送陈毅前往武功山找谭余保。

陈毅确实没有想到，他这一去，差点遭到杀身之祸。

凭着在井冈山一面之交的印象，陈毅认出面前这个人就是谭余保。

陈毅快步上前与谭余保打招呼说，谭主席，多年不见了！可是谭余保却满脸怒气："你这个叛徒，还想来哄骗我吗？"不容陈毅争辩，就已经被捆绑起来。谭余保用他那根长长的旱烟杆敲着陈毅的头说："你这个叛徒，我留你一条命就不是谭余保！毙了他！"

陈毅抢着说："谭余保同志，不要这样。你用枪毙那套不行，怕死不当共产党，你派人到吉安，到南昌，到延安去，就会查清楚我这次来是为共产党工作还是为国民党工作。朱总司令他们到南京了，叶剑英在武汉，项英过些日子打南昌回来了……"

谭余保答道："项英、叶剑英我不管，你就是斯大林、毛泽东派来的，我也要把你抓起来!"

陈毅终于按捺不住心中的怒气了,大发脾气:"你混蛋!你是土匪头子!我半天都忍耐,我以为你是共产党。你们广大指战员的坚决我非常佩服,你们为了党,不怕牺牲,你们是光荣的,今天大骂我叛徒我不管,怀疑我也是应该的,这很容易理解。你们站在阶级立场上,很难突然接受统一战线。我讲项英、叶剑英、朱德派来的,你就抓起来;毛泽东、斯大林派来的你也抓起来。毛泽东、斯大林你怎么能抓得?你已经离开了党的立场,你怎么当省委书记?你们大家站稳阶级立场,搞游击战争是应该的。当土匪就不干?谭余保,你枪毙好了。你有本事把我枪毙!你是共产党员就不能枪毙我,你是土匪就枪毙我。枪毙吧!"

被陈毅一通大骂,反倒使谭余保的头脑冷静了许多。是啊,自从主力红军长征后,游击队与上级党组织就断了联系,整日在深山老林里周旋,谁也不知道外面发生了什么大事,要是陈毅说得对,错杀了党的特派员,可怎么向组织交代?

谭余保决定按照陈毅绘出的路线图,派人去吉安八路军办事处调查。调查的人很快就回来了,不仅带回了陈毅是党代表的公函,而且还有一份《中共中央为公布国共合作宣言》。

陈毅高兴地笑着对调查的人说:"你们为革命做了一件大好事。"

谭余保看了公函和文件,激动得声泪俱下,悔恨交加,痛哭流涕,亲手给陈毅松绑,然后用这根绳子把自己捆起来,说:"我太鲁莽了,险些误了大事。"愧疚地抬不起头来。

陈毅却说:"你斗争坚决,警惕性高,是个好同志。"

一场误会终于化解了。谭余保根据陈毅传达的党中央指示精神,于 11 月底率领各路人马下山,到了莲花县的垄上村进行整编,直至 1938 年 2 月,大部随刘培善、段焕竞等负责同志开赴抗日前线。

在这个关键时期,向长期被围困在深山老林中坚持斗争的红军游击队宣传战略转变，是十分艰苦的甚至是危险的工作。项英、陈毅、张云逸、曾山、冯白驹等同志在此方面做了巨大的工作，将中央政策和精神传达到多数游击区，使这些游击区的游击队及时了解到中央在政策上的转变，并在中央政策的指导下，与国民党地方当局开始了停战和合作抗日的谈判。

大军初创，百事待举

1937 年 11 月 12 日，叶挺从延安回到了武汉，他抑制不住激动的心情，开始了新四军的筹建工作。南方红军游击队的改编和新四军的组建从此进入了实质性阶段。他一方面和国民政府军事委员会军政部长何应钦交涉有关新四军改编的具体事宜，一方面与延安保持着密切的电讯联系。为了壮大抗日力量，他四处奔走，多方联系，继续筹款筹枪。

12 月 23 日，项英率由延安到新四军工作的赖传珠等第一批干部到达武汉。

在新四军创建之初，为解决新四军机关及作战部队干部不足的问题，中共中央先后抽调一批原主力红军的师团干部赖传珠、李子芳、胡立教、宋裕和、李一氓等人，担任新四军军部机关有关业务部门的负责人。同时，还派胡发坚、刘炎、王必成、张道庸（陶勇）等人到新四军支队、团、营等任职。这些来自主力红军的干部，有着丰富的领导部队建设和指挥作战经验，为新四军的成长壮大和胜利，打下了坚实的基础。

赖传珠曾留下了珍贵的日记，记叙了初到新四军的几天工作的情况："12 月 24 日，在新四军招待处吃饭。上街买物、理发、洗澡。下午整理干部花名册，与项、叶谈干部情形及工作布置。12 月 25 日，早饭后因叶有事，改至 15 时集合讲话。叶、项讲话内容为：上海、南京失守经过及原因；现在的形势、任务；如何编组等。晚上写干部分配方案。12 月 26 日，叶军长给陕北来的同志每人发大洋 8 元。开始同军长秘书陈希周接识。到童小鹏处闲谈。同湘、鄂、赣区来的余再励、傅秋涛见面。12月27日，上午10时，王明报告抗战4个月的总结及如何争取抗战胜利，晚上分别讨论。高敬亭、张青萍、胡龙奎已到。下午与高谈鄂豫皖军政工作组织情形。杭州已失守。"**18**

赖传珠12月25日的日记中所记载的会议，也就是新四军军部的正式成立大会。

12月28日，中共中央批准了新四军编4个支队和支队以上干部人选。叶挺主持召开大会，宣读了命令：

项英为副军长，张云逸为参谋长，周子昆为副参谋长，袁国平为政治部主任。下辖四个支队：第一支队司令陈毅，副司令傅秋涛，参谋长胡发坚，政治部主任刘炎；第二支队司令张鼎丞，副司令粟裕，参谋长罗忠毅，政治部主任王集成；第三支队司令张云逸（兼），副司令谭震林，参谋长赵凌波，政治部主任胡荣；第四支队司令高敬亭，参谋长林维先，政治部主任萧望东。

为了便于集结和指挥部队，项英率军部于1938年1月4日离开武汉，6日到达南昌。

为了尽快把分散在南方各地的红军游击队集中起来，组成新四军，开赴抗日前线，在中共中央的领导下，叶挺、项英、陈毅等进行了紧张而又艰巨的筹备工作：陈毅到皖浙赣动员部队，并传达分局指示；项英与曾山到湘赣粤等地集中部队；张云逸到闽赣、闽东及闽西南集中部队；温仰春及黄道、叶飞往刘英处动员部队。

1月14日，项英致电中共中央长江局和中共中央："我们明日出发集中部队，向皖南休宁、徽州一带集中。如何，望复。"**19**15日，长江局复电："同意部队即向皖南集中。"**20**

此时正是寒冷的冬日，但南方大地上一片热火朝天的景象。

留在南方8省14个游击区40多个县的红军游击队，终于能够下山接受改编，奔赴抗日前线了。他们迈着整齐的步伐，高唱着《义勇军进行曲》，浩浩荡荡地向前迈进。

但"此项集中工作，殊为艰巨，因其中与总部相隔之距离，有在 800 里以外，甚至有在 2000 里以外者"[21]。不但如此，在饷款不足、粮秣不济的情况下，游击队员们还要时刻注意国民党顽固派的阻挠刁难。叶挺在一次接受记者采访时说：我们最大的成功之处是把各个游击队和统一的军队融为一体了。

新四军编制序列是隶属国民党第三战区，但国民政府和第三战区对新四军一个军的供给仅按照相当于一个丙种师的标准供应，尤其是对武器的补充更为苛刻。为此事，叶挺一直在武汉上层活动，筹集物资，但收效甚微。会后，叶挺又于 1 月 15 日飞赴香港，筹款购买武器。

新四军还自己动手，在岩寺上渡桥的江家祠堂创办了新四军第一个兵工厂。该兵工厂最初由几名会修枪的工人师傅和 20 余位战士用简单的工具修修补补，后来，不但修造枪支，而且制造了大量铁雷石雷，使部队装备有了一定改善。叶挺为了尽快改善新四军武器装备，还利用自己在海外的关系，筹集资金，为新四军购置武器和作战物资。

新四军第一、第二、第三支队各团先后在 1938 年三四月间到达了安徽歙县岩寺，第四支队先于湖北黄安县七里坪集中，之后又于 3 月中旬到达了安徽霍山县流波疃。到 4 月下旬，新四军基本集中完毕，全军共 10329 人，枪 6200 支，辖 4 个支队，共 10 个团及直属特务营。

在新四军组建与发展的过程中，驻各地的办事机构也发挥了重要作用。早在国共谈判期间，中共就先后在太原、西安、兰州、上海、南京等地建立了秘密或半公开的办事机构。国共谈判达成协议之后，为了保持与国民党当局的联系，督促协议的实施，联络分散的红军游击队下山改编，许多游击队在靠近国民党地方政府的城镇设立了各自的办事机构。1937 年 10 月以后，中共中央决定各游击队除集中大部编为新四军之外，必须在"各游击区设留守处，要求国民党保证不侵犯各游击区人们已得之政治经济各权利"。

各地新四军办事机构在远离主力部队、环境险恶的国统区，进行着维护国共合作、宣传中共抗日主张、巩固和扩大抗日民族统一战线、发展壮大人民军队力量、掩护中共组织活动以及发展国际反法西斯统一战线等方面的工作。各地办事处不断派人联络分散的红军游击队，寻找老红军、老游击队员，以及动员进步青年参加新四军，并且负责处理与国民党方面的交涉事务，做好统战工作。

1937年8月至10月，从南京、上海等监狱和"反省院"中营救出1000多人。还积极采取各种方式宣传中共中央的抗日方针和新四军抗战事迹，不但扩大了中共的影响，还以合法身份掩护了国统区中中共组织的各种活动。此外，办事机构还负责了后勤物资供应的一系列工作，为新四军解决了部分物资、经费、装备等方面的困难。

注　释

1.《中共中央文件选集（1936—1938）》第10册，中共中央党校出版社1985年版，第299—300页。

2. 中国人民解放军历史资料丛书编审委员会：《新四军·文献》（1），解放军出版社1988年版，第26页。

3. 中国人民解放军历史资料丛书编审委员会：《新四军·文献》（1），解放军出版社1988年版，第36页。

4. 中国人民解放军历史资料丛书编审委员会：《新四军·文献》（1），解放军出版社1988年版，第51页。

5. 中国人民解放军历史资料丛书编审委员会：《新四军·文献》（1），解放军出版社1988年版，第52页。

6. 中国人民解放军历史资料丛书编审委员会：《新四军·文献》（1），解放军出版社1988年版，第56页。

7.《中共中央文件选集（1936—1938）》第11册，中共中央党校出版社1991年版，第363页。

8. 中国人民解放军历史资料丛书编审委员会:《新四军·文献》(1),解放军出版社 1988 年版,第 41 页。

9. 中国人民解放军历史资料丛书编审委员会:《新四军·文献》(1),解放军出版社 1988 年版,第 55 页。

10. 中国人民解放军历史资料丛书编审委员会:《新四军·文献》(1),解放军出版社 1988 年版,第 24—25 页。

11. 中国人民解放军历史资料丛书编审委员会:《新四军·文献》(1),解放军出版社 1988 年版,第 42 页。

12. 中国人民解放军历史资料丛书编审委员会:《新四军·文献》(1),解放军出版社 1988 年版,第 46 页。

13. 中国人民解放军历史资料丛书编审委员会:《新四军·文献》(1),解放军出版社 1988 年版,第 52 页。

14. 中国人民解放军历史资料丛书编审委员会:《新四军·文献》(1),解放军出版社 1988 年版,第 56 页。

15. 中国人民解放军历史资料丛书编审委员会:《新四军·参考资料》(2),解放军出版社 1991 年版,第 15、16 页。

16. 今大余。

17. 中国人民解放军历史资料丛书编审委员会:《新四军·文献》(1),解放军出版社 1988 年版,第 26 页。

18.《赖传珠日记》,人民出版社 1989 年版,第 104—105 页。

19. 中国人民解放军历史资料丛书编审委员会:《新四军·文献》(1),解放军出版社 1988 年版,第 71 页。

20. 中国人民解放军历史资料丛书编审委员会:《新四军·文献》(1),解放军出版社 1988 年版,第 73 页。

21. 转引自中国人民解放军历史资料丛书编审委员会:《新四军·参考资料》(1),解放军出版社 1992 年版,第 19 页。

第 五 章

挺进华北

毛泽东定下八路军活动区域——八路军所到之处，百姓沿途欢呼——日军战略大迂回，毛泽东改变战略部署——谁说火车不是推的

1937 年 9 月 16 日。延安。

毛泽东站在地图前，点燃一支烟。透过烟雾，他的视线停留在了山西东北部的恒山地区。

他在地图上比画着，思索着，他的思绪又飞到了似乎更远的地方……

毛泽东定下八路军活动区域

一个月前，毛泽东考虑红军的作战和活动区域，开始把目光投向以恒山山脉为中心的冀察晋绥四省交界地区。

8 月 5 日，洛甫、毛泽东致电在南京的朱德、周恩来、博古、林伯渠，以及在红军前敌总指挥部的彭德怀、任弼时等人，提出了红军的作战任务与区域。电报中说，"红军担负以独立自主的游击运动战，钳制敌人大部分，消灭敌人一部的任务。具体要求，指定冀察晋绥四省交界地区（四角地区，不是三角地区），向着沿平绥西进及沿平汉路南进之敌，以出击侧面的扰乱、钳制和打击，协助友军作战"[1]。8 月 10 日，毛泽东又给在山西的彭雪枫发电，要他向阎锡山接洽并说明："根据山地战与游击战的理由，红军要求位于冀察晋绥四省交界之四角地区，向着沿平绥路西进及沿平汉路南进之敌

作侧面的袭击战，配合正面友军战略上的行动。"**2**

9月3日，毛泽东致电周恩来等，要他们进一步向阎锡山交涉八路军活动区域，"有些是全县，有些是部分，均必须确实指定，并由南京及晋阎令知三省省政府转令各县县政府，同时令知各县及其附近之县驻军，说明红军之布防及创造游击根据地之任务。因为如不明白规定红军之区域及任务，并用通令下达友军及地方，势必因区域不明、任务不定而发生许多纠纷"**3**。

八路军要进到这一区域作战和活动，最好取道山西。

山西紧邻陕西，是八路军开赴前线最便捷的地方。山西境内多山，不利于日军前进，却有利于八路军开展山地游击战。从井冈山到赣南闽西，山地游击战可是红军的拿手好戏！还有，山西作为地方实力派首领阎锡山的统治地区，阎同日、蒋之间既有联系，又有错综复杂的矛盾。日本侵略军攻陷平津后向山西大举进攻，严重威胁了阎锡山在山西的"土皇帝"地位。老蒋把军队开入山西，又使他深恐自己的地盘将落入他人之手。因此，他作出一些开明的姿态，想拉中国共产党和八路军做他的暂时同盟者。近一个时期，阎锡山的山西同乡、中共党员薄一波他们领导的牺牲救国同盟会和山西青年抗敌决死队，声势越来越大了。毛泽东向阎锡山提出建立公开的八路军驻晋办事处，阎锡山也满口答应，并同意八路军经山西开赴前线。

现在，八路军的第一一五师及随后跟进的第一二〇师都已渡过黄河，正经同蒲路向前线开进，他们的情况怎样了呢？

还让毛泽东放心不下的，是在洛川会议上确定的"独立自主的山地游击战"原则，前线的将领们是否真正想通了。

在那次会议上，八路军出征以后的作战方针问题，讨论时间最长，议论也最多。大家发言踊跃，争相表达自己的看法和意见。包括周恩来，都主张打几个大仗，在运动战中消灭敌人的有生力量，用事实来证明共产党抗击日寇的决心和红军作战的能力。

毛泽东在发言中，力主独立自主的山地游击战。"出征后，我们主要作战还是以游击战为主。为什么呢？"他讲解道，"从中日战争的特点出发，游击战争最能发挥我军优势，敌人武器装备好，机械化能力高，我们硬碰硬，运动战就成了消耗战。而且日军是孤军深入，我们只有放进来打，放进来就有基础了，人民群众在我们这一边啊……"

聆听了这番话的聂荣臻，几十年后，还对毛泽东的真知灼见深有感慨："那个时候，毛泽东同志已经想到了更长远的目标，打败了日本帝国主义以后，我们还要建立新民主主义的新中国。只有争取了群众，扩大了武装力量，才能取得抗日战争的胜利，并为革命的深入发展奠定坚实的基础。"4

可是，对于不少红军将领来说，他们早已习惯了过去那种正规军和运动战，对于运动战向游击战的重大转变，还一时转不过弯来，也没有毛泽东看得那样深远。而且，抗日战争爆发后，大家都十分兴奋，不少人对战争的长期性和艰巨性认识不足，急于打一些大仗。那时候，党内的民主气氛很好，大家畅所欲言，讨论得很热烈。

红军前敌总政委任弼时提出，红军应当采用独立自主的运动游击战。

张浩也主张打运动战："既然是正规军了，还是打运动战好。"

朱德是个稳重的人，他同意毛泽东的思路。但他同时陈述："不打大仗，国民党会怎么说？人民群众会怎么说？外界舆论会怎么说呢？"

彭德怀也发表了自己的意见。他说："红军出去，基本的是打胜仗，树立声威，开展统一战线。只有这样，才能提高党与红军的地位，也可使资产阶级增加抗战的决心。"他接着说，关于红军的战略问题，"我基本上同意毛泽东同志的报告"。至于运动战与游击战的关系，"一般地说，运动战的可能减少了一些，但发动群众，麻痹敌人，调动敌人是可能的，游击战与运动战是密不可分的"5。

多年以后，彭德怀在庐山会议上被错误打倒，但他敢于直言、实事求是的作风一如始终。他坦承，我们当时许多人，"都没有把敌后游击战争提到战略上来认识，对于毛泽东同志在洛川会议上提出的'以游击战为主，不放松有利条件下的运动战'这个方针，认识也是模糊的。没有真正认识到这是长期坚持敌后抗日战争的正确方针。我当时对于'运动战'和'游击战'这两个概念主次是模糊的。如时而提'运动游击战'，又时而提'游击运动战'"6。

林彪在发言中明确提出要以打运动战为主，搞大兵团作战。他说，十年内战中红军曾经有过整师整旅歼敌的经验，特别是经过长征的锤炼，红军最明显的优势是擅长运动战。他提出搞一个大兵团作战方案，狠狠教训一下不可一世的日本侵略军。聂荣臻在回忆录中写道："他的思想还停留在同国民党军队作战的那套经验上，觉得内战时期我们已经可以整师整师地歼灭国民党军队了，日本侵略军有什么了不起！他对日本帝国主义的力量估计太低。当时的情况是，红军长征到达陕北才一年多的时间，部队还没有大的发展，后勤供应方面，武器弹药、粮秣、被服都非常缺乏。这样一个现状，到前方同日本帝国主义硬拼，能拼出什么名堂来，非吃大亏不可！"7

毛泽东对林彪的发言微微皱了皱眉。他接过林彪的话题："这样是不明智的。对日本帝国主义，我们不能低估它，看轻它。同日本侵略军作战，不能局限于同国民党军队作战的那套老办法，硬打硬拼是不行的。我们的子弹和武器供应都很困难，打了这一仗，打不了下一仗。由于蒋介石奉行错误的政策，和日本帝国主义的力量暂时处于优势地位，因此，我们必须开展独立自主的山地游击战争，准备坚持持久抗战。要充分发动群众，广泛建立抗日民族统一战线，不断壮大我们的力量。"

说服林彪不是一件容易的事，他从南昌起义开始，从排长一级一级升至军团长，身经百战，屡建奇功，有很丰富的作战经验，加上刚刚当了一年多的红军大学校长，理论水平得到了提高。他发言时总是不动声色，冷峻得像个哲学家。这与诗人气十足的毛泽东形成了鲜明对比。

但毛泽东觉得，林彪缺乏战略眼光。

他们之间有过几次争论。第一次是在井冈山，林彪致信毛泽东，发出"井冈山的红旗到底能打多久"的疑问，毛泽东回答道"星星之火，可以燎原"。这封致林彪的私人信件，后被收入《毛泽东选集》，成为毛泽东军事著作中很重要的文章之一。第二次是长征中，刚刚从遵义会议上获得指挥权的毛泽东指挥红军四渡赤水。林彪没有领会毛泽东的战略意图，大发牢骚，指责毛泽东"专走弓背路，一个赤水河折腾了四次，部队都拖垮了"，并致电彭德怀，要求他接替毛泽东的指挥权。这一次毛泽东没有客气，回敬道："你还是个娃娃，你懂什么？"

这次，林彪提出要以打运动战为主，搞大兵团作战。看来，他的这个老毛病又犯了。

考虑到讨论中的不同意见，毛泽东把作战方针的提法作了一些变更，这就是：基本的是独立自主的山地游击战，但不放松有利条件下的运动战。

前方情况紧急，八路军急于出发，这个问题来不及充分讨论了。

但关键性的问题，毛泽东从来是紧抓不放的。他很担心部队挺进到前线后，一些将领蛮干。

想及至此，毛泽东掐灭纸烟，笔走龙蛇：

林彪同志：

（甲）据彭雪枫称，日寇某军自天镇向广灵，关东军自蔚县急进，晋阎拟集中14个团与敌决战，希望我一一五师参加作战等语。

（乙）我军应坚持既定方针，用游击战斗配合友军作战，此方针在（南）京与蒋、何（应钦）决定，周、彭又在晋与阎当面决定，基本不应动摇此方针。

（丙）请你将当前情况及如何配合友军作战之意见即电告，尔后即时电告。

（丁）一一五师现到何处。

毛

16 日 8

八路军所到之处，百姓沿途欢呼

9月2日。山西侯马。

第一一五师第三四三旅和独立团昼夜行军，抵达了这个晋南重镇。前方战事吃紧，阎锡山已同意铁路输送，这里是八路军开赴前线的第一站。

雨停了。罗荣桓让独立团团长杨成武和副团长熊伯涛到车站联系车运事宜。从车站走出来，杨、熊二人踏着一滩滩积水，沿石板铺就的街道向城里走去，想察看一下地形和驻军情况。此时，侯马驻有许多从前线撤退下来的溃兵，把个小镇闹得乌烟瘴气。

途经一家酒馆，熊伯涛用肘碰了一下杨成武，二人望去，见有几个醉醺醺的军官正围着一桌酒菜吃喝，还在议论什么。

"又撤下来一群死鬼，在车站上扎营了。"

"你认错喽，那是八路军。呃……就是老共！不是从前面撤下来的，是从陕西往河北前线奔的，向我们要车皮。哎……"

"老子家眷往南走还没车坐呢。你们还能有车皮装他们？"

"想打仗，自己跑着去嘛。"

"对对，他们跑路那可是有名的……"

杨成武一听气愤至极。可现在是国共合作，不好引起纠纷，只得往地上啐了一口，愤愤地走开了。

"在侯马，我们被那群饱食终日的国民党办事员留难了两三天，经过一

93

而再再而三地交涉，有时竟拍着桌子吵起来，最后才得到十多节敞篷车厢。我赶去一看，竟是运牲口用的，两边钉着厚栏杆，一头一尾用铁索连绞，地板上残留不少牛羊粪便和杂毛，一股刺鼻的膻臭味。"❾杨成武回忆道。他们组织部队简单洗刷一遍，就登车了。

八路军首批上前线的部队就拥挤在十几节这样的破车皮中匆匆北上。

列车驶出侯马不久，忽然狂风大作，大雨倾盆而下。许多战士是头一回坐火车，兴奋极了，他们在大雨中引吭高歌：

> 工农兵学商，
> 一齐来救亡。
> 拿起我们的铁锤刀枪，
> 走出工厂田庄课堂，
> 到前线去吧，
> 走上民族解放的战场！
> ……

列车经过洪洞、临汾、霍县、介休等车站时，成千上万的群众，携带着慰问品，在风雨中迎送第一一五师的出征将士。车站两旁贴有很多标语，人们情绪激动地喊着口号：

"热烈欢迎抗日的八路军将士上前线！"

"打倒日本帝国主义！"

"用鲜血保卫我们的每一寸土地！"

"中华民族万岁！"

"抗战胜利万岁！"

广大人民群众的抗日热情极大地鼓舞和教育了指战员们。民族的需要，人民的希望，自己的重任，一切的一切都摆在了眼前。那些在列车开动时一闪而过的身影，深深地印在了战士们的记忆中。有的战士开玩笑说："谁说洪洞县里没好人？胡扯，好人多得很嘛！"

同蒲铁路有多段被山洪冲毁，列车边修边走，于9月中旬抵达太原车站。那是一个午夜，几盏高悬的水银灯，把站台照得如同白昼。列车刚刚停靠站台，工人、学生、市民和一些小商小贩全都拥了过来，围住各节车厢，一边热烈问候，一边把核桃、花生、红枣、香烟和毛巾等慰劳品往车厢里扔。

站台上还有许多东北三省的流亡学生，他们衣履破旧，无家可归，为呼吁抗日救国，已在车站扎下大营。他们举着大旗和标语，臂挽臂列队唱起悲壮的《松花江上》，唱着唱着，声音哽咽了，不少人失声痛哭……战士们也非常激动，大家持枪列队，齐声高唱《打回老家去》。

列车驶离太原三四十公里，遭到日本飞机轰炸。部队有20多个战士负了重伤。第六八五团团长杨得志动员伤员们回后方，他们怎么也不听。有个战士哭着对杨得志喊："团长，还没见着鬼子的面，你让我有什么脸回后方？不，我不走，死也要死在前线上。"时间紧，任务急，杨得志只能命令他们留在后方。

与群众和八路军高昂的抗日热情形成对照的是，随着张家口、大同等重要城市接连陷落，国民党军队节节败退，锐气尽失。越往北走，遇到国民党败退下来的士兵就越多。

聂荣臻在侯马赶上了部队，率领第一一五师的第二梯队第三四四旅北上。当他抵达太原以北的原平时，满目所见，也让他触目惊心：

"国民党军队垮得一塌糊涂，真是兵败如山倒！一批又一批的溃兵，用步枪挑着子弹、手榴弹和抢来的包裹、母鸡等等东西，象（像）潮水般地涌下来。他们看到我们要往前线去，感到非常奇怪，向我们的战士散布失败情绪，说日军如何如何厉害。

"我们的战士与他们争辩，有的溃兵说：'你们别吹牛皮，上去试试吧！'

战士们问：'你们为什么退下来？'他们说：'日本人有飞机坦克，炮弹比我们机关枪的子弹还多，不退下来怎么办！'战士们问：'你们究竟打死了多少敌人？'回答说：'我们还没见日本鬼子的面呢！'又问：'为什么不和敌人拼拼？'他们回答：'找不到长官，没人指挥，打不了哇！'"**10**

国民党军队兵无战心，将无斗志，一路向南败退。

八路军将士却逆流而上，斗志昂扬地向北挺进。

当然，他们并不是要一头去撞日军的攻击矛头，而是在毛泽东游击战理论的指导下，避开敌人的正面，乘隙向敌人的侧后挺进。

朱德率领八路军总部一过黄河，队伍就向同蒲铁路南端的侯马镇跑步前进。

到了侯马，火车站里外挤满了人，观看八路军上火车。其中有不少沦陷区来的难民，对开赴前线的八路军更抱着强烈的期望。

跟随朱德开进的潘开文回忆说："在过去对于红军有过深刻印象的山西人民，如今能亲眼看着这支由红军改编的八路军开上抗日前线，自然感到无限的兴奋。八路军渡过黄河，沿同蒲路北进，直到原平下车。这一路上所过的城镇、车站、村庄，莫不遇到广大群众扶老携幼的夹道欢呼。我们有一列兵车，过太原时，已在深夜十二时，而大批男女群众，特别是东北的流亡学生，都拥挤在车站上，整夜不眠地欢送八路军上前线。"**11**

朱德率总部每到一地，当地群众更是热烈欢迎。

老百姓当中有不少关于朱德的神奇传说，很多人说朱德有种种神奇的本领。因此，当听说大名鼎鼎的朱德总司令就在其中时，围观的人流越聚越多。

当时担任八路军政治部民运部部长的傅钟回忆说："火车在吕梁山东麓、汾河东岸向北开进，沿途的车站越来越多地站满了欢迎的人群。无论商人、学生、工人、农民，都拼命往前挤，要看看红军——八路军的朱总司令。朱总司令的四川话人们听不懂，但看到那位向人们招手的长者，衣着和别的军人一样，脸色比别人黑一点，像长年辛劳的庄稼汉，面容纯朴，慈祥……人们便以喜悦的神情、亲切的语言，表明自己的感触：八路军总司令不像国民党军队的长官，老百姓是可以亲近的！这，便是一个伟大的开端，像一座桥使八路军和人民的无穷力量相连接起来。"**12**

朱德率八路军总部东进途中，9 月 11 日接到国民政府军事委员会电令，将八路军改称第十八集团军，由朱德、彭德怀分任总司令和副总司令。由于八路军出师后，这个名称已在群众中产生很大影响，所以尽管它改变了番号，但除正式公文外，一般情况下，人们仍习惯地称它为八路军。

9 月 21 日清晨，朱德到达山西省会太原。当天下午，阎锡山派了一名高级参议，接朱德到雁门关以西太和岭口的前线指挥部去商谈。已在太原并同阎锡山见过面的周恩来陪同朱德前去。他们一行乘坐汽车，于第二天清晨抵达太和岭口，会见了阎锡山。

这次会谈比较顺利。阎锡山允许八路军驻区的群众工作由八路军负责，不好的县长可以更换，允许给游击队发枪，还允许在八路军工作地区实行减租减息。阎锡山也要求八路军帮他抵抗向山西进攻的日军。

23 日，朱德回到五台县南茹村的八路军总部，把这次谈判的结果报告给中共中央。

日军战略大迂回，毛泽东改变战略部署

9 月 19 日，山西忻县 **13**。

忻县距太原以北 60 多公里，再往北 20 余公里，就是国民党重点设防的忻口防线。大同失守后，它是阎锡山保卫太原的最后一道防线。

贺龙率第一二〇师从侯马乘火车到达这里后，正要研究下一步行动计划，一份电报摆在了他们面前。电报是毛泽东发来的，签发的日期是 9 月

17 日，发给八路军总部及各师首长。

电报首先判断，日军攻华北兵力大约分为四路：第一路山东（现未出动），第二路津浦线[14]，第三路平汉线[15]，第四路平绥线[16]、同蒲线[17]，此一路为敌军主力。敌总的战略方针，是采取右翼迂回，以大迂回姿势，企图夺取太原，威胁平汉线中央军而最后击破之，夺取黄河以北。以此姿势，威胁河南、山东之背，而利于最后夺取山东，完成其夺取华北五省之企图。至于上海进兵，于破坏中国经济命脉外，又钳制中央军之主力，以便利其夺取华北。

毛泽东又进一步判断，敌军右翼之主力，又分为三路，均以追击姿势前进。一路沿平绥东段、同蒲北段攻雁门关，占大同后，现未动；一路由天镇占广灵后，向灵丘、平型关进攻，系向晋绥军行右翼迂回；一路由张家口占蔚县后，有攻涞源之势，系向卫立煌军及紫荆关部队行左翼迂回。此两路判断系组成联合兵团，以第一步中央突破之姿势，达成其第二步分向两翼迂回之目的。

关于友军，毛泽东判断，蒋介石以卫立煌军处于敌之包围中，令其向平汉线撤退。阎锡山以灵丘为山西生命线，拟集中 14 个团在平型关以北进行决战。判断如决战胜利，则敌之南进可稍延缓，但必增兵猛攻。如决战失败，敌必速攻平型关、雁门关，待后路预备兵团到达后，主力直下太原，使绥远[18]西境之晋绥军，恒山山脉南段五台等处之各军，平汉北段之各军，均不得不自行撤退，敌可不战而得上述各地，娘子关天险亦失其作用。

以此判断，涞源、灵丘为敌必争之地。恒山山脉必为敌军夺取冀察晋三省之战略中枢。友军各军均失锐气，不可能在现阵地根本破坏敌人的战略计划。

毛泽东指出："红军此时是支队性质，不起决战的决定作用。但如部署得当，能起在华北（主要在山西）支持游击战争的决定作用。""过去决定红军全部在恒山山脉创造游击根据地的计划，在上述敌我情况下，已根本上不适用了。此时如依原计划执行，将全部处于敌之战略大迂回中，即使第二步撤向太行山脉，亦在其大迂回中（设想敌占太原之情况下），将完全陷入被动地位。"

"依上述情况及判断，为战略上展开于机动地位，即展开于敌之翼侧，钳制敌之进攻太原与继续南下，援助晋绥军使之不过于损失力量，为真正进行独立自主的山地游击战，为广泛发动群众，组织义勇军，创造游击根据地，支持华北游击战争，并为扩大红军本身起见，拟变更原定部署，采取如下之战略部署：

（一）我二方面军[19]应集结于太原以北之忻县待命，准备在取得阎之同意下，转至晋西北管涔山脉[20]地区活动。

（二）我四方面军[21]在外交问题解决后，或在适当时机，进至吕梁山脉活动。

（三）我一方面军[22]则以自觉的被动姿势，现时进入恒山山脉南段活动，如敌南进，而友军又未能将其击退，则准备依情况逐渐南移，展开于晋东南之太行太岳两山脉中。

（四）总部进至太原附近，依情况决定适当位置。"[23]

看完这份战略长电，贺龙、关向应长出一口气。战局变化之快，国民党军之不堪一击，实出意料之外。而毛泽东判断之精当，部署之高明，让人由衷佩服！

贺龙放下手中的电报，往烟斗里加了些烟丝。

"主席电报里讲得很清楚，就按主席说的办！"他很坚决地说道。

开朗、豁达，喜欢痛痛快快的贺龙，自从走上革命道路之后，对自己所认定的事业和领袖从来忠心耿耿、说一不二，尤其对他的这位湖南同乡毛泽东。

毛泽东与贺龙，一个在湘东，一个在湘西。毛泽东知道湘西有个贺龙，敬佩贺龙的胆略和一心革命的坚强意志；贺龙知道湖南有个毛泽东，敬仰毛泽东有学问，是个了不起的人物。大革命失败后，有人对贺龙舍身投奔共产党，顶了个"红脑壳"很不理解，他却说，"我贺龙找真理，找个好领导，找了半辈子，现在总算找到了。就是把我脑壳砍了，我也要跟共产党走到底。"南昌起义失败后，组织上派他到苏联去学习，他想到革命处于低潮，很需要积蓄力量，继续同国民党反动派斗，硬是出生入死回湘鄂西拉队伍，创造出一块革命根据地。在创建根据地的失败与挫折中，他逐步体会到了井冈山道路和毛泽东的正确性，更坚定了跟共产党干、跟毛泽东走的决心。长征途中，他率领的红第二、第六军团与红四方面军会师时，张国焘欺骗和拉拢官兵，反对毛、周、张、博的所谓机会主义路线，贺龙坚决不答应。他激动地告诉大家："我们大家都要听毛主席的，跟着毛主席的脚步走。谁要不听毛主席的，反对毛主席，他就是天王老子也不行。"三大红军主力会师后不久，贺龙和毛泽东终于在保安相会了。两人相见恨晚，非常激动，两双大手紧紧握在一起，久久不愿放下。

20世纪80年代初，一部《贺龙军长》的电影打动了许多人，彭真在北戴河观看了电影后，讲了一段很动感情的话："贺龙党性很强，几十年如一日。'左'倾路线杀了他手下那么多人，残酷得很！提起这件事贺龙就流眼泪。他自己也受过'左'倾路线的迫害，但是对党始终忠贞不渝。什么事情，听说是毛主席讲的，一点也不含糊。我认识贺龙同志是在抗日战争初期，当时骂毛主席的人并不是没有，可是贺龙从来不。对旧社会他是叛逆者，而在我们党内，他是驯服者，驯服的党员，驯服的干部。"

的确，洛川会议上，一些人不同意毛泽东的意见，贺龙却平静地坐着，他不准备说什么，他觉得毛泽东、党中央的决定是正确的，只是让关向应以他们两个人的名义作了个简短的发言。他思考的问题是，红军出师后，应将自己红二方面军的一部分部队留在陕北，保卫党中央。同时，在经费分配上，也应该优先保证中央使用。红军改编以后，国民党答应发给八路军一定数量的军饷，这笔款项虽则杯水车薪，但对于长征结束后久处于经济困难中的红军来说，还是非常重要的。贺龙主张多留一些给中共中央，八路军应当尽量到敌后去自筹粮款。事后他曾对第一二〇师的干部说："国民党只发给我们3个师的钱，可是，我们除了3个师还有机关、学校。没有钱怎么办呀？我们是共产党领导的军队，就要有共产主义精神。这就叫'有福同享，有难同当'，所以，我们每个月只能发给每人1元钱零花钱。我和大家一样，1月1元，请大家监督。"当时，国民党政府每月只发给八路军军饷40万元，一半留给了中共中央，一半发给前方部队，实际上，第一二〇师每月只能领到4万至6万元。到了1940年，国民党政府就一分钱也不给八路军了。

……

正当贺龙、关向应按照中央的战略部署进行准备的时候，八路军副总司令彭德怀匆匆赶到了忻县。

9月19日，毛泽东给彭德怀发了份急电，其中再度明确了第一二〇师的战略部署变更。彭德怀觉得事关重大，要当面同贺龙商量。

见到贺龙等人后，彭德怀来不及询问更多的情况，立刻将电报摆在了贺龙等人面前：

"贺龙部应位于晋西北，处于大同、太原之外翼，向绥远与大同游击，方能给敌南进太原以相当有效的钳制作用。……因此贺师应速赴晋西北占先着。"**24**

彭德怀说："一二〇师应立即进入晋西北的管涔山区，以宁武、神池为中心，在五寨、岢岚、岚县、河曲、偏关、保德等地区组织和武装群众，开展游击战争，还应派部队前出雁北。"

贺龙说："这样很好，我们立即按总部部署去行动。"

彭德怀询问了部队的情况后，犹豫了片刻，然后缓缓地说道：

"从战争全局需要考虑，总部决定：王震率三五九旅东进到五台以北的豆村镇一带相机作战，并由总部直接指挥，待一二九师到达正太路南北之后，再归还建制。"

关向应等人听后，没有作声。他们心里很明白：出师时，第三五九旅旅长陈伯钧和第七一八团以及师直属的5个营留在了陕北，担任河防和保卫陕甘宁边区的任务。现在王震所部又要东出五台，仅以第一二○师两个多团的兵力去开辟管涔山广大地区，力量显然比较单薄。

贺龙看了一眼关向应，然后说道："既然总部已经决定，我看我们还是服从大局，让三五九旅暂归总部指挥吧。"说完又向站在一旁的王震问道："现在三五九旅又扩编了吧？部队情况怎样？"

王震说道："我旅出师后，沿途吸收了一些国民党军溃退中的散兵游勇，组成了新的七一八团。现在部队正在抓紧时间进行战前整顿，战士们斗志很旺。"

彭德怀听后满意地笑着说："没想到你王胡子现在就开始招兵买马了。"

贺龙紧握着王震的手说：第三五九旅暂归总部直接指挥，这也是我们师的光荣，相信不久以后，我们还会胜利会师的。

按照军委的统一部署，王震率第三五九旅疾驰五台山，贺龙率第三五八旅于9月22日，挺进管涔山区。

谁说火车不是推的

10月9日，刘伯承率第一二九师先遣队来到山西侯马。

四天前，毛泽东致电朱德、彭德怀，就八路军三个师在山西的作战部署作了明确指示，其中关于第一二九师，规定为"以一个团位于孝义，主力位于包括娘子关在内之正太铁路[25]侧后，主要任务是动员工人及两侧农民战略上策应林贺两师，巩固后路"[26]。遵照这一指示，第一二九师将要开赴正太铁路沿线。

几经交涉，阎锡山拨来了一列火车，并发给了一批给养和被装，还有几十支旧枪和少量子弹。

当天晚上，刘伯承率部登上火车。他上了第一节车厢，他总喜欢把指挥位置靠前。他叫来了坐在后面车厢里的陈锡联。

"你让他们从车头到车尾拉上电话线，而且要复线。"他把"复线"两个字特意强调了一下，为的是确保指挥畅通。他说：

"火车上要不搞好前后的联系，后面的车厢掉了都不知道。车厢掉了被后面的机车撞上，那就要坏大事。我们就这么点本钱，每一个人都是宝贝疙瘩，容不得半点疏忽。"

车开动了。刘伯承坐在车上，思绪又回到了十几天前。那天，八路军总部转来了毛泽东9月17日的电报。刘伯承手拿电报，对着地图审视着敌我态势。他十分佩服毛泽东及时改变战略部署的决策。他知道，日军采取大迂回战略，八路军三个师的主力如果还按原计划，都集中在以恒山山脉为中心的狭小地域，就有被敌人兜击或隔绝的危险，而三个师成鼎足之势分置于山西的三块山地，就一下子进到了日军的侧翼，进退有据，便于互相策应、支援，更有利于开展敌后游击战争。

刘伯承仔细研究过山西地形，懂得这是个打游击的好地方。山西山多，不便于敌重武器机动，我可充分发挥游击战的长处，依托恒山、五台山、太行山等天然之屏障长期坚持。山西素称"华北屋脊"，居高临下俯瞰华北平原，也是敌我必争之战略要地。对我来说，保住山西，对保卫华北、支持华北战局，有极重要的意义。对敌人来说，它要完成军事上占领华北，非攻占山西不可。若山西高原全境保持在中国军队手中，则随时可以居高临下：在广灵、涞源方向，出紫荆关可入平津外围；在太原、石家庄方向，出娘子关而入冀中；在长治、邯郸方向，出山西而入冀南；在晋城、沁阳方向，沿太行山南麓而入冀、鲁、豫边。这不但威胁敌在华北之军事重地，也使它向平汉南进及向绥远的进攻感受困难。山西的确是敌我必争之战略要地啊。

一路上，刘伯承也一直在考虑，如何让部队尽快转变到游击战争的轨道上来。他很了解自己这支主要由红四方面军改编过来的队伍：英勇果敢，执行命令坚决，但战术上比较粗糙，而且习惯于运动战和阵地战。要掌握基本上是游击战、不放松有利条件下的运动战这一套战术，非下一番大气力不可。他抓紧一切时间对部队进行教育、讲解。

一次，他跟干部们说，今天，我专门来讲一讲如何适应新的斗争形势，对付新的敌人的问题。"孙子兵法中有'知己知彼，百战不殆'这句话，大家想来是知道的，我就用它来破题。知己，就是熟悉自己部队的状况。新形势下的知己，就是坚持党对军队的领导，做好政治思想工作，发扬三大民主，搞好军事训练。对部队光熟悉还不够，还要迅速提高它，游击战怎么打，运动战又怎么打，二者的关系怎么摆，又怎样相互配合，解决了这些问题，才算是真正做到了知己。知彼，就是了解敌人、研究敌人，目的是要把敌人的装备、编制、训练、战术都了解清楚。他擅长什么，弱点何在，有何习惯，士气怎样，都要一一弄明白，不然今后作战要吃亏。日本侵略军是武装到牙齿的帝国主义军队，他们除了有飞机、大炮外，还有战车、装甲车，甚至可能施放毒剂。敌人的本质是虚弱的，会无所不用其极，这点应该充分估计到。"*27*

停了一下，刘伯承继续说，"我们到太原领到防毒面具后，我来教你们使用。我在苏联学习时练习过，不过第一次我没戴好，气被憋得出不来，眼泪直流，可是吃了苦头"。

听到这里，大家都被逗乐了。但刘师长刚才讲的这些道理，深入浅出，大家都很爱听。

……

想起这件事，刘伯承不禁计划着，面对当前的新形势，这样的讲解、教育，还有沙盘作业、战术要领等等，以后还要多搞一些。

正思索间，刘伯承忽然觉得火车渐渐慢了下来，最后竟停下不走了。

刘伯承赶紧让人询问，原来是水箱里的水漏光了。

同蒲路上的列车大多被调到正太路上运兵去了，这趟列车还是费了不少劲才交涉来的，可军情紧急，部队不可久滞于此。想到这里，刘伯承对参谋们说道：

"俗话说：牛皮不是吹的，火车不是推的。我们今天硬是要推推火车哟。"

他让人们先把火车头推到汾河边，给水箱注满水，然后将车头开到前边的站台，换一个开回来，再将等在原地的部队接走。

负责推火车的战士们鼓足了劲，齐声呐喊着，把车头推到了离汾河最近的地方。水箱灌满了水，车头能开动了，司机把它开到了霍县车站，换了个好的，又开着它返回，挂上了刘伯承他们乘坐的列车。

刘伯承大手一挥，"连夜出发！"

列车载着第一二九师先遣队的3000名壮士，一路呼啸着，向前线驶去。

注　释

1.《毛泽东军事文集》第二卷，军事科学出版社、中央文献出版社1993年版，第25页。

2.《毛泽东军事文集》第二卷，军事科学出版社、中央文献出版社1993年版，第28页。

3.《毛泽东军事文集》第二卷，军事科学出版社、中央文献出版社1993年版，第40—41页。

4.《聂荣臻回忆录》（上），人民出版社2022年版，第274页。

5.《彭德怀传》，当代中国出版社2015年版，第100页。

6.《彭德怀自述》，人民出版社1981年版，第223页。

7.《聂荣臻回忆录》（上），人民出版社2022年版，第274页。

8. 中国人民解放军历史资料丛书编审委员会：《八路军·文献》，解放军出版社1994年版，第31页。

9.《杨成武回忆录》，解放军出版社1987年版，第362页。

10.《聂荣臻回忆录》（上），人民出版社2022年版，第280页。

11. 转引自中共中央文献研究室编：《朱德传》，人民出版社、中央文献出版社1993年版，第408页。

12. 中国人民解放军历史资料丛书编审委员会：《八路军·回忆史料》(1)，解放军出版社1990 年版，第 68 页。

13. 忻（xīn）县，今忻州。

14. 天津至浦口的铁路，今京沪线一段。

15. 北平至汉口的铁路，今京广线一段。

16. 北平至绥远的铁路，今京包线。

17. 山西大同至风陵渡的铁路。

18. 绥远，旧省名，辖今内蒙古自治区中部地区，1954 年撤销。

19. 即第一二〇师。

20. 管涔（cén）山脉，晋西北山系。

21. 即第一二九师。

22. 即第一一五师。

23.《毛泽东军事文集》第二卷，军事科学出版社、中央文献出版社 1993 年版，第 47—48 页。

24.《毛泽东军事文集》第二卷，军事科学出版社、中央文献出版社 1993 年版，第 50 页。

25. 正定至太原的铁路，今石家庄至太原线。

26.《毛泽东军事文集》第二卷，军事科学出版社、中央文献出版社 1993 年版，第 72 页。

27.《刘伯承传》编写组：《刘伯承传》，当代中国出版社 1992 年版，第 160 页。

第 六 章

首战平型关

"周先生确是个大人才"——杨得志乘车"奇遇"——林彪定下"十里埋伏"之计——战前动员部署——隐秘冒雨开进——血战十里长沟——没抓到一个俘虏——"庆祝我军的第一个胜利"

当八路军栉风沐雨，日夜兼程，向晋东北前线挺进之时，日军按其"右翼迂回"的战略计划，正向中国守军发展进攻。

9月上旬，沿平绥路西犯之敌日本关东军察哈尔派遣兵团，先后突破国民党第七集团军之天镇、阳高等地防线，于9月13日占领大同，并以一部在伪蒙军配合下向绥远进攻，以便切断中、苏联系，并保障沿平汉路进攻军队的翼侧安全；主力则沿同蒲铁路南下，向雁门关、茹越口进攻。与此同时，由平绥路上之宣化、新保安、怀来向晋东北进犯之敌华北方面军第五师团，在占领了阳原、蔚县、广灵之后，继续向东、南方向进犯，企图突破平型关、茹越口要隘，协同沿同蒲铁路南进之关东军察哈尔派遣兵团，击溃国民党军第二战区主力，实现右翼迂回，配合华北方面军主力歼灭平汉铁路沿线之国民党军第一战区主力。

9月16日，侵华日军第五师团第二十一旅团以其第二十一联队主力由广灵西进，占领浑源县城。同日，第九旅团主力由蔚县南下，占领涞源县城。

9月20日，日军第二十一旅团又以两个大队兵力南下，占领灵丘县城，向平型关逼近。

形势急转直下。

阎锡山集重兵集团配置的内长城防线岌岌可危。

"周先生确是个大人才"

雁门关附近太和岭口。国民党第二战区前线指挥部。

山西形势骤起变化，待在这里指挥晋北战事的司令长官阎锡山焦急万分。眼看日军长驱直入，他战无信心，不战又无以回答山西民众。他知道，为挽救山西危局，必须借重八路军之力。他一面调整部署，以第六集团军（辖第十五、第十七、第三十三军）和第七集团军（辖第三十四、第三十五、第十九、第六十一军）分别部署于平型关、茹越口、雁门关一线；一面要求八路军先头部队迅速挺进至晋东北，协同其坚守长城防线，企图凭借有利地形和即设阵地阻止日军进攻，保卫山西腹地。

对于日本人，阎锡山还是比较熟悉的。辛亥革命前，他东渡日本，就读于振武学校，冈村宁次是他的队长，板垣征四郎当过他的教官，土肥原贤二是他的同学，全民族抗日战争爆发时，还保持着交往。阎锡山著有《军国主义谭》一书，书中对日本军国主义的"武装和平"和德国的"铁血主义"表现出浓厚的兴趣。尽管如此，日本人打到他的家门口，侵犯到他的根本利益，他就不干了。

作为山西地方实力派的首领，阎锡山的"地盘"思想非常浓重。从辛亥革命时起，他统治山西已20多年，一向闭关自守，不许其他政治势力侵入。全民族抗日战争爆发前，红军东渡黄河抗日，他派军队阻挠。蒋介石军队以"剿共"为名乘虚而入，红军班师以后仍不撤出，使阎锡山大受刺激。他曾经说：我不亡于共，也要亡于蒋。华北事变后，日本人步步紧逼，严重威胁到了他的"独立王国"，他觉得降日、迎蒋都没有出路，而自己力量又不足，不得不暂时求助于共产党和八路军。他说过："同共产党搞统一战线，这中间有风险。但是，不跟共产党合作，又有什么办法呢？现在我只有用共产党的办法，此外即不能抵制日本人和蒋介石。我是用共产党的办法削弱共产党。"

9月7日，阎锡山在太和岭口热情地招待他的客人——周恩来、彭德怀、徐向前、彭雪枫一行，对徐向前更是显露出一股亲切劲。山西有句民谣："会说五台话，就有洋刀挎"，阎锡山善于利用同乡关系发展个人势力。一年前，他把共产党员也是山西人的薄一波请来，帮助他进行抗战准备。徐向前不仅是山西人，还是他的五台同乡——阎是五台人，家住五台河边村；徐是东冶镇永安村人，两村仅一河之隔。阎锡山对徐向前早有耳闻，很赞赏他的军事指挥才能，也很想把他拉过去。后来他还说过"政治上依靠薄一波，军事上依靠徐向前"这样的话。

听了周恩来等人对抗战形势的分析，阎锡山解除了许多顾虑，他恳切地说："周先生所言极是，对抗战前途看得很清楚。不过，能否请周先生帮忙，写一个第二战区的作战计划？"周恩来满口答应，用一个晚上就写了出来。阎锡山看后，吃惊地说："写得这样好，这样快！如能这样打，中国必胜！"并且感叹地说："周先生的确是个大人才，国民党是没有这样的人才的。"**1**

在商谈平型关、雁门关的防御问题时，周恩来等提出，将第一一五师开到五台、灵丘地区，配合友军布防平型关一带，阎锡山表示同意，还答应给八路军补充物品，并帮助将八路军迅速运送到平型关以东的涞源、灵丘地区。

9月21日，朱德率八路军总部进抵太原，第二天便由周恩来陪同，来到太和岭口会见阎锡山。座谈中，阎锡山同意八路军进行独立自主的山地游击战，还商谈了八路军的游击地区、军队驻扎和兵力使用等问题。朱德、周恩来表示，在有利条件下，将配合友军进行运动战。

9月23日，朱德抵达五台县南茹村八路军总部指挥作战。同日，八路军总部向第一一五师下达了侧击平型关日军的命令："一一五师应即向平型关、灵丘间出动，机动侧击向平型关进攻之敌，但须控制一部于灵丘以南，保障自己之右侧。"同时，电告毛泽东："灵丘之敌于昨晚迫平型关附近，正在激战中。我一一五师今晚以三个团集结于冉庄，准备配合平型关部队侧击该敌。另以师直属队并一部及独立团出动于灵丘以北活动。"

杨得志乘车"奇遇"

第一一五师先头部队边修路、边行进，当列车于傍晚时分进入原平车站时，前边的铁路被炸毁，无法通行了，奉命改乘汽车前进。

担负输送任务的是国民党军队的一个汽车团，这个团全是美式装备，连卡车也都一律带帆布篷子。条件虽不错，但考虑到前面道路险要，又是夜间行车，而且随时会有敌情，旅长陈光让杨得志、陈正湘等团首长分别向营、连干部交代，一定要做好司机的工作，防止发生意外。

交代完注意事项，杨得志正要上车，一个司机走到他面前说："首长，这一带全是山路，颠得厉害，您到驾驶室里坐吧。"

听他叫"首长"，杨得志感到很奇怪。国民党士兵对上级从来是称职务或"长官"的，这个司机却非常自然地用了我军上下级之间的称呼，不知为什么。

"你的驾驶室里还有副手哩，我坐后边可以。"杨得志说。

"不，不。"那司机急忙解释，"副手已经到另一辆车上去了。您来坐吧，不会出事的。"这后一句话显然是怕杨得志对他不放心。

看这司机近四十岁的样子，长得粗壮结实，比较纯朴，没有老兵油子的味道。杨得志坐了上去。

汽车开动后，杨得志问他："你是哪里人呀？"

"河南。"

"是个老把式了吧？"

那司机打着方向盘，叹了口气，说："摆弄这个'圆圈圈'十三年了。"

"到过不少地方吧？"杨得志又问。

"怎么说呢?"他燃上一支烟,猛吸了两口,没头没尾地说,"你们到过的地方,我也到过一些。"他见杨得志不解,惨然一笑,"最后一次'围剿'你们,我就开车到了江西,后来,你们长征——我们长官说叫'西窜'——我又开车跟过你们,不久前才调到山西来的。我开车,没打过仗,可见过你们。我曾想跑到你们那里去,可又一想:共产党没有汽车,我又不会打仗,去送死呀?你想,我被抓来当兵,家里上有爹娘,下有老婆孩子,我死了他们咋活?现在,我虽然活着,但也不知道他们还喘不喘气哩!这回好了,共产党和国民党不打仗了,大家一块打日本鬼子,打完日本鬼子我就可以回家了。我不是当着您说好听的,要真的正儿八经打鬼子,还得靠你们呀!要是我跟着你们,让鬼子打死了,那也不屈。中国人嘛,还能让个小东洋欺负着!" **2**

……

汽车一夜颠簸,于9月14日抵达了离平型关不远的大营镇。

林彪定下"十里埋伏"之计

林彪是在原平赶上先头部队的。一路上,他摊开地图,仔细琢磨着平型关一带的地形。还在太原阎锡山的招待所里见到了杨得志,问了部队的情况,交代他加快北上的速度,把部队尽快带到平型关一线。

抵达大营,林彪带着参谋人员实地考察了平型关一带的地形,基本与地图上所绘相符。十几天来,他一直在苦思良策,一张军用地图被画得面目全非。他已数次致电毛泽东和八路军总部,要求在平型关寻机歼敌。现在他亲临现地,看到这一带山峦相连,谷深坡陡,更坚定了他在平型关与日军大战一场的决心。

平型关位于山西东北部古长城上,自古以来就是晋、冀两省的重要隘口。关内关外,群山峥嵘,层峦叠嶂,沟谷深邃,阴森幽静。关前有一条公路，蜿蜒其间，一直通向灵丘、涞源，地势煞是险要。这是日军侵占平型关的必经之路。尤其从关前至东河南镇之间的十余里一段，沟深道窄，沟底通道仅能通过一辆汽车。路北侧山高坡陡，极难攀登；路南侧山低坡缓，易于我部署兵力、发扬火力，是伏击歼敌的理想战场。

林彪放下望远镜，头脑里盘算着，许久，一条"十里埋伏"之计油然而生。

他取出纸笔，将公文包铺在膝盖上，亲自给八路军总部及中央军委起草了一份电文，建议第一仗应以集中约一师的兵力为好，在现地协同友军作战。因为：目前敌正前进中、运动中、作战中，为我进行运动战之良好机会，我友军目前尚有抗击敌人之相当力量，为能得到友军作战之良好机会，现地域为山地，乃求山地战之良好机会，倘过此时机，敌已击破友军通过山地，并进占诸主要城市时，即较难求运动战山地战及友军配合之作战。目前须以打胜仗，捉俘虏，提高军民抗战信心，提高党与红军威信，打了胜仗更容易动员群众与扩大红军。

待尔后客观情况上已失去一师兵力作运动战之可能时，再分散作群众工作和游击。

起草好电文，林彪命机要员先给聂荣臻发电，让他督率第一一五师第二梯队火速向平型关东南的上寨地区机动，再将他刚刚起草好的电文发出。

机要参谋接过电报，提醒道："师长，总部电令我们分兵去阜平发动群众，这……"

林彪起身，拍拍泥土，说道："要打仗，分不出兵，让罗主任把政治机关的人带去就行。"

"没部队撑腰咋行？"参谋再次提醒道。

"嗯，那就让骑兵营护送。"林彪慢条斯理地说，"反正这一仗也用不上骑兵。"

决心已下，林彪下达命令：第三四三旅由大营镇前出至上寨地区隐蔽集结，并进行战前准备。

箭已上弦，一场恶战即将拉开大幕。

接到林彪的电报，聂荣臻率师司令部、徐海东的第三四四旅和杨成武的独立团向上寨开进。他们绕向五台山的山间小路前进，没走代县、繁峙比较顺的那条大路。因为那条路上国民党败退的军队一帮接着一帮，堵塞着道路。聂荣臻担心他们大量散布的失败主义情绪会影响到部队的士气。为了摆脱这些溃兵对部队情绪的影响，聂荣臻决定避开他们。

一路所见，令人心寒。群众情绪惶恐，村庄冷冷清清，想从村里找一个向导，或是找人打听前边的情况，都非常困难。他们先经过五台，又沿着崎岖的山路穿过龙泉关，从阜平北面的丁家庄插到了平型关东南的上寨镇。

见到林彪以后，聂荣臻告诉他部队都带上来了，问他前边的情况怎么样。林彪说，敌人的大队人马正向平型关方向运动，这里的地形不错，可以打一仗。他摊开地图，同几位参谋一起，把平型关周围的地形和初步的作战设想介绍了一遍。

"老聂，这是个大仗呀，打不打？"

聂荣臻考虑到，当前日寇气焰嚣张，友军锐气尽失，这一仗事关民心士气，非同小可。尽管在洛川会议上，他拥护基本的游击战方针，但还有不放松有利条件下的运动战这一条。因此，他果断说：

"打，为什么不打呢？利用这么好的地形，居高临下，伏击气焰骄纵的敌人，这是很便宜的事嘛。现在不是打不打的问题，而是要在与日本侵略军的第一次交锋中，打出八路军的威风来，给全国人民的抗日情绪来一个振奋！"[3]

"我们可能没有时间向军委和总部请示了。我担心……"林彪微蹙浓眉。其实，先斩后奏是林彪的一贯作风。他要打的是运动战，不是游击战。他真正担心的也许是毛泽东的态度。

聂荣臻看出了林彪的心思。林彪不想独自承担责任，这是要聂荣臻与他分忧。

"老林，战机稍纵即逝。好打就打，事事请示，就会贻误战机。"聂荣臻明白，这样的作战计划，前线指挥员有权根据情况决定，只要事后报告一下就行了。军委和总部并不十分清楚前线的具体情况，特别是进行游击战争，敌军怎么样？地形怎么样？上午打了，下午就有可能要离开，事先请示也不可能。

稍停顿一下，聂荣臻又说："我们没有与日军交战的经验是事实，作战时什么事情都可能发生，打仗没有不冒险的，只要有六七成胜算就可斗胆一战。"

"这一仗我看有八成把握。"林彪对自己的军事才能向来很自信。

"既然有八成把握就要下定决心，坚决打！"

"好吧，下午召集全师连以上干部，你给动员动员。"林彪习惯性地划燃一根火柴，轻轻吹灭，他喜欢闻火柴熄灭时瞬间的那股烟味。他在红军大学里任校长一年半，已经很长时间没闻到战场上的硝烟味了。

战前动员部署

9月23日中午，八路军第一一五师连以上干部齐集于上寨村小学校的土坪上，由师首长进行战前动员。林彪首先介绍了敌情，分析了首次与日军作战可能出现的各种情况。

当时，林彪还不知道由广灵向平型关猛插过来的日军番号，直到平型关大战结束，从缴获的日军文件中，才知道他的对手是第五师团一部，其师团长正是板垣征四郎。板垣是个有名的"中国通"。他早在1929年就在关东军任参谋，当时是大佐军衔。九一八事变后，日本侵略军在东北组织伪满洲国，就是由他代表关东军同溥仪谈判的。由于组织傀儡政府有功，1937年卢沟桥事变爆发时，他已经升任中将师团长了。板垣师团武士道精神很强，在日军里面有些名气。板垣之所以选择平型关作为迂回的路线，因为他清楚这里是山西和河北交界的地方，是个比较薄弱的环节。他自带队进攻华北以来，遇到的都是不战自退的国民党军队，气焰骄纵得很。他有个错误的估计，以为我军不可能这样快东渡黄河，根本没有估计到在他眼皮底下会有一支严阵以待的八路军队伍。

林彪讲完，聂荣臻作政治动员。他特别强调了八路军出师抗战第一仗的重大意义："这一仗必须打胜，打败了或者打个平手都不行！党中央和全国人民都在盼望八路军第一个捷报！……"坐在台下的杨成武几十年后还清楚地记得当时的情景：

"那天天气很热，近百名干部聚集在一个小院子里，军装都汗湿了。墙角有个大水缸，边上放几个粗瓷碗，谁渴了可以去舀凉水喝。但大家静静坐在台阶、泥地、破砖上，任凭汗水往下淌，没人走动。他们聚精会神地听着聂政委的讲话，生怕漏掉一句，眼中却不时地漾动着严峻与兴奋的神采。"4

接着，林彪宣布了作战部署：

以独立团、骑兵营绕到平型关东北截断敌人交通线，阻止敌人增援。要大胆深入敌后，穿插至腰站一带，准备阻击灵丘和涞源增援之敌。

以第三四三旅2个团为主攻。第六八五团埋伏在老爷庙西南至关沟以北高地，作为口袋的袋底。第六八六团埋伏在小寨村至老爷庙以东高地。战斗打响后要大胆接敌，敢于白刃战与肉搏战与敌人搅在一起，敌人纵有坦克大炮也发挥不出作用，飞机来了与不管用。

第三四四旅第六八七团到平型关北面，埋伏在西沟至蔡家峪以南高地，断敌退路，并阻击由灵丘和浑源来援的日军。第六八七团作为袋口，要待敌全部钻入口袋再捇住袋口。第六八八团作师的预备队，随时准备投入战斗。

攻击部队全部在平型关东侧山地设伏。如果敌人没有发现，打响的顺序最好是第六八五团先开火，再第六八七团，最后是第六八六团。

林彪部署完毕，聂荣臻站了起来，对大家叮嘱道：

"可不能拼消耗噢。将来还要开辟根据地，和日军长期作战。头一仗倘若把你们的本钱打完了，那以后的日子就不好过了！"他换了一种口气，"不过，我相信你们会打好的。"

开完会，林彪、聂荣臻又组织与会干部进行了现场勘察。他们爬上山梁，看到从平型关口至灵丘县东河南镇，是一条由东北向西南伸展的狭窄沟道，地势最险要的是沟道中段，长约 10 公里，沟深 10 到 100 米不等。这条峡谷古道宽不过三五米，仅容一辆卡车单行。古道两侧，是刀削式的危岩绝壁，再上面是较为平缓的沟岸。在这里埋下伏兵，真是再好不过了，不愁消灭不了进入伏击圈的日军。

隐秘冒雨开进

当日夜，担负伏击任务的主力部队向平型关以东的冉庄、东长城村地域隐秘开进。杨成武则率独立团，以急行军速度向平型关东北的腰站一带穿插。

24 日中午时分，腰站到了。杨成武举目望去，腰站东面有座高山，山顶有个马鞍形的隘口，那就是驿马岭。驿马岭是山西省与河北省的交界地。岭西是山西，岭东是河北。公路从隘口处通过。好地形！如果在隘口处伏兵，这条细窄的公路就落入我们的火网中了，日军万难通过。

杨成武命令一营做好战斗准备，占领驿马岭隘口。战士们贴着山根快步前进。

突然，前面响起枪声，枪声夹杂着马嘶。杨成武一惊，快步赶上前，见一匹受伤的日本战马在草沟里翻腾，路面上横躺着两个日军尸体。

"怎么回事？"

尖兵排喜滋滋地向杨成武报告：他们正走着，忽然听到细碎的马蹄声，还没来得及隐蔽，公路拐弯处就冒出了一群高头大马，马上骑着穿黄军装的人，相距不到 50 米。排长眼明手快，看到这伙骑兵头戴钢盔，刺刀还挑着一面日本旗，便大喝一声："冲！"同时先敌射出一串子弹。战士们随排长冲上去，一边冲一边射击。敌人被这突然袭击打懵了，哇哇怪叫，战马在公路上惊得前扑后蹦，有两个家伙枪还没端稳，就栽下来了，其余人骑着马掉头就跑。一共也就几分钟的事！

杨成武心想，日军也没什么了不起，不像国民党溃兵吹的那样。看来，日军已先期占领了驿马岭，我们还不知道。而他们对我们的神速接近也一无所知，所以才出现这场遭遇战。

杨成武命令部队立即占领公路两旁的山头，构筑阵地。这些山头虽然比驿马岭矮些，但仍可以堵住敌人的去路。

下午，侦察员报告，日军又一个联队从涞源城向腰站赶来了。

情况严重。日军装备精良，人数又多，但他们不知道虚实，夜晚是绝不敢通过腰站的。那么明晨必定会有一场恶战，杨成武他们只有一夜的准备时间了。

为了打好这一仗，杨成武决定：第一营在山上警戒；第二营连夜进抵三山镇，切断广灵通往灵丘的公路；第三营作为预备队，后撤白羊堡宿营。团指挥部随一营驻扎在山上。

刚刚入夜，天就下起毛毛细雨，打起闪来。不一会，风声、雨声、雷声，一起在山间轰响，震人心魄。山水渐渐汇积，越蓄越多，越淌越急。忽听山上呼哗一阵响，不知哪里破了口子，滚滚山水卷着泥沙从战士们身下冲过。借着闪雷的光亮，可以看见山岗里的战士们怀搂着步枪、手榴弹，静静地坐在一块块岩石上，任凭雨打水冲，没有人离开自己位置。就这样，他们在雨中持枪坐到了天明。

当杨成武的独立团在驿马岭的雨夜中坚守时，第一一五师的主力部队正冒雨向白崖台一带的伏击阵地开进。

24日白天，在断断续续的炮声中，前沿部队报告，敌人有于翌日大举进攻的可能。傍晚，师部又收到了阎锡山部队送来的一份"出击计划"，说他们担任正面防御和堵截。林彪和聂荣臻在马灯下，摊开军用地图，把各方面汇集的情况又作了一番详细的研究，随后用电话下达了出击的命令：第三四三旅本晚24时出发，进入白崖台一线埋伏阵地，第三四四旅随后开进。

为了隐蔽，部队选择了最难走的毛毛道。天空布满了乌云，战士们担心下了雨耽误赶路，互相催促着快走。乌云越来越浓，大地越来越黑，瓢泼似的大雨终于落下来了。战士们没有雨具，身上的灰布单军装被浇得湿淋淋的，冷得发抖。天黑得像口锅，每个人只得拽着前面一个人的衣角，一不小心，就会摔倒。战士们希望多打雷闪，好趁着刹那亮光放开步子往前跑。

最糟糕的是山洪暴发了，湍急的山洪咆哮着，盖住了哗哗的雨声。大家只得把枪和子弹挂在脖子上，手拉手结成"缆索"，或者拽着马尾巴从激流中蹚过去。水越涨越深，走在前面的第三四三旅安然通过，后面的第三四四旅只过来了一个多团，另一部分被山洪拦住。聂荣臻看到有的战士急于过去被洪水冲走了，马上同林彪商量："老林，我看三四四旅不必强渡了。过来了的作为预备队，没过来的立即转移，隐蔽待命，以减少不必要的牺牲。"林彪同意了。

25日拂晓，部队抵达白崖台一线伏击阵地。此时雨也停了，天也亮了。部队按预定计划埋伏在公路南侧的山地。天还是阴沉沉的，冷风飕飕，又不能生火，战士们只有咬牙忍受，让沸腾的热血来烤干湿淋淋的衣服。

师指挥所设在一个较高的山头上，有一片小树林便于隐蔽。聂荣臻举起望远镜，看到部队隐蔽得非常好，经过一夜风雨，都变成泥人了，正好与阵地融为一体，如果不是事先知道，很难辨认。林彪单腿跪在聂荣臻身旁的草地上，也在用望远镜观察设伏的阵地和沟道通路。他对三个团的伏击阵地感到满意，只是对由于怕暴露目标而来不及占领公路对面那个老爷庙制高点，感到有些遗憾。放下望远镜，林彪以膝盖作支撑，在打开的公文上写着什么。站在一旁的参谋苏静不失时机地举起照相机，"咔嚓"一声，拍摄了一张照片。这张照片后来影响很大，成为平型关大战最珍贵的史料之一。

激战前的战场，出奇的平静。除了平型关方向传来的稀疏炮声，公路上不见一个人影。

那时候，杨得志他们都没有手表，只觉得时间过得出奇的慢。第六八五团的第一营营长按捺不住了，跑到杨得志的指挥所。

"团长，鬼子怎么还不来？"第一营营长着急地问。

"打伏击嘛，就是要沉得住气，没耐性咋行。"杨得志松了一口气，问，"你认为鬼子不会来吗？"

"拿不准。"第一营营长摇摇头。

"没什么拿不准的，你赶快回到自己的指挥位置上去。师长强调过不准乱动，暴露了目标可不是闹着玩的。"

副团长陈正湘挥挥手，说："快走快走！注意隐蔽。"

杨得志想起一营阵地上的机枪排，那里集中了全团十多挺机枪，特别嘱咐道："要注意你那些机关枪噢！"**5**

第六八六团埋伏在第六八五团的东面，团指挥所设在一片玉米地里，团长李天佑用电话询问了各营隐蔽的情况，接着问："战士的情绪怎么样？"

"早就上好刺刀了。大家的共同决心是：决不辜负全国人民对我们的希望。"电话那边答道。

放下电话，李天佑说道："战士们还穿着湿淋淋的单衣，小鬼子要是知趣，最好多送些棉衣。"

副团长杨勇一笑，说："干脆钻进一支运输队，吃的穿的还有武器弹药就都解决了。"

"嘘，你听啥声音？"

山沟里传来了马达声。

李天佑举起望远镜一望，只见公路上隐隐约约出现了汽车的影子，一辆接着一辆。汽车越来越近，头一辆汽车上插着一面"太阳旗"，坐着几十个日本兵，身着黄呢大衣，头上的钢盔闪光发亮，上着刺刀的步枪揽在胸前。汽车后面还有一大溜的大车、马车，接着开过来的是骑兵。车声呜呜，马蹄锵锵，声势煞是浩大！那些日军叽里呱啦，谈笑自若，完全没有意识到一场大祸即将临头。

李天佑正观望间，忽闻一阵枪声，子弹嗖嗖飞过，一片玉米叶正好落在他的帽檐上。李天佑一惊，难道被敌人发现了？不可能！我们的部队隐蔽得很好，一点也没有暴露。显然，敌人是在盲目进行火力侦察。他抓起耳机，询问瞭望哨：

"喂，敌人全进了伏击圈吗？"

"通往灵丘的公路上已经看不见敌人了。"

就是说，这是敌人的后尾了。李天佑放下听筒，马上派参谋去报告师首长。

血战十里长沟

林彪发现第一辆汽车时，和其他指挥员一样激动，鬼子终于上钩了。几位参谋悄悄挤过来，准备随时听候指令。毕竟是久经沙场的老将，他很快就镇静下来，仔细观察日军的兵力和火器，估计敌人的抵抗能力。汽车一辆接一辆缓缓钻进他布下的口袋，100 多辆！这个数目正合他的意，多了怕吞不下，少了不过瘾。可再接着看，汽车后面跟着一大串骡马大车，连绵四五里，足有 200 辆。他有些遗憾昨晚把第三四四旅的一个团落下了。

汽车很快就要穿过峡谷，可是后面的骡马大车却只进来了一半，正在他放下望远镜准备开火之时，聂荣臻用肘部碰了他一下。林彪举起望远镜，脸上露出一丝不易觉察的微笑，日军前面的汽车停了下来，看来是在等待后续部队跟上。天助我也！林彪放下望远镜，用手招来号兵和发信号的参谋。

此时，电台突然"嘀嘀嘀"响了起来，林彪将举在空中的手缓缓放下，急步朝电台走去。他是个非常谨慎的人，打起仗来如同一个老练的猎手，眼观六路，耳听八方。按理阎锡山的晋军早该向东西跑池和团城口之敌发起进攻了，为何没有动静？他立即唤来一个参谋，吩咐道：

"你跑步到友军阵地，催促他们按昨晚计划行动。告诉他们，我们包围了日军一个旅团，让他们一面拖住岭上之敌，一面分兵增援我们。"

参谋拔腿跑下山坡，刚好通信参谋译出了电文，是杨成武从腰站发来的。

25日清晨，驿马岭一带的浓雾悄悄散尽，峰峦沟谷清晰地呈现在眼前，昨晚一场大雨，把岩石、树木、草地洗刷得焕然一新，被大雨淋了一夜的战士们顾不得疲劳，在紧张地擦拭枪支。

刚刚得到情报：今天凌晨，涞源城又开来了一个联队的日军，赶到了驿马岭。这样，杨成武他们面临的敌人就是两个联队了，兵力超出自己数倍。怎么办？杨成武提出，只有坚决阻击！我们有一个有利条件，就是敌人并不知道我们有多少兵力，只有猛打猛冲，毫不犹豫，使敌人对我们兵力产生错误判断，它才不敢倾巢攻击。敌人已经占领了驿马岭顶上的隘口，我们要挡住敌人，最根本的办法就是想办法拿下它。杨成武让第一连正面阻击，伺机冲击隘口；第二连从右翼袭取隘口；第三连则迂回攻占南面比隘口更高些的山峰，用火力压制隘口上的敌人。

"来了！"有人低声道，"嗬，这么多！"

一群身穿土黄色野战服、提着三八大盖枪、戴着钢盔的日军下了隘口。他们摆开战斗队形，两三人一伙，利用岩石、土坎做掩护，探头探脑地向前逼近。第一连的机枪首先开火。顿时，各个山头的枪弹齐发，眼见几十个敌人栽倒了。但是大群敌人并不后撤，而是呼啦一下散开，藏到隐蔽物后面，同八路军对射。已经倒下的敌人居然也带伤爬起身，拖着枪往土沟里爬，继续攻击。

杨成武把情况报告师部。

片刻，师部复电：你们要坚决阻击当面之敌，不得放其西进。平型关那里的敌人已进入我伏击圈，战斗即将开始。

杨成武一阵兴奋，好啊，只要我们死死顶住这股敌人，平型关的胜利就有把握了。

林彪刚下达完给杨成武的电令，第六八六团的参谋气喘吁吁地跑来报告："师长，敌人全进沟了，团长让我来报告。"

综合各伏击部队的报告，林彪判断时机已到，果断下达命令："立即开火！"他身旁的聂荣臻看了看表，记下了当时的时间：清晨7：00整。

刹那间，寂静的山岗怒吼起来，机枪、步枪、手榴弹、迫击炮一齐发射，把拥塞在公路上的敌人一时打得人仰马翻。前面的汽车中弹起火，后面的车辆互相撞在一起。日军士兵纷纷跳下汽车，钻进车底躲避子弹。

林彪放下望远镜，"命令杨得志、李天佑跑步过来！"

第六八五团的阵地近，杨得志首先赶到。林彪说："敌人还没清醒过来，赶快冲锋，抢占公路对面的制高点！"

"是！"杨得志一把揪下军帽，转身跑步离去。

日军从最初的惊慌中平静下来，开始组织还击。一位指挥官挥舞着指挥刀，命令汽车底下的士兵出来，抢占公路两侧的制高点。杨得志立即派通信员向各营传达命令："附近的制高点一个也不准鬼子占领！"这时，刘营长已指挥第一营把公路上的敌人切成了几段。接到杨得志的命令，马上指挥第一、第三连，向公路边的两个山头冲去。山沟里的日军也在往山上爬，可是不等他们爬上去，迅速登上山头的第一、第三连紧接着又反冲下去，一顿猛砸猛打，把这群敌人消灭了。第一营第四连行动稍慢一步，被敌人先占了山头。连长在冲锋中负了伤，第一排排长就主动代替指挥，他用两面夹击的办法，很快把山头夺了回来，将敌人逼回沟底全部消灭。

在第二、第三营的阵地上，正在展开激烈的白刃格斗。第二营第五连连长曾贤生，外号"猛子"，发起冲锋后，他率先向敌人突击，一个人刺死十几个鬼子。他身上到处是伤是血，一群鬼子在向他逼近，他在最后关头拉响了仅有的一颗手榴弹，与敌人同归于尽。他的指导员身负重伤，依然指挥部队。排长牺牲了，班长顶替；班长牺牲了，战士接上指挥。就这样，前仆后继，打到最后，第五连只剩30多位勇士，却仍然顽强地与敌人拼杀！梁兴初第三营的第九连和第十连，冲上公路后伤亡已经很大，但他们以一当十，没有子弹了就用刺刀，刺刀断了就用枪托，枪托折了就和敌人抱成一团扭打。战斗到最后，两个连队眼睛都打红了，尽管伤亡都超过了半数，战斗情绪却依然旺盛。杨得志后来写道："这是血战，是意志的搏斗，也是毅力的考验。"❻

第三八六团的指挥所离师指挥所有里把路远。李天佑从谷地里一口气跑了过去。林彪看他跑得气喘喘的，便说：

"沉着些，敌人比较多，比较强，战斗不会马上结束的。"然后又指着战场对他说，"看到了吧，敌人很顽强。"

李天佑顺着林彪手指的方向看去，公路上的敌人正在利用汽车顽抗，并组织兵力抢占有利地形。

林彪接着说："你们一定要冲下公路，把敌人切成几段，并以一个营抢占老爷庙。拿下了这个制高点，我们就可以居高临下，把敌人消灭在沟里！"

"看！有几个鬼子正在往老爷庙爬呢！"李天佑指着山沟说。

"是啊！你们动作要快，慢了是不行的！"

"明白了！"

"好，去吧，要狠狠地打！"**7**

李天佑跑回团指挥所，马上命令右侧山上的第三营向老爷庙冲击。战士们在副团长杨勇和第三营营长的率领下，勇猛地向公路冲去，同沟底的敌人展开了激烈的厮杀。只见枪托飞舞，马刀闪光，吼杀声、爆炸声搅成一团。经过半小时肉搏，敌人支持不住了，纷纷藏到汽车底下。李天佑后来回忆说：

> 我们的战士当时不懂得烧毁敌人的汽车，使其失去隐蔽物，还以为日军和内战时期的敌人一样，打狠了就会缴枪。他们停止了射击，向躲在汽车底下的敌人喊话："缴枪不杀！优待俘虏！"然而，眼前的敌人不仅不懂中国话，还是一群经过法西斯军国主义训练的顽固派！……许多战士因为缺乏对日本侵略军作战的经验，反被垂死的敌人杀伤了。**8**

第三营伤亡也很大，第九连只剩下十几个战士，班以上干部几乎全部阵亡，杨勇也负伤了。第三营营长带伤指挥官兵继续往公路北侧的老爷庙冲锋。李天佑将团指挥所移到公路北的一个山坡上，靠前指挥作战。在第一、第二营的掩护下，第三营终于夺取了老爷庙制高点。

林彪透过硝烟始终盯住几个主要的制高点。看到李天佑拿下了老爷庙，林彪松了一口气，将望远镜交给身边的参谋，朝电台走去。

"独立团有战报来吗？"

一直守在电台旁的聂荣臻轻轻摇了摇头，说："没有。敌人有两个联队，兵力是他们的两倍，更不提火力悬殊了。不过，老一团能打硬仗，能顶住。"

林彪点了点头。"杨成武是搞政治的，部队的士气不用担心，打这种仗，关键是一股气，勇气！两强相逢勇者胜。"

林彪和聂荣臻说得不错，杨成武的独立团的确能打。

为夺占驿马岭隘口，担任正面强攻的一连，在连长张德仁的带领下，向敌群猛冲。几分钟后，下到公路上的敌人被他们消灭了。张德仁从敌尸手里换了一支枪，擦去溅到脸上的血，沙哑地喊了一声，"上啊！"又朝隘口冲去。只见他像松鼠似的，又蹦又跳，紧随着溃退之敌，使敌人无法用火力阻拦。不料，他冲到半山腰时，隘口两翼突然喷出七八条机枪火舌，张德仁身子晃了几晃，便和前面的两个日本兵一同摔倒了。他身后的战士也纷纷中弹，顺着山坡滚了下来。杨成武心如刀剜，一连今天损失大了，牺牲者当中有不少是红军战士啊！

这时，西南方向传来了炸雷似的山炮轰鸣，杨成武循声望去，不禁喜道："好哇，平型关战斗开始了！"紧接着，师部电告他们：敌千余人遭我伏击，战斗进展顺利。你部须坚决阻击敌援，直至师主力战斗胜利。

平型关的炮声使敌人有些惊慌，火力顿时弱了。杨成武立刻命令司号员，让第二连从右翼夺占隘口。第二连第一排的"麻排长"率领十几个战士从乱蓬蓬的灌木丛中，攀过一段悬崖，悄悄爬到了隘口旁的一块巨石后面，探身一望，原来是敌人的指挥部。山洼里密密麻麻支满了帐篷，几百个日本兵正一边吃着干粮一边喝水，准备出击。"麻排长"一声令下，大家一声不吭地跳进隘口，扑入敌群。没等敌人反应过来，十几枚手榴弹就落到了他们头上。手榴弹打光了，战士们就和敌人拼刺、肉搏。敌人伤亡惨重，"麻排长"他们终因寡不敌众，陷入了敌人的疯狂射击中……第一排的勇猛突击，虽然没拿下隘口，却大大杀伤了敌人，使其心惊胆战。他们搞不清楚对面有多少部队，只好三面防御，不大敢正面冲击了。

就在"麻排长"他们与隘口敌人激战的时候，副营长袁升平和教导员张文松率领一部分队伍，占领了南面比隘口更高的山头。那山头上还完整地保留着阎锡山晋军半月前挖掘的堑壕——这些友军虽然挖了堑壕，却一弹未放地撤走了，今天正好为我所用。

袁升平跳进堑壕，举起望远镜观察敌情。张文松跟进来说："让我看看。"

"注意隐蔽噢！"

"没事儿。"张文松举起望远镜一看，不由地低声惊叫，"嗬，最近的敌人不到50米，好打！"

恰在这时，从小树林飞来一颗子弹，正打中张文松的胸膛，他"嗯"了一声，仰面倒在袁升平怀里，当场牺牲了。

袁升平愤怒得发抖，他喊通信员把张文松的遗体背下去，接着就端起机枪，朝小树林后面的敌人猛扫……

下午4时，师部拍来电报：歼灭日军板垣师团第二十一旅团1000多人。你们独立团已胜利完成打援任务。

杨成武得讯，欣喜若狂，立即派出团预备队，插到隘口东面，从敌人后路打上去。敌人怕自己也陷入平型关那样的绝境，夺路逃向涞源城。杨成武率部乘胜追击，一直追杀到涞源城下。敌人又从涞源东撤，八路军随即光复涞源城。

李天佑指挥第三营夺占了老爷庙之后，日军不甘心失败，五六百穿着皮鞋的步兵拥挤着，一次次地对老爷庙反扑。这时，敌机五六架飞来助战，贴着山头盘旋，一位参谋有点沉不住气，喊着："团长隐蔽，飞机！"

李天佑告诉他："不要怕，敌人靠近了我们，它不敢扔炸弹！"

打到下午1点多，东北面的第六八七团攻了上来，与第六八六、第六八五团会合，终于干净、彻底地消灭了十里长沟里的日军。

平型关东北面的日军被歼，从另一路攻击平型关的日军惊恐万状，向原定为国民党阎锡山部队阻击阵地的东跑池方向突围。奇怪的是，原先表示要以8个团以上的兵力出击的国民党阎锡山部队，始终袖手旁观，按兵不动。林彪和聂荣臻曾派人前去联络，请他们协同作战，但他们仍然隔岸观火，无动于衷。林彪和聂荣臻遂令部分部队打扫战场，其余部队乘胜向东跑池之敌发起攻击。黄昏时分，晋军主动弃守平型关西北面的团城口阵地，东跑池的敌军向北逃窜。林彪和聂荣臻命令部队撤出战斗，立即转移。

没抓到一个俘虏

血战后的十里长沟，日军人仰马翻，尸体狼藉。燃烧的汽车，遗弃的武器，散落的文件、作战地图、写有"武运长久"的日本军旗及各种罐头食品，遍地皆是，堵满沟底。

聂荣臻走下山谷察看战果。突然，从离聂荣臻不远的一个山洞里传出几声沉闷的枪声，警卫员阮寿贤急忙拉着聂荣臻闪到隐蔽处。原来，一个日本兵钻进了山洞，不但不投降，还向外打冷枪。几个战士朝洞里射击，总也打不着他。聂荣臻气愤地说："丢手榴弹，炸死他！"随着一颗手榴弹在洞内爆炸，山洞里沉寂了。

聂荣臻发现了一个很严重的问题：八路军部队对日军的武士道精神估计不足。他后来写道："那时，我们的战士还把日本侵略军当成内战时期的敌人，以为打狠了就会缴枪，岂不知他们都经过长期训练，受麻醉很深，满脑袋装的都是怎样占领中国，所以即使剩下一个人，也很顽强。"[9] 李天佑回忆说：第六八六团第一营的一个电话员，正沿着公路查线，看见汽车旁躺着一个半死的敌兵，他跑上去对那个敌兵说："缴枪不杀，优待俘虏！"没等他说完，那家伙扬手一刺刀，刺进了电话员的胸部。"有的同志想把负了重伤的敌兵背回来，结果自己的耳朵被咬掉了。更有的战士去给哼哼呀呀的敌兵裹伤，结果反被打伤了。"[10]

杨成武也写道："抗战初期的日军，大都经过严格训练。他们战术熟练，枪法准确，野战服与秋庄稼颜色一致，便于隐蔽，攻击力强，加上国民党反动派的不抵抗主义，使他们侵入华北以来，攻城略地，长驱直入，虽和国民党军队打过几仗，也轻易地取胜了，因而傲气正盛，枪一响，敢打敢拼，十分疯狂。而我们八路军呢，出师以来，士气正旺，满怀民族仇恨，正憋足了劲要给敌人一个痛击。两兵交手，构成了一场浴血恶战。日本士兵与国民党兵截然不同。国内革命战争期间，我们只要冲到国民党士兵面前，大喝一声：'缴枪！'他们多数会把枪一扔，伏地投降，没几个拼死顽抗的。而今天，我们冲到日本兵面前，他们却主动跳出来，端着又长又重的三八大盖枪和我们拼刺，刺杀技术强不说，负伤了也不投降，抱住我们的战士又掐又咬，使我们不得不把他们一个个消灭，以致增加了我们取胜的代价。"**11**

的确，这么大的伏击战没有抓到一个俘虏，这在红军的战史上尚无先例。1300多名日军（加上独立团歼灭的300多名）全部战死，无一投降，可见日军的顽抗到了何等地步。第一一五师在此战中也付出了血的代价：主力部队和独立团各阵亡200余人。

八路军以血肉之躯和英勇牺牲，粉碎了"日本皇军不可战胜"的神话，打出了中华民族的志气，打出了共产党和八路军的声威。

1987年，年事已高的聂荣臻回忆起平型关大战，仍感慨不已，并欣然赋诗一首：

集师上寨运良筹，敢举烽烟解国忧。
潇潇夜雨洗兵马，殷殷热血固金瓯。
东渡黄河第一战，威扫敌倭青史流。
常抚皓首忆旧事，夜眺燕北几春秋。**12**

"庆祝我军的第一个胜利"

首战平型关，威名天下扬！

对于这一全民族抗战以来中国军队的第一个大胜利，举国上下，莫不欢欣鼓舞。全国各界给共产党和八路军发出的贺信、贺电，达百余件之多。蒋介石28日在给朱德、彭德怀的贺电中说：宥日（25日）一战，歼寇如麻，足证官兵用命，指挥得宜。捷报南来，良深嘉慰。尚希益励所部继续努力，是为至盼。云南省政府主席龙云致电朱德、彭德怀：宥电告捷，闻之欣喜。吾兄指挥若定，胜算确操，军威所至，敌胆为寒。际此民心未固之时，忽闻吾兄捷报，不惟昭示部队，足使顽廉懦立，亦将昭示各军暨新出发各部，攘臂奋发，士气百倍。是我兄一举，关系战局甚大。望努力一心，灭此朝食，国家之福，亦国人所望也。同盟会会员、第二战区战地动员会主任续范亭著文称赞道：谨按平型关战役，八路军的大捷，其估价不仅在于双方死亡的惨重，而在于打破了"皇军"不可战胜的神话，提高我们的士气。"使日寇知道中国大有人在，锐气挫折，不敢如以前那样的长驱直进。忻口战役敌人未敢贸然深入，我军士气高涨，未尝不是平型关歼灭战的影响。"**13**

消息传到延安，毛泽东很高兴。平型关大战后的次日，毛泽东致电前线将领：庆祝我军的第一个胜利。其实，他在 9 月 21 日致彭德怀的电报中，虽再度强调了独立自主的山地游击战的原则，但对林彪"只想以陈旅集中相机给敌以打击，暂时不分散"的意见已经表示同意："这种一个旅的暂时集中，当然是可以的。"**14**9 月 29 日，根据平型关战斗的经验，毛泽东进一步明确提出，八路军作战的"根本方针是争取群众，组织群众的游击队。在这个总方针下，实行有条件的集中作战"**15**。

10 月 1 日，毛泽东致电在南京的博古、叶剑英以及八路军驻上海办事处主任潘汉年，向他们通报平型关战役的战绩，以及全国各地祝捷的情况："二十五日平型关战役，除缴获汽车八十二辆，大炮一门，炮弹二千余发，步枪数百枝，打死敌人一千多人外，还包围了敌之高级司令部，缴获秘密文件甚多，其中有敌整个华北作战计划及标示目的之日文地图。被围残敌乘夜从晋军阵地突围而逃。是役晋军本约定二路出击，乃打至黄昏才出动，致未能全部消灭该敌。我军伤亡四百余人，内有副团长、副营长二三名。是役已将敌攻平型关计划破坏，但敌还从雁门关一带进攻。我游击支队正活动于灵丘、涞源、蔚县之间，颇有缴获。敌用大兵团对付

我游击队，还不知道红军游击战法。我们捷报发至全国，连日各省祝捷电甚多……" **16**

　　阎锡山在雁门关接到林彪、聂荣臻的捷报，心情颇为复杂。

　　他的军队自开战以来节节败退，致使战局日益恶化，眼下山西存亡千钧系于一发，全国舆论大哗，皆谓晋军畏敌如虎。阎锡山正处于不打一仗无法向国人交代，打又没有把握的矛盾心理之中。早在他制定平型关会战计划之时，彭德怀就已经看出他决心不大。阎锡山犹豫彷徨之际，忽闻八路军出师大捷，心里像打翻了的五味瓶，品不出个滋味。他痴痴地望着墙上的军用地图，沉默了半个钟头……

　　他一直在盼望着一份捷报，以钝挫日军的锐气，同时告慰天下：晋军并非闻敌即窜的鼠辈。现在第一份捷报终于盼来了，却偏偏是共产党抢了头功。林彪，这个黄埔四期的小字辈，一张稚气未脱的娃娃脸，这下该他神气了。阎锡山又想起，近来见过的八路军将领个个卓尔不群。周恩来才华横溢，那是个大人才，十年前就是响当当的风云人物了。就连彭德怀也韬略满腹，谈吐不俗。朱德、左权、彭雪枫，还有他的五台同乡徐向前，一干形象在阎锡山的脑海中一一浮现。再想想自己手下的晋军将领，这位老牌军阀不禁感慨万分：良将尽在毛泽东帐下啊！

　　阎锡山再看看林彪发来的捷报，自语道："本该升你当军长，可惜你是共产党……"

　　9 月 28 日，板垣亲率 7000 人马由灵丘西进。先头部队目击了三天前激战留下的残迹，"一刹那间吓得停步不前。冷静下来看时，行进中的汽车联队似遭突袭全被歼灭，100 余辆汽车惨遭烧毁，每隔约 20 米，倒着 1 辆汽车残骸。公路上有新庄中佐等无数阵亡者，及被烧焦躺在驾驶室里的尸体，一片惨状，目不忍睹。……用了长达 3 个小时，才把一辆辆烧焦的汽车拖到公路的一边，处理好阵亡者的尸体，公路勉强可以通行。龙泽中队开始前进，到达岭上。从岭上向峡谷一看，辎重车辆队不是也全部覆灭了？公路不是被辎重车辆、层层叠叠的人马的尸体堵塞着了吗?! 这里正是粟饭原秀部队的大行李队及山口、中岛两个大队的大小行李队遭到覆灭，宛如地狱图画的悲惨情景。念及本来的任务尚未完成，即不能在此耽误时间。但是，决不应对此漠视径直通过。龙泽中队长鼓励饥肠辘辘和因震惊而意气消沉的士兵，收集阵亡者的指甲和识别标志，把车辆运到后边的空地上，以及收拾尸体和马匹。约用 2 个小时完成这些作业后，公路才勉强能够通行"。

板垣征四郎进抵平型关已是黄昏时分，血色的夕阳照在他气急败坏的脸上，看起来像一个输红了眼的赌徒。他怒视着部下，准备追究两个旅团长救援不力致使汽车队和辎重队覆没的责任。

第二十一旅团旅团长三浦少将惊魂未定，好像尚未从三天前的恶战中清醒过来。板垣上下打量了一番他的这位有"虎将"之称的部下，失望地摇了摇头，难道他遇到了雄狮吗？

板垣将目光又移到第九旅团旅团长国崎少将的脸上，大声吼道："两个联队的兵力足够强大了，面对不堪一击的支那军居然寸步难行，坐视友军全部覆灭！国崎君，你给第五师团的战史写下了多么光彩的一笔！"

"中将，我们遇到了新的敌人！"国崎少将分辩道，"为救援辎重队我的旅团伤亡了 300 多人，这是旅团战史上的一个新纪录，战斗之激烈我无法用语言表达……"

板垣打断他的话，质问道："敌人出动飞机了吗？坦克呢？有多少现代化火器？你说！"

"恰恰相反，他们连掷弹筒都没有，吹着尖利刺耳的铜号，挥舞大刀长矛。高声念着神佛保佑的咒语，前赴后继地拥向我们的机枪阵地。"

"这么说你是战果累累，功劳大大的！你们的机枪射杀了多少从古墓中钻出来的甲士！"

国崎一时语塞，沉浸在对战斗的回忆之中，他突然想起了什么。"中将，敌人战术灵活，善于穿插，迂回，他们突然之间出现在我们面前，使我们的大炮失去了作用。他们的指挥官经验丰富，我们的火力点总是先受到攻击，尤其是机枪射手伤亡严重。他们神出鬼没，飘忽无常，莫非……"

板垣毕竟是"中国通"，他也觉得这不像是他以前交过的对手。

"他们是共产军！明白吗？有苏俄人当顾问，战术大大的高明。你们要小心了。"

板垣的心底涌上了几许不安和担心。

注　释

1. 金冲及主编：《周恩来传》（二），中央文献出版社 1998 年版，第 461 页。

2. 杨得志：《横戈马上》，解放军文艺出版社 1984 年版，第 211 页。

3. 《聂荣臻传》编写组：《聂荣臻传》，当代中国出版社 1994 年版，第 170 页。

4. 《杨成武回忆录》，解放军出版社 1987 年版，第 375 页。

5. 杨得志：《横戈马上》，解放军文艺出版社 1984 年版，第 214 页。

6. 杨得志：《横戈马上》，解放军文艺出版社 1984 年版，第 216 页。

7. 李天佑：《首战平型关》，载刘伯承 贺龙 陈毅 罗荣桓 徐向前 聂荣臻 叶剑英等：《星火燎原·精选本》（融媒书）中卷，解放军出版社 2019 年版，第 115—116 页。

8. 李天佑：《首战平型关》，载刘伯承 贺龙 陈毅 罗荣桓 徐向前 聂荣臻 叶剑英等：《星火燎原·精选本》（融媒书）中卷，解放军出版社 2019 年版，第 117—118 页。

9. 《聂荣臻回忆录》（上），人民出版社 2022 年版，第 287 页。

10. 李天佑：《首战平型关》，载刘伯承 贺龙 陈毅 罗荣桓 徐向前 聂荣臻 叶剑英等：《星火燎原·精选本》（融媒书）中卷，解放军出版社 2019 年版，第 118 页。

11. 《杨成武回忆录》，解放军出版社 1987 年版，第 387—388 页。

12. 《聂荣臻传》编写组：《聂荣臻传》，当代中国出版社 1994 年版，第 177 页。

13. 转引自《聂荣臻回忆录》（上），人民出版社 2022 年版，第 289 页。

14. 《毛泽东军事文集》第二卷，军事科学出版社、中央文献出版社 1993 年版，第 54 页。

15. 《毛泽东军事文集》第二卷，军事科学出版社、中央文献出版社 1993 年版，第 66 页。

16. 《毛泽东军事文集》第二卷，军事科学出版社、中央文献出版社 1993 年版，第 68 页。

第 七 章

弯弓射日到江南

　　毛泽东将目光投向了茅山地区——挺进苏南敌后——江南处女战——王者之师众望所归——天上掉下个管文蔚——日军惊呼："新四军是个神"

新四军集中起来后，一个重大的战略问题就凸显出来：如何生存与发展？

新四军该不该挺进敌后？什么时候挺进敌后？挺进敌后能否在平原地区开展抗日游击战争并建立抗日根据地？这些不仅是摆在新四军面前的问题，也是困扰全党全军的问题。

面对日军的锐利攻势，国共两党在谈判中初步达成了一些共识。共产党对于两党联合抗日寄予了厚望，并积极筹划抗日大计。以毛泽东为首的中央领导人夜以继日地工作，对长江南北的作战部署提出了意见：

　　甲、为使敌攻武汉处于我之战略包围，我军必须建立下列两个主要军区及六个辅助军区。

　　一、苏浙皖赣边军区，以皖南为重心。攻击并准备攻击南京、芜湖、杭州、浙赣路与湖口之敌。

　　二、鄂豫皖军区，以舒、桐、黄、广、商、固为中心。攻击并准备攻击占领三条铁道及沿江之敌。以上两区是主要的。国民党须派大员指挥并各部署三万至五万兵力于其中。我们则以陈毅支队置于皖南，以高敬亭支队并准备增加一部置于皖北。

　　三、浙南军区。攻击占领杭甬路及浙赣路之敌。

　　四、鄂赣军区。准备攻击占领沿江及南浔路之敌。

　　五、汉水军区。准备攻击占领平汉南段之敌。

　　六、豫西平区。准备攻击平汉中段之敌。

　　乙、为在敌之远后方起战略钳制作用，须建立苏鲁军区，以苏鲁交界为中心并指挥鲁东游击战争。此区国民党须派可靠大员，我们派人辅助之。此区与皖南、皖北须立即部署。**1**

以上意见，高屋建瓴，中共中央希望八路军、新四军及其他领导人考虑后向蒋介石提议。

　　1937年12月30日，中共中央把此部署转发到了新成立的新四军军部，为新四军下一步的活动初步指明了方向。

　　中央的意思很明确，华中新成立的新四军，应立即在江南和江北两个方向，分别以陈毅支队和高敬亭支队东向敌后发展。

　　此时，日军攻势猛烈：1938年2月3日，日寇兵临淮关，徐州危急；2月4日，凤阳、定远已被日寇占领，蚌埠危急。亲日派活动也日趋频繁，形势甚紧张。**2**

　　刚成立的新四军，也迫切希望早日奔赴抗日最前线。

　　2月14日，遵照中央的战略部署，项英、陈毅致电毛泽东，建议新四军不宜全部集结岩寺，应快速接敌，尽可能向前伸出到广大的机动地区，如浙、苏、皖边之昌化、绩溪、孝丰、宣城、宁国一带，以便自由进退，以游击战在战略上配合正规军为原则，受领一定任务，机动的完成。并提出首先以陈毅带领第一支队出动，张鼎丞带领第二支队暂时留在闽、赣，第三支队等到第一支队到皖南后再行动。**3**

　　当时，由于高敬亭支队远在江北，军令还不畅通，军部只能对第一、第

二、第三支队进行部署。

毛泽东将目光投向了茅山地区

远在延安的毛泽东一直关注新四军的发展方向，接到新四军的行动建议电报后，运筹帷幄，把目光投向了茅山地区。

茅山位于南京、镇江和无锡侧面敌后，新四军行动到此地，就完全脱离了国民党军的控制，将来还可以从扬中一带北渡长江，深入到长江以北的苏中、苏北地区。在辽阔的苏北地区，日军和国民党军势力都很薄弱。

有些人担心，部队挺进到茅山地区后，可能会面临与日军作战。但此时日军正忙于北上会攻徐州和西进攻打武汉，茅山地区日军没有重兵，此地不会很危险。如果不挺进茅山，按照项英给中央的电报所提出的行动方案，新四军的活动区域正好是国民党第三十二集团军的防御地带。这里可能暂时安全，但长远着想，没有发展前途。

但考虑到前线指挥员应有的自主性，毛泽东第二天复电项英、陈毅，批准了项英的建议："同意十四日电的行动原则，力争苏浙皖边发展游击战。"同时，毛泽东也保留自己的意见："但在目前最有利于发展地区还在江苏境内的茅山山脉，即以溧阳、溧水地区为中心，向着南京、镇江、丹阳、金坛、宜兴、长兴、广德线上之敌作战，必能建立根据地，扩大四军基地。如有两个支队，则至少以一个在茅山山脉，另一个则位于吴兴、广德、宣城之线以西策应。"[4]

这时，国民党军政当局既不让进行整训，又不给补充武器装备，即命令新四军开赴苏南、皖中敌侧后，在这些地区构成游击网，袭击敌人，破坏敌人交通，以牵制敌人。并且指定开赴路线，指定活动范围，指定作战任务，指定到达时限。

当时划定的活动地域是：

第一、第二支队在长江以南、芜湖以东，高淳、溧水、金坛之线以北，丹（阳）金（坛）公路以西，东西不过百余公里，南北仅约五六十公里；

第三支队在东起芜湖、宣城，西至铜陵，南至青阳，北临长江的狭小地带；

第四支队在皖中的淮南铁路沿线一带。

国民党一再下达指令，不准新四军"越境"活动。"显然，蒋介石之流想把新四军放在入侵日军统治力量最强、交通最方便、作战最困难的条件下开展敌后游击战争的。其用心何在，一目了然。"[5]

在薛岳[6]处的叶挺也给项英来电，说蒋介石命令新四军出南陵，依大茅山、芜湖、宣城方向行动。叶挺认为没有理由拒绝。

而项英认为"不能接受"，"显然是将我送出到敌区，听其自生自灭，含有借刀杀人的用意"[7]。"如去茅山，应由广德、宣城或广德与安吉之间插出，不应出南陵"[8]。同时，国民党迟迟不发给经费，不补充枪支弹药；又在划给新四军游击活动的地区周围，派遣和任命了许多牵制武装。

3月18日，项英把这些意见电告毛泽东。

毛泽东接到项英电报后，有些惊奇：发现蒋介石所指定的开进路线，竟然与自己的想法一致！但这绝对不是"英雄所见略同"，而确实是借刀杀人的手法。项英在电报中也再次坚持先前计划，建议避开日军侧翼，从国民党第三十二集团军防地通过。

这不得不让毛泽东再次深思。

毛泽东整整考虑了3天，最后还是决定坚持原来意见，并在3月21日复电项英："未知南陵一带地势如何，如系山地，开经南陵一带未尝不可。因敌犯长江上游（击）时，南陵一带据于敌之侧后，正好活动。"[9]

毛泽东的思索过程，现今无法假设，但后来的事实证明毛泽东的建议是正确的：新四军深入茅山地区，既顾及了统一战线，又跳出了国民党军的控制，是以后发展苏北的先声。

挺进苏南敌后

刚从各个山头来到皖南集结整编的新四军，面临新的作战对象、新的作战地形、新的作战环境，对敌后地区的敌情、社情、地形以及如何突破日军的封锁线进入敌后地区，均不摸底。

为慎重起见，在主力离开泾县、南陵一带以前，新四军军部决定派先遣支队去苏南进行战略侦察，了解与侦察前进路线与作战的情况，以便于部队的开进，并宣传共产党的抗日救国纲领，宣传持久战的战略方针，开展抗日民族统一战线工作。

毛泽东充分肯定了这一行动，并指示"惟须派电台及一有军事知识之人随去"[10]。

东南分局和军部领导立即作了研究，确定从第一、第二、第三支队抽调部分干部和侦察分队组成先遣队，由粟裕任司令员兼政委，熊梦辉任参谋长[11]，钟期光任政治部主任，先期挺进苏南敌后，实行战略侦察。

陈毅也非常支持此举，将身边得力工作人员副官曹鸿胜、测绘参谋王培臣和张铚秀等派去。粟裕非常感动，说："陈毅同志把强兵能将都调来给我了。"[12]

4月26日，军部召开先遣队到敌后作战略侦察动员大会。

项英先讲了当前的形势和任务，号召大家紧密团结，发扬艰苦奋斗的作风，一定要把侦察任务完成。

陈毅也作了重要讲话："奉叶、项军长命令，现成立先遣队，马上要向东、向苏南敌后进军了。你们这次的任务是了解苏南地区的经济、政治、地理情况，了解当地的风俗民情，团结友军，加强群众工作，开辟我军主力前进的道路。……你们是经过艰苦的游击战争考验的部队，是千锤百炼的8省健儿，因此，军部相信你们可以到敌后去发展革命力量。你们都是来自各个游击区的，应该互相学习，取长补短，加强革命团结，在粟司令的统一领导和指挥下，胜利地完成党所交给你们的光荣任务。"[13]

就在这次大会上，项英还介绍新到任的军政治部主任袁国平和大家见面。

4 月 28 日上午，先遣队从岩寺出发。

为使先遣队顺利通过川军防区，陈毅事先曾亲往川军防区，利用老乡关系，与川军第五十军军长郭勋祺进行交涉。先遣队出发时，又长途相送，把先遣队送过太平、青阳，直到南陵川军的防区边界。再往前就是日寇占领的宣（城）芜（湖）铁路封锁线。

先遣支队去苏南敌后侦察，从接到批准电令，到具体编组再到最终开拔，实际上只用三天时间，速度相当快。几天过后，陈毅和傅秋涛也率领第一支队离开岩寺地区，沿着先遣队开辟的路线向苏南敌后挺进。

4 月 29 日，项英向毛泽东和长江局报告：由粟裕率领的先遣支队已出发，各支队不日将陆续跟进，并报告了他提出的新四军作战方针和战术原则：

……只有以最坚强的意志和耐心，采用最妥善的战术和机巧的运用，时时提高我们警觉性，利用各种方法，争取时间与形势的变化，以便我军发展的有利前途。因此决定我们的方针是在保持有生力量的原则下，团结群众，采取小部队的动作，开展胜利的作战，以求达有利条件，逐渐壮大自己，提高部队的战斗力，而进到大的运动战，消灭较大的敌人。在战术上，目前主要原则是：

一、以小部的动作，开展最广泛的游击战，主要是破坏交通，截击运输。

二、在最优良的条件下，集中力量消灭劣势敌人后，即迅速分散。

三、以最小的代价取得大的胜利，避免硬打强攻和相等的敌人决战。

四、创造很多基点，构成游击网，进行突击的动作。

五、取得更广大群众的拥护和参加配合行动。

六、求得在最短时间内解决战斗，避免持久决战。

七、时时处在主动地位和在敌人侧翼活动，避免正面冲突。

......*14*

项英不愧为游击专家，他提出的这些作战原则，对新四军在敌后开展抗日斗争起到了重要作用。

但如何在敌后开展游击战，在新四军乃至八路军很多人心中，仍然顾虑重重。不从思想上消除这种顾虑，将直接影响新四军的战略部署。5 月 4 日，毛泽东致电项英，就当前到敌后开展游击战争进行了全面指示。这封电报被新四军许多领导人称为毛泽东的"第一个五四指示"*15*，也是针对国民党对新四军的限制和不怀好意而制定的英明决策：

> 在敌后进行游击战争虽有困难，但比在敌前同友军一道并受其指挥反会要好些，方便些，放手些。敌情方面虽较严重，但只要有广大群众，活动地区充分，注意指挥的机动灵活，也会能够克服这种困难，这是河北及山东方面的游击战争已经证明了的。在侦探部队出去若干天之后，主力就可准备跟行，在广德、苏州、镇江、南京、芜湖五区之间广大地区创造根据地，发动民众的抗日斗争，组织民众武装，发展新的游击队，是完全有希望的。在茅山根据地大体建立起来之后，还应准备分兵一部进入苏州、镇江、吴淞三角地区去，再分一部渡江进入江北地区。在一定条件下，平原也是能发展游击战争的。条件与内战时候很大不同。当然，无论何时，应有谨慎的态度，具体的作战行动，应在具体情况许可之下，这是不能忽视的。薛岳等的不怀好意，值得严重注意。但现时方针不在与他争若干的时间与若干里的防地，而在服从他的命令，开到他指定的地方去，到达那里以后，就有自己的自由了。尔后，不要对他事事请示与事事报告，只要报告大体上的行动经过及打捷报给他。*16*

在这个指示中，毛泽东首次提出新四军要向长江以北发展。

考虑到新四军远在江南，又刚刚成立，5月14日，中共中央书记处又向长江局、东南分局及项英发出《关于新四军行动方针的指示》，指出：

甲、根据华北经验，在目前形势下，在敌人的广大后方，即使是平原地区，亦便利于我们的游击活动与游击根据地的创立。我们在那里更能自由的发展与扩大自己的力量与影响。只要自己不犯严重错误与慎重从事，是没有什么危险的。

乙、因此，新四军正应利用目前的有利时机，主动的积极的深入到敌人的后方去，以自己灵活坚决的行动、模范的纪律与群众工作，大大的去发动与组织群众，建立地方党，组织与团集无数的游击队在自己的周围，扩大自己，坚强自己，解决自己的武装与给养。

丙、必须向党的干部解释目前斗争形式与过去的根本区别，因此，目前的工作方法与方式应与过去的根本的不同。要他们在大胆的向外发展与积极的抗战行动中，来扩大与巩固统一战线，争取更多同情者在自己的周围，同时扩大与巩固自己的力量。也只有这样，才能有力的打击造谣中伤与打破防范限制。**17**

6月2日，毛泽东又单独致电项英："地区扩大，已不患无回旋余地。望根据战争的实际经验，凡敌后一切无友军地区，我军均可派队活动。不但太湖以北、吴淞江以西广大地区，即长江以北到将来力能顾及时，亦应准备派出一小支队。"**18**

这是毛泽东第二次提出新四军要向长江以北发展。

5月中旬，陈毅率领的第一支队到达泾县茂林，在地方党组织的协助下，在茂林西南潘村马鞍山下找到了寻淮洲的墓。

寻淮洲是红第七军军团长，1934年随方志敏率红军抗日先遣队北上抗日，在皖南谭家桥一带，遭到国民党反动派大批军队的截击。激战中，寻淮洲身负重伤，抬到泾县茂林，医治无效，不幸牺牲。当地群众怀着无比悲愤的心情，将他的遗体秘密安葬在雄伟陡峭的马鞍山上。

为了进一步动员部队，陈毅决定给烈士修墓立碑，以志纪念。

5月15日，第一支队在茂林镇隆重举行寻淮洲烈士公祭立碑仪式。陈毅在立碑仪式上宣读由他亲撰的碑文，并发表讲话："……青山有幸埋忠骨！寻淮洲同志是红军青年将校，以游击战斗著称，毕生为革命利益，民族利益，英勇奋斗，光荣牺牲。我们要完成其遗志，以东线胜利，驱逐日寇，回答先烈，庶几无愧……"

随后，陈毅率领部队快速向敌后推进，于6月6日进入江苏高淳。陈毅在此所作的《东征初抵高淳》一诗，抒发了他抗日救国的豪迈情怀。其中一段是：

> 芦苇丛中任我行，
> 星星渔火水中明。
> 步哨呼觉征人起，
> 欣然夜半到高淳。**19**

先遣支队闻第一支队赶来，立即前往迎接，并于6月8日在溧水会师。粟裕根据敌后侦察的情况，向陈毅作了长达5个小时的汇报。

当时的江南景况对新四军不甚有利。日军占领了上海、南京等大中城市和战略要地后，更便利其继续进攻。特别是控制了交通线和掌握了交通工具，往来顺畅通行，毫无阻碍，气焰嚣张。

当时日寇因很少甚至完全没有遭受过打击，骄傲蛮横，肆无忌惮。三五个士兵，甚至徒手士兵，也敢到远离据点十里八里的村庄横行。日寇在占领区内到处建立伪政权，豢养了许多汉奸、护路警。这些民族败类死心塌地为日寇效力，为其筹送物品，甚至购备妇女。人民遭受敌人烧杀淫掠，敢怒而不敢言，一时毫无抵抗的能力。

敌人尽管兵力不足，在交通线上相距五六十里地才有一个据点，每个据点多则 20 余人，少则仅 3 人或 4 人。但他们的兵器及技术条件都占了优势，江南的（江）宁镇（江）丘陵地带也有利于敌人机械化部队和骑兵展开。

南京失陷以后，江南已没有一个地方政府，人民感到无所依靠，政府的抗日国策也无法传达到人民中间。江南老百姓已有半年多没有见到中国军队了，渴望有一支能打日寇的军队。而那些留在沦陷区的所谓"游击队"，其成分最大部分是流氓、地痞、土匪，还有吃了败仗的散兵游勇。他们不仅不抗日，还和日寇互相默契，互不侵犯，却对新四军先遣支队百般阻挠，不让通过；对老百姓敲诈勒索，奸淫抢掠。群众恨之入骨，咒骂他们是"小日本"。有些地方的群众自动组织起来武装自卫，和这种"游击队"对抗。

先遣队通过侦察活动，调查研究了苏南的地理地形、社会历史、风俗民情、经济文化、各阶层人民的思想动态等情况。所到之处，不仅捕捉汉奸密探，还经常召开各阶层群众座谈会，揭露日军的野蛮暴行，宣传共产党的抗战理论，激发人民群众的抗敌热情，为新四军主力在江南敌后开展游击战争、建立抗日民主根据地做了充分准备。

江南处女战

面对日寇的步步紧逼、国民党正规军的节节败退，老百姓对抗战胜利仍然缺乏信心。"新四军好是好，可是队伍少，武器差，能打败鬼子吗？"

这种话听得最多的是新四军先遣队司令员粟裕。

6 月 11 日午后，天地之间一丝风也没有，是暴雨将要来临那种令人烦躁的潮闷。

在苏南溧水县李家山，粟裕静静地倚门远眺，但心里抑制不住地焦躁：江宁铜山镇叶家庄那个叫叶文明的话又在耳边响起："你们讲的大道理非常正确，你们这支部队作为抗日宣传队是无可非议的。如果你们真要同日军交战，就不那么简单了。"

这个士绅还不屑地晃晃脑袋，"国军百万大军，还有飞机、大炮、坦克支援，在上海、南京都遭到惨败，何况你们……"

粟裕的眼睛轻轻地眯了一下，寒光乍现即逝："必须尽快打一仗！必须是胜仗！"

一声"报告"打断了粟裕的思路，通信员送来军部急电，大意是国民党第三战区司令长官顾祝同命令新四军"派兵一部，挺进于南京、镇江间破坏铁路，以阻击京沪之敌。务于三日内完成任务，否则严厉处分"。

电报后面是新四军军部的决定：由粟裕率先遣支队及第一支队各一部，共4个连，携带电台一部，由现地出发，务于三日内到达镇江、龙潭间完成破坏该段铁路的任务，并将战况及敌情随时具报。

粟裕精神一振，当即进行了紧张准备和短促的战斗动员，并于下午4时率队出发。

破袭铁路没有出现什么惊险，但部队却被弄得疲惫不堪：一是破袭途中遇见国民党第七十六师警戒旅，数经交涉也不让通过，耽搁了三个多小时；二是为保守秘密起见，连续三天都是夜晚在暴雨中行军；三是没有爆破材料，全靠手工破坏。

但部队圆满完成了任务，京沪铁路交通被迫中断数小时，延迟了日军向前线开进。

6月16日黄昏，大雨如注，完成破袭任务的部队夜宿杜村。

当战士们还沉浸在胜利的喜悦中的时候，粟裕的心思已飞向了另外一个地方——韦岗。

新四军初到苏南，老百姓的担忧不无道理："国民党几十万装备精良的军队望风披靡，新四军几条破枪能够打仗吗？"当时整个先遣队只有两挺轻机枪，其余的武器都是用旧了的，有的缺少瞄准器，有的是长枪锯成了短枪，有的是埋在地下许久才挖出来的。国民党明知道拿这些武器去打日军是有困难的，但他们不履行诺言，不给新四军以武器弹药的补充。

面对这些困难，怎么办呢？新四军先遣队的口号是："一切靠打胜仗来解决！"

韦岗离现在部队的宿营地不远。前段时间，粟裕侦察敌情到过这里。日军汽车每天通行达五六十辆之多，通行时间大约午前8时至9时及午后4时为最多。如果把日本人的车队截住，肯定会有不小的收获。

粟裕亲自作了战斗动员："我们是这样回去呢，还是再会会日本鬼子？"

看着战士们迷惑的神情，粟裕笑了笑说："我们到韦岗打一仗！那里地形我看过了，对我们相当有利，这种糟糕天气正利于我们秘密行动。让大家看看我们新四军究竟能不能打日本鬼子！"

粟裕离开地图，一手握住竹枝，眼望着青青的竹叶："一年前，在方志敏同志领导的抗日先遣队里，我被任命为参谋长，但那支抗日先遣队的历史使命没有能完成，国民党反动集团仇恨它，在怀玉山上围困住我们……四年后的今天，我们又搞出一个先遣队，胜利地挺进到苏南，现在我们面对着方志敏同志所预计的一个新的形势了：'雷压竹头低，低下欲沾泥。一朝红日起，依旧与天齐'！……"

16日的夜里，所有的参战部队紧张地进行了通宵的工作。

第七连指导员程祥元和连长忙得不可开交，这个班来请示："打汽车究竟打哪儿？"那个班来问："向鬼子喊话怎么个喊法？"连长和指导员也没有经历过这些，只好叫大家一起来讨论，想办法。

在树林里，在小山坡上，到处都是一组组的战士在谈着，争论着，有的战士一边擦拭武器，一边情不自禁地唱着："大刀向鬼子们的头上砍去……"指导员看看这些生龙活虎的人，对连长说："下得山来，大家真有股虎劲哩!"连长笑着说："你自己不也是有这股劲儿吗?"

第一班是第七连的主力班，有 1 挺机枪。连长走过来了，向那个高个子的机枪手说："你可要沉着，打得要准、要猛，但不能浪费子弹!"高个子一口答应下来了："包在我身上!"

可是，他们班里的一个小鬼却跟他为难，跳起来问他："你先别吹牛，你知道打汽车该打哪里呀?"

"把开车子的打死了，汽车不就僵了?"高个子有些生气似的回答，却又反问起小鬼来:

"你说怎么个打法呢，小鬼?"

"我说应该打轮胎，把轮胎打出气了，车不就跑不动了! 光打死开车的，说不定再冒出个活的来把汽车开走了呢……"

机枪手却憋不住满肚子的不高兴，对小鬼粗声粗气地说："你也先别吹牛，鬼子的汽车一到，我看你就傻了眼啦。"

"你先别气人，战场上看吧，我一定要缴支东洋造!"[20]……

当夜，先遣支队趁着夜幕开赴伏击地点。

17 日上午 8 时 10 分，由镇江方向开来日军先头第一辆汽车。早已潜伏在山口的侦察班遵从粟裕的命令:让敌通过，截其退路。

骄悍的敌人不注意侦察，根本没有料到新四军会在此地伏击他们。当敌车进入山间公路时，机枪班迎头射击，击中汽车汽缸，敌车顺着路向前猛冲一里多才停止，车上敌人弃车逃跑。可惜新四军后续部队没有赶到，没有实施追击。

也许是大雨有雾，也许是公路弯道，后面的敌人没有发现前面的情况，没有听到枪声。六七分钟后，第二辆日军军官包车进入伏击区。新四军机枪、手榴弹一阵猛击，汽车翻入公路西面水沟中，驾驶员和日军少佐土井被当场击毙。

凶残的大尉梅泽武四郎潜伏在车底下，用刺刀刺伤近前搜索的新四军战士，当即被击毙。

也许是鬼子命该如此，又过了约5分钟，敌第3、4、5辆汽车傻乎乎接连而至，车上约有日军30余人。

粟裕命令已经全部进入阵地的战士们猛烈射击。第3、4辆车被击中后，第5辆车见势不妙，紧急刹车停在伏击火力射程之外。敌卡车仅有踏板，左、右、后没有挡板，训练有素的鬼子一闻枪声全部跳下车，迅速跳入公路两侧草丛中，利用地形隐蔽射击新四军。

一场激战过后，狡猾的日军将军需物品抛弃，抢了一部分伤兵和死尸，上第5辆车逃走了。剩下的残兵水性极好，竟然从深水沟中泅水遁去。

战士还要追击，粟裕命令部队赶紧打扫战场，收集战利品及焚毁日军汽车，然后迅速分路撤退。果然，新四军撤离不到4里，很快就自镇江开来17卡车日军和1辆坦克，赶到战地大肆轰击。天空中，3架飞机贴着树梢盘旋侦察。

韦岗伏击战激战半小时，击毙日军10余名，伤数十名，击毁汽车4辆，缴获长短枪10余支，日钞7000余元，以及车中满载的军需物品。

陈毅喜闻新四军深入苏南敌后首战告捷，在宿营地又看到几百名乡亲兴冲冲赶来围观战利品，当即口占七绝一首：

> 弯弓射日到江南，
> 终夜惊呼敌胆寒。
> 镇江城下初相遇，
> 脱手斩得小楼兰。

粟裕也作五言诗一首：

新编第四军，

先遣出江南。

韦岗斩土井，

处女奏凯还。

　　战斗结束的当天，粟裕给军部写了一份长达五六千字的报告，详细汇报了战斗经过，论述了敌我双方的优点和弱点，为新四军军部制定深入敌后的战略战术，为兄弟部队正确吸取经验教训开展敌后游击战争，提供了极其有说服力的战例佐证。**21**

　　但兴奋之余，粟裕也略显忧郁，这在后来的战报中有所体现："此次敌车所装多系敌国之慰劳品，贵贱均有，也有女学生绘赠前线士兵的图画，这表示敌国做了相当的动员工作。"**22**

　　从1894—1945年的半个世纪中，在日本军阀"圣战"谎言蛊惑下，日本女性积淀在潜意识底层的所谓"尚武"精神，又沉渣泛起。"大东亚圣战"也成了一些女人不可抗拒的冲动源泉，她们不得不忠实地唯军阀马首是瞻，自觉不自觉地为法西斯之虎作伥。虽然日本传统的社会意识决定女人不能成为真正的军人，但几乎日本所有的主妇都加入了"大日本国防妇人会"，成千上万的女性主动或被迫充当了"从军看护妇"、"从军慰安妇"、"女子挺身队"队员和"满蒙开拓团"团员。一些人还志愿充当了"帝国之花"——女间谍，直接走上了侵略战争的战场，在战争中失去的不仅仅是心和灵魂。

王者之师众望所归

　　陈毅与粟裕分手后，于6月12日率第一支队司令部和第二团等抵溧阳竹簧桥，并在这里召开干部会议。

陈毅对部队到达江南地区的初期活动作进一步布置，他要求部队对敌情作进一步深入的了解、分析，耐心细致地搞好群众工作，不仅是口头上宣传发动群众，更重要的是以自身模范的行动、铁的纪律，以战斗的胜利来教育群众、鼓动群众，并正确贯彻执行党的抗日民族统一战线政策，使江南人民奋发起来。

第二天，华东人民武装抗日会[23]的情报人员刘钊[24]赶到竹箦桥，将一本线装《医学大全》交给陈毅。陈毅与政治部主任刘炎到一间密室显影。每一页的反面都出现了工整的字迹。原来这是一份长江以南东部地区各种武装力量，包括日伪军、国民党军、忠救军以及各种游击队的名称、番号、指挥官、头目姓名、队伍人数、武器配备、活动地区、规律及日军侵略计划部署的详细材料。

陈毅看后高兴地说："这份材料太好了，今后我们不再做瞎子了。"并认为这份材料对新四军东进很有作用，连夜派人送到军部。[25]

当夜，陈毅率领第一支队主力继续北进，于 6 月 14 日到达茅山。后来，陈毅曾形象地描绘了初到茅山的复杂心情：以前盘旋脑际、久思快游的茅山，一旦摆入眼帘，心中惊喜交集。喜的是部队安全挺进到达指定地区，吃惊的是茅山完全是一座秃山，在游击战的地形意义上完全不合乎我们的要求，地图与实地情形无法十分符合又得到一次证明。

战士们也在议论，都认为想象中的茅山似乎是跟江西、福建山区一样的崇山峻岭，是游击健儿纵横驰骋的好去处。可眼前的茅山不仅树木很少，连茅草也稀稀拉拉。

依托茅山建立抗日根据地，行吗？

对此，陈毅早在 5 月 28 日第一支队召开的南陵干部会上就说了："……如古语所说：'我能往，寇亦能往。'这是指给我有利弊，于敌人亦有利弊。只要加上抗日人民的条件，加上自己的灵活指挥，这个平地游击和湖泊游击的课题，必然顺利解决……固然我们不否认地形是游击队有利的重要条件，但切不可变成人不去利用地形地物，反转来被地形地物所利用，人失掉主动与依靠死物，这未免与古昔的拜物教相似！"**26**

久经风浪的陈毅一到茅山，就与刘炎各带两个连到附近活动并侦察地形，细致调查了社会情况，认真分析苏南特点。

陈毅心里很清楚，执行中央和军部的命令在茅山站住脚，求得生存和发展，除了发动和组织一般群众同新四军一道，以机动灵活的游击战，向日本侵略军展开勇敢搏斗外，还要广泛开展统战工作，同当地的社会名流、开明士绅加强联络，搞好关系，团结一切可以团结的力量，扶助和发动抗日武装，建立抗日根据地。

第二天，陈毅接见家住宝堰**27**的民主人士、原国民党句容县二区区长樊玉琳，并约他同游乾元观。

樊玉琳被一路所见的景色吸引：许多农民正忙着车水插秧，其间，有许多头戴斗笠、身穿灰军装的新四军战士，三三两两与农民混杂在一起，有的战士还快活地唱起了民歌：

> 春风吹来菜花香，
> 田里水满好插秧。
> 前线后方要粮草哟，
> 哥哥呀，为啥不见你耕田忙？
> 耕地种田打东洋，
> 百姓有米兵有粮，
> 军民合作齐动手，
> 明年呀，收复失地保家乡。

陈毅诚恳地对樊玉琳说：新四军挺进江南，必须有个立足之地，因此，这就要仰仗地方各界人士鼎力相助。樊先生在地方上颇有声望，希望能带头支持新四军。并用曾在茅山修道的"山中宰相"陶弘景的事例激发樊的爱国热肠。[28] 经过陈毅做工作，樊玉琳毅然参加了抗日战争，使新四军有了一个比较安全的敌后落脚点——宝堰镇。樊玉琳后来还加入了中国共产党。

项英6月23日给陈毅来信也谈到了这个问题，他指出：

一支队顺利地到达指定地区，目前中心任务是开展胜利的游击战来配合各方执行保卫武汉的总任务，同时使本军在全国政治地位提高。建立根据地是在执行这个任务中同时并进，因为胜利是争取群众、创造根据地的必要条件；反过来说，建立根据地是争取胜利的必要基础。

游击战在目前主要是切断交通，阻碍敌人的运输和兵力转移，扰乱敌人，牵制敌人保守据点，特别是南京、镇江（这是敌人战略据点和在后方兵力转移枢纽），以伏击的动作来打击和消灭远出和行进中分散的敌人，截夺取辎重，争取不断的小战斗胜利。

你们目前应以茅山、瓦屋山为根据地（包括新桥之西北山地），并在镇（江）、句（容）之间山地及丹阳西北山地建立基点，依靠这些基点向四周游击，特别是便于施行不断的破坏扰乱。每一基点可设置一个营，另组织几个挺进队，一向南京，一向武进、常熟、无锡间，一向武进、金坛间游击挺进。主力主要集结于茅山、瓦屋山、新桥一带策应各方以及配合各地争取战斗胜利。

对于地方武装的方针，是帮助和扶植一切民众武装，使它发展扩大。中心是争取同我们一块抗日，达到统一指挥，建立纪律，洗刷坏分子，学习和开展游战。我们除此以外，主要加强政治教育和领导，不仅在名义上归我们指挥……而最重要的争取在我们政治领导下，进一步派人到里面去作领导工作，在行动上受我队指挥和共同行动，创造成为我们新的部队基础，并逐渐吸引一部编入我军，本身继续扩大。最基本的是在他们中间发展党、建立党，以树党的领导。[29]

我们计划在皖南要建立一个根据地，这在战略上非常重要。将来在战争形势变化时，我们即可依靠这一支点向皖南各县发展，以及利用机会争取天目山脉和仙霞山脉，故部队不宜全部出动。

项英还特别提到根据各种情况，对于"大刀会"、余宗陈、朱永祥、纪振纲等地方武装要区别对待。

在所有统战对象中，纪振纲的势力最大，影响也最大。

纪振纲曾留学国外，他创办的茅麓农林实验场（即茅麓公司）的茶叶远销海外，号称"四十万投资，二十年经营"。他收罗八一三上海抗战溃散到茅山地区的第十九路军中的老兵二三百人，建立起茅麓公司自卫队。自卫队不但武器好，而且能吃苦，有时也为民除害，使纪振纲成为茅山地区众望所归的人物。纪对蒋介石的消极抗战非常痛恨，但对共产党倡导的积极抗战的主张，认为是宣传而已。他不愿做汉奸，但也不愿把自己苦心经营的茅麓公司断送在没有把握的抗战行动上。

6月下旬，陈毅专门约见纪振纲，并和他谈了很久。陈毅以历史上民族英雄的光辉事迹，反复晓以民族大义，鼓励他支持抗战。陈毅还详尽地分析了抗战的形势，指出日寇必败，中国必胜。并深刻阐明了决定战争胜负的不是武器而是人的道理。指出新四军依靠人民群众，开展游击战争，坚持持久战，定能取得最后胜利。此后，陈毅除派参谋吴肃继续去做他的工作外，还多次去信，并亲自拜访数次。

在陈毅的不断教育争取下，纪逐渐靠近新四军，做了不少支援新四军抗战的事。当时新四军西药缺乏，纪即设法替新四军在上海募捐，采购到西药并负责从上海运到茅山地区。他还曾设法掩护新四军在茅山一带的伤病员。*30*

在这种热爱群众、宣传群众、组织群众、武装群众的方针指引下，江南人民从一开始的相信新四军进到支持新四军作战，甚至很快发展到带枪上阵，配合作战。

陈毅凭着他老共产党员的政治水平和学识、风度、口才、人品，在江南上层中做了无数细致的工作。从国民党的正规部队、政府官员，到地方上的游击队领导人、帮会刀会的首领，都建立了良好的关系。新四军在江南被大家称为"王者之师"，各种势力闻风归附。

天上掉下个管文蔚

6 月底，几个自称是江南抗日自卫总团团长管文蔚派来的人，要求见新四军的领导人。

管文蔚于 1904 年 2 月 14 日生于江苏省丹阳县倪山村，祖父是金坛县有名的大财主，有"管半城"之称。但立志把拯救天下贫苦百姓为己任的管文蔚，放弃了舒适的生活，投入到轰轰烈烈的革命运动中，并于 1926 年 9 月 21 日加入中国共产党。此后一直在镇江、常州、丹阳、金坛地区做地下工作。

1930 年 4 月 9 日，管文蔚不幸被捕入狱。后虽经保释出来，但同党失去了联系。卢沟桥事变发生后，管文蔚在丹阳以他父亲的名义，把附近几个乡的十几支枪收了过来。这时，他的弟弟管文炳、管寒涛先后从外地回来。管寒涛是 1927 年入党的中共地下党员。兄弟 3 人联系了不少过去的农会骨干和散失了的中共党员，半公开地在四乡开展抗日活动，后不久组建了丹北第一个抗日自卫团。

抗日战争本身就是一种很好的动员，丹阳又是一个具有革命传统的地区，中国共产党的政治影响较深。管文蔚等将抗日自卫团的大旗一树，立即得到四方响应。1938 年 2 月，江南抗日自卫团成立，管文蔚任总团长，领导着丹北地区 84 个自卫分团，总计 2.5 万人。

江南抗日自卫总团在管文蔚等领导下，经过半年的努力，力量迅速壮大，控制着东至武进北乡，西到镇江城郊，南抵宁沪铁路，北达长江的广大地区，人口超过百万。总团中脱产的基干武装发展到 4 个大队 3000 余人，不脱产的各乡自卫分团有 4 万之众，成为一支实力相当雄厚的地方抗日武装，逐渐形成了丹北抗日根据地。

管文蔚殷切地期盼着早日与中共组织取得直接联系，期待着新四军东进的消息。1938 年 6 月中旬，他得到陈毅率领新四军第一支队到达苏南溧阳竹篑桥的确切情报，立即派朱士俊、虞景柯、徐德谦、虞荣和等人星夜出发去找新四军联系。

在溧阳水西村，朱士俊等见到陈毅后，汇报了丹北抗日斗争的情况，并转达了管文蔚的迫切心情。陈毅听后非常高兴。因为陈云在陕北对项英介绍过管文蔚的情况，新四军也曾在东进前派人到苏南对管部作过调查，认为管部是可以依靠的对象。如今管文蔚主动派人来找新四军联系，这不能不令陈毅感到欣慰。陈毅、粟裕等马上派第一支队第二团政治处主任萧国生和第二团第一营营长段焕竞带上陈毅的亲笔信，率一个营去与管文蔚联系。

萧、段二人率领部队，经金坛、过武进，冲破日军严密监视下的铁路和运河封锁线，于 6 月下旬的一天拂晓到达倪山村，找到了管文蔚。

管文蔚看过陈毅的信后，非常高兴，马上命人安顿部队，亲自为萧、段沏茶端水，像重逢亲人一样，与萧、段推心置腹地谈话，激动得几次摘下眼镜擦泪。他动情地说："八一三后，我拉起这支队伍，日寇恨我，土匪怕我，国民党顽固派拉我、打我，我天天盼望共产党领导的新四军过来，给我扶持和帮助，今天总算盼来了！"接着，他向萧、段提出联合攻打新丰车站的建议。

打日本鬼子，段焕竞当然乐意，巴不得马上就干。但这毕竟是一件大事，必须向陈毅司令员请示。

这时，日军已侵占了上海、杭州、南京、芜湖、徐州等战略要地，控制了京沪杭、京杭、京芜各主要和次要的交通线。国民党军队一溃千里，地方政权望风解体。日军所至烧杀奸淫，无恶不作，汉奸敌探为虎作伥，肆意横行，江南大好河山沦于敌人铁蹄之下，成了人间地狱，人民处在水深火热之中。

新四军指战员看到这些情景，怒火中烧，热血沸腾，决心以浴血奋战的行动，惩罚侵略者和卖国贼，以战斗的胜利，唤醒人民的觉悟，提高抗日必胜的信心。

28日，第二团第二营又在离韦岗不远的竹子岗得手，伏击了日军的一个车队，俘虏了敌华中派遣军的特务机关黎明公司的经理管明弦政南——这是新四军入江南后俘虏的第一个日本军人。

战士们都在谈论着这件事情。

陈毅很快派人通知段焕竞和管文蔚："打！时间定在7月1日，向党的生日献礼！"

如果说韦岗战斗是一次伏击战，新丰车站战斗则是一次攻打日军驻地的攻击战。

新丰车站位于京沪线上镇江与丹阳之间，根据侦察，有日军"广江部队"两个排40多人驻守在车站的坚固碉堡内。镇江、丹阳和铁路沿线有日军1000多人，还有少数伪军。他们之间电话畅通、交通方便。但日军占领南京后，骄横不可一世，在新丰车站的守敌，警戒疏忽。

午夜，第一支队第二团第一营顺利进入作战地域。但突击队摸近碉堡时，却触响了狡猾的敌人布置的警铃，把已睡的敌人惊醒，枪声、榴弹爆炸声顿时响成一片。突击队很快杀伤了10多名日军，打散了伪军。但日军用机枪封锁住楼梯和出口，凭借碉堡上下楼层顽强抵抗。

战前，段焕竞和管文蔚商量好了：当段焕竞攻打新丰时，管文蔚率领抗日自卫团和群众武装，将新丰与丹阳之间、新丰与镇江之间的两段铁路挖断，并将电话线拆毁，使镇江、丹阳之敌情况不明，无法增援；同时，将镇澄公路也彻底破坏。

战斗僵持了一个多小时没有进展。而段焕竞此时接到管文蔚派人报告：镇江的敌人已开始向东出援，目前已经跟游击队交火；丹阳城中也传来了敌人的枪声。

时间一分一秒地过去。突击队队长张强生突然冒出一句："房子里都是灰板夹的墙，可以打洞。"段焕竞是个火暴脾气："打洞打到什么时候！"突然灵机一动："烧他个狗日的！"

助战的群众很快找来煤油和干草，点上火，敌人碉堡立刻四周烟火弥漫。

火舌卷过窗口，爬上堡顶。敌人在堡内绝望地嚎叫，有 10 多个日军光着身子窜了出来，突击队队员们奋勇冲上去展开肉搏。10 多个日军，逃走 3 个，其余都被消灭。

从镇江方向来支援的敌人前进数里，即为游击队所阻，退了回去；丹阳之敌因守军太少，又不明情况，未敢妄动，只是盲目向西打枪。

这一仗，歼灭了驻扎的日军第十五师团一个小队 40 余人和伪军 100 多人，迫使宁沪铁路全线中断了一天。

新四军火烧东洋兵这一捷报又一次惊呆了敌伪，鼓舞了人民，扩展了新四军的声威。这是东进序曲——韦岗战斗后的又一次胜仗。

新丰车站战斗后，管文蔚单骑简从去延陵见陈毅。

陈毅和管文蔚作了一日长谈，专门介绍了党在抗战时期的方针政策。管文蔚听了心悦诚服，要求新四军派遣军政干部加强领导，把他率领的江南抗日自卫总团改造成党领导的队伍。

8 月中旬，经陈毅报中共中央批准，恢复了管文蔚的党籍。9 月中旬，刘炎第二次到丹北，带来了张震东、郭猛、贺敏学等 20 多名军政干部，宣布将丹阳游击纵队正式编为新四军之一部，授予新四军挺进纵队的番号，对外称江南义勇军挺进纵队（简称"挺纵"），以利以地方抗日武装的名义，冲破蒋介石对新四军的种种限制。纵队下辖 4 个支队，管文蔚为司令员。

当年曾负责接待管文蔚并随陈毅到丹北的谢云晖感慨地回忆说："抗战初期，新四军初到苏南，人地生疏，只有两个团的兵力，局处茅山一隅，又无政权、财权、兵源，周旋于 10 倍于我的敌伪顽之间，困难可以想象。有了这支 3000 多人枪的武装，方圆近百里的根据地，无疑如虎添翼，对新四军在江南站稳脚跟，并向江北发展是极大的支持。而且还通过管文蔚同志的关系，团结了苏南一些上层人士。"

日军惊呼："新四军是个神"

8 月 13 日，淞沪抗战一周年纪念，陈毅又指挥第二团第三营等部夜袭句容县城，摧毁了伪县政府——这是新四军在江南攻入的第一个县城。此外，江南新四军还先后在高资、新塘、梅村、横塘、句容以及南京城郊西善桥、吴桥等地方，不断打击日伪，破敌交通，取得了震动人心的战果。新四军杀敌攻城的捷报，传遍江南，传到南京，连上海租界里的外国人也为之震惊。

日本 8 月份《读卖新闻》开辟专栏——"攻击江苏游击队"，其中说："敌游击队对我占领区江苏省西南部的治安扰乱工作日益凶猛，其主体是叶挺司令指挥的共产军新编第四军，占据太平[31] 以东约二十公里的小丹阳，以此为根据地，向各处伸出魔手。"[32] 日本华中派遣军特务部镇江班长向南京特务机关长的报告中也称："抗日新编第四军第一支队以安徽、江苏省边境附近至茅山一带为根据地，陈[33] 总司令统率部下约七百名，全体持有武器，力量相当强大。"[34]

此时，正面战场的武汉会战正酣，国民党当局迫切需要深入江南敌后的新四军配合正面战场作战，更多地牵制敌人一些兵力。

新四军不负众望，以一系列的战斗行动有效地配合了正面战场作战，这是日军万万没有料到的。日军为了报复，并占领当涂附近的铁矿，立即调整兵力部署，采取防御性的攻势反扑。

8 月 22 日至 23 日，日伪军从芜湖、当涂、宣城、溧水等地出动步兵 4500 余人，骑兵 500 余人，并有轰炸机 20 余架配合，兵分 8 路，水陆并进，企图一举聚歼初进江南敌后的新四军第二支队第三团于小丹阳，摧毁初创之抗日根据地。

第二支队是于 6 月中旬，在罗忠毅、王集成等人率领下，继第一支队后陆续向苏南敌后挺进的。这时，粟裕率领的先遣队光荣地完成历史使命后，几个连队各归建制。原第二支队司令员张鼎丞根据上级安排去了延安，军部安排粟裕指挥第二支队。

粟裕敏锐地注视着敌情发展，筹谋应敌良策，决定采取敌进我进游击战术，变被动为主动，分散袭击敌人后方。

粟裕命令第二支队第三团一部进袭当涂，造成敌之恐慌；一部进击南京以南的陶吴，牵制敌兵力；另选精兵一支，奔袭南京近郊，夺取雨花台制高点，袭击中华门内外日伪军事目标。

同时，陈毅指示第一支队动员广大群众和地方武装，对京杭、京沪、句丹等公路开展破袭战，并派出精干小分队袭击南京近郊麒麟门，以钳制敌人，给南京敌人以极大威胁，有力地配合了二支队的作战行动。

日军到达小丹阳，不见新四军踪影，却连连收到后方告急电报，慌忙撤退回防。粟裕抓住战机，命令部队勇猛追击，连克小丹阳、薛镇、护驾墩、博望等村镇，毙伤敌 50 余人，粉碎了日军的合击计划，自己无一伤亡。

粟裕指挥的敌后游击战节节胜利，打得日军胆战心惊。日军气急败坏又无可奈何地说："新四军是个神，你打他时一个也没有，他打你时都出来了。"**35**

粟裕用兵如神。1939 年 1 月，他亲自组织指挥的奇袭官陡门战斗，更是一场教科书式的胜利。

官陡门是一个极险要的地方，离芜湖北郊飞机场只有 6 里，驻有伪军200 人。可供进攻官陡门的路线有两条，都要通过几条深不可徒涉的河流，并且必经敌人的青山街、黄池镇据点。官陡门有什么风吹草动，西、南、北三面据点派出的增援部队，在半点钟就可以驰援；2 分钟内，飞机就可临空扫射。官陡门的街道建筑在河两岸的堤埂上，不到一百公尺长是一线的砖瓦房屋，两岸之间，只有宽约一公尺的脆弱的板桥贯通。这可算是天险了，是敌人最安全的地方了。善于打巧仗的粟裕认为，一个敌人认为最安全的地方，却正是新四军出奇制胜的地方。

"震撼敌人的心脏，鼓舞江南人民的抗战激情！"在战斗动员会上，粟裕坚定地说。

正是隆冬，又值小雨霏霏，1 月 18 日，粟裕率领第三团奔驰奇袭路上，冻得拿枪的手直想往怀中搁。

粟裕从来不打无把握的战斗，地形、敌情早就侦察好了。部队一路飞奔——宿营——上船，翻过堤埂，再改乘预先准备好的装肥料的船，第二天（1 月 19 日）午夜，准时到达预定地点隐蔽集结。

附近都是日军据点，部队连大气都不敢出。

冬日的天气黑得早。第三天，1 月 20 日下午 5 点，粟裕又率领部队乘着夜幕，冒着寒风向西急进。到达亭头镇时，粟裕分别向南面的黄池镇和北面的青山街据点派出警戒哨。

1 月 21 日凌晨 2 点，部队进到离官陡门 20 里的时候，前面的青山河拦住去路。粟裕担心敌人已经封锁渡船，当机立断改走陆地，多绕行 10 里，终于在 4 点左右隐蔽到达敌据点前面。

按照预定方案，兵分两路东西合击。

突击队迅速过桥，冲破铁丝网和障碍物。在这样的季节，正是做美梦的时候。敌人来不及从掩蔽部里跑出来，就被炸了个人仰马翻，不是丢了命，就是当了俘虏。

整个战斗只花了 8 分钟，连带打扫战场也就是 20 分钟。周围的敌人还没有弄清怎么回事，粟裕已经率领部队押着俘虏安全撤离。

新四军只轻伤 2 名。

粟裕组织指挥游击战的美名在江南广为传颂。后来的《申报》如此描绘关于粟裕的传奇：

> 在江南游击区里流行着一支歌曲，其中有两句是："司令将军亲自上火线，弟兄们赶快冲上去。"我想这一定是指粟司令。

遇见粟裕将军，是在南京附近的××地方。在日军重兵包围之中，江南最艰苦的游击区里能与这位后方民众所称颂的游击司令会面，实是十分幸运的事情。

每一个（人）都有同样的感觉："粟司令这样的年轻，充满着青年所特有的浓厚的情感。"然而他又异常的诚恳谦逊，对于一切突发的困难事件，老是沉着地周密地细心地考虑，在任何人看来，某种困难是不易克服的，但在粟司令的嘴边，还是挂着愉快的微笑。他早已胸有成竹，不慌不忙地计划着最妥善的应付办法。他的深谋远虑，是他的部下以及知道他的朋友所钦佩的。

粟司令不但是"运筹帷握之中"，而且是"制胜千里之外"。当国军退出江南，江南正是混乱不堪的时期，国军奉令再入江南，而粟司令就率领先遣支队挺入京镇沦陷区。在镇江韦岗地方，他亲自取得了第一次处女战的胜利。在这次胜利战中，他完成先遣支队的任务，客观上许多困难都向他袭击，但从他的沉着多谋，英勇坚决的条件下，这支军队，就在最恶劣的地区中顽强地站住。不但是站住，而且是不断地向日人进攻，一直进攻到南京、镇江的外围日人的据点里！

在江南游击战中最英勇的一次是官陡门之战。这次战事是怎样取得胜利的呢？那是粟司令精密的布置，更是他亲自领导作战的任务，战斗时的英勇，简直要使外来侵略者发抖的！一个健全的军人，他不但是应该效命疆场，并且要有深刻的政治认识，不但要在军事上深知战略战术，还要深知敌我在政治上经济上以及社会上的实际情况。粟司令有敏锐的感觉，他对江南大局的观察，十分的深刻。**36**

第一、第二支队活动地区的战略地位十分重要，北眺长江，南濒太湖，宁沪铁路、宁杭公路、京杭大运河纵贯其间，人口稠密，物产丰富，经济文化发达。在这里建立抗日根据地，可以雄踞苏浙皖三省交界地区，控制苏南主要交通线，威胁日军南京、镇江等战略据点。因此，新四军一面打击日伪，一面恢复社会秩序，安定地方，同时进行政权建设工作。

到 1939 年春，新四军第一、第二支队已先后建立起包括丹南、丹北、横山、江句、句北、小丹阳等在内的茅山抗日游击根据地，拥有人口 40 万，为进一步发展打下了初步基础。

注　释

1. 中国人民解放军历史资料丛书编审委员会：《新四军·文献》(1)，解放军出版社 1988 年版，第 68—69 页。

2. 《赖传珠日记》，人民出版社 1989 年版，第 114 页。

3. 中国人民解放军历史资料丛书编审委员会：《新四军·文献》(1)，解放军出版社 1988 年版，第 211 页。

4. 中国人民解放军历史资料丛书编审委员会：《新四军·文献》(1)，解放军出版社 1988 年版，第 212 页。

5. 《钟期光回忆录》，解放军出版社 1995 年版，第 76 页。

6. 薛岳，时任国民党第三战区前敌总司令。

7. 中国人民解放军历史资料丛书编审委员会：《新四军·文献》(1)，解放军出版社 1988 年版，第 216 页。

8. 中国人民解放军历史资料丛书编审委员会：《新四军·文献》(1)，解放军出版社 1988 年版，第 213 页。

9. 中国人民解放军历史资料丛书编审委员会：《新四军·文献》(1)，解放军出版社 1988 年版，第 214 页。

10. 中国人民解放军历史资料丛书编审委员会：《新四军·文献》(1)，解放军出版社 1988 年版，第 215 页。

11. 因病未到职。

12. 《陈毅年谱》（上），人民出版社 1995 年版，第 217 页。

13. 《陈毅年谱》（上），人民出版社 1995 年版，第 218 页。

14. 中国人民解放军历史资料丛书编审委员会：《新四军·文献》(1)，解放军出版社 1988 年版，第 216 页。

15. 《钟期光回忆录》，解放军出版社 1995 年版，第 78 页。

16. 中国人民解放军历史资料丛书编审委员会：《新四军·文献》(1)，解放军出版社 1988

年版，第 111 页。

17. 中国人民解放军历史资料丛书编审委员会：《新四军·文献》（1），解放军出版社 1988 年版，第 112 页。

18. 中国人民解放军历史资料丛书编审委员会：《新四军·文献》（1），解放军出版社 1988 年版，第 115 页。

19. 《陈毅年谱》（上），人民出版社 1995 年版，第 221 页。

20. 中国人民解放军历史资料丛书编审委员会：《新四军·回忆史料》（1），解放军出版社 1990 年版，第 295—296 页。

21. 《粟裕传》，当代中国出版社 2000 年版，第 197 页。

22. 中国人民解放军历史资料丛书编审委员会：《新四军·文献》（1），解放军出版社 1988 年版，第 227 页。

23. 简称"武抗"。

24. 化名刘光洲。

25. 《陈毅年谱》（上），人民出版社 1995 年版，第 222 页。

26. 中国人民解放军历史资料丛书编审委员会：《新四军·文献》（1），解放军出版社 1988 年版，第 268 页。

27. 一作宝埝。

28. 《陈毅年谱》（上），人民出版社 1995 年版，第 223 页。

29. 中国人民解放军历史资料丛书编审委员会：《新四军·文献》（1），解放军出版社 1988 年版，第 230—235 页。

30. 《陈毅年谱》，人民出版社 1995 年版，第 225 页。

31. 太平，应为安徽省当涂县。

32. 中国人民解放军历史资料丛书编审委员会：《新四军·参考资料》（3），解放军出版社 1992 年版，第 43 页。

33. 指陈毅。

34. 中国人民解放军历史资料丛书编审委员会：《新四军·参考资料》（3），解放军出版社 1992 年版，第 39 页。

35. 《粟裕传》，当代中国出版社 2000 年版，第 201 页。

36. 《申报》1940 年 1 月 1 日。

第 八 章

雁门神兵

　　毛泽东电示八路军配合忻口战役——贺龙连下三道命令——神兵巧伏雁门关——夜袭阳明堡机场——"首战告捷，打得好！"

　　八路军第一一五师首战平型关，取得重大胜利，给了进犯平型关的敌第五师团以有力打击。但在另一路，敌关东军察哈尔派遣兵团于9月27日和28日，先后突破国民党军防守的茹越口、下社村内长城防线，直逼繁峙，威胁平型关、雁门关侧后。30日夜，平型关守军撤退，日军遂陷平型关，西进至代县。

　　在平汉线、津浦线方向，进攻之敌已占保定、沧县等地，并继续南犯，国民党军第一战区部队已向石家庄、德州以南撤退。

毛泽东电示八路军配合忻口战役

　　9月29日，毛泽东致电八路军总部："华北大局非常危险。敌已从平汉津浦两路的中间突破进来，保定已失，敌正迂回石家庄的侧面，河北局面已经完结了"，"山西将成为华北的特殊局面"，"目前长城抗战仅是暂时的。而且是极短的暂时"。因此，我们的"根本方针是争取群众，组织群众的游击队，在这个总方针下实行有条件的集中作战"。[1]不出毛泽东所料，10月上旬，国民党军放弃雁门关至平型关的内长城防线，退守忻口东西一线阵地，企图集中兵力与敌决战，保卫太原。

　　忻口在太原以北90公里，正处在五台山和云中山之间的河谷地带，是太原平原的北大门。"忻口"之名，相传因汉朝的第一个皇帝刘邦在平城 **2** 被匈奴围困 40 日，脱险后回师驻在该地，将士忻然而得名。现在，这里却是硝烟弥漫，成为华北战场最吃紧的地方。阎锡山调集 8 万兵力，由刚率部由平汉线入晋的第十四集团军总司令卫立煌担任前敌总指挥，在忻口一线组织防御。同时，由第二战区副司令长官黄绍竑率领数万兵力，在东线的娘子关设置防御阵地，阻止日军沿正太路西进。

考虑到北线日军分三路南犯的态势，阎锡山把忻口一线的防御划分为左、中、右三个作战地区：第十四集团军及配属部队共 8 个军为中央集团军，由卫立煌指挥，担任正面防御，为其主战场；第六集团军 2 个师 1 个旅及第一二〇师为左集团军，由杨爱源指挥；右翼各军，包括国民党第六十三师、独立第三旅等 10 个团归八路军总部指挥。历时近一个月的忻口战役由此成为华北战场上规模最大、战斗最为惨烈同时也是国共双方配合较好的一场大会战。

10 月 6 日，毛泽东致电周恩来等，要其转告国民党军事当局："敌占石家庄后，将向西面进攻，故龙泉关 **3**、娘子关 **4** 两点须集结重兵，实行坚守，以使主力在太原以北取得胜利。"并指出，忻口战役"之关键在于下列三点：(1) 娘子关、龙泉关之坚守。(2) 正面忻口之守备与出击（出击是主要的）。(3) 敌后方之破坏"。他指示八路军各部应积极配合友军保卫忻口、太原，在敌翼侧和后方积极地打击与钳制敌人。其战略部署是："红军林贺两师主力，担任从东西两方破坏敌之侧后纵深地区"；"刘师主力或全部使用于正太路，发动群众配合娘子关守军，巩固后路"。**5**

由此，八路军在东、西、南三个战略方向上英勇出击。重峦叠嶂中，雄关古道旁，一时间神兵出没，烽火再燃。

贺龙连下三道命令

10 月 13 日，忻口会战开始。

同日，在雁门关以西神池县的一个小村庄，第一二〇师师长贺龙正在同副师长萧克等讨论战情和工作部署。

贺龙手中握着一份电报，是八路军总部朱德、彭德怀发来的，要求张宗逊支队以灵活动作从崞县轩岗向南袭击大牛店镇敌之侧背，配合忻口会战。

放下电报，贺龙拿起烟斗，猛地吸上一口，吐出了几缕青烟……

半个多月前，贺龙率部来到管涔山区，就考虑怎样贯彻毛泽东和总部的指示，开展游击战争，尽快站稳脚跟。他回想起9月28日，在神池县的义井镇上，由他主持作出的几项决定：（1）以第三五八旅第七一六团第二营为骨干，编成独立支队，由第七一六团团长宋时轮率领，北出长城，在朔县以北、同蒲铁路以西地区开展游击战争，袭扰和切断交通线，迟滞日军向神池、宁武的进攻，给第一二〇师主力在晋西北的活动创造条件；（2）第三五八旅分两个支队，张宗逊旅长率第七一六团主力随师部到五寨地区，李井泉政委率第七一五团及骑兵连到神池以西、五寨以北地区，打击日寇；（3）为改变晋西北人心不稳、秩序混乱、社会动荡的局面，动员和组织更多的群众投身抗日战争，由关向应、甘泗淇去岢岚主持开展地方工作，从第一二〇师抽调干部组织地方工作团，宣传中共抗日救国十大纲领，广泛发动群众，组织抗日武装。

这些天，宋时轮支队在雁北干得不错：10月1日攻占平鲁县的井坪镇；4日收复平鲁县城；7日夜，袭击位于同蒲路上的山阴县岱岳镇、榆林村、马邑，并破坏了几座桥梁；10日夜，在怀仁以南之辛庄伏击敌人运输队，歼敌100多人，击毁汽车18辆，在同蒲路北端搞得轰轰烈烈。

10月3日，日军侵占宁武城。贺龙指挥李井泉支队袭击宁武。事前，他反复叮嘱李井泉要做好群众工作，取得当地人民的协助。李井泉照此办理，派出工作组进行群众工作，效果显著。由于宁武城里有10多名群众跑出来报告情况、做向导，使攻城部队迅速袭入宁武，歼敌50余人。

关向应等到岢岚以后，也立即抽调700人组成地方工作团，分赴兴县、岢岚、五寨、神池、宁武、静乐、临县、保德、偏关、河曲等县开展工作。贺龙对这位从 1931 年起就同自己共事的老搭档非常熟悉，从不怀疑他的工作能力，而且那里已有"牺盟会"（牺牲救国同盟会）、"战动总会"（第二战区民族革命战争战地总动员委员会）在活动，相信关向应不久就会开辟出新的局面。

现在，总部要求张宗逊支队攻击大牛店镇，可朱、彭还不知道，日军已经南下，大牛店镇已无敌人。

想到此，贺龙对萧克说："这个电报的精神是要我师侧后打击和钳制日军，大牛店虽无敌人，但还是可以照这个精神主动作战的。"

贺龙走到地图跟前，指着地图说：

"由于同蒲铁路北段已被宋时轮支队切断，日军南下的交通运输只靠两条汽车路：一条是从大同经雁门关至忻口的；一条是由灵丘经平型关、繁峙至忻口的。我们可以在这两条线上主动作战，切断汽车路，破坏敌人的交通运输，配合正面战场作战。"

萧克等都同意他的这一看法。

于是，贺龙连续下了三道命令：

一、命令张宗逊、李井泉率第七一五团由崞县南下，袭击位于忻口西北 20 余公里的南北大常，打击敌翼侧。

二、命令已由五台地区归建的第三五九旅迅速赶到崞县以西，配合张宗逊部行动。

三、命令继任第七一六团团长的贺炳炎和政委廖汉生率一个营（后来又增派了一个营）去雁门关。

按到贺龙指示，张宗逊、李井泉指挥第七一五团迅速行动。

10 月 14 日夜，第七一五团在团长王尚荣、政治委员朱辉照带领下，从崞县西南的大牛店奔袭日军 700 余人防守的南北大常及永兴村地区。该团第一营首先攻入南大常。第二、第三营随即也展开攻击，占领北大常，并乘胜攻入永兴村。日军以坦克、装甲车增援，向第七一五团反扑，双方遂展开逐屋逐巷的争夺战。战至翌日拂晓，第七一五团对日军组织了一次冲击后撤出战斗。这次战斗，共毙伤日军 100 余人，击毁坦克、装甲车各 1 辆，配合了驻阎庄地区国民党军的防御作战。

10 月 16 日，王震率三五九旅主力到达崞县以西的贺家店。贺龙命令王震：你们就在代县、崞县地区寻找战机，主动作战，切断交通。几天以后，王震得到了一个振奋人心的特大捷报：一二九师七九六团夜袭了代县以南的阳明堡机场，消灭机场守敌 100 余人，击毁、击伤敌机 24 架。王震异常兴奋，料定敌人必将对此次惨败进行报复，于是命令部队暂时停止破击铁路，并令战士带上充足的手榴弹，利用昏夜开到阳明堡西南的王董堡两侧山地埋伏起来。10 月 21 日中午，果然有敌人一长串车队经过此地开往阳明堡。待敌车队进入埋伏圈时，王震一声令下，战士们猛烈开火。经数小时激战，炸毁汽车 7 辆，击毙敌人 20 余名，缴获机枪 1 挺、步枪 20 余支。这是王震直接指挥的第一次同日军作战，印象特别深刻。20 多年以后，王震谈到这次战斗，仍然记忆犹新："那一天可危险，走到阳明堡在那里打伏击。打坏了鬼子汽车几辆，烧坏了几辆，后面还多哩。几十架飞机，我还是头一次看到。鬼子很顽强，打死几个，飞机没打枪。我们伤亡了十几个人，敌人多，我们就走了。这是我头一次打鬼子。"⁶ 此后数日，王震指挥部队又在这里连续数次伏击敌人，共计毙伤敌 300 余人，毁汽车 30 余辆，使敌交通运输一度陷于瘫痪。

神兵巧伏雁门关

贺龙觉得，在他布置的这三项行动中，袭击雁门关是很重要的。于是，他要贺炳炎、廖汉生前来师部，他要面授机宜。

两人策马来到，只见贺龙和关向应正围着地图研究情况。关向应关切地问道："到达这一带，部队情绪怎么样？"

廖汉生说："看到敌人的暴行，同志们都非常气愤，总盼着有机会狠狠地收拾他们一下！"

贺龙一听放声大笑起来，连连说："很好很好。要收拾敌人，机会有的是！"他指着一块密密层层的山区说："准备把你们调到这里去。"

贺炳炎俯身一看：一个长长的红箭头，正指向历史上著名的隘口——雁门关。

雁门关是中国古代著名关口，始建于北魏，因两峰夹峙，其形如门，飞雁出其间，故名。雁门关是长城的重要关口，东有紫荆、倒马之险，西有宁武、偏头之固，北通大同，南达太原，为南北交通要冲。

没容二人多想，贺龙便对他们说："忻口战役正在进行。敌人每天从大同经雁门关，不断地给前线输送弹药、给养。这是日军最主要的一条运输线。但是，他们很嚣张，自以为那一带已是后方，没有中国军队，警戒相当疏忽。你们到那里去，就是要充分利用日军这个弱点，发动群众，寻找机会，给敌人一个突然打击，把这条运输线切断！"

贺炳炎、廖汉生马上表示："坚决完成任务！"

贺龙又叮嘱道："现在打的是日本侵略军，不是内战时期的国民党反动军队了，在战术思想上要扭得快，一定要遵循毛主席规定的山地游击战的作战原则。到达目的地后，要紧密联系群众，搞好侦察工作。"

"是！"

贺炳炎、廖汉生返回团部驻地，经过简短动员，便率领部队向雁门关疾进。一路上，到处可以看到敌军残暴景象：许多村镇被夷成了瓦砾，无数同胞遭到了屠杀。仅宁武一个县城，就被杀害了不知多少；差不多家家的菜窖都成了活埋人的土坑；所有的水井，都堆塞着被刺刀挑死的男人、儿童和被奸淫后复遭杀害的妇女们的尸体……血债要用血来还！战士们更坚定了杀敌的决心。

经过三天的急行军，第七一六团到达雁门关西南六七公里的老窝村。驻下以后，果然发现敌人的汽车不时从雁门关上开过，南面还时而传来隆隆的炮声。

10 月 16 日，群众送来情报：大同敌人集结了 300 多辆汽车，满载武器弹药，有经雁门关南开忻口的迹象。这些日子，每隔四五天就有敌人的车队通过，看来情报可靠。第七一六团立即召开连以上干部会，进行动员。

会上廖汉生问大家："怎么样？你们说打不打？"

第三营营长王祥发霍地站起来说："我发表意见。我永远也忘不了敌人在宁武犯下的滔天罪行！第十一连连部驻的那个院，一家 8 口人，被杀了 7 口，一个不满 3 岁的小孩，也被刺刀活活戳死，现在只剩下一个被打得半死不活的老大娘，她眼泪都哭干了，拉着我们，要我们报仇。这是她一家的仇，也是全中国人民的仇！"

他愈说愈气愤，脸色铁青。接着，他又激昂地说："要叫敌人以血还血，为死难的同胞报仇！这是我的决心，也是我们全营同志的决心！"

第十一连政治指导员胡觉三也站起来说："我代表全连同志，请求上级把最艰巨的任务交给我们。我们一定把雁门关变成日本侵略军的鬼门关！"

干部纷纷表达决心，争着要当突击队。最后，廖汉生说："是的，我们一定要为死难的同胞报仇！要把敌人血洗宁武的罪行，作为向部队进行战斗动员的材料，在全团掀起复仇的怒潮。"

17 日拂晓，贺炳炎、廖汉生带着干部看地形。到达雁门关附近的黑石头沟，爬上山顶一看：一条弯弯曲曲的公路，从雁门关盘旋而下，在这里由西向东绕了一个大圈。公路西面是悬崖绝壁，北面是一段陡坡；顺公路向南不远有一座石拱桥。真是一个理想的设伏地形。

两人商量了一阵，决定把第一、第三营分别埋伏在陡坡南北，由第三营担任主攻，再由第一营派出一个连向阳明堡方向警戒，第三营第一连埋伏在桥西，断敌逃路。总的计划是：全团一起突然动作，力求把敌人全部消灭在黑石头沟内。任务布置下去，大家都满意地回去了。

18日鸡叫头遍时，部队沿着崎岖小道，插入了石墙沟。黎明前的黑夜分外沉寂，只有南面偶尔传来几声炮响。进入阵地之后，一切准备停当，单等着敌人的大队汽车越山而来。贺炳炎回忆说："我虽然经过了多少次战斗，但是像这样严阵以待地等候日本法西斯军队还是第一次。'现在打的是日本侵略军，不是内战时期国民党的军队了。'贺师长的指示又在耳边响了起来。我心里有些紧张。为了防止出现差错，我决定再到阵地上检查一下。" **7**

战士们看见贺炳炎，都显出几分神秘的笑容。这时他发现有几个文书、炊事员也上来了，便惊奇地问道："怎么，你们也上来了？"他们调皮地回答："打鬼子人人有责，团长，这是第一次和日军交手，不参加，心里不好受！"有的说："老大哥部队在平型关给鬼子吃了个大苦头，这回也叫他尝尝咱们的厉害！"

太阳高高升起。10时左右，北面公路上突然腾起一股尘土，接着，隐隐约约传来汽车的马达声。战士们抑制不住内心的高兴，悄悄地说："来了，来了！"每一个人都揭开手榴弹盖，聚精会神地瞅着北面的公路。

敌人的汽车毫无顾忌地开过来了。引头车上坐着掩护部队，一个腰挂军刀的敌军官，还不时用望远镜四面瞭望。敌车队愈走愈近，车上的敌人一个个趾高气扬，"哇里哇啦"地乱喊叫。

待汽车开入狭窄的黑石头沟时，贺炳炎立即发出命令："打！"

第三营营长王祥发把驳壳枪向前一挥，带着全营向敌人扑去。步枪和轻重机枪一齐狂吼，只见敌弹药车被打着了，响成一片，顿时，黑石头沟天翻地覆！

敌人遭到这迅雷不及掩耳的袭击，一个个从车上往下跳，但有的还没跳下来就送命了。一刹那的混乱之后，敌人整顿了一下，端着枪企图反扑。但没等他们散开,第十一连的勇士们便冲上了公路。双方展开了激烈的白刃战。战士们勇猛地和敌人对刺,有的索性用在二万五千里长征时使过的"鬼头刀"和敌人拼杀。指导员胡觉三带领第三排刚冲过去,突然看见一个战士被三个敌兵包围,他挥起大刀冲去,一连砍死两个,剩下的一个被那个战士刺死。他继续向前冲去,见日军大部已被消灭,只有少数还在顽抗,忽然发现车下趴着一个,胡觉三想抓活的,不料刚一迈步,被那家伙打中前胸……战士们高喊着"为指导员报仇!"猛扫残敌。

枪声渐渐稀落下来。公路上的火药味浓烈扑鼻,敌兵的尸体横七竖八地躺着,有的被车上的弹药崩得五体分家。黑石头沟里,一片欢腾。战士们怀着兴奋的心情打扫战场,附近的老乡们也乐呵呵地赶来,帮助搬运战利品。贺炳炎巡视着,见一个战士正用铁锹狠狠地砸着汽车,一面砸,一面气呼呼地说:"我叫你再跑!我叫你再跑!"贺炳炎笑着对他说:"这么多的汽车哪砸得完?"廖汉生也说:"不要砸了,应该炸掉!"响声四起,烟火弥漫,不一会儿敌人的汽车便在雁门关下燃烧起来。

是役,毙伤敌300余人,炸毁汽车20余辆。

三天之后,第七一六团又对敌人进行了第二次伏击。贺炳炎、廖汉生报告说:我与敌激战2小时。我伤13名、牺牲20名,敌伤亡3倍于我。

贺龙指挥第一二〇师切断了日军由大同到忻口的交通补给线,东边的第一一五师打击了蔚县至代县的日军交通补给线,使进攻忻口日军的弹药、油料供应濒于断绝,攻势顿挫。卫立煌在忻口会战结束后,曾对周恩来说:"八路军把敌人几条后路都截断了,对我们忻口正面作战的军队帮了大忙。"毛泽东后来也在《抗日游击战争的战略问题》中对此高度评价:"游击战争还有其战役的配合作用。例如,太原北部忻口战役时,雁门关南北的游击战争破坏同蒲铁路、平型关汽车路、阳方口汽车路,所起的战役配合作用,是很大的。"**8**

夜袭阳明堡机场

在雁门关南北的游击战中，陈锡联部夜袭阳明堡机场最具传奇色彩。

10月8日，彭德怀赴忻口，陪同周恩来与卫立煌商谈忻口布防及八路军配合问题。卫立煌心情焦灼地谈道，敌机每日清晨即来我方阵地侦察，继以数十架飞机轮番轰炸，对阵地威胁最大，一天几乎要损失一个团的兵力。

当夜，彭德怀返回八路军总部。翌晨，天色微明，彭德怀就到院子里，仔细谛听在重峦叠嶂中隐隐回响的敌机声。原来，大家以为敌机是从北平飞来。彭德怀根据飞机的航速、续航能力和轮番到达忻口的时间判断，忻口附近必有日军的临时机场，即下令侦察。12日，朱德、彭德怀电告蒋介石、阎锡山等："代县已有敌机着陆场，因我袭击敌人后方交通，故连日敌机运输粮弹中。"同时，彭德怀命令刚开入晋北的第一二九师之第七六九团进入代县，实地侦察。**9**15日，朱德、彭德怀致电友军李默庵部，透露了准备袭击阳明堡日军机场的意图，要求李部抽出一部分兵力，协助破坏道路，并袭击日军，以便八路军这个团能"相机破坏其飞机场"，"袭其降落之飞机而焚毁之"。**10**

陈锡联的第七六九团是随刘伯承率领的先遣队先期入晋的。

10月11日中午，刘伯承一行到达太原。刚刚住下，刘伯承就去见阎锡山，交涉粮、弹补充等事宜。

阎锡山的副官把刘伯承引到阎锡山的办公室。阎锡山起身相迎，说："伯承兄，我正等你来商谈军务呢。"

刘伯承说："阎长官，本师奉调到你麾下来抗日，这次北上路过太原，特来拜访。"

"欢迎你师加入晋东北战线，忻口形势紧张，外围支撑点崞县8日已失，原平也于昨日陷落，我们正面防御的部队受到日军很大的压力，希望你师能配合我们打几仗。"

"本师赶来前线，就是要配合友军作战的，只是我们武器太少，又很陈旧，弹药也奇缺，每人平均还不足 10 发子弹。请阎长官能给我们补充一些枪械弹药。"

"伯承兄，对不起得很，我的武器弹药都发完了，部队都在打仗，抽也没法抽。"

"阎长官一点也不给补充，太说不过去了吧，这恐怕有违军队按系统补充的规定吧，对本师作战也不利呀。"

阎锡山装出一脸苦相，辩解说："伯承兄不要误会。不瞒你说，我们眼下也很吃紧哪，我们在阳方口的军械库让日本人给端了，枪弹也难以为继，希望伯承兄多多体谅我的苦衷。"

刘伯承又说："阎长官，本师初到山西作战，总得有个后方基地，请在昔阳划一块山地供我们安置伤兵。"

阎锡山回答："这件事我还定不了，昔阳归娘子关方向前敌总指挥黄绍竑管辖，到时候你去跟他商量吧。"

刘伯承步出阎公馆的大门，说道："阎锡山这个老滑头，真是拔毛也要过称。靠他们靠不住，还得靠我们自己。"

回到驻地，值班参谋报告：张浩率师后梯队已到侯马，与陈赓率领的第三八六旅会合。刘伯承立即指示：向张政委发报，告诉他总部已令师前方指挥所率第七六九团向太原东北山地挺进，执行侧击敌人近后方的任务。我们明日即向目的地开进。

第二天，在继续开进的火车上，刘伯承把陈锡联找来，和他分析当前的形势。刘伯承没有绕弯子，一下子就点明保卫太原要有两个动作，并且用"扼咽拊背"形象地作了解释。一个动作就是要守住忻口、娘子关两处要点，这就是"扼咽"；另一个动作就是"拊背"，即以一部分兵力绕到侧后去打击敌人。他对陈锡联说，我们现在进行的就是"拊背"作战，可以起到牵制日军的作用。

陈锡联改编前当过红十师师长，是红四方面军出了名的猛将。他早就听说过刘伯承长征中的许多传奇故事，如智取遵义城、巧渡金沙江、彝海结盟、强渡大渡河……如今面对面地聆听刘伯承简明、生动的分析，更使陈锡联对其军事智慧敬佩不已。他问道："师长，我们团的具体任务呢？"

刘伯承答道："你们团的任务是在原平东北侧击雁门关向忻口进击的敌人。到我们第一个集结点东冶后，我要去总部开会，部队归你指挥。我们师抗日的第一仗就看你的了。第一仗可打小一点，但第一炮一定要打响，出师的首战胜利特别重要。"

"在什么情况下动手比较合适呢？"陈锡联又问。

"情况不清楚可以发电报来，但部队单独行动，你们要独立自主，机断行事，也就是说在上级总的意图下，根据千变万化的情况，抓住战机，主动歼敌。可以一边打一边上报，也可以打了再报。否则就要坐失良机，不但消灭不了敌人，反而使自己陷入被动。"

刘伯承最后叮嘱说："太原失守总是不利，你们要做好克服困难的准备，既要大胆，又要慎重。只要指挥得好，把部队组织好，上下同心协力，又有广大人民的支援，日本军队是可以打败的。"**11**

根据刘伯承的指示，陈锡联率第七六九团于次日清晨向指定地点开进，两天后到达目的地——代县以南的苏龙口一带，并且根据八路军总部的指示，立即开始侦察敌人飞机场的情况。

苏龙口是滹沱河东岸一个不小的村庄。顺河南下便是忻口。战事正在那里进行，隆隆的炮声不断由南方传来。敌人的飞机一会儿2架，一会儿3架，不断从人们头顶掠过。从敌机活动的规律来看，机场可能离这儿不远，问老乡，才知道隔河5公里外的阳明堡镇附近果然有个机场。

打还是不打？陈锡联想起刘师长的再三嘱咐，决定先很好了解敌情，然后再定下决心。他带上第二营营长孔庆德、第三营营长赵崇德，爬到滹沱河边上的一个山头上观察。

登上山峰，大家立时为眼前的景色所吸引：东面是峰峦重叠的五台山，西边的管涔山在雾气笼罩中忽隐忽现，滹沱河两岸，土地肥沃，山河壮丽，只可惜，如今正遭受着日本帝国主义侵略者的浩劫！……

突然，第二营营长叫道："飞机！"几人不约而同地举起望远镜。顺着他手指的方向看去，果然发现对岸阳明堡镇的东南方有一群灰白色的敌机整整齐齐地排列在空地上，机体在阳光映照下，发出闪闪刺眼的光芒。

正在这时，他们遇见了一位被日军抓到机场干活、又偷偷跑了出来的老乡。听了他的介绍，再加上他们侦察、分析，陈锡联觉得情况基本搞清楚了：平时机场上飞机分3列停放，每列8架，共计24架。白天轮番去轰炸太原、忻口，晚上都停在这里。日军的一个联队大部驻在阳明堡镇里，机场里只有小股守卫部队。陈锡联后来在回忆录中写道：

> 看来，敌人正忙于夺取太原，根本想不到我们会绕到背后来揍它。这正是歼敌的好时机。如果我们出其不意，给它以突然袭击，胜利是有把握的。我们当即决定马上下手。**12**

具体部署是：第三营负责袭击机场；第一、第二营各一部负责破坏崞县至阳明堡之间的公路和桥梁，并阻击崞县、阳明堡可能来援之敌；团迫击炮连和机枪连则在滹沱河东岸占领阵地，准备随时支援三营。

18日傍晚，陈锡联来到三营检查准备情况。

"准备得怎么样啦？"

"没问题，团长，只要摸进机场，保证把龟儿子的飞机敲个稀巴烂！"战士们纷纷回答。

陈锡联指着面前的一个小战士又问："飞机全身包着铝皮，子弹穿不透怎么办?"

这个小战士毫不犹豫,举起右拳在空中摇几摇,干脆而响亮地回答:
"我们研究好了,用手榴弹捶它!"

人群中走出来一个粗壮的小伙子,手里提着机枪,嚷嚷着这一回要缴架
飞机瞧瞧!有人笑着问:"那样大的家伙,你能扛得动吗?"他辩解道:"扛不
回整的,砸个尾巴也行!"战士们被他逗得哄然大笑。陈锡联后来写道:

> 这真是初生牛犊不怕死。虽然是第一次与侵华日军作战,而且又是
> 去打从来也没有打过的飞机,但谁也不把这些困难放在眼里。**13**

夜里,部队悄悄地出发了。战士们一律轻装,棉衣、背包都放下了,刺
刀、铁锹、手榴弹,凡是容易发出响声的装具,也都绑得紧紧的。长长的队
伍,顺着漆黑的山谷行进,神速而又肃穆。在向导的引导下,部队很快涉过
了滹沱河,来到了机场外边。

机场里死一样沉寂。大概这时敌人睡得正酣吧。部队爬过了铁丝网,神
不知鬼不觉地摸进了机场。第三营营长赵崇德带着十连向机场西北角运动,
准备袭击敌守卫队的掩蔽部。一连则直向机场中央的机群扑去。多少天来大
家日夜盼望着打日军,现在猛然看到飞机就摆在眼前,真是又惊喜又愤恨。
不知谁悄声骂道:"龟儿子,在天上你要威风,现在该我们来收拾你啦!"说
着就要接近飞机。

突然,西北方有个敌兵哇啦哇啦地呼叫起来,紧接着响起一连串清脆
的枪声。原来第十连与敌哨兵遭遇了。就在这一瞬间,第十连和第十一连
在两个方向同时发起了攻击。战士们高喊着冲杀声,勇猛地扑了上去。机
枪子弹、手榴弹一齐倾泻,一团团的火光照亮了夜空。正在机群周围巡逻
的敌哨兵慌忙赶来,和冲在前面的战士绕着飞机互相角逐。机舱里值勤的
驾驶员被惊醒了,他们惊慌之中盲目开火,后边飞机上的机枪子弹接连打

进了前面的机身。

战士们越打劲头越大，有的边打边喊："这一架算我的！"也有人七手八脚地往机身上爬。机枪班长老李早爬上了一架飞机的尾部，端起机枪向机身猛扫。正打得热闹，敌人的守卫队号叫着扑将过来。在20多架飞机中间，敌我混在一起，展开了白刃战。

赵崇德跑前跑后地指挥部队。突然，他看见一个敌人打开机舱，跳下来抱住了一个战士，那个战士回身就是一刺刀，结果了他的性命。赵崇德大声喊道："快！手榴弹，往飞机肚子里扔！"只听"轰轰"几声，两三架飞机燃起大火。火乘风势，风助火威，片刻，滚滚浓烟卷着熊熊的烈火，弥漫了整个机场。

正在这时，老李的那挺机枪不响了。原来他正举着铁锹猛砸！看来，他倒真想砸块飞机尾巴拿回去哩！赵崇德忙跑过去喊道："快打！砸什么！"他又抱起机枪扫了起来。火光里，只见有的端起枪朝飞机猛烈射击，有的把一颗颗手榴弹投向敌机，还有的把集束手榴弹绑在自己身上，冒着密集的枪弹，爬上飞机，拉响手榴弹，与敌机同归于尽。

战斗中，赵崇德突然被一颗子弹打倒。几个战士跑上去把他扶起，他用尽所有力气喊道："不要管我，去炸，去……"话没说完，这位"打仗如虎，爱兵如母"的优秀指挥员就合上了眼睛。**14**

这一仗，烧毁飞机20余架，歼敌100余人。第七六九团付出了伤亡10余人的代价，年仅23岁的第三营营长赵崇德不幸光荣殉国。

"首战告捷，打得好！"

夜袭阳明堡机场是平型关大捷以来又一次振奋人心的胜利。忻口上空一度日机息影。消息传至友军营连，"官兵闻讯，高兴欢呼：中华民族万岁！"卫立煌在忻口战役结束后也对周恩来说："阳明堡烧了敌人24架飞机，是战争历史上从来没有过的事情。我代表在忻口正面作战的将士对于八路军表示感谢，感谢！"

刘伯承接到陈锡联夜袭阳明堡机场的捷报，异常兴奋，赞不绝口："首战告捷，打得好，打得好！"后来，他对这次战斗作了总结，指出其优点是：侦察清楚，部署周密，行动秘密而迅速，动作突然而坚决。特别担任主攻的第三营，以坚决英勇的格斗，不惜牺牲，故能在一个小时内完全烧毁敌机。缺点是：次要方向分配兵力过多，只有一个营用于突击方向，其余部队没有用上，殊为可惜。另外，预定的夜间信号未严格运用，在与敌混战时无法识别。**15**

善于思索的刘伯承在总结经验教训了。这位素有"论兵新孙吴"之称的一代儒将，将会在未来的日子里，让如入无人之境的日军更多地尝到他的厉害。

注　释

1.《毛泽东军事文集》第二卷，军事科学出版社、中央文献出版社 1993 年版，第 65、66 页。

2. 今山西大同东北。

3. 龙泉关，位于河北阜平县西部。

4. 娘子关，位于山西平定县东北。

5.《毛泽东军事文集》第二卷，军事科学出版社、中央文献出版社 1993 年版，第 76—78 页。

6.《当代中国人物传记》丛书编辑部编：《王震传》（上），当代中国出版社 1999 年版，第 89 页。

7. 中国人民解放军历史资料丛书编审委员会：《八路军·回忆史料》（1），解放军出版社 1990 年版，第 228 页。

8.《毛泽东军事文集》第二卷，军事科学出版社、中央文献出版社 1993 年版，第 243 页。

9.《彭德怀传》，当代中国出版社 2015 年版，第 104 页。

10. 转引自中共中央文献研究室编：《朱德传》，人民出版社 1993 年版，第 421 页。

11.《刘伯承传》编写组：《刘伯承传》，当代中国出版社 1992 年版，第 164—165 页。

12. 陈锡联：《夜袭阳明堡》，载刘伯承 贺龙 陈毅 罗荣桓 徐向前 聂荣臻 叶剑英等：《星火燎原·精选本》（融媒书）中卷，解放军出版社 2019 年版，第 126—127 页。

13. 陈锡联：《夜袭阳明堡》，载刘伯承 贺龙 陈毅 罗荣桓 徐向前 聂荣臻 叶剑英等：《星火燎原·精选本》（融媒书）中卷，解放军出版社 2019 年版，第 128—129 页。

14. 陈锡联：《夜袭阳明堡》，载刘伯承 贺龙 陈毅 罗荣桓 徐向前 聂荣臻 叶剑英等：《星火燎原·精选本》（融媒书）中卷，解放军出版社 2019 年版，第 131 页。

15. 《刘伯承传》编写组：《刘伯承传》，当代中国出版社 1992 年版，第 166—167 页。

第 九 章

驰骋察南冀西

毛泽东电示第一一五师要"准备付出相当之代价"——徐海东战斗记述——卫立煌要错电话——杨成武独立团设伏冯家沟——"接连把七座县城一起收"——罗荣桓率部挺进冀西

十月的深秋，树叶枯黄，风雨飘摇，一天凉似一天。

日军前线指挥官板垣征四郎心里有些不快。

这些天，他指挥第五师团和察哈尔兵团共 5 万余人的兵力，凭借飞机、大炮和坦克的优势火力，向忻口防御阵地的十多万中央军和晋绥军发起猛烈攻击。但他感到有些吃力。中国守军抵抗得很顽强，特别是"支那虎将"卫立煌的主力也调到了忻口，他仿佛咬到了一块难啃的骨头。再者，大同至忻口、张家口至代县这两条后方交通线常遭到袭扰和破坏，致使兵力和物资严重缺乏，这让他烦恼不已，好像一只就要扑到猎物的猛虎，被人从后面拖住了尾巴。

板垣可能不太清楚，在张家口至代县公路上给他频频制造"麻烦"的，恰恰就是前些天让他在平型关遭到重创的林彪所部。

毛泽东电示第一一五师要"准备付出相当之代价"

忻口战役之始，毛泽东定下了"林贺两师主力，担任东西两方破坏敌之侧后纵深地区"战略决策，同时对第一一五师东线作战的具体问题，作出了明确指示。

10 月 5 日，毛泽东致电周恩来、朱德和彭德怀，指出"我一一五师全部除一部做地方工作者外，应速集中于台怀镇以北，大营镇、沙河镇以南之山地，待敌人被吸引于原平、忻县地区并打得激烈时，袭取平型关、大营、沙河、繁峙线，得手后交友军占领该线，我军向北突击，占领浑源、应县地区，开展新局面"[1]。

10 月 6 日，毛泽东又致电周、朱、彭并告林彪、聂荣臻，为集中力量破坏敌之后方，"我一一五师主力不但不应出河北，亦不宜位于龙泉关，似应第一步移至豆村、台怀之线，以便适时袭击大营、沙河、繁峙线，并准备于可能与必要时，北越长城出至浑源、应县，以此为中心，分为若干支队，采取夜间行动，袭击雁门大同线、大同张家口线之铁路，袭击张家口广灵线、广灵代县线之汽车路。一一五师这一行动（如再加南京两个师更好），配合贺师主力在左云、右玉、平鲁、朔县之行动，将引起山西敌军正面攻击之停顿，甚至暂时部分的后退，并将引起平汉线敌军停止深入石家庄以南，而采取以一部守备北平、石家庄线，以另一部转向灵、涞、广、蔚地区对付我军。在一一五师本身，则因转移与作战频繁，要准备付出相当之代价，即应准备减员二千至二千五百，并因减员而不得不将枪枝一小部分交与地方民众，武装他们。但在支持山西作战，即用以支持华北作战较为长久之战略目的上，却有很大意义"[2]。

遵照毛泽东和八路军总部的命令，第一一五师的第三四四旅、独立团、骑兵营在徐海东、杨成武、罗荣桓的率领下，驰骋于晋东北、察南[3]、冀西等广大区域，搅得日军后方大乱，心神不宁。

徐海东战斗记述

徐海东，原名徐元清。曾读过私塾，当过 11 年窑工。北伐战争时，在汀泗桥战役中带领全排冲垮敌人的 4 个炮兵连。加入红军后，当过营长、团长、师长、副军长、军长、军团长，骁勇善战，被誉为"徐老虎"。平型关战斗之后，林彪率第三四三旅南移。徐海东率第三四四旅留在晋东北，在平型关、繁峙一线，予敌以不断打击。半年多之后，即 1938 年 5 月 17 日，他在延安的《新华日报》上发表了一篇文章，记述了这一时期的战斗过程：

平型关战斗之后，奉命破坏由灵丘到团城口、大营的交通线。从小寨到老爷庙的汽车路，全部被破坏。敌人在团城口和大营集中 500 余步兵、6 门大炮向我军进攻，企图恢复交通，与第六八七团接触之后，被全部击溃。这一战毙敌 100 余人，缴获步枪 24 支、单筒炮 2 门。我们为了彻底破坏敌人交通路线，就夜袭团城口和东跑池，敌人仓皇退至大营，我们缴获步枪 12 支、轻机枪 4 挺。我们接着以一部向灵丘进攻，敌人被迫退出县城，向广灵后退。我们又包围大营，进占繁峙。敌人得信后，立刻由代县派出 56 辆载重汽车，满载步兵，前来增援。在繁峙与大营之间，我们早已派部队埋伏在沙河，敌人经过时，突然猛烈袭击，打死 200 多敌人。大营的敌人和新城应援部队会合，向代县退去。此战毁敌载重汽车 20 辆，缴获步枪 11 支。此外，还抢到敌人的罐头食品数百箱，每箱内有 100 罐。连着几天，战士们饭都不想吃，专吃牛肉罐头。

克复灵丘、大营之后，又奉命破坏张家口到代县的交通。一部乘敌人势虚，配合独立团袭占广灵；另一部占领浑源，在浑源得到很多防毒面具和一些其他的军用品。浑源敌人退至大同。大同之敌曾一度企图恢复浑源，集中 400 步兵、几门大炮，配合 200 骑兵反攻，与我军相遇，激战 4 小时，敌人被击溃，又退回大同。浑源战后，某团奉令向南移动，在崞县商庄和敌人激战，打死 170 多敌人，在代县河东中街口又打死 200 多敌人，缴获二三十支步枪。当我军主力在忻口、原平一带和敌人作战的时候，从灵丘到大营的汽车隘路全部被我们破坏。

在战斗中，我们目击日本强盗对民众的残酷野蛮，简直是难以想象的。

我们收复繁峙之后，到从前的伤兵医院里去检查剩余的药品。走到医院门外，就已臭不可当。进去一看，原来 400 余我军伤兵，完全被日敌屠杀干净，横七竖八地到处躺着。在东门外的河湾，也被日敌屠杀了二三百民众和伤兵。在大营，老百姓被打死刺死烧死的，总共有 1000 多人。我们进城的时候，瞧见东边树上吊着一具死尸，西边屋檐上也挂着一具死尸，到处血淋淋地飘着臭气。大营的房屋被烧掉十分之八，在余烬里还发现许多大大小小的尸体，景象惨不忍睹。在灵丘，沿汽车路两侧烧杀景况比大营更甚。敌人向洪子店进攻，在温塘附近，中我埋伏失败之后，疯狂逞凶，大肆屠杀。新庄共有 154 口人，被杀 118 口，只有几个脚快的老早溜掉，才逃了命。洪子店被杀数十人，房子大部被烧，第二天敌人由平山退到东回舍，那地方的妇女，从 10 岁起到 70 岁止都被奸淫。年轻的有的投井自杀，有的竟至奸死，有的躺着几天不能起床。

徐海东不仅记述了战斗过程，还根据自己半年多的作战经验，总结了日军作战的优、缺点：

我觉得日本兵有以下的弱点：

（一）陆军的攻击精神不强，专靠大炮和飞机配合，没有这种配合，攻击力就很差。

（二）战术和中国不同，被袭击之后，常常退守山洞，不占高地，因此常遭我手榴弹的爆击。

（三）习惯于机械化的战斗，离开大炮、坦克车和飞机之后，就失去作战的信心。

（四）只能作平原战争，在山地就呆板。

但是日军也有他们的长处：

（一）班以下都很机动，进攻时采（取）很小散兵群，或 3 人一组，或 5 人一组，很少具有一班以上的兵力集中进攻。

（二）打败之后，能各自为战，即使剩下最后的几个人，也不容易缴枪，这是因日本帝国主义民族武断宣传和我军过去对日军士兵争取工作不够而造成的，他们以为给中国军队抓住了一定残酷处死，老百姓复仇。最近经我们的宣传和战斗时的日语喊话，这种现象已有好转的趋势。

（三）目标隐蔽。日军善能利用地形，又因为制服的颜色是黄的，和北方的土色很相像，不易被人发现。

（四）通信设备健全，联络灵活。这是日方最大的特长。大队长的指挥用信号，烟幕弹连抛掷都是用旗语。进退灵活，协同一致，很迅速。

最后，徐海东又写道："无论敌人有些什么特殊优点，我们对于华北抗战的胜利都是有把握的。在全中国民族空前未有的伟大团结之下，利用华北特殊的地形，发挥我们一切游击战和运动战的特长，配合着坚决抗战的友军，再获得广大的群众的积极热烈拥护，我们一定能克服一切困难支持整个华北的抗战，配合全国抗战的力量打击日寇。最后，我们相信中华民族将要发挥无比的潜力，在中国的历史上创造一个最光荣的事迹——驱逐日本强盗而获得民族的独立自由和解放。"[4]

卫立煌要错电话

1937 年 10 月 16 日，中国守军忻口前线指挥部。

第十四集团军总司令兼第二战区前敌总指挥卫立煌被惊天动地的炮声搞得心烦意乱，他几次要冲出指挥所上火线督战，都被幕僚拦住了。这几日，日军从拂晓开始就不间断地向忻口阵地猛烈轰击，中央兵团据险扼守，士气旺盛。忻口岭连日鏖战，南怀化阵地几失几得，战况惨烈。今天，中央兵团决定实施反击，争夺南怀化高地。

下午 3 时，第六集团军总司令傅作义冒着战火匆匆赶来，他的军装和帽子烧了好几个窟窿。卫立煌吃惊地说：

"宜生，你那边情况怎么样？打电话就行了嘛！跑来干什么？没伤着吧？"

傅作义拍了拍身上的尘土，嘿嘿一笑，"托卫老总的福，毫毛未损。我那边情况跟昨天差不多，日本人没来攻，兄弟们尽挨炮弹。"

　　"我这里情况也一样。"卫立煌突然想到了第九军，"红沟阵地的郝梦龄好久没联络，日军肯定集中兵力在攻他那个方向！"

　　傅作义说："我冒险前来正是担心这一点，想提醒你！"

　　卫立煌望着一大排电话，急问："哪部是通红沟的？"

　　副官匆忙将一部电话端起，举到卫立煌面前，卫按住电话使劲旋动摇柄……

　　山西五台。八路军第一一五师师部。

　　聂荣臻听到电话铃响了，抓起一听，电话里有个粗大嗓门在吼叫，震得耳机发出共鸣声：

　　"郝梦龄吗？我是卫立煌！"

　　聂荣臻一听，知道电话打错了，连忙说："错了错了！我是一一五师的聂荣臻。"

　　"你们在什么地方？不是五台吗！忻口的电话怎么串到五台去了？乱弹琴！"

　　聂荣臻放下电话，朝参谋长周昆笑道："卫立煌打错电话了。"

　　电话铃又响了，聂荣臻抓起一听，还是卫立煌的声音，刚准备说话，就听到郝梦龄沙哑的嗓门：

　　"卫老总啦，不行啊！伤亡很重，快没人啦，枪支弹药也供不上……"

　　"郝梦龄！"卫立煌吼道，"你身上不是有一支枪吗！枪不够，我身上还有一支！"卫立煌气哼哼训道。

　　聂荣臻很感叹，回过头轻轻地对周昆说："卫立煌抗战还是蛮坚决的哟，可惜……"

　　"郝梦龄！你快行动，把电话放下！"卫立煌的声音又出现了，"我找八路军的聂荣臻！"

"卫将军，我是聂荣臻，有什么事呀？"

"你们的情况怎么样？"

"我们的三四三旅正在向蔚代公路出击。前天午夜夺回了平型关，现在沙河、大营的敌据点都肃清了。今天拂晓又拿下了团城口，主力由徐海东率领攻打繁峙，一部准备攻打灵丘。繁峙——平型关——东河南地段的日军运输线完全绝断了。"

"太好了！日军只剩太和岭到大同一条交通线了。希望你们拿下繁峙后再攻击代县，切断太和岭到忻口的运输线。"卫立煌高兴地说道。

"这正是我们的作战计划，卫将军跟朱、彭首长想到一块了。"

卫立煌接着说："忻口的敌人跟老虎一样凶，全靠你们从后面拖它的尾巴。听说你们收复了涞源和易县，还伏击了一支大运输队，是哪部人马干的？"

聂荣臻答道："是我们一一五师独立团干的，团长叫杨成武！"

这在这天，中国守军第九军军长郝梦龄、第五十四师师长刘家麒、独立第五旅旅长郑廷珍等奋勇督战，以身殉国。

杨成武独立团设伏冯家沟

10月上旬，八路军总部命令杨成武的独立团向敌后挺进，任务是配合忻口、忻县附近的国民党友军作战，破坏敌之后方联络，断绝敌之交通，以游击战术的手段与敌人在广灵、灵丘、涞源、蔚县地区周旋。

此时，敌人每天都有数十数百辆汽车、马车在这一带的公路上跑来跑去。涞源之敌，因深入山地，怕挨打，不敢出城。10日夜，独立团一营及便衣队袭击涞源，日军100多人闻风而逃，独立团胜利收复涞源城。

几天之后，杨成武又接到了第一一五师转来的总部电令：向敌后察南挺进，以北岳恒山地区为中心，放手发动群众，开创根据地。杨成武决定：第一营和第三营立即从涞源城、上寨两地出发，插向灵丘、广灵通路之间的冯家沟地区，伏击日军的运输队；第二营则以涞源城为基地，由萧思明率领一部乘胜向紫荆关、易县退却之敌跟踪追击，收复易县城，沿途发动群众，袭击守城日军，大刀阔斧地开辟抗日根据地。

第二天拂晓，准备前去伏击敌人运输队的部队饱餐了一顿小米粥和煎饼之后，第一营营长曾保堂、副营长袁升平把部队带到了一个晒场上。杨成武下达了任务，又简短地动员了几句。大家听说去伏击敌人的运输队，都很高兴。运输队是块大肥肉，拉着满满的粮秣和弹药，独立团出师两个多月，该好好补充一回了。

这里离冯家沟近 200 里，几乎全是深山大谷，可是明晨必须赶到，迟了，敌人运输队就会溜过去。前不久，第一营曾打过一回伏击，谁知敌人没有出现，战士们白跑一趟，又在山头上埋伏了一夜，身子都几乎冻僵了，最后败兴地返回。今天再度出击，会不会？……

没走出多远，天就下雨了，原来就模糊不清的山路，现在更黝黑难辨了。有石板的地段，步步打滑；没有石板的地段，泥泞拖脚。只要听到枪支撞击岩石的声音，那就八成是有人摔倒了。不过，大雨、狂风、跌跤和疲劳对于久经沙场的战士们来说，根本算不了一回事。大家最担心的是，天下雨，日军的运输队不肯出动。

快半夜时，杨成武率领着团部来到一个小山村。不料，刚走到村头，忽然传来哨兵的询问："站住，你们是什么人？"

"一一五师独立团。你们是哪一部分的？"

"我们是一营。"

杨成武感到奇怪。按照计划，第一营应该在前面迅速前进着，怎么会在这里放起哨了？便上前问：

"营部在哪里？"哨兵认出了杨成武，答道："在村子里。"

"为什么不前进？"

"不知道，营长叫停止前进的。"

杨成武急忙进村，果然看见部队在村庄里分散休息了。找到营部，杨成武劈头质问一营营长："谁通知你们休息的？"

第一营营长不安地沉默一会，说："战士们太疲劳……天又下雨，敌人恐怕不会出动了。"

他说的是实情，第一营战士太疲劳了。有几个人在行军中还跌到山沟里摔昏了。但眼下无论如何不能擅自停下来啊。杨成武明白，此时不能有丝毫的侥幸和动摇。即使白跑一趟，也要全力以赴赶上去！因为能不能打着敌人运输队，要等赶到伏击地域后才能知道。如果在这里舒舒服服休息一阵，就很可能丢掉战机，我们的行动就会变得毫无意义。想到此，杨成武严肃地说："你怎么知道敌人不会出动？雨中行军速度慢，更需要抢时间。不能休息，立刻集合部队前进。"

第一营营长答应着，出门吹哨，集合部队后继续前进。杨成武看了看表，这一停一走，耽误了不少时间，心里暗暗发急，便派人催促前面部队加速前进。第一营营长是位红军干部，立过不少战功。被指出以后，此刻他又振奋精神，憋着一股干劲拼命往前赶。部队在大雨黑夜里居然跑步前进了。他大声喊："万里长征都过来了，剩下几十里路算个啥。上啊！谁也不许掉队！"

党员们呼应着："赶到阵地再休息"，"打了胜仗再休息"。

10月15日拂晓，第一营终于赶到南阁崖村，这里距冯家沟只三四里。战士们进入树林隐蔽，迅速擦拭枪支上的污泥浊水，军事干部则向冯家沟方向侦察地形，选择伏击阵地。

冯家沟是一个小村子，紧挨着灵（丘）广（灵）公路，路两旁全是连绵不绝的大山，中间利用干涸的沙河滩铺修出一条单薄的汽车路，路宽也就十来公尺，南边有个小山包，形成一个垭口。这种地形对于伏击自然十分有利。于是，杨成武指示一营在冯家沟南边的这个垭口上布置一个口袋阵，准备伏击从北面广灵南下的日军。随后，杨成武又派第三营营长黄寿发、教导员张襄国率领部队直插一营南面的义泉岭地区，准备重点伏击可能从南面灵丘来的日军运输队。

"在同一条公路上，我们向两个方向设伏，前者为主要伏击方向，后者为了配合，但是哪个方向的敌人先出现，即成为实际的主要出击方向，另一方向为配合。这就既可互相支援，又可出其不意着打击敌人。"[5]

在第一营布置阵地时，第三连连长宋玉琳一直气鼓鼓的，因为他们连被安排到后山去做预备队了。他争辩着："干么不让我们上，我们能打！"在腰站战斗中，第三连损失过半，枪支、弹药消耗得更多，全连只剩下几把完好的刺刀了。那一仗下来，宋玉琳伤心得几天不肯说话。今天要打伏击了，他一方面想报仇雪恨；一方面想趁此机会多缴获些武器装备，可偏偏在伏击线上却没有三连的阵地，他能不恼火吗？

见营首长不同意，宋玉琳绷着脸走开了。他独自在山头上转悠，琢磨着为第三连找一块阵地。果然，他转悠了一会儿，大步赶回来，对营里的作战部署提出了异议：敌人的运输队可能由北向南进入伏击圈，枪一响，有两个可能，一是边抵抗边撤，二是不顾死活地往南冲，妄图冲破伏击圈。可我们现在布置的伏击地域纵深有限，敌人若是猛冲一气，很可能穿过"口袋"底部逃之夭夭。他建议让第三连到"口袋"底部去，以便必要时堵住敌人，全歼之。

杨成武和营长一商量，觉得他的意见有道理，便采纳了。

宋玉琳欣喜地领着第三连奔向村东高地。途经一个小山坡时，他看到许多割下的谷草，绑成一捆一捆的，竖成一个个草垛子，心里一动：若从这里伏击敌人，定可出其不意啊！于是，他当即决定，自己率一个排，带3挺机枪，埋伏在距公路仅20多米的山坡上。他命令战士们隐蔽在谷草垛子后面，机枪穿过谷草对准公路，说："我不开枪，谁也不准开枪，我一打，都打！把敌人打倒后，就冲！非抓几个活的不可！"

军事干部选择阵地时，各连指导员也都抓紧时间对战士们进行了战前动员。他们的口号是：坚决勇猛向前冲，夺取敌人大汽车！

进入阵地后，大家说话也都压低了嗓音。有人还轻声哼起了《打骑兵》之歌：

> 骑兵来了不要怕，
> 我们举枪来打它。
> 瞄得准，放得快，
> 打得敌人栽下来。
> ……
> 我们打垮它，我们消灭它！

太阳越升越高，山野中雾气早已散尽，战士们越等越不安，这时忽然接到观察哨的信号：发现敌人！

杨成武心里一阵喜悦，战士们也笑了，有人还兴奋地捶了一下大腿，随即大家蹑手蹑脚地进入射击位置，连大气也不敢出，就像来的是一只狐狸，生怕把它惊跑了似的。

敌人还是那么骄横大意。只见公路上轰隆隆开来两辆摩托车，接近伏击区时，忽然停下，坐在车斗里的日本兵端起架在车上面的歪把子机枪，接着车头向右一转，扯起一条烟尘，闯进公路下面的冯家沟村庄里去了。随后，两个骑自行车的便衣，也跟着摩托车进了村庄。

稍过片刻，尘风起处，公路上出现一群骑兵，约莫20多人，为首的枪刺上挑着一面日本旗。他们刚走到垭口边便停下来，瞭望了一会儿，接着勒转马头，又退了回去。只剩一敌骑兵立在脚蹬上，用望远镜继续观察公路两边的山坡，并不时向后看看，似乎在等待什么。

杨成武心头闪过一丝不安，因为临战前的几分钟要比实际战斗更难度过，敌人已经来到陷阱边上了，这时只要哪个战士不慎抬一下胸脯或从他身边滚落一块石子，敌人就会立刻警觉或退缩，战斗的突然性和胜利的把握都会大为降低。这时需要的是高度自制、冷静、坚定，要沉默得像那一块块山石！

过了一会儿，开道的20多个敌骑兵又重新出现了。紧跟在后面的是日军板垣师团的第二运输大队，足有120多辆胶轮大车，每辆大车都由三四匹骡马拉着，车上的作战物资堆得像小山一般，正慢吞吞地沿公路往斜坡上爬。车队的后面，还有30多个骑兵跟着。

大部分车子从坡顶上滑过来，进入我们的伏击区了。这时在坡顶处瞭望的敌骑兵忽然示意车队停止前进，准是发现我们了。可是车队正在下坡，根本停不住。前面的车刹住了，后面的车仍一辆紧挨一辆滑过来，在坡底处挤成一堆。这是绝好的战机了。

埋伏在"口袋"底部的第三连连长宋玉琳，眼看敌人的大车快要撞过来了，仍然耐心地等待着。直到敌人大车前后相撞，乱作一团时，他才下令开火。3挺机枪喷出愤怒的火舌，直向车队扫去，敌人纷纷倒下，有的连插在袖管里取暖的手还没抽出来，就栽倒了。未死的敌人急忙钻到车后面抵抗。车上小山般的物资翻倒了，把好些死的和未死的日本士兵埋在下面。

这时，第一、第二连同时开火，痛击车队后面的敌骑兵，用火力封锁了敌人的退路。一颗颗手榴弹飞了过去，在敌人车队中爆炸。

宋玉琳大喊："上，抓活的！"一马当先，率领战士们冲上公路。残敌从车底爬出，端枪同他们拼刺。三连虽只有几把完好的刺刀，但毫不顾忌，他们一拥而上，没有刺刀的战士，就用枪柄、手榴弹，与敌人杀成一团。他们很想生俘几个日军，可是敌人拼死挣扎，宋玉琳头上肩上两处负伤，浑身沾满鲜血。他见难以生俘敌人，火了，大叫道："开枪！"这股敌人当即全部毙命。

不一会儿，第一、第二连也冲下公路，同敌人肉搏，不同语言的喊杀声和各种枪支的射击声汇成一片。峡谷里到处是翻倒的车辆，大小木箱滚了一地，受惊的骡马踏着敌尸乱蹦乱跳。它们还没脱缰，把大车拽得歪来歪去。敌人抗不住我们的打击，日本兵纷纷被击毙。

继板垣师团的汽车队和辎重队在平型关被歼后，它的第二运输大队也在此覆没，只几个骑兵漏网。这一仗共毙伤日军 100 多名，缴获摩托车 3 辆，大车 120 多辆，骡马 800 多匹，步骑枪 70 多支，各种短枪 10 多支，炮弹 20 多箱，子弹 40 多箱，罐头、饼干、汽水等食品多达 2200 多箱，还有一大批呢大衣、军毯。

当天，第三营在营长黄寿发、教导员张襄国、副营长邱蔚率领下，在同一条公路的南段——义泉岭地区，紧接着又打了一个漂亮的伏击战。这时从灵丘北驰广灵的日军还不知道冯家沟已经被八路军控制了，更不知道第二运输大队已全军覆没。他们乘着 5 辆汽车一头闯进三营的伏击区。第三营一阵猛打，3 辆汽车成了战利品。

至此，广灵至灵丘的重要交通线，被独立团完全控制了。

"接连把七座县城一起收"

冯家沟战斗还抓了几个中国俘虏，一问，原来他们多数是当地人，在日军的刺刀逼迫下不得不来卖命的。杨成武问起周围几个县城的情况，他们七嘴八舌地说：广灵城只有几十个日军，灵丘城的日军也不多，日本人正忙于"太原攻略战"，在后方只有少数兵力占据着县城，以保护他们的交通线。

于是，杨成武立刻命令三营出击，直取北面的广灵城。战士们抓起刚刚缴获的枪支弹药，揣上几包饼干，一边吃着，一边朝广灵城奔去。从冯家沟漏网的几个日军，已经抢先逃进了广灵城。由于他们带去了运输队覆灭的消息，守城的日军一下子举止失措了：出城攻击吧，兵力太少；弃城撤退吧，又无法保住交通线。正在这时，城内外忽然大乱了，四面八方传来了鸟铳、锣鼓、鞭炮和阵阵呐喊声，日军更是慌了神，全缩到城楼上去了。原来，八路军冯家沟战斗的胜利消息也在当地群众中传开了。他们欢天喜地，故意弄出各种各样的声响，好像八路军就要攻城，搞得守城的日军真假难辨。

下午 3 点多钟，第三营兵临城下，当地群众更加高兴了，纷纷操起鸟铳、长矛、斧头跑出家，协助自己的军队攻城。广灵的城墙高一丈二尺左右，并不十分坚固，有的地段早已破落。第三营一攻，便破城而入。守城日军纷纷逃窜，又被歼灭了几十人。

广灵城收复后，南面灵丘城的日军也就孤军难立了，只好弃城西窜，独立团又收复了灵丘城。随后，他们又分兵向东、西、北三面推进。这样，不到 20 天，独立团就连续收复了涞源、广灵、灵丘、易县、蔚县、阳原、浑源等 7 座县城。

那是独立团大发展的日子，差不多天天都有收复失地的胜利消息传来。后来，青年诗人、八路军西北服务团的记者田间写了一首歌，由罗浪谱上曲，在独立团广为传唱：

> 独立团，
> 一一五师的兵团，
> 独立团，
> 老红军的兵团。
> 过了黄河就打了腰站战斗，
> 这是第一个战斗，
> 这是胜利的战斗。
>
> 为了华北人民，
> 为了中华民族，
> 英雄们勇敢冲锋，
> 接连把七座县城一起收。

广大土地能够耕种，

百万人民获得自由。**6**

罗荣桓率部挺进冀西

在独立团出击察南的同时，第一一五师骑兵营等部由晋东北挺进冀西。10 月 18 日，该营奔袭曲阳县城，歼敌大部，残敌分别向定县、新乐逃窜。骑兵营收复曲阳县城，缴获大量给养，并于当日打退定县之敌的反扑。至10 月 29 日，骑兵营等部又连克平山、唐县、完县等县城，并袭击平汉铁路之清风店车站，严重地威胁了敌平汉铁路北段的交通。

骑兵营是由第一一五师政治部主任罗荣桓在平型关战斗期间，由晋东北带到河北阜平一带开辟地方工作新局面的。罗荣桓对于毛泽东开展"真正独立自主的山地游击战"和"适时把中心转向群众工作"的指示 **7** 心领神会，很快就在阜平一带形成了群众性的抗日热潮。

阜平，位于河北省西北部，紧靠晋冀边界，在山西五台山以东。这里虽然是山区，但距平汉路不足 75 公里。受到国民党军队溃退的影响，这里早已是一日数惊，人心惶惶。罗荣桓率师政治部、骑兵营、教导大队和六八六团第六连一到，立即开展工作。抗日标语写满了墙，宣传队在街头巷尾演讲，晚上还搭台演节目。群众一开始是看热闹，尤其是看到几个女八路，腰间别着个小手枪，动不动就跳上高台，挥起纤细的胳膊演讲，觉得挺新鲜！久而久之，明白了日本人打到家门口了，不抗日就要亡国灭种当亡国奴的道理，群众的情绪起来了，抗日景象生龙活虎，阜平面貌焕然一新。

9 月底，中共北方局派出王平、刘秀峰等到阜平工作。王平来到阜平西关外的一所小庭院里，一眼就认出了戴着两片圆圆镜片的罗荣桓，立即上前施礼：

"你是罗主任吧。我们是北方局派来开展工作的，名义上受第二战区'动委会'领导，来此筹建阜平'动委会'，所以不便穿军装，还得学绅士模样打躬作揖。"

罗荣桓高兴地握着王平的手，"你是王平同志吧。这样也蛮好哩。我已经收到了总部的电报，你们来得正好。"

罗荣桓将王平等人迎进屋，将华北形势讲了一遍，再分析起阜平形势。"现在的情况是：国民党在前面丢，我们在后面拣。你要向他要，他不会给的；可是他丢给了日本人，你再捡回来，他就不好开口了。现在阜平的国民党政府还没有跑。县长叫张仲孚，个子不高，却工于心计，是个反共老手。表面对我们客客气气，实际上极力压制群众的抗日活动。"

罗荣桓扶了扶眼镜，继续说道："在东乡王快镇还住着国民党军队朱怀冰的一个师。现在日军日益逼近，我们希望他们和我们共同抗日，可是腿长在他们身上，他们跑不跑就很难说了。"

王平请示道："罗主任，我们的工作从哪里着手呢？"

罗荣桓建议，可以因势利导，就以当地士绅和青年学生组织的"抗敌后援会"为基础，成立"动委会"。利用这一合法阵地，大刀阔斧，发动群众。

"动委会"很快正式成立。王平当选为主任，张仲孚被选为副主任。罗荣桓派了十几名红军干部协助王平工作。他们分别到各个区，宣传群众，组织群众，建立抗日武装。不到一周时间，各区都成立了"动委会"，全县还组织了400多人的"抗日义勇军"。

这一下，张仲孚沉不住气了。他召集学生说："到阜平来的是一一五师政治部，他们没有兵，在阜平待不长。你们要抗日，到王快投奔朱怀冰去！"

王平到罗荣桓处研究对策。罗荣桓建议召开群众大会，并请张"出席指导"。

这一天晴空万里，秋天的阳光照在身上懒洋洋的。

张仲孚坐在台上袖着手，会还没开就打起盹来。台下突然一片欢腾，张仲孚睁眼一看，原来有几个男女八路军在向群众发饼干。

"尝一尝抗日的胜利果实吧！"

"八路军一一五师平型关大捷，这是战利品！"

还有些人敲着铁皮饼干盒，让群众看上面的日本字。

罗荣桓开始讲话了："老乡们！刚才大家亲口尝到了抗战的胜利果实。甜不甜呀？"

台下欢声雷动："甜——"

"现在我再让大家亲眼看一看抗战胜利的成果！"一名战士将一挺歪把子机枪和几顶钢盔放在罗荣桓的面前。罗荣桓大声道："有人说一一五师政治部没有兵，我来的时候是有兵的，有一个骑兵营，大家都亲眼看到过。后来这些骑兵到哪里去了呢？打鬼子去了！昨天他们在倒马关打了一个大胜仗，杀得鬼子丢盔弃甲狼狈逃窜。"罗荣桓举起机枪，"这就是他们缴获的战利品！"

台下的群众鼓起掌声，坐在后面的纷纷站起，伸着脖子往台上看。

"当然啦"，罗荣桓把机枪放下，"我们的兵没有王快的多，装备也没有王快的好，那里驻有六十九军朱怀冰的整整一个师，可是你们谁听说过他们来阜平后抗过日没有？打过鬼子没有？你们知道抗战前六十九军的防区在什么地方吗？在平津！那里的老百姓当了亡国奴，可是他们却完好无损地跑到阜平来了。你们说想抗日到王快去行吗？"

"不去王快！不去王快！……"坐在前面的青年学生大声呼起口号。

张仲孚如坐针毡，不停地掏手帕揩汗。

这次大会又成为一次有力的动员。会一散，又有100多人当场报名参加了义勇军。

10月12日，日军沿平汉路南下攻占了石家庄，张仲孚慌了手脚，忙着收拾东西，准备跟朱怀冰一道逃跑。张仲孚兼任县保安队的队长，手下有不少人和枪，还有一两万元公款。王平听到张准备逃跑的消息，急忙到罗荣桓那里去请示。罗荣桓说："这个人留在阜平，成抗战之事不足，败抗战之事有余。要是他单枪匹马地跑了，也就算了，钱可以不要，但是人和枪不能叫他带走！"保安队副队长比较进步，罗荣桓派人找他谈话，向他说明共产党团结一切抗日力量的政策，请他自己抉择。他立即表示坚决留下，并保证保安队一人一枪都不会跟张仲孚走。

过了几天，张仲孚果然偷偷地跑了。但保安队大部分人留了下来。罗荣桓知道后，笑着对王平说："跑了就跑了吧，没有县长我们派一个，管保比他干得强。我看，就由你当县长好了！"第二天，罗荣桓派政治部的七八个干部和一个班的战士，把王平送进县衙门，当上了阜平县县长兼保安队队长。

10 月 17 日，骑兵营营长刘云彪请示罗荣桓，据侦察，阜平东南的曲阳县城有日本人的一个兵站，囤积了大量军用物资，守敌只有一个中队，要求拿下兵站，打敌人个措手不及。罗荣桓慎重研究了敌情，果断决定，当晚行动，并向刘云彪交代，打得赢就打，打不赢就撤，不能硬拼。

第二天天亮时，庭院里有许多官兵在欢呼雀跃，罗荣桓明白，准是骑兵营发来了告捷电。

师政治部民运部部长潘振武进来报告："罗主任，骑兵营打下了曲阳县城，歼敌一个中队，缴获了大量军用物资。刘云彪来电要求派人去搬运物资。"

罗荣桓兴奋地说："好啊。刘云彪干得不错。"他活动了几下胳膊，对潘振武说道："老潘，曲阳是我们从日寇手中解放的第一个县城，我看就由你当县长好啦。"

罗荣桓戴上眼镜，见潘振武吃惊地望着他："怎么？嫌官小呀？"

"不不不……"潘振武连连摆手，"我没经验，怕当不好。"

"王平也没当过县长，不是干得好好的嘛！谁从娘胎里出来就会当县长？"罗荣桓脸一沉，"你到宣传队挑十几个人去建立政权，发动群众，立即出发！"

"服从命令，"潘振武挺了挺胸，"刘云彪要求派人搬东西，咋办？"

"你是县长了，你说咋办就咋办。"罗荣桓见潘振武还愣在那里，提醒道，

"发动群众呀，你是民运部长，怎么把老本行给忘了？"

潘振武一到曲阳，就把群众发动起来了。日本人的兵站设在一所学校里，所有的教室都塞满了罐头、饼干、香烟之类的物品。潘振武把群众组织起来，搞了个运输队，把几百吨物资全部运到了阜平。罗荣桓派人将部分物资运往八路军总部，有些东西又被总部转送到延安。

骑兵营端掉了日军设在曲阳的兵站，一方面支援了忻口、太原会战，一方面也解决了罗荣桓他们的"吃饭"问题。聂荣臻回忆说："敌军原计划跟着朱怀冰撤退的道路，开辟阜平、龙泉关、五台这条路，直插太原。我们把它的兵站搞掉了，它看到这条路不安全，又不能走汽车，就放弃了这一企图。这样，从五台到阜平一线，就由我们控制了起来。罗荣桓同志后来对我说，敌人兵站储存的物资，帮了他们的大忙。他们没有粮食吃，就从捣毁的兵站里捡饼干和罐头，那些东西制作得很好，饼干很脆，一点也不潮，袋子里还装着小糖块，罐头密封得很严实，保存多年也不易变质。可见，日本帝国主义为发动侵华战争，是做了长期周密准备的。"[8]

不久，骑兵营乘胜东进，又收复了唐县，并一度攻克平汉线上的定县城，袭击了平汉上的清风店车站。到 10 月下旬，阜平地区的义勇军扩大到 5000 人，一个以阜平为中心、覆盖四个县的根据地已逐渐形成，并以迅猛的势头向四周辐射。这是很了不起的。因为当时国共合作不久，八路军能否不通过国民党政府直接委任县长，建立民主政权，在一些党员的思想中还没有解决。在这样的条件下，罗荣桓敢于放手发动群众，建立了八路军最早的一批抗日民主政权，说明他对于毛泽东坚持敌后抗战的方针有深刻的理解。

在延安的毛泽东听到这些消息后很高兴。据说，他收到林彪送来的战马和军呢大衣并没有什么表示，可吃到罗荣桓送来的饼干却高兴极了，毛泽东感慨地说："参加洛川会议的人至今转不过弯子，这个没参加会议的人却走了一条捷径，罗荣桓算得上个战略家。"

注　释

1. 《毛泽东军事文集》第二卷，军事科学出版社、中央文献出版社1993年版，第72页。

2. 《毛泽东军事文集》第二卷，军事科学出版社、中央文献出版社1993年版，第77页。

3. 察哈尔省南部。察哈尔为旧省名，省会张家口。蔚县即为其管辖。

4. 徐海东：《生平自述》，生活·读书·新知三联书店1982年版，第124—125页。

5. 《杨成武回忆录》，解放军出版社1987年版，第396页。

6. 《杨成武回忆录》，解放军出版社1987年版，第405页。

7. 《毛泽东军事文集》第二卷，军事科学出版社、中央文献出版社1993年版，第53页。

8. 《聂荣臻回忆录》（上），人民出版社2022年版，第292—293页。

第 十 章

驰援娘子关

陈赓战斗日记——七亘村"重叠设伏"——黄崖底伏击战——广阳伏击战——刘伯承广阳再布伏击圈

卫立煌在忻口打得顽强，打得惨烈，阵地几易其手。

八路军在东西两线英勇出击，巧妙设伏，敌交通线几近断绝。

两相配合，日军对忻口的攻击受挫。

板垣征四郎气急败坏，他虽三易其前线指挥官，猛攻十多日，伤亡了2万余人，忻口却仍在中国守军手中。

无奈，日军华北方面军变换策略，将原定的山西突破、河北迂回，改为河北突破、山西迂回，企图先夺占娘子关，然后沿正太铁路￼西犯，直逼太原。

娘子关是晋东著名关隘，古为兵家咽喉之地。唐代平阳公主曾驻兵于此，故名娘子关。娘子关地居险要，襟山带水，两山夹峙，陡壁如削，是晋冀间的天然屏障，出入山西的咽喉，也是正太路沿线的重要关卡。一旦娘子关失守，不但使忻口守军腹背受敌，而且也会使太原处于晋东、晋北两路日军的钳击之中，难于防守。

娘子关防御战，顿成整个战局的关键。

此时据守娘子关的中国守军，正面为第十七、第三十师，左翼为第十四军团，右翼为第三军，由第二战区副司令长官黄绍竑负责指挥。10月11日，日军第二十师团师团长川岸文三郎率部占领井陉，以一部攻娘子关正面，主力绕道于 13 日攻陷旧关。阎锡山急令增援晋北之孙连仲率第二十六路军回援娘子关，组织多次反攻，歼日军一部，但未夺回旧关。

10 月 21 日，日军第二十师团得第一〇九师团一部增援，在航空兵火力支援下，继续从正面进攻娘子关；另一部则向南运动，企图从娘子关和新关侧后迂回。

娘子关防御危在旦夕。

陈赓战斗日记

遵照毛泽东"刘师主力或全部使用于正太路，发动群众配合娘子关守军，巩固后路"[2]的指示，刘伯承率第一二九师主力驰援娘子关，配合友军阻止日军西进。

10 月 18 日，第一二九师第三八六旅在旅长陈赓率领下，抵达娘子关附近的平定地区。

10 月 19 日，也就是阳明堡战斗打响的当天，刘伯承赶到平定县城以东的马山村，与第三八六旅会合。

刘伯承立即召集营以上干部开会。他首先简要介绍了太原会战东西两个方向的战况：忻口友军顽强坚守，日军攻势受挫；娘子关外日军正集结重兵，企图一举突破。接着，他交代了第三八六旅的任务：在娘子关以南待机，准备侧击可能从我右翼迂回的日军。

刘伯承讲话一向生动风趣，深入浅出，此刻，他正在向大家解释"侧击"的意义和方法：

"日本鬼子人多装备好，很愿意跟我们硬拼。可我们偏不这样干，而是打它的侧背。大家一定都懂得这样的道理，对付大人的欺侮，小孩子只有找机会躲在门背后，等他过来，就乘其不备地给他迎头一棍。我们目前就是用的这一打法。"[3]

刘伯承还结合平型关战斗，讲到了作战的组织指挥：秘密而周到的准备，迅速而突然的动作，侦察清楚，地形选择好，抓住日军狂妄、疏于戒备的弱点，采用伏击方法，兵力部署和运用都要恰当，发挥近战和英勇果敢的特长，等等。做到了这些，就可以克敌制胜。

听完刘师长的讲话，陈赓很受鼓舞。他的心里早就憋着一口气：兄弟师——五师首战平型关大捷，兄弟旅三八五旅七六九团初战也取得了奇袭阳明堡的胜利，这位极富传奇色彩的红军将领早就坐不住了。

陈赓，原名陈庶康，生于湖南湘乡二都柳树铺。早年考入黄埔军校第一期，毕业后留校任连长、副队长，参加过北伐战争，对蒋介石有"救命"之恩。1926年留学苏联，在红军中学习保卫工作和爆破技术。参加过南昌起义，在中共中央特科工作时，派人潜入国民党中央机要部门和警宪、特务机关，多次获取重要情报，为保卫中共组织的安全作出过重要贡献。30年代初因负伤到上海就医，曾秘密向鲁迅介绍了红军斗争情况，后因叛徒出卖被捕，曾被押赴南昌见蒋介石，坚贞不屈，拒绝诱降。在红军中，当过红四方面军第四军第十二师师长，军委干部团团长，红一军团第一师师长。

红军改编以来，陈赓就盼望着到战场上一试身手。平型关大捷的第二天，他在日记中写道："这是红军参战的第一次胜利，也是中日开战以来最大的第一次的胜利。这一胜利虽然是局部的，但在政治上的胜利是无穷的：1.证明我党的主张正确；2.只有积极地采取运动战、游击战、山地战，配合阵地战，抄袭敌人，才能胜算；3.证明唯武器论的破产；4.单纯的防御只有丧失土地。捷报传到部队中，人人欢跃，大家都以为我们出动太迟了。"[4]

根据这两天侦察的情报，陈赓决定第二天就派出部队，寻机歼敌。

10月20日至24日，陈赓所部先后于娘子关以东之长生口、东石门、马山村、板桥村、蔡家岭等处，以袭击、伏击、阻击等手段，打击进犯之敌。这些战斗小有斩获，可看作"大赛"前的"热身"。它们有成功有失败，使得像刘伯承一样爱思考的陈赓，得以总结与日军作战的经验和教训，为不久之后的"大胜"打下基础。

陈赓在日记中记述：

"10 月 21 日：772 团到支沙口，夜袭长生口、蔡家岭，缴获步枪 4 支，骡子 4 匹，炮弹 16 发。这次缺点是干部顾虑太大，不敢使用大的兵力，游击动作生疏，部队夜间不肃静，不善于使用手榴弹，想捉活的。

……

10 月 23 日、24 日：刘（伯承）和（陈）再道率 771 团固守七亘前面隘路，我率 772 团 18 时由马山出发，进到王得寨、川口一带，早 5 时即向南藁亭村及七亘村以南高地开进，准备侧击敌人。山路崎岖，行动困难，直至下午 3 时才到达。到时，敌之大部已通过，仅有辎重在后跟进。因悬崖绝壁，无法下去突击，当即以突然火力向之袭击。敌死伤不明。

10 月 25 日：由马山派赴获鹿的一连，我很为他们担忧，结果竟在王得寨归队，甚喜。772 团全部仍回川口、孔氏村、王得寨之线。接刘电，771 团因警戒疏忽，受敌夜袭，有相当损失……" **5**

日记中提到的七七二团"夜袭长生口"其实是一次不错的初战，是由第七七二团的副团长王近山带领三营打的。第七七二团第三营的前身是红四方面军的第二七九团，以长于追击而闻名，是有名的"飞毛腿"部队。王近山更是红军中出了名的虎将，人称"王疯子"。他是湖北黄安（今红安）人。15 岁参加红军，从排长、连长、营长、团长、副师长任上一路过来，改编前任红第三十一军第九十三师师长。

21 日夜间，第三营在王近山率领下，去袭击板桥西北的日军。部队刚过长生口，突然出现了新的情况，前面板桥方向来了一队日军，正偷偷向西进犯。真没想到，"飞毛腿"的脚板子还没磨热，驻板桥的日军竟送"货"上门了。王近山立即命令部队利用山坡有利地形迅速展开，片刻工夫，就形成了一个严实的包围圈。骄横的日军一无所知地进到伏击圈，第三营有个战士在月光下小声地数着：一个、两个……好家伙，足足有 100 多人。当敌人完全进入第三营的伏击圈时，王近山一声令下，顷刻间，枪声和手榴弹的爆炸声连成一片，日军被打得乱了阵脚。当他们前后逃窜都受阻时，才发觉已经被四面包围了。

战斗持续了 1 个小时。22 日曙光初露时，残余的日军被压缩在长生口村子的一个空场院里，看来全部消灭这股日军是易如反掌。战士们喊着："冲啊！"从山坡上冲下来，可此时却有一位指挥员突然喊出一句"捉活的"。这毕竟是第三营与日军的第一次交锋，捉惯俘虏的战士们还以为日军和内战时期的敌人一样，打狠了就会缴枪。然而，满脑子武士道精神的日军却垂死顽抗。第三营有 11 位战士在"捉活的"口号声中倒下，其中 2 人牺牲，残敌趁机突出了包围，仓皇逃走。后来这位指挥员每当谈及此事，都黯然地低垂着头，感到对不起牺牲的战友。但这场伏击战终究是胜利了，核点战绩，毙敌 50 余人，缴获 10 多支步枪及一些弹药等军用品。

至于日记中提到的第七七一团受到"相当损失"一事，发生在 10 月 23 日，那天，第七七一团在平定县以东的七亘村一带遭日军一个联队和 200 余骑兵的袭击，伤亡 30 余人。

事情还得从两天前说起。

10 月 21 日，刘伯承赶到娘子关以南的柏井，向友军第三军军长曾万钟了解情况。

曾万钟告诉刘伯承："沿正太路西犯的是日军第二十师团，另有第一〇九师团从高邑向昔阳迂回。今日日军第二十师团避开娘子关正面阵地，集中兵力和火力向新关猛攻。新关守军凭借窑洞式半永久性工事和钢骨水泥永久性火力点进行防御，予敌以重大杀伤，娘子关的守军随时准备出击支援。这样的部署，我看日军是难以从娘子关突破的。"

刘伯承对曾万钟说："日军不攻娘子关而攻新关，看来它是研究了娘子关倚壁临渊、易守难攻的特点，想来个避实击虚。现在既然发现新关也不易得手，它很可能还会往南迂回。新关以南20公里的石门口，位于我防御主阵地的右翼警戒线上，必须速派兵占领，严防日军偷袭。"

曾万钟没有接受刘伯承的建议。这不仅使日军轻易夺占了石门口，也殃及了在此不远活动的第七七一团。

10月23日，果然不出刘伯承所料，日军在新关攻击失利后，派出第四十旅团5个大队进行迂回，从井陉方向迅速占领了石门口。当晚，日军发现了集结在附近的第三八六旅第七七一团。他们避开大路，从谷底小沟秘密通过，绕过第七七一团的警戒线，然后突然袭入第七七一团的阵地。也是由于自身疏于警戒，第七七一团仓促应战，且战且退，被迫分散撤出阵地。

正在这时，刘伯承恰好赶到，立即指挥随带的部队投入战斗。日军受到意外打击，停止了攻击。

第二天，第七七一团夜间被冲散的人员陆续返回来了。刘伯承严肃批评了他们疏于警戒、遇袭失措的缺点，同时也指出了他们的强韧性好，尽管被敌袭击得溃乱不堪，但仍能于一天之内迅速收拢起来。并指示他们开到营庄、马山一带集结，准备配合第七七二团伏击敌人。

安顿好第七七一团后，刘伯承交代参谋处处长李达："部队遭敌突袭，这是一个教训，责任应该由我们承担。你再把情况核实一下，我要给周恩来副主席写检讨。"

在延安的毛泽东闻报，于10月25日致电八路军总部、各师首长并转"各级负责同志"：

"小胜之后，必生骄气，轻视敌人，以为自己了不得。七七一团七亘村受袭击，是这种胜利冲昏头脑的结果。你们宜发通令于全军，一直传达到连队战士，说明对日本帝国主义的战争，是一个艰苦奋战的长过程。凡那种自称天下第一、骄气洋溢、目无余子的干部，须以深切的话告诉他们，必须把勇敢精神与谨慎精神联系起来，反对军队中的片面观点与机械主义。"**6**

"吃一堑，长一智"，红军就是从无数个挫折与失败中走出来，变成了拖不垮、打不烂的强劲之师的。聪明人能从失败中变得更聪明，何况有中国"三个半军事家"之一之誉的刘伯承！

七亘村"重叠设伏"

这几日，刘伯承捧着地图看了又看。

山西东部纵贯南北，只有 8 条入晋通路，古称"太行八陉"。井陉为五陉。石门口不是大路，地形险要而复杂。但国民党守军不听劝告，结果为敌所乘。日军先头已从此经过，肯定会有辎重随后跟进。出井陉，经石门，达平定的小路，经过七亘村，七亘村看来是日军必经之地，可以在这里打上一仗。

但七亘村地形如何？适不适合打伏击？还要到现场看看。在太原时，刘伯承曾向阎锡山索要山西作战地图，可阎说没有。不得已，刘伯承现在只能以中学生的袖珍地图代用。这样的地图只能应急，不会提供更多有用的东西。

10 月 25 日午饭后，刘伯承带着师司政机关干部和警卫班 30 余人到七亘村附近察看地形。他选好一处高地，让警卫员架好望远镜，仔细进行观察，并不时地让参谋在地图上标出要点……

七亘村位于太行山脉中段、晋冀两省接壤处，四面环山，重峦叠嶂，沟壑纵横，峡谷陡峭，道路奇险，素有"龙虎环抱"之称。该村东邻甲南峪、东石门村，直通河北省井陉县的测鱼镇；西邻改道庙、营庄，直达平定县城。从井陉至平定的山中小道刚好从村边经过。小道宽不足 2 米，路北是几十米深的山沟，路南边是高约 10 米的土坎，地势很是险要……

忽然，对面山后传来稀疏的枪声，枪声越来越近。10 分钟后，从七亘村东的山谷中冲出一股日军，向刘伯承等人射击。刘即令参谋处处长李达指挥警卫班抗击敌人。李达指挥警卫班，很快将敌人打退了。

不一会儿，又有一架敌机在空中盘旋。李达赶紧劝刘伯承："师长，还是快点离开这里吧。"

刘伯承摆摆手，仅有的一只好眼仍透过镜片，专注地贴在望远镜后面，"别忙走，我们再看看。"

他又认真观察了一番四周的地形，然后，满意地笑了。

下午，刘伯承得到情报：日军第二十师团开始向平定方向进犯，其辎重部队约1000余人，在距七亘村东北10公里的测鱼镇宿营。

刘伯承马上对师部作战人员说："七亘村是测鱼镇通往平定的咽喉要道，日军明天一定经七亘村向前方运送军需物资，送到嘴的'狗肉'，一定把它吃掉。"

讲到这里，他拿起铅笔，走到地图前，在"七亘村"三个字周围果断地划了一个红圈：

"就在这里设伏！"

接到师部的作战命令，陈赓非常兴奋。他马上派出第七七二团副团长王近山，带领第三营进抵七亘村，详细察看地形，选择伏击阵地，进行战前准备。

在战前动员大会上，陈赓对大家说道：同志们，抗日以来，"大哥"第一一五师，在平型关打了大胜仗，"二哥"第一二〇师在雁门关一带也打了胜仗。我师七六九团，在夜袭阳明堡机场的战斗中，歼灭日军100余名，毁伤敌机20余架，有力地配合了忻口防御战。我们呢？我们进入晋东以来，还没有打仗。刘师长在电话里对我说："你三八六旅也要打胜仗。"现在，就看我们的了！

陈赓继续说道："全旅官兵要迅速掀起一个打胜仗的比赛热潮，一定要打好七亘村这一仗！"

当时刘志坚任第一二九师宣传部部长，随师部及第三八六旅搞宣传鼓动工作，他在回忆录中写道："陈旅长这富有强烈感染力的讲话，进一步鼓舞了3营指战员的斗志，大家摩拳擦掌，等待着出击的命令。"**7**

10月26日拂晓，王近山带领第三营进入伏击地区。他将两个连又一个排布置在七亘村至甲南峪间的大道南侧，把另外两个连作为预备队，控制七亘村以南高地，并派出侦察分队，在东石门村一带活动，及时掌握敌情。营指挥所设在离大道约300米的北边山头上，从那里俯瞰山下，七亘村及大道两旁的景物尽收眼底。指挥所配备重机枪一挺，作为伏击战斗的火力指挥信号。

上午8时左右，王近山的望远镜里出现了一股日军，随后，3公里外的侦察员向他报告，日军的辎重部队有300多人，前后各有100余名步兵掩护，正向七亘村开来。王近山马上向陈赓报告，并把营连干部召集起来，进一步明确了各自的任务，交代了注意事项。

9时左右，日军进入伏击圈。王近山大手一挥，"打！"重机枪射出了密集的子弹。随之，成群的手榴弹像从山崖上泻下来的瀑布倾向敌群。第一连按照原定计划，迅速抢占了公路两侧及西南的定盘山，将日军步兵和辎重部队拦腰切成两段。当日军先头步兵企图掉头增援辎重部队时，遭到第一连阻击；后面的掩护部队，被横躺竖卧的马匹、骆驼及抛弃的军用物资挡住道路，前进不得，于是一窝蜂似的朝东石门方向逃窜，刚跑到甲南峪，又遭到预先埋伏在那里的特务连一个排的猛烈袭击。这时，王近山命令预备队第九、第十连投入战斗。战士们一个个犹如猛虎下山，奋不顾身地扑向日军。第二连战士杨绍清，面对向他包围过来的7个敌人毫无惧色，左刺右挑，愈战愈勇，第一连刺死6个，捅伤1个。还有一名战士在同敌人拼杀中，身上5处受伤。当他同日本军官搏斗时，已筋疲力尽，但他急中生智，嗖地一下将手中的步枪向敌人掷去，在敌人一愣的瞬间，猛扑过去将其压倒在地，用牙咬掉敌人的鼻子，并趁他痛不可忍时将其击毙……

经过两小时激战，第三营歼灭日军300余名，打死、缴获骡马和骆驼300余匹（峰）以及大批军用物资。战斗期间，不仅八路军战士个个勇敢，人民群众也大力支援。平定县城的中学生组成的战地服务团，在牺牲救国同盟会的领导下，冒着枪林弹雨投入了紧张的战地服务。附近的民兵和群众也有些赶来助战。年过半百的董三元老汉，机智勇敢地从日军那里夺到一挺轻机枪，立即送到第七七二团团部。事后刘伯承称赞他是"老英雄"，并赠给他军毯一条。

下午6时，陈赓来到七亘村。只见场地上的战利品堆积如山，战士、群众像过年似的，乐得合不上嘴。有的战士把日军的钢盔戴在头上，把呢子大衣穿在身上，腰间还挂上日军的洋刀，模仿日军的模样和腔调，逗得大家哈哈大笑。

郭国颜营长牵来一匹日军大洋马，对陈赓说："旅长，这是我们营送给你的战利品。"

陈赓高兴地说："好哇，我收下这匹战马。还要请你们挑一些最好的马，送给我们的刘师长，还要送一些到延安，向党中央报喜。"

郭营长回答说："请首长放心，我们一定照办！"

这时，陈赓见不远处的几个老百姓在争论什么，有的说是炸药，有的说是大麦花。陈赓走过去一看，哈哈大笑，"老乡们，这是压缩饼干。"

他当场让第七七二团团长叶成焕搬出几箱，叫大家尝尝。

刘伯承接到陈赓的报告，并没有太高兴。他很清楚，日军的意图是急于打通正太路，从背后威胁太原。他现在还没有攻占娘子关，七亘村仍然是它南下迂回的必由之路。再从日军目前的作战特点分析，他们屡胜之后骄横得很，通常发一股牛劲，向预定的目标执拗地突进，毫不理会一些小的损失。孙子兵法说"用兵不复"，他们很难想到八路军会在同一地点重复设伏。主意已定，刘伯承决定再在七亘村给日军一个打击。

为了迷惑日军，当 27 日日军派兵到七亘村来收尸时，刘伯承让第七七二团主力当着日军的面佯装撤退，造成七亘村无兵把守的假象。实际上，第七七二团第三营绕了一圈又返了回来，集结在七亘村西改道庙公路南侧的山地里。

10 月 28 日上午 10 时左右，敌人的辎重部队果然循原路过来了，他们毕竟吃过亏，一路加强了搜索警戒，遇有可疑处便发炮轰击。尤其到了七亘村附近，更加小心翼翼，打打，走走，停停。可三营的指战员们隐蔽在灌木、草丛和石洞里，沉着镇定，不发一枪。11 时许，日军进入了伏击地域。第七七二团第三营的机枪、步枪一齐响了起来。负责前来支援的第二营由于天黑路滑，没有及时赶到，这次战斗没能将敌人全歼，但仍击毙日军 100 余名，缴获骡马几十匹。更让刘伯承高兴的是，第三营在战利品中找到了一份山西省地图和华北军用地图，还都是中国印的。

刘伯承喜出望外，风趣地说："没想到日本人用中国印的地图打中国人。怪不得阎锡山说没有地图了，原来是跑到日本人手里了。他对八路军这么小气，对日本人却是如此大方。"

三天之内，刘伯承在七亘村接连布置了两次伏击战，给日军在同一个地点以连续的打击。古人云，用兵之妙，存乎一心。七亘村伏击战，胜在一个"妙"，胜在一个"奇"。卫立煌听到后，对此敬佩不已，称赞七亘村接连两次伏击是大胆的、巧妙的用兵，是罕见的奇迹。在后来的战斗经验总结中，刘伯承把这种打法称为"重叠的设伏"。

黄崖底伏击战

在刘伯承率第一二九师第三八六旅于娘子关以南地域寻机歼敌时，林彪的第一一五师主力从五台南下，加强娘子关方向的作战。

这当然是因为娘子关是整个战局的关键，同时，也是毛泽东未雨绸缪——天有不测之风云，他不得不为娘子关、太原一旦失守，八路军如何部署而预作考虑。

10 月 20 日，毛泽东在电报中指出，"敌占太原后，将引起极大与极快之变化"，"娘子关之敌必速占正太路，我林师及总部有被隔断之虑"。"因此，林师主力不可过于向北，刘师主力不可过于向东"。"林师主力准备转移于汾河以西吕梁山脉"。**8**

两天之后，毛泽东再次致电朱德、彭德怀、任弼时并告周恩来，"你们意见与我们意见是一致的，不是要总部及第一一五师主力马上移至正太路南，而是要不被敌人隔断，确实保证于适当时机能够南移。请你们注意选择这个适当的时机，并立即布置恒山、五台山一切必要工作"。"将来南移时，第一步第一一五师可用一个旅到汾河以西之吕梁山脉，另一旅及师直属在太岳山脉夹河而阵，并可配合在太行山脉之第一二九师作战。总部第一步亦可在汾河以东，只要不被隔断就不怕。"**9** 即是说，在日军未攻破娘子关及占领正太路以前，为不被敌人隔断在晋北，同时便于以后开辟根据地，第一一五师一部除北留恒山、五台山外，主力须南下正太路以南，并配合第一二九师作战。

不出毛泽东所料。10 月 26 日，就在第一二九师在七亘村第一次伏击日军第二十师团辎重队的时候，第二十师团一部经石门口继续向纵深发展，突破曾万钟的第三军防线，攻占柏井，绕到了娘子关侧后。娘子关防线上的国民党 6 万大军因惧怕后路被切断，争相撤退。日军尾随追击，于 29 日占领平定县城。其实，日军第二十师团那一部只有 4 个营，4 个营吓退国民党 6 万大军的防线，不禁让人扼腕叹息！

就在平定城陷落的前一天，南下的八路军总部及第一一五师主力进至平定以南的沾尚地区。

10 月 31 日，山西昔阳以东，第一二九师指挥所作战室。

刘伯承翻看着敌情通报和敌军位置图。

日军第二十师团一路经娘子关沿正太线西进，另一路第一〇九师团经九龙关向昔阳、广阳、榆次一线进犯。为迟滞其西犯，遵总部命令，刘伯承率师主力于今日进至该地区。

"报告。"参谋处处长李达随声走进作战室。

"师长，据今天侦察的情报，日军第一〇九师团正沿九龙关大路进犯昔阳。它属下的第一三六联队的一个大队，将从南侧小路迂回策应……"

刘伯承查对着地图，目光停留在昔阳以南的南界都、北界都和黄崖底一带。他边看地图边说："这一带地形复杂，正是伏击的好阵地，特别是黄崖底，它的位置正卡在河谷里，离大路很远，敌人又只有一个大队……"

李达听出刘伯承的意图，"师长，你说让哪个团担任主攻吧。"

刘伯承抬起头，看着李达说："让七七一团打吧，自从上次遭袭击挨批评后，他们还没有正经打过一仗呢，指战员早就憋不住了吧。"

李达刚要去下命令，刘伯承说道："先别忙通知部队，情报、地形都要搞准确，情报叫侦察科再去核实一下，地形叫作战科实地勘察一下，然后来向我报告。"

得知敌情无大变化，地形跟地图一致，刘伯承下令：第七七一团主攻，第七七二团掩护，准备向伏击地域开进。

11月1日，刘伯承把师指挥所开设到黄崖底附近一个山顶的后侧，他拿起望远镜朝伏击地域看去：一座小庙和十几孔窑洞紧挨道路。小路和小河在这里交汇，河水半涸，露出满是鹅卵石的河滩。路和河的两边是长长的斜坡，现出一个大漏斗的形状。在这里伏击，视野廓大，既便于隐蔽，又利于防守。相反，敌人在狭窄的沟底无法展开队形和火器，只能被动挨打。他要参谋接通第七七一团的电话。

电话要通了，参谋将话筒递给刘伯承。

"喂，徐深吉吗？你的情况怎么样？"刘伯承向第七七一团团长问道。

"师长，很好哇，部队士气高涨，早就憋不住了。"徐深吉操着浓重的湖北口音说道。徐深吉生于湖北黄安（今红安），1927年参加黄麻起义，

1930 年参加中国工农红军，改编前任红第三十一军第九十一师师长，也是久经沙场的一员战将。前些天，他的第七七一团遭敌袭击，正憋着劲打翻身仗呢。

电话那头传来了刘伯承的声音："很好。你们明晨 6 时前一定要进入伏击位置，打响前要沉着耐心，打响后要注意协同。"

"明白了，师长。"徐深吉放下电话，马上按刘伯承的指示进行布置。

第二天早上 7 时，日军的纵长队形从南界都方向出现了。按预定计划，徐深吉派出一个小分队吸引日军，打一阵，走一阵，直把日军引到凤居村前，自己则退到村西北高地扼守。日军组织力量轮番攻击，但屡攻不逞，遂撤到黄崖底河滩集结，休息吃饭。刘伯承见时机已到，下令开火。第七七一团正面纵射，第七七二团侧面斜射，铺天盖地的交叉火网罩向敌群……

日军恼羞成怒，集结全部人马和火炮发动反击。暴雨般的炮弹倾泻在第七七一团前沿阵地上，黄土全都翻了过来。战士们机灵地疏散到一旁。炮火过后，日军步兵嗷嗷叫着往坡上冲，又被一排排手榴弹炸退回了沟底。连续反击失败，日军就利用土坎和依托窑洞抢修工事，准备固守待援。

由于直上直下的陡坡不利于出击，加之兵力对比不占绝对优势，刘伯承下令撤出战斗。

这一仗，共毙伤日军 300 余人，骡马 300 余匹，第三八六旅仅伤亡 30 余人。

黄崖底伏击战是一个以小的代价换取大的胜利的典型战例，刘伯承以后在总结作战经验时曾多次提到过它。

广阳伏击战

11 月 4 日上午，从沾尚镇至松塔镇的峡谷间，行进着一支日军队伍，前有骑兵开路，随后是步兵主力，还有炮兵和装甲车，天上还有飞机掩护。这正是由川岸文三郎率领的日军第二十师团主力。

在崇山峻岭间行军，川岸文三郎不得不丢弃舒适的汽车，改乘马匹。他怀抱天皇亲赐的战刀，伴随着马蹄的"嘚嘚"声响，得意扬扬地哼起了《君之代》。板垣的师团在忻口遭到中国军队的顽强抵抗，如今陷于困顿。他的第二十师团却突破了天险娘子关，一路尾追中国溃兵疾进。虽然几次遭到中共军队的袭击，损失了近千人，但他坚信能抢在板垣之前攻占太原。一想到太原已是囊中之物，川岸激动起来。他知道，华北事变后，日军每攻克一座重要的中国城市，日本国内就要举行一次庆祝活动，其中以东京的游灯盛典最为有名。成千上万的日本妇女提着圆圆的灯笼，在东京的街头高呼着得胜将领的名字和部队的番号。一想到女人们将一遍遍地呼喊"川岸""川岸"，他激动得不能自已……

正在这时，川岸接到了第一军司令长官香月清司的电报。看完电文，川岸顿时心急如焚，催马赶上前队第四十旅团的指挥官山下奉文。

"山下君，军司令官来电称，据空中侦察，忻口正面支那军突然南撤了，忻县以北已经没有一兵一卒。"川岸愤愤不平地说，"板垣从泥潭里爬出来啦，必定要抢在我们的前面攻克太原。"日军的情报属实。娘子关的失守使忻口守军感到腹背受敌，已于11月2日退守太原。

山下奉文听完川岸师团长的话，叹了一口气：

"哎——，太原必是板垣的囊中之物，我们没什么好争的了。"

"不行！"川岸猛吸一口气，"不能让板垣抢先！太原是第二十师团的猎物，是我们的！快命令你的部队加速前进！"

"中将阁下，我们需要理智。既然大局已定，何必强求？不如紧缩部队稳步推进，保存自己。我们的队伍拉得太长啦，这是非常危险的！"山下劝道。

"不行不行大大的不行！"川岸想起东京的游灯盛典，脸涨得像通红的猪肝，他拔出天皇宝剑狂啸起来，"前进——前进——前进！"

他哪里知道，从五台南下的第一一五师主力，已经在广阳给他布下了一个伏击圈。

广阳是个不到 200 户人家的小村镇，地处沾尚镇至松塔镇之间。从沾尚经松塔至榆林的公路从村边经过。这条路由于年久失修，加上山洪暴发，沙石冲击，已经破坏得不成样子，似路非路，似河非河，不便于机械化部队运动。村四周山峦重叠，沟壑纵横，不仅地形复杂，又有疏落的树木，正是打伏击的好地方。

11 月 3 日，林彪接到侦察人员报告，日军正由沾尚向广阳开来，于是于当日夜在广阳设下了伏击圈。他可用的兵力不多，徐海东的第三四四旅由总部直接指挥，独立团和骑兵营在晋东北，他手中只有陈光第三四三旅的两个团。他要用有限的兵力再创造一个"平型关大捷"。

11 月 4 日 7 时，林彪的望远镜里出现了敌人的身影。不一会儿，他身边的电话接连响了起来。

"丁零零、丁零零……"

林彪抓起电话，听筒里传来了陈光粗犷的嗓音。

"师长，敌人进了伏击圈！"

"嗯，注意隐蔽。"

"我早下了命令，谁暴露目标砍谁的头！"

"嗯……"

……

"丁零零、丁零零……"

"师长，我是杨得志。敌人先头的骑兵过去了，现在正好打步兵。"六八五团团长着急地说。

"我都看见了，注意隐蔽。"林彪十分镇静。

……

214

"丁零零、丁零零……"

"我是陈士榘，我现在在六八六团阵地。敌人又过去了一支骑兵，怎么还不打呀？"第三四三旅参谋长陈士榘问道。此时他正带着几个参谋随六八六团活动。

"告诉李天佑注意隐蔽。"

……

林彪真沉得住气，对旅团指挥员的询问，只是一个答复：注意隐蔽。他像一个老练的猎手，在等待最佳的出击时机。

日军前不见头，后不见尾，一个个地从战士们的准星里滑过。整个上午就这么过去了。

到下午3时，这条蛇的头部已伸到松塔镇，而尾巴还在广阳附近慢慢地拖着。

这时，观察哨发来信号，沾尚一带已经不见敌踪。林彪放下望远镜，对师参谋长周昆说："进入伏击圈的是敌人的后尾，打吧。"

"啪"一声信号枪响，六八五团、六八六团的各路伏兵从山间、林中杀出，喊杀声，机关枪声，步枪声，手榴弹、迫击炮弹的爆炸声响成一片，震撼山谷……

战至夜幕降临，谷地里的枪声渐渐稀疏下来，陈士榘拿起电话向林彪报告战果："师长，六八六团已全歼被围之敌，初步统计歼敌在500人以上。"

"好，祝贺你们的胜利。六八五团也歼敌四五百，加起来不比平型关那次少。希望你们尽快肃清残敌，将负伤的同志迅速转移下去，战利品也要马上运走，免得明天遭到日军报复。"林彪很高兴，这次广阳伏击战又歼敌1000多人，等于打了第二个平型关战斗！

陈士榘还没有放下听筒，第六八六团第三营的通信员就来报告说，部队已进入广阳镇，街内除极少数散兵负隅顽抗外，包围圈内再没有日军的踪迹了。

陈士榘和李天佑当即决定将指挥所转移到广阳镇里，以便指挥消灭最后的残敌和组织转运伤员。

进入广阳镇，天已完全黑了。街上有两处房子还被少数日军占据着，不时传出几声枪响。陈士榘他们走近时，战士们已经用手榴弹消灭了房子里的日军，只剩下一个日本兵藏在一所小院子里，不时向外打枪。有人主张用手榴弹炸死他算了，陈士榘马上制止说："不能炸死，要抓活的。现在要消灭他很容易，一颗手榴弹或几粒子弹就够了。可是，上级一再要求我们最好能抓到俘虏，这就要请大家想想办法了。"

没等大家开口，陈士榘便对李天佑说："我还能说几句日语，让我带上几个人去看看。"说完，便带师侦察科科长苏静等人进去了。

那个日本士兵躲藏在一所小院子里的南房的里间屋。陈士榘让战士们先将小房子团团围住，然后利用夜幕隐蔽，悄悄地移到了窗口，接着用不久前才学会的几句日语向里喊道：

"缴枪不杀，宽待日本俘虏！"

这个日本兵不但不肯出来，还向外打枪。

陈士榘又耐心喊了一气，那个日本兵才不向外打枪了。静了好大一会儿，只听见里面传出了几句生硬的中国话："明白，明白。"又等了一会儿，不见他出来，陈士榘带人冲进了屋。

原来那家伙站在老乡的粮食筐里，欲动不能，挣扎无用，吓得浑身发抖，两腿打战。

陈士榘想给他再解释解释，可除了"缴枪不杀，宽待俘虏""不要为日本军国主义卖命"等几句话以外，别的日语就不会说了。

多年之后，陈士榘还记着这有趣的一幕："正当着急之时，我突然想起汉文和日文有许多字形字意是相同的，马上掏出 1 个笔记本，借着灯光在上面写了'你不要怕，我们是共产党领导的八路军，宽待俘虏'、'只要你放下武器就不伤害你'几个汉字。他看了之后，也连忙写出'理解'。我一看他不仅认识汉字，而且写得不错，心头很高兴，又写字问他是哪个部队的，叫什么名字？这回我连本子带笔一起给了他。他看看字，又抬头看看我，然后拿起笔在本子上写下'79联队辎重兵军曹加滕幸夫'。他的汉字写得很好，看来文化程度不低。"**10**

通过笔谈，陈士榘了解到第二十师团大多数是朝鲜人，还有很多满洲人，日本人只占三分之一，陈士榘又向他交代了我军的俘虏政策，他不住地点头表示信任。

李天佑一看陈士榘带了个活的日本兵来，高兴地笑着说："好啊，你到底抓了个活的回来了。你走了以后，师里打电话问你，我说你抓俘虏去了，师里还说你是个'冒失鬼'，让告诉你注意安全。"

陈士榘说："不入虎穴，焉得虎子？你不冒险，能抓到俘虏？"一句话说得大家都哈哈笑了起来。

第三四三旅的参谋长，亲手捉住了八路军自抗战以来的第一个俘虏！

刘伯承广阳再布伏击圈

林彪得知他面前的日军不过是一支杂牌，决定继续追击和围歼该敌。但他手中只有陈光旅两个团，兵力有限，于是想到了附近的第一二九师。在今天凌晨组织伏击战时，他曾收到朱德、彭德怀给他并刘伯承的电报：

> 一一五师应加紧对沾尚、广阳敌之侦察，如该敌续向西进时，陈光旅应积极迟阻该敌。刘师除以小部向昔阳迟滞敌人外，主力应准备迅速与一一五师靠拢，并利用松塔、广阳、大小寨口线有利地形消灭此敌。由林师长按具体情况决定，迅速通知刘师，并由林统一指挥之。

既然总部有指示，他想抓住这个难得的机会，在第一二九师的配合下，打个大歼灭战，重温当年红军时期整师整旅吃掉敌人的好梦。

想及至此，林彪将参谋长周昆叫来，口述了一份致第一二九师并告朱德、彭德怀、毛泽东、周恩来的电文：

（一）本日陈旅所打之敌，系廿师团卅七联队及另一部，该敌多朝鲜人，亦有东北人，日人较少，战斗力不及板垣师团。

（二）为继续消灭该敌，决仍采取机动战法，明日动作如下：

1. 陈光旅（缺六个连）尾敌跟进，袭击与抑止该敌。

2. 刘师三个团应留一个营附电台，监视与阻滞昔阳方向之敌，余两团及两营应于明（五）日四时开始出发，向广阳村前进，到达该地以后之行动，由我留信规定之。

3. 我随陈光旅前进。

林彪

川岸文三郎听到其后队一部以及辎重队遭到围歼，损失了 1000 多人，心里十分恼火。由于黄昏将近，加之西进心切，他不敢、也不愿回兵救援。但他没想到的是，第二天在松塔镇以西，他的指挥机关和直属队又遭到了袭击。川岸急召其前锋四十旅团回援。

上午 11 时，山下奉文奉命赶到。川岸见到山下，垂头丧气地说："我们陷入了支那共产军游击战的泥潭，夺占太原的目标看来无法实现了。"

"太原本来就是板垣的囊中之物。现在当务之急是赶走围在我们四周的乌鸦。我们选择这条路实在是个错误，山高林密，共军神出鬼没，我们的大炮一点作用都没有。"

"山下君，你说得对，如果不尽快离开这条碍手碍脚的山谷，我们会被那群讨厌的乌鸦活活吃掉的。"

川岸带着十二分的遗憾与恼怒，决定回师东返。

他又没料到的是，前面又有一个伏击圈在等着他，地点还是广阳。不过，这回设圈套的不是林彪，而是刘伯承。

林彪本想在刘师的配合下，对这个"战斗力不如板垣"的杂牌军打一个更大的围歼战，但事实上，日军第二十师团同样是支精锐部队，特别是山下奉文及其第四十旅团，在日军中也是张王牌——在几年以后的太平洋战争中，山下奉文曾率两万人马横扫了东南亚，迫使十万英军在新加坡投降。那个战俘加滕幸夫提供的只是已被围歼的第三十七联队及他所在的辎重队的情况，不足以代表全部。因而林彪在 11 月 5 日的战斗中，咬上的是一块"硬骨头"。精明谨慎的林彪当然不会吃这个亏，一看不好打，于 5 日晚令部队转入山区。

11 月 7 日，刘伯承率第三八六旅以及归建的陈锡联的第七六九团，在广阳以东的户封村附近，又给了川岸的一个联队以沉重打击，歼敌 250 名。日军占据户封村顽强抵抗。长于游击战的刘伯承懂得，打得赢就打，打不赢就走，遂指挥部队撤出战斗。

就在第二次广阳伏击战的次日，太原失守。板垣征四郎率部从南门进入太原城。他踏进山西绥靖公署，坐在中和斋阎锡山办公室的太师椅上，好不得意！

而可怜的川岸，在广阳连遭两次伏击，损失惨重，不得不改变行动路线，转向北去，取道龙泉河河谷，经上龙泉转去寿阳——他被可恶的"支那共产军"迟滞了一周之久，那个在东京游灯盛典上被妇女们呼唤名字的美梦，仅仅在他头脑中闪现了一下，便被林彪和刘伯承击得粉碎，化作了泡影。

注　释

1. 正定至太原的铁路。今石太线。
2. 《毛泽东军事文集》第二卷，军事科学出版社、中央文献出版社 1993 年版，第 78 页。

3.《刘伯承传》编写组:《刘伯承传》,当代中国出版社 1992 年版,第 167 页。

4.《陈赓日记》,解放军出版社 2003 年版,第 17—18 页。

5.《陈赓日记》,解放军出版社 2003 年版,第 25—26 页。

6.《毛泽东军事文集》第二卷,军事科学出版社、中央文献出版社 1993 年版,第 102 页。

7. 中国人民解放军历史资料丛书编审委员会:《八路军·回忆史料》(1),解放军出版社 1990 年版,第 287 页。

8.《毛泽东军事文集》第二卷,军事科学出版社、中央文献出版社 1993 年版,第 87 页。

9.《毛泽东军事文集》第二卷,军事科学出版社、中央文献出版社 1993 年版,第 94 页。

10. 中国人民解放军历史资料丛书编审委员会:《八路军·回忆史料》(1),解放军出版社 1990 年版,第 283 页。

第十一章

落脚五台管涔

毛泽东部署四个战略支撑点——第一一五师五台"分家"——晋察冀军区挂牌成立——第一二〇师开辟晋西北抗日根据地——中央"十二月会议"出现两种声音——"乱弹琴！这明明是捆住自己的手脚，让人家把你搞掉嘛！"

太原失守的消息传来，毛泽东并不太感意外。

国民党政府实行片面抗战的路线，不实行民主政治，不敢把群众发动起来，在军事上实行单纯防御，只知道打阵地防御战，不敢主动出击，寻找有利战机打击敌人，太原失守是早晚的事。

关键在于，太原的失守标志着华北战局一个根本性的变化：以国民党为主体的正规战争已经退居次要地位，以共产党为主体的敌后游击战争开始处于主导地位，游击战争要实实在在地提升到战略地位上来了。

毛泽东部署四个战略支撑点

抗战一开始，毛泽东就提出了独立自主的山地游击战的基本方针。但这个意见在洛川会议上有过不小的争论，不少红军将领对游击战争的战略地位缺乏深刻认识，总想着与国民党军一起打正规的运动战。平型关等几个胜仗之后，也产生了轻敌速胜的观点，认为"'日本皇军不可战胜'是神话。如果八路军经常有二十万，有蒋介石嫡系军的装备，再附加若干炮兵，国民党依险防守，我军机动作战，灵活打击敌人，把群众发动起来参加抗日斗争，山西是难以打进来的"[1]。

毛泽东在延安的窑洞里焦虑地踱着步，桌上的烟灰缸里塞满了烟蒂。9 月中下旬，他接连 5 份电报致电前方，提醒他们要以最大决心实现从运动战向游击战争的战略转变：

——9 月 21 日，毛泽东致电彭德怀："今日红军在决战问题上不起任何决定作用，而有一种自己的拿手好戏，在这种拿手戏中一定能起决定作用，这就是真正独立自主的山地游击战（不是运动战）。要实行这样的方针，就要战略上有有力部队处于敌之翼侧，就要以创造根据地发动群众为主，就要分散兵力，而不是以集中打仗为主。集中打仗则不能做群众工作，做群众工作则不能集中打仗，二者不能并举。然而，只有分散做群众工作，才是决定地制胜敌人、援助友军的唯一无二的办法，集中打仗在目前是毫无结果可言的。目前情况与过去国内战争根本不同，不能回想过去的味道，还要在目前照样再做"。他要彭德怀"对于个别同志不妥当的观点给与深刻的解释，使战略方针归于一致"。[2]

——9 月 25 日，他又致电周恩来和北方局负责人刘少奇、杨尚昆并告八路军总部负责人，明确提出整个华北工作"应以游击战争为唯一方向。一切工作，例如兵运、统一战线等等，应环绕于游击战争。华北正规战如失败，我们不负责任；但游击战争如失败，我们须负严重的责任"。"要设想在敌整个占领华北后，我们能坚持广泛有力的游击战争。要告诉全党（要发动党内党外），今后没有别的工作，唯一的就是游击战争。"[3]

……

几个月之后，战事稍缓，毛泽东在油灯下奋笔疾书，写下了《抗日游击战争的战略问题》，他回答了游击战争为什么是战略问题，为什么要紧紧抓住这个问题不放。

他说，如果我们是一个小国，游击战争只是在正规军的战役作战上起些近距离的直接的配合作用，那就当然只有战术问题，没有什么战略问题。又如果中国也像苏联那样的强大，敌人进来，很快就能赶出，或虽时间较久，但是被占地区不广，游击战争也只是一种战役的配合作用。当然也只有战术问题，没有什么战略问题。可问题是，中国既不是小国，又不像苏联，是一个大而弱的国家。这一个大而弱的国家被另一个小而强的国家所攻击，全部问题就从这里发生了：在这样的情况下，敌人占地甚广的现象发生了，战争的长期性发生了。敌人在我们这个大国中占地甚广。但他们的国家是小国，兵力不足，在占领区留了很多空虚的地方，因此抗日游击战争就主要地不是在内线配合正规军的战役作战，而是在外线单独作战；并且由于中国的进步，就是说有共产党领导的坚强的军队和广大的人民群众存在，因此抗日游击战争就不是小规模的，而是大规模的；于是战略防御和战略进攻等等一全套的东西都发生了。战争的长期性，随之也是残酷性，规定了游击战争不能不做许多异乎寻常的事情，于是根据地的问题、向运动战发展的问题等等也发生了。于是中国抗日的游击战争，就从战术范围跑了出来向战略敲门，要求把游击战争的问题放在战略的观点上加以考察。

毛泽东思索的另一个问题，是怎样赶快地建立起巩固的抗日根据地。他深知，这与坚持敌后游击战争是一个问题的两面，是紧密联系在一起不能分割的。

毛泽东睿智的大脑继续思索着——如果游击战争只是单纯的军事行动，而同当地群众的经济政治要求相脱离，不能取得他们的全力支持，那么，要开展广泛的游击战争，并且在战争中不断得到发展壮大，是不可能做到的。所以，游击战争的根据地是什么呢？"它是游击战争赖以执行自己的战略任务，达到保存和发展自己、消灭和驱逐敌人之目的的战略基地。没有这种战略基地，一切战略任务的执行和战争目的的实现就失掉了依托。无后方作战，本来是敌后游击战争的特点，因为它是同国家的总后方脱离的。然而，没有根据地，游击战争是不能够长期地生存和发展的，这种根据地也就是游击战争的后方。"**4**

正是有这样的深谋远虑，毛泽东在太原失守之前，在部署八路军三个师的作战地域时，就已经考虑到要形成几个战略支撑点——就像下围棋"做眼"一样，在几个战略方向上建立起抗日根据地，以长久地支持和发展敌后游击战争。

10月20日，毛泽东即提出，敌占太原后，将引起极大与极快之变化，八路军之部署应是：第一一五师一部留恒山、五台山地区，坚持游击战争；主力转移于汾河以西吕梁山区；第一二九师在正太路以南之现任地区坚持游击战争；第一二〇师坚持晋西北之游击战争。三天后，他又指出，游击战争主要应处于敌之翼侧及后方，"在山西应分为晋西北晋东北晋东南晋西南四区，向着进入中心城市及要道之敌人，取四面包围袭击之姿势"**5**。

在这四个地区部署战略支撑点，毛泽东有他的战略眼光：这四个区域的地理条件十分优越。第一个区域——晋东北，地处恒山、五台山、燕山山脉的连接地带，可以直接威胁日军占领的平绥、同蒲、正太、平汉四条铁路和北平、天津等大城市。第二个区域——晋西北，位于同蒲铁路大同至太原段以西、长城以南、汾（阳）离（石）公路以北、黄河以东，是中共中央所在地陕甘宁边区的东面屏障和它同华北各抗日根据地相联系的枢纽。第三个区域——晋东南，东起平汉铁路、西至同蒲铁路、北起正太铁路、南至黄河，直接威胁着日军继续向华北进攻所依赖的主要交通线，对坚持华北抗战有着重要的战略支撑作用，也是日后向冀鲁豫平原发展的前进基地。第四个区域——晋西南，也是陕甘宁边区的东部屏障。这四个区域相互呼应，对日军已占领的华北主要交通线和中心城市形成包围或侧面威胁之势。

同时，毛泽东的这个布局还有更深一层的考虑。这四个区域不是独处一隅，而是几乎遍及日本侵略军控制下的山西全省。这就很有象征意义。几个月之后，他在会见美国合众国际社记者时说："从这些区域看来，中国失去的不过是几条铁路及若干城市而已，其他并没有失掉。这一实例给全国以具

体的证明：只要到处采用这种办法，敌人是无法灭亡中国的。这是将来举行
反攻收复失地的有力基础之一。"**6**

现在，太原已经失守，这是个关节点。如果说前一个时期，国民党正
规战争占主体，有必要也应该在坚持游击战争的同时，配合国民党打一些
有利条件下的运动战，有些前线将领"认识模糊"也并不影响打几个胜仗；
那么，随着正规战争阶段的结束和游击战争阶段的开始，必须用明确的语
言重申游击战争的战略地位，并对八路军下一步战略行动相应地作出新的
部署。

于是，太原失守的当天，一串电波从延安的窑洞发出，穿越高山大川，
飞到了周恩来、八路军总部与各师领导人手中：

甲、太原失后，华北正规战争阶段基本结束，游击战争阶段开始。
这一阶段游击战争将以八路军为主体，其他则附于八路军，这是华北总
的形势。

乙、……八路军将成为全山西游击战争之主体。应该在统一战线之
原则下，放手发动群众，扩大自己，征集给养，收编散兵，应照每师扩
大三个团之方针，不靠国民党发饷，而自己筹集供给之。

丙、吕梁山脉是八路军的主要根据地，但其工作尚未开始，因此，
不但徐（海东）旅须立即迅速转移，林率陈（光）旅亦不应在东边恋
战，亦以立即开始转移为宜。估计转移至开始工作至少二十天，工作见
效（动作后）再须十天，彼时恐敌已深入汾河流域，并占领孝义等处。
转移后徐旅以汾阳为中心，陈旅以蒲县为中心为合宜。总部宜立即开始
西移。

丁、……萧劲光为河防总指挥，扼住（黄河）西岸，拒敌于河东，
才能有力地保护河西，支援贺师全师在吕梁管涔两山脉左侧之第一等重

要任务。

　　戊、一二九师全部在晋东南，一二〇师在晋西北，准备坚持长期的游击战争，非至有被截断归路之危险时，其主力不应退出山西，具体部署由朱彭行之。请周经线德返延。

毛泽东

十一月八日 7

　　以后几天，他们又多次收到毛泽东的指示："在华北正规战争业已结束，游击战争转入主要地位的形势之下，日寇不久即将移其主力向着内地各县之要点进攻。"八路军各部要"以控制一部为袭击队，大部尽量分散于各要地，组织民众武装为第一义"8。要坚持独立自主原则，"同日寇力争山西全省的大多数乡村，使之化为游击根据地，发动民众，收编溃军，扩大自己，自给自足，不靠别人，多打小胜仗，兴奋士气，用以影响全国，促成改造国民党，改造政府，改造军队，克服危机。实现全面抗战之新局面"9。

　　这一连串指示使前线指挥员深受启发。徐向前回忆道："那时，有些同志对独立自主的游击战争方针，不甚了了，总想集中兵力打仗，不愿分兵发动群众。毛主席的这一部署，十分及时，对我军坚持敌后游击战争，发展壮大自己，有重要指导意义。"10聂荣臻也写道："读到毛泽东同志的这些电报，感到很重要，很亲切，特别是对深入敌后，创建抗日根据地，开展游击战争，坚持长期抗战的思想，更为明确了；同时也觉得，他的这些电报，对洛川会议所确定的战略方针是坚定不移的，唯恐在行动中由于思想不统一而出现偏差。"11

　　战略部署即定，八路军各部迅速开赴指定地区，一场创建根据地的别样战斗，在山西全境的各个战略支撑点陆续打响了。

第一一五师五台"分家"

聂荣臻的晋察冀抗日根据地是最早开始创建的。

10月下旬，根据毛泽东的指示，第一一五师一分为二：林彪率陈光旅南下，驰援娘子关；聂荣臻留在五台地区，以杨成武的独立团、骑兵营、教导队以及总部特务团等各一部共约3000人，开创晋察冀抗日根据地。

第一一五师要"分家"了，别的都好办，关键是干部怎么分。聂荣臻采取了回避的办法，由刚刚从阜平赶回的政治部主任罗荣桓全权负责。

"你来分好，你公平，"聂荣臻对罗荣桓说，"司令部、政治部、供给部、卫生部几个部门都由你来决定。哪些人走，哪些人留下来，你有决定权，我不争一个人。"

聂荣臻又回头望望林彪，见他正骑坐在一张椅子上，凝视着墙上的巨幅军用地图出神，好像对这些"烦琐的家务事"毫无兴趣，又似乎在侧耳静候罗荣桓发话。聂荣臻继续发话了："老罗，我们三人在一起共事时间长，互相都很了解，你说咋分吧？我和老林听你的！"

"这的确是件非常棘手的事，看来得慎重！"罗荣桓操着浓重的湖南口音说道。按他的想法，他可能会将"家当"多分一点给聂荣臻。因为他认为开辟抗日根据地比在运动中寻机歼敌更为重要，更符合党的利益和全民族抗战的长远利益。这是他在阜平近一个月以来的切身体会。但他不能偏向聂荣臻，因为他太了解林彪了，除了极为敏感，性格里还有点"多疑"的成分。

罗荣桓摘下眼镜擦擦，又戴上，这一刻他的头脑里已经有了主意：林彪带主力、得大股是毫无疑问的；聂荣臻另起炉灶，"家当"少而精也是应该的。这一点也符合军委和总部的指示。

"分家是好事嘛，说明一一五师发展壮大了。军委和总部有指示，独立团和骑兵营留下，再从三四三旅抽两个连加强。至于机关分家，我不妨列个

227

名单……"

聂荣臻将机关干部花名册从公文包中取出，递给罗荣桓说："随你！"

罗荣桓从上衣口袋里取出钢笔，坐在聂荣臻让出的椅子上，笑道："我就信手乱勾了。"

他几分钟就勾出了一串名单，看似无心，实则经过了慎重思考。

聂荣臻接过花名册，露出了笑容。后来他在回忆录中写道："罗荣桓同志对我非常支持，他亲自挑选了一些人，留下的同志虽然人数不多，但很得力。"**12**

"嗯，我没意见，"聂荣臻将花名册递给林彪，"老林，你看吧！"

林彪似乎从沉思中醒来。他站起身，活动了酸麻的手臂，才接过花名册上下扫了一眼。他发现名字旁打了勾的人都是机关各部最精明强干的。他的面部闪过一丝不易察觉的不悦。

"好嘛！"林彪合上花名册，故意提高声调，"老聂，你的人太少！罗主任偏心眼喽。"

聂荣臻明白，林彪这话并不是说给他听的。

——后来，第一一五师的人事安排很耐人寻味。晋察冀军区成立，第一一五师的政委位置一直空缺，由罗荣桓继任本是顺理成章的事。可是林彪却屡次致电军委要求另派政委。毛泽东对林彪的要求感到不可理喻，罗荣桓当政委再合适不过了，这不是"骑牛找牛"吗？可林彪也不是没有眼光的人，只能认为是两人配合不好。四个月后，林彪受伤，毛泽东和滕代远联名致电罗荣桓，"林之职务暂由你兼代"。而八路军总部在未接到军委电报之前，已经决定由陈光代师长。罗荣桓这才当上政委。几年后陈光被召回延安，罗荣桓又兼任了代师长。不过，罗荣桓和聂荣臻也的确没让毛泽东失望。这两位红一军团出身的政治干部文武双全，军政一身兼，在八年全民族抗战中，分别开辟了山东和晋察冀两块根据地。这是后话了。

"分家"的第二天，聂荣臻又来到不远处的八路军总部，希望总部帮助解决干部奇缺的问题。

八路军副总参谋长左权同聂荣臻很熟。1925 年他在黄埔军校教导团当排长、连长时，聂荣臻是黄埔军校政治部的秘书兼政治教官。1933 年，左权调任红一军团参谋长，聂荣臻已是红一军团政委。所以，左权对自己的老上级很是支持。他提议说："是不是把唐延杰调去当晋察冀军区参谋长，他在总部先当作战处长，现在是副官长。"

聂荣臻说："唐延杰我认识，他原是安源的矿工，大革命时还是我分配他去独立团当的兵，以后在红二十八军当参谋长，这个人可以。"

左权很快把唐延杰叫来，告诉要他担负新的任务。

唐延杰感到有些为难，"我怕胜任不了参谋长的职务吧。"

"怎么胜任不了，你过去当过军参谋长，现在缺人，先干起来再说吧！"聂荣臻信任地说道。

参谋长有了，聂荣臻又提出缺政治部主任。于是找到了八路军总政治部主任任弼时和副主任邓小平。

任弼时同邓小平商量："是不是把舒同调去担任此职，他现在是总政治部秘书长，字写得很好，曾被毛泽东誉为马背书法家哪，目前正率工作团在五台、定襄一带开展工作。"然后又问聂荣臻："你看怎样？"

聂荣臻满口答应。

干部问题慢慢有了眉目，聂荣臻顿感兵力太少。在这么大的区域创建根据地，仅仅 3000 人是远远不够的。他同大家商议："要创建根据地，必须首先发展武装。没有武装，一切都谈不上。现在我们只有用滚雪球的办法来发展。你们看这 3000 多人滚雪球怎么个滚法？"

舒同说："9 月间，我带工作团在五台、定襄一带做发动群众的工作，王逸群、洪水、罗亦经等同志在繁峙一带发动群众，看到这里的老百姓抗战热情很高，牺盟会做了很多工作，有些地方还有党的基层组织，只要有支主力部队作骨干，就可以开展游击战争。"

聂荣臻点头同意。他想了一会儿说："赵尔陆同志不是率领总部特务团直属队和部分部队留下了吗？就让他在那里开辟冀晋边界地区的工作好了。杨成武同志的独立团已经在北部地区收复了广灵、灵丘、浑源、蔚县、易县等地，可以作为一坨坨，开辟冀察边界地区的工作。罗荣桓同志告诉我，他在阜平等地活动时，阜平还成立了战地动员委员会，由王平同志任主任，这里已经有了初步基础，同样可以成为一坨坨，我们可以把这三大块先定下来，开展工作。"

他接着讲："听左权同志说，总部已派周建屏、刘道生同志率领一支小部队，到平山、寿阳一线平汉路和正太路交界地区活动，工作很有起色，将来也可能成为一坨坨。我们滚雪球就先这样滚吧。"

经过反复商议，大家都同意聂荣臻的意见。

晋察冀军区挂牌成立

1937年11月7日，也就是太原失守的前一天，晋察冀军区在五台县石嘴的普济寺正式宣告成立。

这一天，五台县城大街小巷到处张贴出军区成立的布告，普济寺庆祝大会的会场上涌动着花花绿绿的小纸旗。38岁的聂荣臻，风纪扣扣得紧紧的，正在用浓重的四川口音宣读中共中央军委命令：聂荣臻任军区司令员兼政委，唐延杰任参谋长，舒同任政治部主任，查国桢任供给部长，叶青山任卫生部长。接着，他又发表了热情洋溢的讲话，动员大家共同抗日。老乡亲以热烈而又新奇的目光注视着这位高高的个儿，既威严又和蔼，被称为"聂司令员"的八路军将领，兴奋地交头接耳。

11月13日，经八路军总部批准，聂荣臻发布了成立4个军分区的命令：第一军分区，司令员杨成武，政治委员邓华；第二军分区，司令员兼政治委员赵尔陆；第三军分区，司令员兼政治委员王平（后陈漫远为司令员）；第四军分区，司令员周建屏，政委刘道生。

军区成立后，各部加紧收集枪支弹药，动员群众参军，改编杂色武装，尤其是改编杂色武装，做得有声有色。当时的杂色武装很多，几个人、几条枪聚在一起，就可以自称"司令"，真是"司令遍天下，主任赛牛毛"。许多杂色武装想借八路军的名义保存和扩大自己的势力，纷纷找上门来，请求八路军收编、加以委任。这些杂色武装经过收编、改造，大多成为晋察冀武装力量的一部分，八路军得以迅速壮大。

杨成武的独立团扩编为独立第一师后，其他三个军区的部队也要求改称师，报告送出后没几天，毛泽东等复电指出，为避免目标（太大），晋察冀军区除独立第一师改为第一支队外，其余各分区准备所编组之三个师……现即改为支队，每支队以三至四个大队（大队即团）。遵照军委的指示，聂荣臻于 12 月 12 日将部队进行了整编。

太原失守后，中央北方局派了大批知识分子干部跋山涉水来到五台山，其中有参加革命较早而年仅 25 岁的黄敬、邓拓等。黄敬，原名俞启威，祖籍绍兴，生于北京。1930 年在上海从事进步文化活动时，曾与江青相识。九一八事变后，积极参加爱国学生运动，曾任中共山东大学党支部书记，中共青岛市委宣传部部长，北平市委宣传部部长和市委书记。邓拓，福建闽侯人，以后曾任晋察冀日报社社长，新华通讯社晋察冀总分社社长，新中国成立任《人民日报》总编辑、社长、中共北京市文教书记。

对于这些才华横溢、热血青年的到来，聂荣臻由衷地欢迎。他说："毛主席告诉我们，华北以国民党为主体的正规战争已告结束，以八路军为主体的游击战争转入了主导地位。敌后的斗争将是长期的、艰苦的，要有啃树皮吃野菜的决心，你们得有这个思想准备哟！"

邓拓告诉聂荣臻，他在来五台山之前，已经学会了识别和采集多种野菜，为的是日后困难时能借以充饥。

聂荣臻用赞赏的目光望着邓拓，高兴地开了个玩笑："好呵，五台山欢迎你这样的野菜书生。"

一句话，说得大伙儿全乐了。

时过不久，五台县长、"牺盟会"成员、中共地下党员宋邵文找到聂荣臻说，阎锡山来了电报，大发雷霆，说他在五台县河边村的家被八路军抄了，让宋赶紧去调查处理，并向八路军提出抗议。经过调查，发现是八路军的民运工作人员带着区里的干部干的。

聂荣臻听了很生气，背着手在屋子里走过来走过去，狠狠地把民运工作负责人批评了一通，并把他撤了职。这件事使聂荣臻感到，红军虽然改编为八路军，可是不少人的思想还没有转变过来，这几天他也接到越来越多的报告，一些地方发生了"打土豪"的事。聂荣臻要舒同负责，立即开展抗日民族统一战线的教育，要告诉那些头脑发热帮倒忙的同志，不管是地主还是富农，只要他愿意抗日，我们都要团结。

透过阎锡山提抗议这件事，聂荣臻又想到了一个问题：晋察冀军区的领导机关究竟放在什么地方合适。他同唐延杰、舒同等人商量："五台这个地方地形虽然好，但自从敌人占了同蒲路，太原失守以后，此地已经孤立。而且这里是阎锡山的老家，还留下了他的一个师，说是友军，实际上常跟我们闹摩擦，阎锡山是不愿看到我们在这里发展的。五台群众也太少，不能光靠和尚、喇嘛进行抗日。人口密集的是平汉路两侧，特别是冀中平原地区，所以我们的领导机关得往前靠。我看阜平这个地方不错，位置适中。平型关战斗时，我曾到过阜平以西的下庄、龙泉关、上寨等地，那里地形险峻，敌人的机械化部队展不开，骑兵也很难活动，在那里打游击战对我们很有利。所以我当时就说：'这是条游击队之路。'在阜平，如遇到敌人大的进攻，我们可以往西靠，与他周旋。你们看呢？"唐延杰、舒同等人都表示赞成。

1937年11月18日下午，晋察冀军区的领导机关迁往阜平城。

阜平是河北西部的一座小县城。当地有句俗话，"平山不平，阜平不富"，阜平过去穷得很。现在一变而成晋察冀新的政治军事中心，城镇也显得有了生气，慢慢繁盛起来，抗战的歌声从沙河两岸传出，充满着新兴的景象。

到达阜平城的当晚，聂荣臻便与人商量建立全边区统一政权的问题。他深知，只有有了抗日政府，制定了有利于抗日的各项正确政策，才能发动群众抗日，稳定社会秩序，改善人民生活。同时，部队要补给、扩充，急需解决财政问题，这都需要有一个统一的政府进行领导和组织。但在晋东北这个地方，为执行好民族统一战线政策，成立政府得经过阎锡山的批准。聂荣臻让五台县长宋劭文向阎锡山申请。可宋连打了7份电报，阎锡山都没有回音。后来盂县县长胡仁奎（也是"牺盟会"成员、中共地下党员）来看望宋劭文，宋谈起了这件事。胡仁奎问电文是怎么写的，宋说全是讲成立边区政府对抗战有利的道理。胡仁奎笑道："那样写不行！应该写明这样做对阎锡山有利才行。他关心的是扩大他的实力，不是什么抗战不抗战的问题"。宋劭文照此办理，阎锡山果然很快复电，除了表示同意成立边区临时政府之外，还说已经电告国民党中央政府行政院备案。

1938年1月10日，晋察冀边区军政民代表大会在阜平召开。

聂荣臻作为149位代表中的一员，与各抗日党派、各抗日阶层和团体的代表，少数民族的代表以及来自五台山的和尚、喇嘛代表欢聚一堂。在代表当中，五台山的和尚代表不仅最引人注目，而且还经过一番"曲折"。

——原来在审查与会代表资格的时候，有人提出，出家人只能烧香拜佛，不必吸收他们参政。参加筹备工作的黄敬、邓拓则认为，五台山僧人手持刀枪放哨，为过往的抗日部队提供食宿等抗日行动，说明这些出家人不但慈悲为怀，而且忧国忧民，难能可贵，岂能轻视他们。最后，聂荣臻到会表示，和尚和喇嘛也是中国人，他们虽然出了家，但并没有出国。在抗日民族革命统一战线之中，我们应该和各民族各阶层紧紧地携手，共同抗日。我们不能因为和尚和喇嘛的宗教信仰，把他们排斥在抗日的门外。一席话说得大家口服心服，一致同意爱国僧侣作为正式代表出席边区军政民代表大会。消息传到五台山，僧侣们极为感动，还有一些年轻僧人参加了抗日部队。新华社为此发了快讯，宣布佛教名山五台山寺庙的出家人也投身抗日，其响亮口号是：我们出了家，但没有出国！这一消息在全国宗教界引起了强烈的反响。

代表会议共开了6天。在大会上，聂荣臻、吕正操等人当选为边区政府委员，宋劭文、胡仁奎分任正副主任委员。大会通过了政治、军事、财政、经济、文化教育、群众运动、妇女运动等7个决议案，会后又制定了各项法律、法令，成立了工、农、商、妇女、青年等各种组织，群众的抗日热情空前高涨。

聂荣臻看到这一切很高兴。他后来说："在群众抗日积极性的不断提高之下，群众组织的普遍建立与发展，一般民众武装的成长与壮大，群众对于战争的积极援助与英勇的配合行动，日益活跃地成为边区抗日不可制服的力量。这样就造成了一个基本的群众条件。这一条件的具备，就使我们晋察冀边区确定地从一个游击区变成了一个巩固的抗日根据地了。"*13*

第一二〇师开辟晋西北抗日根据地

晋西北地区位于同蒲路大同至太原段以西、黄河以东、长城线以南、汾（阳）离（石）公路以北，是陕甘宁边区的东西屏障和联系华北各抗日根据地的枢纽。

对于坚持晋西北的抗日游击战争，开辟以管涔山为依托的晋西北抗日根据地，毛泽东一直十分明确，贺龙等人也执行得非常坚决。早在第一二〇师进入管涔山之初，即一面以主力在雁门关南北频频出击，配合友军进行忻口、太原保卫战；一面以教导团和师政治机关等共700余人组成工作团，由师政训处主任（后改为师政委）关向应和副主任甘泗淇（后改为师政治部主任）率领，专做地方和群众工作。

关向应和甘泗淇两人长期在军队中做政治工作，经验十分丰富。关向应，原名关治祥，生于辽宁金县大关家屯，满族。1924年曾赴苏联莫斯科入东方劳动者共产主义大学学习，1928年出席了在莫斯科召开的中共第六次全国代表大会，被选为中央委员和中央政治局候补委员。1931年被派往湘鄂西苏区，开始在红军中工作，先后担任过红三军政治委员、红二军团副政治委员、第二方面军政治委员。甘泗淇，原名姜凤威，又名姜炳坤，生于湖南宁乡。1927年被派往苏联莫斯科，入中山大学学习。1931年任中共湘赣省委宣传部部长，同年5月作为省委代表被派往中国工农红军工作，先后担任过湘赣军区政治委员、红六军团第十八师政治委员、红六军团政治部主任、红二军团政治部主任、红二方面军政治部副主任和主任等职。

在关向应和甘泗淇的带领下，工作团分赴朔县、偏关、临县、岚县等14个县，在当地统一战线组织"牺盟会"和"战地总会"的配合下，广泛宣传《抗日救国十大纲领》，收容散兵游勇，安定社会秩序；建立了中共晋西北临时省委（后称晋西北区党委）及各县临时县委，恢复了政权组织；动员群众，组织工、农、青、妇等抗日救国会，争取乡村各阶层及知识分子参加抗日工作；建立各级战地动员会，从而调动了广大群众的抗日积极性。经一个多月的发动与组织群众，各县先后建立了抗日游击队和脱离生产的自卫军，总人数达1.1万余人。太原失陷后，地方工作团随师主力进至汾阳、离石地区和晋中平原，进而在晋西北全境展开。

11月14日，贺龙率师部经岢岚去岚县，与关向应、甘泗淇会合，研究怎样贯彻毛泽东和总部近来的一系列指示。一路上，毛泽东电报中的指示又在贺龙耳边回响："发挥进一步的独立自主原则，坚持华北游击战争，同日寇力争山西全省的大多数村，使之化为游击根据地。发动群众，收编溃军，扩大自己，自给自足，不靠别人，多打小胜仗，兴奋士气，用以影响全国，促成改造国民党，改造政府，改造军队，克服危机，实现全面抗战的新局面。"主席讲得太好喽，看来得快马加鞭，尽快搞出个新局面哩。

11 月 28 日，第一二〇师军政委员会在岚县福音堂开会，讨论毛泽东的指示。

贺龙首先作了 11 月份的工作总结。他说：

"这一个月中，在军事上，我们是积极活动的，当敌人向太原前进时，即以张（宗逊）、李（井泉）、贺（炳炎）、廖（汉生）尾敌追击，拟进到太原以西地区袭击敌人，协助友军，巩固太原，但我军尚未到达，太原已经失守。所以，张宗逊、李井泉目前仍在太原、文（水）交（城）线上，贺炳炎、廖汉生则已直捣吴城，他们在那里打击敌人，进行地方工作，收容散兵；王震、宋时轮经常在交通线上袭扰敌人；蔡久、杨秀山在朔县附近袭扰日军；王兆相的第一营已进占右玉，骑兵连到了清水河。

"地方工作方面，成绩很大。他们已经组织起义勇军、游击队，人数已经达到了 1.2 万多人，还抓了好多汉奸，破坏了一些伪组织，特别是提高了这一地区民众的抗日情绪和八路军的威信。神池、宁武等地的游击队、义勇军都想直接打八路军的旗帜，因为他们知道八路军是抗战到底的。

"根据统计资料，11 月份一二〇师毙伤日军 570 人，击毁汽车 104 辆，缴获各种枪支 328 支，但也付出了代价。这个月，一二〇师共伤亡 349 人。另外，这个月各支队共收容散兵 956 人。"

贺龙继续说道："配合正面战场作战的任务基本完成了，现在中共中央和毛泽东主席有了新的指示，我们要认真讨论怎样贯彻执行。"

在会上，贺龙提出了同关向应、萧克等人商量过的方案，经军政委员会讨论后，决定：

一、根据中共中央指示精神，一二〇师各部北起大同口泉，南到汾阳，沿同蒲铁路展开，与敌人争夺晋西北广大农村。具体部署是：三五八旅七一五团进到太原附近的古交镇，并以一部深入交城、清源以北；七一六团活动于吴城镇地区；三五九旅在崞县到忻口一线展开；宋时轮支队进入口泉镇、怀仁一带，威胁大同；警备第六团在偏关附近展开并深入右玉地区。各自独立自主地发动群众，扩大自己，协助"动委会"建立抗日民主政权。

二、整训和整编部队。将各工作团在各地组织的抗日武装编入一二〇师序列，打破蒋介石在兵力上对八路军的无理限制。忻崞独立团编为三五八旅七一四团；在汾阳、孝义组织的三泉游击队编为三五八旅七一六团第二营；雁北游击队编入宋时轮支队；神五游击队改编为一二〇师独立第一支队；平山独立团编为三五九旅七一八团；崞县独立团编为三五九旅七一九团；侯马独立团分别编入各部。

这样，到 1938 年初，第一二〇师扩大为两个三团制的旅、5 个直属团或相当于团的部队（宋支队、警六团、独立一支队、教导团和学兵团）、2 个直属营和 3 个直属连，全师从渡河入晋时的 8227 人发展到 29162 人，扩大了 3 倍多。

中央"十二月会议"出现两种声音

1938 年 1 月初，贺龙、关向应、萧克等来到洪洞县马牧村的八路军驻地，参加八路军高级干部会议。1 月 6 日会议开幕，内容是传达中央"十二月会议"精神。

中央"十二月会议"是 1937 年 12 月 9 日至 14 日召开的。会上，刚刚从苏联回国的王明带着共产国际的指示，在会议的第一天就作了题为《如何继续全国抗战和争取抗战胜利呢?》的报告。他说："今天的中心问题是一切为了抗日，一切经过抗日民族统一战线，一切服从抗日。"他批评洛川会议过分强调了独立自主，他说："过去提出国民党是片面抗战，是使他们害怕。

要提出政府抗战很好，要动员广大人民来帮助抗战。不要提得这样尖锐，使人害怕。"还说："没有统一的国防军与统一的正规军是不能战胜日帝的，游击战争不能战胜日本。"

这样，在会议上就出现了两种声音，一种是王明的，一种是毛泽东的。

参加会议的彭德怀回忆道："我认真听了毛主席和王明的讲话，相同点是抗日，不同点是如何抗法。王明讲话是以国际口吻出现的，其基本精神是抗日高于一切，一切经过统一战线，一切服从统一战线。""假如真的按照王明路线办事，那就保障不了共产党对八路军、新四军的绝对领导，一切事情都得听从国民党反动集团所谓合法政府的命令；就不可能有敌后抗日根据地和民主政权的存在"。"会议上的精神是不一致的，感觉回去不好传达。王明所说的内容，没有解决具体问题。蒋介石根本没有承认统一战线，工农红军要改编为国民革命军，强迫戴国民党军队的帽子，与国民党军成一种隶属关系；企图改变八路军性质，同化于它的体系，根本没有承认合作。一切经过统一战线，就是经过蒋介石，他决不会容许八路军扩大，决不会容许我们有任何独立自主，也不会有平等待遇。回去传达就只好是，毛主席怎么讲，王明又怎么讲，让它在实践中去证明吧。"**14**

听了"十二月会议"精神的传达，贺龙没有发言，心里却颇有些生气。他在旧军队里从营长干到了军长，对蒋介石也深有了解，从感情上说，他对蒋介石及其旧军队是有很深的阶级仇恨的。后来经过洛川会议，贺龙明白了在统一战线中要坚持独立自主原则，才解决了感情上的矛盾。他在实际工作中尽力按照统一战线政策去做，积极团结友军共同抗日。但对于独立自主原则，他是坚定不移的，无论在作战上、地方工作上，他都不愿受蒋介石、阎锡山的无理限制，特别是在壮大八路军上，他力主"招兵买马"。遇有矛盾，则进行严肃的斗争。可是，现在怎么又出来个"一切服从统一战线"了呢？那不是要一切服从蒋介石吗？他不理解，也不了解"十二月会议"的具体情况，心里很不自在。

"乱弹琴！这明明是捆住自己的手脚，让人家把你搞掉嘛！"

会议之后，贺龙接到通知：蒋介石在河南洛阳召开第二战区将领会议。于是，他同朱德、彭德怀、林彪、刘伯承前往赴会。

1月7日，蒋介石分别会见了参加会议的八路军将领。

在一间不大的房间里，贺龙端坐在蒋介石对面。蒋介石先询问贺龙关于第一二〇师兵力部署等情况，然后问道："现在部队装备情况好吗？"

贺龙说："装备很差啊！枪都是秃的，没有刺刀。我们在塞外，天气很冷，军官、士兵都没有皮大衣，没有皮帽，子弹也少得很。"

蒋介石点点头说："喔，困难不少。"他心里很清楚，国民党政府每月发给八路军军饷40万元，可他们人多，分到每个人头上并没有剩下多少。按照他的旨意，现在拨给八路军的军饷正逐渐减少。为了回避这个问题，蒋介石转换了话题："民国十六年，你为什么好端端的军长不当，去参加共产党的南昌暴动？"

贺龙爽直地回答："我和委员长政见不同嘛！"说完，当年南昌起义加入中国共产党的情形又翻腾在他的脑海里……

1927年7月下旬，贺龙在第二十军军部热情地迎接了前来领导南昌起义的前敌委员会书记周恩来。周恩来紧紧握住贺龙的手说："我来拜访你，不是礼节性的。开门见山，我是和你商量起义计划的。我们立刻就谈行吗？"

贺龙连连点头说："好极了，我洗耳恭听！"

周恩来大笑，指着贺龙说："洗耳恭听是不够的。你是大将军，光动耳朵怎么成？还要动手动脚动枪动炮呢！"

贺龙也笑了。周逸群是陪着周恩来进屋的，看见他们要谈事，就准备离开。贺龙却扬手叫着："逸群，你去哪里？一起听听嘛。我都听得，你听不得？"

周恩来说："好，坐下听罢，你也要谈谈意见。"

接着，周恩来讲了南昌起义的基本计划。周恩来讲完以后说："贺龙同志，我想听听你的意见。"

贺龙说："我完全听共产党的命令，党要我怎么干就怎么干。"

周恩来点头说："共产党对你下达的第一个命令就是党的前委委任你为起义军总指挥！"

贺龙一怔，站了起来，有些讷讷地说："我还没有入党……"

周恩来说："你看，你刚刚讲过完全听共产党的命令，怎么第一个命令就不听了？"

贺龙说："好，我服从。"

周恩来说："南昌守军有 3000 多人，朱培德的第一路军总指挥部警卫团很有战斗力。我们决定由叶挺同志任前敌总指挥，刘伯承同志任参谋团团长。想请你和伯承同志一起订一个具体作战计划。我想，起义军总指挥部和参谋团就设在你的军部，你看可以吗？"

贺龙说："很好，一切服从命令。只是要快，我们这出戏是杨排风上阵，连烧带打呢！"这句话一说，连刚刚赶来的叶挺也大笑起来。

1927 年 8 月 1 日，周恩来、贺龙、叶挺、朱德、刘伯承等领导 2 万余人的革命武装，举行起义。中国武装革命反对武装反革命的第一枪打响了，从此揭开了中国共产党领导武装斗争的历史！不久，在瑞金的一座学校里，由周逸群、谭平山介绍，贺龙加入了中国共产党，从此走上了革命道路……

"政见不同。"话语不多，掷地有声，让蒋介石一时语塞。

为了打破僵局，蒋介石说道："过去的事情算了。"接着，以关心部下的口吻问道："你家里可好？"

贺龙冷冷地看了一眼蒋介石，然后回答说："我家的房子被烧了，家里人被杀光了。"

这个回答，出乎蒋介石之所料，一时十分尴尬。愣了片刻，蒋介石把脸一沉说："喔，我知道，你是老革命。"

洛阳会议结束后，贺龙同朱德、林彪、刘伯承以及国民党军驻晋将领一道乘火车返回山西。伴着列车隆隆的节奏，一位国民党军官走近贺龙。他整整衣帽向贺龙问道："请问，您就是贺龙将军吧？"

贺龙抬起头，见来者身着国民党少将军服，足蹬闪亮的马靴，中等身材，颇为气派。

贺龙点点头，然后询问："请问尊姓大名。"

来者谦恭地答道："小弟是国军第三十五军第一〇一师师长董其武。"

贺龙听罢，笑着说道："你是一〇一师，我是一二〇师。咱们真是兄弟部队啊。"

董其武被贺龙风趣的话语所感染，于是坐在贺龙身旁笑着问道："贺师长，委员长同你们见了面，同你们谈些什么？"

贺龙把手中的烟斗一摆说："嗨，他是浮皮潦草，谈不出什么国家大事。"见董其武满脸迷惑，贺龙话题一转，"董师长，你是山西哪个县的呀？"

"河津县，黄河边上。"

"嗨，你家是河津的名门望族吧？"

"哪里，哪里，小弟出身贫寒。"董其武点燃一支烟，继续说道，"小弟家里很穷。记得我小的时候家里借了债还不起，父亲只好去给人背炭，母亲把最小的弟弟送给了别人，自己去当了奶妈……"

贺龙听完后说："你出身好嘛！不知道剥削，就不懂得革命。"

一路上，两人谈得甚为投机。

几天以后，贺龙路过董其武部驻地，董其武得知后亲自出迎，高兴地说："虽分别数日，但如隔三秋，恳请贺师长在大武镇住上几天，小弟以尽地主之谊。"

贺龙生性好交朋友，他想董其武乃山西国民党军事骨干，应与他们搞好关系，以利共同抗日，于是慨然答应。董其武喜不自胜，急忙吩咐属下设专宴为贺师长洗尘，还专门请来正在离石的战动总会主任、爱国将领续范亭和战动总会武装部长程子华作陪。

董其武的祝酒词刚结束，贺龙便端着酒杯笑着说道："今天，咱们吃的是国共合作饭，要吃好啊，不要抢。"一语双关。董其武、续范亭、程子华等人皆心领神会，满座笑声不已。

闲聊中，董其武让副官拿来一个精制的小盒，打开一看，里面摆放着一支十分精巧的日制小手枪。董其武笑着对贺龙说："这支小手枪是我珍藏的心爱之物，特赠送贺师长以资纪念，请贺师长笑纳。"

贺龙接过手枪，打量片刻，连声说道："好枪，好枪，我要用这支手枪多打几个鬼子，以表对董师长的谢意！"

席间董其武问贺龙："你们八路军为什么打仗那么勇敢，那么坚决？看看我们国军，一碰到日本鬼子就垮，这是为什么？"

贺龙说："我们是共产党领导的嘛！连队里有共产党支部，班里有党员。为什么打仗，怎么打法，都给讲得清清楚楚。打仗前，大家要开会讨论一番，弄明白了，自觉自愿往前冲。所以，我们打仗，敌人连我们的一双草鞋也捡不着。"

这次会面，给董其武印象很深，经久不忘。后来，在解放战争著名的平津战役之后，董其武毅然率部起义，脱离国民党阵营，投入人民解放军的战斗行列。

作为抗日根据地，晋西北有自身的特殊情况。国民党在晋西北的军队，在数量上较八路军多得多。阎锡山在晋西北设有第二区和第四区行政督察专员公署，代行国民党省政府的职权，直接委派县长。阎锡山还在晋西北建立了反动的群众组织"公道团"。这样，在晋西北就形成了复杂的局面。如何开展统一战线工作，如何坚持统一战线中的独立自主，是摆在第一二〇师面前的一个十分重要而复杂的工作。

中共"十二月会议"之后，王明那种在统一战线中的投降主义路线，没有在全党占据主导地位，但是，在晋西北也产生了一定的影响。后来有段时间，阎锡山利用其在晋西北力量上的优势与八路军相对抗，有人曾幻想用迁就、让步和捧场的办法维系统一战线，给放手发动群众、壮大抗日民主力量造成了一定的困难。贺龙不能容忍这种现象，尖锐地批评说："这叫什么统一战线，乱弹琴！这明明是捆住自己的手脚，让人家把你搞掉嘛！"他还大义凛然地批评国民党军在晋西北消极抗战、国民党党政机构给八路军制造困难的行径，力求排除发展抗日进步势力的障碍。然而，有人却认为贺龙这种坚持独立自主的态度会损害统一战线，并就此向中共中央反映，建议将贺龙调去"学习"。毛泽东不同意这种看法，关向应也认为不妥。毛泽东就这件事和关向应谈话时，批评了这种错误意见，同时对贺龙作了很高的评价。他说："贺老总有三条嘛：一，对敌斗争坚决；二，对党忠诚；三，联系群众。"**15**

1938年春，贺龙和关向应、萧克、甘泗淇等领导人对晋西北的情况进行了一次具体分析，研究了执行统一战线政策的措施，并向中共中央作了报告。他们认为，日本在山西的军事进攻暂时失利，其分裂抗日民族统一战线的政治阴谋更加积极地活动。阎锡山体系里，最右翼的薄右丞等及亲日分子、汉奸亦乘机活跃，在各方面制造摩擦，其军事和政治势力近来积极向晋西北扩张。因此，我们应大力扶植"牺盟会"等进步力量，争取动摇分子，孤立亲日派，扩大抗日民族统一战线。

这一坚持独立自主的坚定立场，为一二〇师各部队在同日伪顽的复杂斗争中，保持思想和行动的一致，壮大自己的力量，在晋西北立住脚跟，提供了坚强的保证。

注　释

1.《彭德怀自述》，人民出版社 1981 年版，第 224 页。

2.《毛泽东军事文集》第二卷，军事科学出版社、中央文献出版社 1993 年版，第 53—54 页。

3.《毛泽东军事文集》第二卷，军事科学出版社、中央文献出版社 1993 年版，第 57 页。

4.《毛泽东军事文集》第二卷，军事科学出版社、中央文献出版社 1993 年版，第 244—245 页。

5.《毛泽东军事文集》第二卷，军事科学出版社、中央文献出版社 1993 年版，第 96 页。

6.《毛泽东军事文集》第二卷，军事科学出版社、中央文献出版社 1993 年版，第 171 页。

7.《毛泽东军事文集》第二卷，军事科学出版社、中央文献出版社 1993 年版，第 111—112 页。

8.《毛泽东军事文集》第二卷，军事科学出版社、中央文献出版社 1993 年版，第 114 页。

9.《毛泽东军事文集》第二卷，军事科学出版社、中央文献出版社 1993 年版，第 116 页。

10. 徐向前：《历史的回顾》（下），解放军出版社 1987 年版，第 589 页。

11.《聂荣臻回忆录》（上），人民出版社 2022 年版，第 290—291 页。

12.《聂荣臻回忆录》（上），人民出版社 2022 年版，第 293 页。

13.《聂荣臻军事文选》，解放军出版社 1992 年版，第 64 页。

14.《彭德怀自述》，人民出版社 1981 年版，第 224、225、226 页。

15.《贺龙传》，当代中国出版社 2007 年版，第 139 页。

第 十 二 章
安家太行吕梁

化整为零，广布游击战争的种子——邓小平出任第一二九师政委——林彪在率部移师途中被晋军哨兵误伤——陈光亲率师警卫连迟滞日军——"萧政委的战前动员太感人了"——午城三战三捷——井沟鏖战急——卫立煌称赞："一一五师真了不起！"

11月13日，山西和顺县石拐镇。

第一二九师全体干部会议正在这里召开。

会议的主题是传达毛泽东和中央军委关于创建以太行、太岳山脉为依托的晋冀豫边抗日根据地的指示，并部署第一二九师和部队的行动方向与任务。

大家全神贯注，听取师长刘伯承的讲话。

刘伯承说，开展敌后游击战争，抗战以来我们一直在强调，现在到了全面执行的时候了。目前日寇正忙于正面战场的进攻，但是他们占领的只有点和线，广大乡村尤其是山区还是"真空"地带。国民党军队几乎全面撤退，无力他顾。人民群众迫切要求对日作战和收拾那些趁火打劫的散兵、土匪和压榨百姓的汉奸，建立一个较为安定的抗日的社会秩序。我们共产党的《抗日救国十大纲领》和我们八路军的英勇抗敌行动、模范的群众纪律，特别是第一二九师出征以来连续取得了阳明堡、七亘村、广阳等战斗的胜利，受到了群众的拥护，这就使我们具备了大力发展游击战争的条件和时机。

关于第一二九师各部队的行动方向和任务，他宣布了师军政委员会的决定：全师化整为零，分散到各地活动，每个团的各个营都抽出一个连，组成工作团或游击支队，到指定地点同中共地方组织、游击队一起工作。

这次会议在第一二九师历史上具有重要意义，史称"石拐会议"。

化整为零，广布游击战争的种子

石拐会议之后，刘伯承、张浩率师部移驻山西辽县[1]。部队随即化整为零，按指定地点奔赴各地，广布游击战争的种子。

——师政治部副主任宋任穷、组织部长王新亭、宣传部长刘志坚等，率领工作团和步兵分队，分别到晋东南地区的沁县、长治、陵川、晋城、武乡、襄垣、平顺、沁源、安泽、屯留等县开展工作。这一带抗日救亡运动开展普遍，群众基础较好。

——桂干生、张贻祥率领由教导团 30 多个干部组成的游击支队，到平（定）和（顺）公路以东、正太路以南、平汉路石家庄至内邱段以西的晋冀地区活动。

——张贤约、张南生率领由第七七一团、教导团各一个连组成的先遣支队，到辽县以南、平汉路邢台至磁县段以西及漳河以北的冀豫地区活动。

——赵基梅、涂锡道率领由第七七一团一个步兵连及教导团部分干部组成的赵涂支队，到白（圭）晋（城）公路以东、漳河以南、平汉路以西的太（行）内地区活动。

——秦基伟、赖际发在此之前，遵师首长指示，已率领 9 个工作队，每队 5 至 10 人，到正太路南侧太谷、寿阳、昔阳、和顺等地，同中共当地组织相结合，组织起平定、榆次、太谷、寿阳等多支游击队。11 月 18 日，秦基伟、赖际发率领的几支游击队与阳泉工人游击队会合，组成晋冀豫抗日义勇军第一纵队（后称"八路军独立支队"或"秦赖支队"）。

——谢家庆、张国传率领教导团部分干部组成谢张大队，到榆社、武乡、襄垣、黎城地区活动。

——豫北地区由唐天际率领直属八路军总部的晋豫边八路军游击支队开辟。

——同蒲路以东、白晋公路以西、曲（沃）高（平）公路以北的太岳地区，由决死纵队进行开辟。

……

刘伯承不仅抓紧游击战争的组织工作，为各工作团和游击支队区分任务，划定地域，挑选和指定负责人，还及时进行具体的指导。

一天，他把第七六九团副团长汪乃贵找来，"听说你在昔阳西寨搞起了一个党支部，抓党的组织和基层政权建设，不错嘛！看来你还是个粗中有细的人物哩。现在，师里决定由你去成立一个游击支队，你当支队司令员，怎么样？"

汪乃贵连忙说："哎呀！师长，这可不成。您是知道的，叫我带兵打仗还凑合，让我去拉队伍扩地盘非砸锅不可。西寨毕竟只是个村庄，群众基础也好，抓起来并不太难。一个支队管一大片，党、政、军、民，样样齐全，我大字不识几个，记个指示看个文件都成问题，怎么挑得了这副担子呢？"

"嗨，一不是叫你去当山大王，二不是前清考秀才，是闹革命，打日本，你是专家嘛！宣传群众、武装群众，我们的老传统嘛！没有文化要抓紧学习，不能老当睁眼瞎，这个我讲过不知多少回了。暂时你不会记笔记，开会时你带一根绳子来，我说一件事，你用绳子挽一个疙瘩，'结绳记事'总会吧。"刘伯承继续严肃地说道，"现在党和人民需要你去当司令员，你就坚决去当，还要想办法当好。怎么样？你还有意见吗？"

"没有意见了，我服从分配。"汪乃贵回答。

"这才是嘛！你去找李处长，叫他给你一些人，你带着去发展。"刘伯承口气变得缓和了。

就这样，12 月 12 日，直接隶属于第一二九师的汪乃贵支队宣告成立。**2**

在刘伯承的正确指导和各工作团、游击支队的努力下，群众游击战争蓬勃兴起，武装力量大大发展。到1938年初，第一二九师的主力兵团，在原有三个团的基础上，又新建和扩建了补充团、独立团和骑兵团，扩大了一倍。稍后不久，又正式成立了晋冀豫军区，其基干武装由原来的几千人发展到2万人。

邓小平出任第一二九师政委

1938年1月5日，中央军委任命邓小平为第一二九师政治委员，原政委张浩因病回延安。张浩原名林育英，是林彪的堂兄，林彪当年去黄埔军校学习还是由他促成的。林育英是中共党史上一位重要人物。他1922年即加入共产党，1924年去莫斯科共产主义大学学习，一年后返回中国，曾出任中共汉口市委书记。1930年12月曾被捕入狱，受尽敌人折磨，从此身体一直不好，被送往苏联养病，并担任中共驻共产国际代表团成员。1935年，他将《八一宣言》和共产国际"七大"精神背了下来，只身一人经蒙古、穿沙漠，来到陕北，直接促成了瓦窑堡会议的召开，并带来了共产国际支持毛泽东的指示，帮助毛泽东解决了张国焘的问题。张浩此次因身体原因离开第一二九师，回延安治病并另行安排工作。但他回延安后身体一直不见好转，于1942年3月6日病逝于延安。

邓小平接替张浩出任第一二九师政委，从此与大他12岁的刘伯承一起共事13年，两人有着共同的志趣、相似的经历和坦荡的性格，形成了"刘邓就是刘邓，中间连顿号都加不进"的密切关系，以后太行山根据地的巩固和发展，以及第一二九师更大的发展，都与这一点紧密相关。

1月6日，还没有报到的第一二九师政委邓小平参加了在洪洞县马牧村召开的八路军高级干部会议，听取中央"十二月会议"精神的传达。会议结束后，邓小平和时任北方局组织部部长的彭真去了刘少奇住处，大家对王明的"一切经过统一战线"心存疑问。

当然，统一战线是要维护和巩固的，在实际工作中也的确需要处理好与友军的关系，这对于求真务实的邓小平来说是没有问题的。十几天前，邓小平还给中央去电，提出了避免摩擦以及巩固统战的具体办法。他指出，"在混乱时我们的工作一般是突击的，如大批收容散兵、自主的群众工作等""我们直接组织的游击队数量很多，影响友军补充壮丁之困难""八路军活动地区甚宽，使人无插足处，且无法争取群众。""因此现在各方对我军戒备甚严，友军对我关系很坏，上层更觉不安。"邓小平明确提出，为巩固统一战线，我意必须避免第八路军与其摩擦，缓和对立形势，在某些部分上实行让步：

甲、除部队驻扎区域外，收回其他各县，公开工作应一切经过牺盟教导团、决死队去实现。

乙、建立与加强各地秘密党的组织工作，重心放在党和群众组织的基础上，将所有游击队集中靠拢主力部队，进行训练，扩大与巩固，其经饷经过主力向政府取借。

丙、凡不便于存在的县区动委会，八路军工作同志撤回，经过积极分子来实现纲领，利用一切方法与友军建立关系，解释各种问题。

丁、部队派出活动的连队，中心是扩大本身，停止征集资材，并公开设立八路军招募处。

当时，邓小平还是八路军总政治部的副主任。他在电报中提出的问题及应对的办法，对于全局有指导意义。其精神是要在实际工作中注意策略、方式和方法，做到既有利于发动群众、壮大我军，也有利于巩固统一战线。但是，这与"一切经过统一战线"毕竟不同。如果"一切经过统一战线"，事事都要经过蒋介石，那么，军队的领导权问题，规模与编制问题，抗日政权的形式，问题等等，蒋介石在谈判中没有得到的这些东西，现在是不是要拱手送给他？

刘少奇时任中共中央北方局书记，他没有说话，只是一边听一边沉思着。在1937年12月政治局会议上，王明不仅指责毛泽东在《上海太原失陷后抗日战争的形势和任务》的报告中对形势的分析有错误，而且认为刘少奇写的《抗日游击战争中各种基本政策问题》一文的观点也有问题，并毫不客气地点名批评了刘少奇。这些，原则性极强的刘少奇并没有讲出来，从党的纪律来看，有不同意见，会上可以说，会下就不能乱讲了。就今后如何宣传贯彻"十二月会议"精神的问题，三人倒是达成了一致：这次会议虽然提出"一切经过统一战线"，"一切服从统一战线"，但也并没有否定洛川会议提出的独立自主的方针，我们在实际中去干就行了。

看来，"不争论"，在工作中去检验、去实践的思想，在那时就开始萌芽了。"不争论"，实际上充分反映了政策和策略的统一，是领导艺术和高超的处理问题能力的体现。

晚上，刘伯承、彭真、邓小平又聚到了一起。他们想法一致：回太行山后不仅要在实际中执行独立自主的战略方针，而且要突出强调独立自主的战略方针，放手发动群众，壮大自身力量，积极开展游击战争，争取早日在太行山站稳脚跟。

1938年2月初，刘伯承、邓小平在山西辽县主持召开了第一二九师团以上干部会议。会议总结了太原失陷以来全师的工作，进一步部署了开展全区的抗日游击战争和根据地的创建工作。

根据会议决定，新建的补充团南下，协同赵涂支队开辟太行山南部及道清铁路沿线地区；新扩建的骑兵团由政治部主任宋任穷率领，挺进冀南，协同先期到达的东进纵队和当地中共组织领导的抗日武装，创建与发展冀南根据地；2月下旬，在日军向晋南进犯时，又派出部分军政干部，协同中共晋豫边特委建立了晋豫边游击支队。

至此，晋冀豫边区的抗日游击战争全面展开，抗日根据地基本形成。第一二九师在太行山安了家。

林彪在率部移师途中被晋军哨兵误伤

以吕梁山脉为依托的晋西南地区，位于黄河以东，同蒲路以西，汾离公路以南，是陕甘宁边区的东部屏障和联系晋冀豫边抗日根据地的纽带。

太原失陷前，毛泽东即指出，对以吕梁山脉为依托的晋西南，八路军应作适当部署，第一一五师师部和第三四三旅，应向该区转移。太原失陷当天，毛泽东又指出，"吕梁山脉是八路军的主要根据地，但其工作尚未开始"，林彪率领的陈光旅不应在东边恋战，亦以立即开始转移为宜；并明确指示，转移后"陈旅以蒲县为中心为合宜"。

据此，1937年11月9日，八路军总部电令，第三四四旅随总部继续在正太路沿线活动一段时间，第三四三旅则由师部率领，立即由正太铁路南进，适时转向吕梁山脉，创建晋西南抗日根据地。

12月，林彪率第三四三旅进抵赵城、洪洞地区，由于国民党阎锡山部阻挠，即停止向吕梁山开进。部队一边休整，一边派人组成扩军小组，协同地方宣传抗日救国道理，号召爱国青年参加八路军。仅20多天，就在赵城、襄垣、屯留一带，动员了3000多人参加了八路军。

日军攻下太原以后，举兵南下。1938年2月中旬，日军第二十师团由祁县向晋西南发起进攻，先后侵占介休、孝义等地。国民党友军纷纷退向晋南和黄河西岸，吕梁部分地区已成为敌后。林彪率第三四三旅立即北上，进入了灵石、孝义以西的吕梁地区，一面侧击敌人，一面派出地方工作队赴石楼、永和等县发动群众，组织群众抗日武装，开创抗日根据地。

2月26日，日军占领隰[3]县。

2月27日，日军一部南下占领临汾，一部西犯占领黄河东岸的军渡、碛[4]口，陕甘宁边区的安全直接受到威胁。

毛泽东随即电示林彪并告朱德、彭德怀、贺龙：

甲、敌已进入汾河下游，风陵渡、潼关危急，阎（锡山）卫（立煌）已至河边，准备渡河。

乙、敌从军渡碛口两点猛击河西，准备渡河，绥德危急。

丙、你率陈旅全部应即改变作战计划。

（一）迅速以一部控制大麦郊、水头、川口、石口地区，发动群众组织游击队，巩固战略枢纽。

（二）派出足够工作员猛力发动石楼永和两县群众，组织游击队，巩固渡河点。

（三）向灵石汾西两县派出工作员，发动群众组织游击队，准备晋东部队必要时向西转移。

（四）主力转入隰县、午城、大宁地区，寻机作战，相机消灭该敌。

毛泽东

二十八日 **5**

3 月 2 日上午 9 时许，隰县以北的千家庄。

日军攻占太原以后，一路南下，祁县、平遥、孝义、介休、洪洞、临汾……阎锡山已失掉信心。他屡电国民政府，苦苦哀求，蒋介石才松了口，允许其战区指挥部过黄河，移至陕西宜川县秋林地区，但其部队不能过河，只能坚守山西。阎锡山无奈，组织已退至吕梁山区的第十九军王靖国部发起了一次"川口战役"。王靖国将两个师部署于隰县东北的川口和大麦郊一线，想阻击日军前进，但失败了。这几日，王靖国的溃军正像受伤的兔子一样，窝居在隰县一带"疗伤"。

飘飘忽忽的晨雾尚未完全散尽，哨兵王潞生忽然发现，前方的公路上不知啥时候冒出了一队骑兵。他再定睛一看，吓得毛发直竖：高大的洋马，黄色军呢大衣——

不好，日本鬼子！

王潞生举枪瞄准，哆哆嗦嗦的准星移来移去，最后选中一个军官模样的人。

"砰"，一声清脆的枪声击碎了山区的寂静。

王潞生惊喜地看到，那个军官晃了两下，一头栽下马来……

王潞生击中的，正是八路军一一五师师长林彪。

林彪率部经过晋军在隰县一带的防区，由于事先未与晋军打招呼，加上许多人骑着大洋马，穿着缴获的日军大衣，被晋军王靖国部的一名哨兵误伤。

林彪被误伤的消息震惊了中央军委和八路军总部。毛泽东急召王稼祥、滕代远紧急磋商，临时决定送林彪回延安治伤，因为共产国际派来的医疗队即将到达。毛泽东提议，第一一五师的全面工作暂由罗荣桓负责。

毛泽东和滕代远联名的电文刚刚发出，第一一五师的电台已经译出了八路军总部的急电。朱德、彭德怀、任弼时召开了前指紧急会议，决定由陈光代理师长，第六八六团团长李天佑任第三四三旅代旅长，杨勇兼任第六八六团团长。但此时李天佑因病重无法接替旅长职务，他先被送到汾阳天主教堂医院治疗，后被送至延安，再步林彪之后到苏联疗养，第一一五师的两位重要军事指挥员同时退出了抗战舞台。

陈光亲率师警卫连迟滞日军

3月3日，政治部主任罗荣桓率师主力进至隰县午城镇附近。

午城位于吕梁山脉中南部山区腹地，北通隰县，东达蒲县，西连大宁，是三条公路的汇聚点。这几日，蒲县日军不断向大宁之敌增援，企图西犯黄河。

3月14日，陈光、罗荣桓正在午城师部商讨军情，忽见哨马急驰而至。侦察参谋翻身下马，报告道："蒲城之敌五六百人开过来了，离这里只有五里路。"

"继续监视敌人！"陈光下令。

侦察参谋纵身上马，朝镇东奔去。

罗荣桓望着公路上被马蹄卷起的尘雾，平静地说："敌人来得好快，我们要设法迟滞他们，以利三四三旅主力进至机动位置。"

"罗主任，我率警卫连迅速抢占镇东有利地形，迎头阻击。你电令六八五团进至午城至大宁公路两侧，六八六团进至午城至蒲城公路两侧，隐蔽待机。"陈光脱掉棉袄，挽起衣袖，警卫员连忙递给他一支驳壳枪。

罗荣桓制止道："你是师长，应留在这里指挥。"

"我想亲自摸一摸鬼子的底。你放心，我会注意安全的。"陈光跨上战马振臂一挥，"警卫连！跑步跟上！"

100 多名战士跟在陈光的马后，冲向镇东的那座土丘。

望着陈光的背影，罗荣桓暗暗为这位猛将的安全担心。陈光的风格不同于爱思索的林彪，他作战勇猛，常常身先士卒，曾先后十次负伤。1930 年 2 月，林彪的指挥所被敌人突然包围，情况十分危急，陈光闻讯带领一个排勇猛冲杀，冲破了敌人的包围圈，救出了林彪，但他自己却负了伤。半年后的一次战斗中，陈光率一个营穷追猛杀，由于他冲在最前面，被子弹击中，再一次负伤。1932 年，身为红军第十师师长的陈光，参加漳州战役和南雄战役，又两次负伤。1933 年 1 月，陈光调任红十一师师长，在浒湾战斗中，他第 6 次负伤，右臂中弹，血流如注，他却咬牙率部追击残敌，一口气追了上百里，俘虏溃兵千余人，为他的师扩编了一个团。1934 年 4 月，身为红二师师长的陈光，在广昌保卫战中第 7 次负伤。1935 年 8 月，红军长征过草地遭到骑兵的袭击，陈光为掩护部队再次负伤，这是他一生中第 10 次负伤。

陈光率警卫连冲上山头，刚好日军的骑兵行至山脚下。陈光一声令下，子弹、手榴弹如冰雹般砸向敌人……

14时左右，敌兵增至1000余人，并且调来了两门八匹马牵引的山炮。陈光果断下令警卫连迅速撤出阵地，向罗荣桓所在的西北高地靠拢。他们刚一撤出，背后的山头立即被炮火吞没，闷雷般的炮声将大地震得微微发抖。

陈光回望浓烟笼罩着的山头，勒马下令。

"向后转——"正在跑步前进的战士闻令纷纷立定，转过身来。陈光的马前蹄高扬，一声啸叫，好像要腾空而起。

"给大家三分钟欣赏一下鬼子的炮火！壮观倒是真壮观，可惜尽放空炮。"

陈光在马上仰天大笑。

"萧政委的战前动员太感人了"

接到师部的电报时，第三四三旅正在汾西县一带休整。这天刚好火线剧社来演出，会场就搭在野外的一个禾场里，部队与当地群众、友军，以及山西青年抗日决死队第二纵队部分官兵正在联欢。

旅参谋长陈士榘手拿电报，同旅政委萧华商量，决定暂停演出。演出队的一位小演员从幕后走上前台，讲了几句慷慨激昂的闭幕词："敌人又向西进攻了！战争迫使我们今天准备的新剧不能满足诸位的热望，让我们打了胜仗再来开祝捷同乐会吧！"群众一时没有反应过来，以为还在演戏，乐呵呵地朝小演员拼命鼓掌喝彩。小演员"台词"背完了，见群众和友军官兵并未领会他的意图，愣在台上不知所措。

萧华登台拍着小演员的后脑勺，说："卸装去吧，这里没你的事了。"萧华挥手示意让台下安静。

"山西的父老乡亲们、友军弟兄们、同志们！日本鬼子今天下午占领了午城和大宁，我们奉命立即出发去迎击日寇。刚才呀，我们那位小同志已经宣布了演出暂时中止，等我们打了胜仗再回来军民同乐，与友军联欢，共同召开祝捷庆功大会!"

台下爆发出暴风雨般的掌声。

萧华继续说道:"八路军同志们听我的口令,起立!向后转——齐步走——'大刀向鬼子们的头上砍去'预备——唱!"

八路军官兵唱着歌列队退场。在场的群众和友军官兵纷纷鼓掌,欢送出征健儿。

萧华走下台子,刚准备离开,被一群决死队第二纵队官兵围上了。他们看着神采飞扬的萧华,力邀他有空给决死队上政治课。

"萧政委的战前动员太感人了,催人奋起哪,怪不得八路军所向披靡,原来是拥有新式武器——政治鼓动工作呀!"

萧华是江西兴国人,早在童年时代便以擅长街头演讲而闻名乡里。1929年 12 月,年仅 13 岁的萧华担任兴国少共县委书记,他在各种大会上讲话从不用稿子,英姿勃勃,神采翩翩,连毛泽东也闻风而至,要亲眼一睹"红色神童"的风采。在潋江书院的一个亭子里,毛泽东第一次与萧华长谈,二人虽然年龄悬殊,却谈得十分投机。毛泽东离开兴国后不久,便通知萧华前往红四军报到,就任军委青年委员。两年后周恩来到中央苏区,很快发现了这个神童,调他担任红军总政治部青年部部长。总政治部主任王稼祥一见萧华便说:"你们四军的罗荣桓政委说调走你等于砍了他的膀子,但我和周总政委还是把你强要来了。"一年后少共国际师成立,陈光任师长,政委便是萧华。长征开始后,萧华调任红二师政委,红一军团是中央红军的先锋,红二师又是红一军团的先锋,强渡乌江和大渡河的勇士深受萧华的鼓舞。在过大凉山时,萧华协助刘伯承同彝民首领小叶丹结盟,使红军顺利通过少数民族地区。他生性活泼,酷爱文艺,吹拉弹唱样样都行,甚至还男扮女装登台演出,逗得战士捧腹大笑。新中国成立后,萧华身居要职,仍不变诗人本色,著名的《长征组歌》就是他任总政治部主任时的亲笔杰作。

萧华冲官兵们一抱拳,"上课嘛,不敢当。等我们先消灭了这帮鬼子再说吧。"说完，纵身上马，扬手一鞭，融入到蜿蜒前行的队伍之中。

午城三战三捷

就在第三四三旅两个团进入隐蔽位置时，日军的飞机由蒲县向午城方向进行低空侦察，陈士榘回忆道："几乎是擦着我们的头顶而过。由于我们有了平型关、广阳等战斗的经验，部队隐蔽得很好，所以敌机白飞了一趟。"**6**

3月16日，曾被师部警卫连拦阻在午城的日军第二十师团一部，又向西开进了，当他们进到午城至大宁间的罗曲镇时，遭到埋伏在这里的杨得志第六八五团的猛烈侧击，200多名日军被击毙，100余匹骡马也全部被缴获。

3月17日，日军从蒲县城出动60多辆汽车，由6辆卡车载着步兵保护着，向大宁方向运送物资；大宁之敌则派了500多人，带着两门炮前来接应。当大宁之敌进到罗曲镇附近的上、下乌落时，早已等候在那里的六八五团立即开火，将这股敌人打了回去。

与此同时，从蒲县城出来的日军车队行至午城以东的山地时，也慢慢进入了六八六团的伏击圈。团长兼政委杨勇立即下令开火，当即击毁敌尾部的汽车6辆，并消灭了200余人，其余的敌人开着车逃至午城，与那里的500多敌人聚集在一起。

陈士榘得知两个团在两个方向同时奏捷，十分高兴，马上与萧华决定并报师部：当夜由第六八五团两个连及第六八六团第三营为主攻部队，向午城镇敌人攻击，并夺取午城镇。

杨勇亲自向第三营教导员刘西元等干部交代任务，又派政治干部下去向战士们作动员。第三营的指战员接受任务后，都很兴奋，战士们纷纷表示一定要打好这一仗，用实际行动来保卫黄河，保卫陕甘宁边区。有的老战士开起了玩笑，说我们有"天佑"（天主保佑），一定能打胜仗，说得大家大笑起来。原来这里有个小故事——前不久李天佑因病被送到汾阳一家天主教会办的医院就医。医院一听说是八路军，很友好。李天佑很快就和医生、护士们熟悉了。一天，有个护士在护理他时随便问他："你信天主教吗？"李天佑很认真地回答："我们是马克思主义者，只信马克思主义，不信天主教。"那位护士便说："你不信天主，那你怎么取名叫'天佑'呢？这不是要天主保佑你吗！"这个故事传至部队，常被一些老同志拿来开玩笑。

部队提前吃了晚饭，每个人在左臂上都缠上一条白布，作为夜间识别的标志。夜幕刚刚降落，机要参谋拿来电文，说师部已批准了夜袭午城的计划。主攻部队立即出发，按时赶到了指定位置。

午城的敌军，因连遭打击，夜晚预有防备。当第六八五团两个连趁夜从东北向午城打来之时，固守在北山的日军虽进行了一番抵抗，但毕竟是惊弓之鸟，很快就支持不住了。与此同时，第六八六团第三营从西北向东进攻，很快占领了敌人的工事，并消灭了部分敌人。敌人的汽车队见势不妙，企图逃窜，战士们冲上去就是一阵手榴弹，打得敌人的驾驶员连车灯也不敢开，驾车就往前窜，大部分车冲到山沟里去了。经过一阵猛烈袭击，敌人的60多辆汽车全被击毁。

望着山沟里几十辆燃烧的汽车，陈士榘对身边的萧华说道："可以打扫战场了。我们搞掉了敌人的兵站，烧了他们囤积的物资，还毁了60多辆汽车。我料定敌人明天必来报复，所以拂晓前部队应分散隐蔽，再寻机歼敌。"

"报告，师部急电。"机要参谋将电文递给陈士榘。

陈士榘阅后兴奋地说："又一块肥肉送到嘴边来了。蒲县之敌步兵600人，骑兵200人，附一个炮兵中队，正星夜驰援午城。师部命令我们拂晓前赶到井沟、张庄一带隐蔽，准备伏击敌人。"

"井沟、张庄一带的地形复杂，在那里设伏等于是给敌人选了一块好墓地呀。"萧华笑道。

陈士榘下令："立即通知部队转移，到井沟再打一仗。"

井沟鏖战急

3月18日上午，由临汾西进的日军第一〇八师团步骑兵800人，在飞机掩护下，由蒲县出动，进犯午城。10时许，其先头部队到达井沟附近。指挥官一声吆喝，一路纵队立即变成三路纵队。每个士兵都端着上了刺刀的步枪，瞅着两侧的山峦，小心翼翼地前进。

杨勇手持望远镜，沉着地等待最佳出击时机。公路上的日军突然朝团指挥所打了几炮，炮弹拖着尖锐的啸声越过头顶，落到背后的山沟里去了。随即响起了零星的枪声。

"火力侦察，老一套嘛！"

杨勇左右观察他的部队，战士们离敌人只有200米，对敌人火力侦察那一套老把戏根本就不理会，隐蔽得都很好。

枪炮响过之后，日军见毫无动静，遂放心大胆地列队前行。

杨勇瞅住敌人放松警惕的时机，一声令下，顿时，公路两侧山地呐喊声一片，机枪喷射出烈焰，手榴弹一齐飞出，张庄至井沟两公里长的山道里浓烟滚滚，爆炸声密如过年的鞭炮。

日军毕竟训练有素。混乱了一阵之后，立即组织反击。他们很快发现公路以北的火力比路南猛烈得多，遂集中兵力抢占了路南的龙王庙。公路以北是第六八六团主力的阵地，坡缓，易于出击。路南地势渐高，可凭险阻敌突围，还可发挥居高临下的优势，所以这里摆的是孙家庄的游击支队。

日军占领龙王庙之后，把4门大炮推到这里，朝四周山峦猛烈射击，战斗呈胶着状态。

下午1点多钟，敌人便派了6架轰炸机从东飞来，朝第六八六团的阵地一连丢了100多枚炸弹，阵地布满了大大小小的弹坑。

"敌人拼命了，我们一定要顶住！"陈士榘用电话向各营下达命令。

萧华接过电话补充道："敌人拼，那是在挣扎；我们打，就是要坚决消灭他们。告诉大家，只要我们挺过去了，他们就得彻底完蛋。党员干部要身先士卒，勇敢杀敌，用革命英雄主义打垮武士道精神！"

杨勇亲率部队与敌人短兵相接，展开残酷的白刃战。他在平型关战斗中为争夺老爷庙制高点曾负过伤。这一次又将生死置之度外，第一个率队冲锋。

杨勇的一举一动被旅指挥所观察得一清二楚。陈士榘无可奈何地说："这个杨勇！这个杨勇啊，真当子弹长了眼睛认得你是它亲戚吗！"

"敌人在垂死挣扎，是战斗意志的较量。"萧华指着战场说，"敌人的指挥官也冲在最前面，两强相遇勇者胜！有了杨勇，我们是稳操胜券！"

在日军飞机大炮的轰击下，战士们愈战愈勇，打垮了敌人数次突围。在拼杀中，第六八六团的两个营长负了重伤，副营长罗自坚、党总支书记萧志坚及其他营连干部大都挂了彩，有的壮烈牺牲了。就在这关键时刻，共产党员们显出了他们的英雄本色。干部牺牲了，他们就自动出来代理，带领大家继续向敌人冲锋，阵地上到处可以听见他们的声音：

"同志们，不要管飞机，只管去消灭地上的敌人！"

"用刺刀，用手榴弹！杀啊！打呀！"

"为了保卫黄河，保卫陕甘宁边区，跟我来呀！"

喊声与枪声一起震荡着战士们的心弦，鼓舞着整个部队的士气。

下午5时左右，日军飞机再次飞临战场上空，可是双方混战一团，想投弹轰炸却无从下手，急得在空中盘旋。

战至黄昏时，第六八六团主力攻克了龙王庙日军阵地，将2门山炮和十几挺机枪全部缴获。日军失去这个火力点后，形势急转直下，很快就被打散。龙王庙至井沟两公里长的山谷里到处是胡窜乱撞的溃兵。公路两侧山地有不少窑洞，这便成了日军的避难藏身之地，肃清残敌的战斗进行了整整一夜。

19日清晨，陈光和罗荣桓率师指挥所赶来，仍能听到零星的枪声。一队士兵押着几个刚从窑洞里"挖"出来的"耗子"，吆喝着从他们面前经过。

"不要为难俘虏，"罗荣桓说道，"打白匪时的政策仍然有效。"

陈光朝几名日本战俘打量了一番，发现他们都挂了彩，他在心底暗暗骂了一句："都是些顽固分子，娘的。"

陈光回顾几天来的战况，自 14 日战斗打响后，师直和第三四三旅以游击战术频频袭击小股日军，有时一天打一仗，有时一天打几仗，打得赢就打，打不赢就走，零敲碎打，掰指一算，累计战果当不在平型关之下。他又想起了他刚到师部报到的那天晚上，罗荣桓同他说的那番话：

"游击战这一套，我们在江西'反围剿'的时候就练熟了。早在平型关大战之前，毛主席就指出：'今日红军在决战问题上不起任何决定作用，而有一种自己的拿手好戏，在这种拿手好戏中一定能起决定作用，这就是真正独立自主的山地游击战。'毛主席还特别强调不是运动战……"

第一一五师真正回到"以山地游击战为主"的战略上来，是从陈罗"当家"开始的。

几十年后，中国权威军事史著作在写到这一段史实的时候，是这么记述和评价的："在 14 日至 18 日的 5 昼夜战斗中，我军共毙伤敌 1000 余人、俘敌 10 余人，毁敌汽车 79 辆，缴获步枪 200 余支、机枪 9 挺、山炮 2 门，以及其它大批军用物资，缴获和击毙骡马 800 余匹。午城、井沟战斗的胜利，有力地打击了敌人的疯狂气焰，切断了蒲县至大宁段的交通，迫使大宁之敌东撤，从而粉碎了敌西犯黄河河防的企图，对开辟晋西南抗日根据地和巩固陕甘宁边区河防都有重要意义。"**7**

卫立煌称赞："一一五师真了不起！"

午城、井沟战斗之后不久，国民党第二战区副司令长官卫立煌率领他的指挥机关过黄河东来。

卫立煌自大战爆发后始终摆在华北日军的正面，他的军队被日军自南口一直推到晋西南的黄河边。卫本人随阎锡山逃过黄河，把第二战区指挥部搬到了西安行营的地盘上。由于蒋介石严令部队不准过河，卫立煌和阎锡山的军队只好逃进吕梁山、太行山、太岳山和中条山的崇山峻岭之中。这次，卫立煌渡河回来指挥作战，还从河西岸带来了一个旅。但没想到一踏上黄河东岸，行至大宁附近便遭日军拦阻。部队被打散了，卫立煌率第二战区前敌指挥所钻进深山密林。

是进是退，卫立煌一时难于定夺。

这时，秘书赵荣声建议道："八路军一一五师的师部就在附近，他们打鬼子有经验，卫老总何不向他们求援。"

卫立煌拍着宽阔的额头，恍然大悟："八路军打鬼子最坚决，走！我们到一一五师的防区去。"

参谋长郭寄峤有点放心不下，担忧地说："事先未通知友军，不会把我们也当鬼子官儿一枪撂倒吧？"

"人家八路军才干不出这种蠢事！"卫立煌愤然道，"王靖国的那个哨兵应该毙掉！"

卫立煌来到石楼第一一五师师部，一见陈光便说：

"陈将军，得罪得罪！我把鬼子给你们引到家门口了。"

卫立煌简述了部队被打散的经过，然后说："怕是我的部队里有奸细也说不定。我走到哪里鬼子就跟到哪里，像是我身上长的尾巴！"

"卫将军，"陈光笑道，"那个尾巴让我来帮你割。"

陈光走到巨幅军用地图前，指着白儿岭说：

"我们就在这里接应你们。"

杨勇接完陈光的电话，立即带领直属队朝白儿岭奔去。行军途中，他将直属队教导员方国南唤来，交代道：

"白儿岭腰涧的地形十分有利于阻击，东西两侧是悬崖峭壁，南面俯视公路，北面可达岭顶。你带特务连上去，抢筑防御工事，务必用火力控制公路，掩护友军东进。"

方国南点头道："保证完成战斗任务！"

"没有我的命令不准后退半步！"杨勇补充道，"这是一场恶战，注意保存实力，多动脑子。一旦任务完成，以两发红色信号弹为号，你们立即后撤到岭顶，寻路归队。"

激战随即展开。杨勇陪同卫立煌在后方阵地上用望远镜观战。日军 4 架飞机不断朝白儿岭阵地俯冲轰炸，地面炮火也猛烈轰击。那个小小的山头完全笼罩在浓烟和尘土之中。

卫立煌放下望远镜，十分惋惜地说："唉，这个团算是报废啦！"

"那里只有我手下的一个连。"杨勇解释说。

"杨团长，你不用开玩笑，一个连怎么能抵挡敌人的连续冲击，何况还有飞机、大炮。"

"他们撤下来的时候，你一查就知道了。"

战斗持续到傍晚，日军仍然被堵在山口，未能向前推进一步。杨勇对卫立煌说：

"友军已经完全转移，我可以下令撤回部队吗？"

卫立煌微笑着连连点头："快让白儿岭的英雄们撤回来吧！"

两发红色信号弹腾空而起。卫立煌仰望余晖尚存的天空，说："杨团长，你们也开始使用现代通信联络手段啦！"

杨勇笑道："都是敌人送的。"

特务连完成阻击任务，顺利撤回。卫立煌清点人数，果然不到 200 人，而且还看到他们缴获了一匹战马。他不禁感叹道：

"杨团长，果然只有一个连。如果我有贵军这样的一个团，恐怕会打遍天下无敌手了！"

"卫将军，一个团的力量总是有限的，真正的力量来自民众。"杨勇笑道，

"六八六团只是一一五师五个主力团之一。"

"一一五师真了不起！平型关、广阳两次伏击打得好，这一次在午城、井沟也不错。"卫立煌握住杨勇的手，再三道谢，"多亏贵军鼎力相助，卫某矢志不忘。"

卫立煌在第一一五师滞留了一段时间，耳闻目睹使他信服"八路军是中国最精锐的军队"。有一次出操，他的部队拖拖沓沓，卫立煌大发脾气："瞧人家八路军，还拿着大刀片，梭标，能打仗，歌也唱得有精神，可你们垂头丧气，堂堂中央军成何体统。"

后来，卫立煌特地拨给第一一五师100挺机枪、10万发子弹，以表谢意。

注 释

1. 今山西左权县。

2.《刘伯承传》编写组：《刘伯承传》，当代中国出版社1992年版，第179页。

3. 隰（xí），低湿之地。

4. 碛（qì），浅水中的沙石；沙石浅滩。

5.《毛泽东军事文集》第二卷，军事科学出版社、中央文献出版社1993年版，第167页。

6. 中国人民解放军历史资料丛书编审委员会：《八路军·回忆史料》（1），解放军出版社1990年版，第329页。

7. 军事科学院军事历史研究部：《中国人民解放军战史·抗日战争卷》，军事科学出版社1987年版，第71页。

第十三章

南北破袭战

晋察冀军区出击平汉路——第一二○师主力破袭同蒲路——攻其所必救，复战长生口——吸敌打援，神头岭伏击战——响堂铺再设伏击战，"向前不减当年勇啊!"

1937年岁末，注定要在悲壮与激越中度过了。

12月13日，日军占领中华民国首都南京，制造了惨绝人寰的南京大屠杀。

12月27日，日军占领山东省会济南，山东省政府主席、第五战区副司令长官兼第三集团军总司令韩复榘无心抗战，弃地千里，遭到国人唾骂。

日军为迅速实现灭亡中国的侵略计划，连贯南北战场，决心以南京、济南为基地，从南北两端沿津浦线夹击徐州。

徐州是津浦、陇海两大铁路干线的交叉点，是江苏、山东、河南、安徽四省的要冲。徐州周围，山峦重叠，河川纵横，向为兵家必争之战略要地。一旦日军夺取徐州，便可沿陇海路西进，利用中州的平坦地势，发挥其机械化部队的威力，直扑平汉铁路，歼灭郑州、武汉间中国军队的主力，一举占领武汉。

反之，如果徐州控制在中国军队手中，不仅可将日军隔绝在津浦路的南北两端，北可威胁济南，南可进逼南京，而且保持横贯东西的军事大动脉——陇海路，能确保郑州和平汉铁路南段的侧背。

鉴于徐州如此重要的战略地位，1938年1月，蒋介石亲临津浦前线归德[1]督战和召开军事会议，会上拘捕了著名逃将韩复榘，并立即在武昌不经审判枪决。2 月，蒋介石在武汉部署保卫徐州的会战，并要共产党军队相配合。他在汉口会见八路军副总指挥彭德怀，询问："是否可以在青纱帐起派队袭击津浦线，声援徐州会战？"彭德怀慨然应允："为了配合徐州会战，不待青纱帐起即当派队前往。"

2 月 5 日，朱德、彭德怀发出电令：

（一）敌集主力由津浦线南北夹攻徐州，由南北进之敌，昨日占蚌埠、蒙城。

（二）为策应第五战区作战，我军主力除在晋积极动作外，应派出得力支队出平汉线以东，向津浦线袭扰。聂（荣臻）已派出吕（正操）部约三千，正在高阳及其东南地区活动，沿沧石路以北向东行进中。

（三）一二九师应即准备一个团，或两个营之兵力，由宋任穷同志（如可能时陈再道同志亦可同去）率领，配足干部与通讯器材，准备在一星期前后，待阎、卫所派部队到达平汉路以西活动时，乘隙东出沧石路以南邢台、德州间活动。

……**2**

2 月 18 日，朱德、彭德怀又致电八路军各部队负责人，令其向平汉路[3]、正太路[4]、同蒲路等敌交通线出击，打击和钳制敌人，以配合友军正面战场作战。

晋察冀军区出击平汉路

接到总部的电令，聂荣臻提出，这次配合友军开展破袭作战，要由陈漫远司令员的第三分区唱主角，出动主力和游击部队向保定至新乐段平汉路出击；第一、二、四分区则都选定适当目标，作钳制性进攻。为使作战计划得以顺利实施，聂荣臻和参谋长唐延杰于2月6日率领司令部几位参谋，深入到进攻重点地段完县、唐县地区，侦察敌情，直接指挥有关部队的作战行动。

2月9日夜，各军分区按计划出击。第三军分区在冀中人民自卫军的配合下，很快攻占定县、望都县城以及清风店、方顺桥等车站，并一度袭入保定、满城城关，毙伤敌500余人，破坏铁路50余公里，焚毁新乐等6处车站，使平汉路一度中断。第一、二、四军分区也按计划分别攻占了蔚县的九宫口、北口，袭击了浑源、忻口、原平、崞县、代县和井陉等城镇日伪军据点，给同蒲、正太路沿线之敌以有力打击。

对这次进攻战斗，朱德、彭德怀根据聂荣臻的报告，于2月11日致电蒋介石，作了如下叙述：

我陈漫远（第三军分区司令）指挥之支队，一部向定州猛攻，与守敌三百余人激战三小时，敌不支退守县府，利用房屋死守顽抗，我以洋油用水龙注射（即火烧），一时火势猛烈，守敌与房屋同烬，至（九日）二十四时全城为我军占领，灰（十日）晨三时许，正定方向援敌赶到，分乘汽车二十余辆、装甲车数辆，我预先有准备，战约一小时被我全部击溃，援敌伤亡百余，缴获步枪四十余支，轻机关枪五挺……该支队另一部攻击清风店车站，守敌约百余人固守车站坚固房，我将预带之洋油用水龙注射，以数包手榴弹掷入，火势猛烈，守敌大部与房屋化为灰烬，小部企图突围，被我击毙，缴步枪十余支。该支队另一部攻击望都，守敌百余人依城顽抗，我军奋不顾身蜂拥扒城，将该敌全部歼灭，缴步枪八十余支，轻机关枪六挺……周建屏（第四军分区司令）所率支队，一部进攻新乐城，守敌约百余人，据城顽抗，我军数度冲锋，始攀城而入，将守敌全部歼灭，其宣抚之日军官十余人被打死，敌之一排兵被我纵火烧死，计缴获步枪八十余支，轻机关枪六挺，战马二十余四……十日晨四时许,由正定方面来火车二列,满载援军,被我预伏部队截获,当即翻车一列,敌跌死跌伤不少,同时我以手榴弹猛烈投掷,大部被我解决……此役缴获步枪一百余支,轻机关枪十余挺,子弹数十箱,其它军用品不少,俘敌伤兵十余人。敌之后列车遭我猛烈射击,即未下车向南退回。**5**

聂荣臻 2 月 12 日在给总部并北方局的报告中说:"平汉线日军被我袭击后,极为恐慌,被我破坏之铁轨与电线,至今未动修。昨派往望都之侦察汇报,该城时起谣风,一日数惊,日兵守在工事里不敢出来。"

捷报传出,八路军总部发来贺电。紧接着,毛泽东的嘉勉电也到了聂荣臻手中:

聂、杨(成武)、邓(华)、周(建屏)、刘(道生)、陈(漫远)、王(平):

你们九号晚英勇的模范的袭击,九日晚给日寇以大的杀伤与威胁,占领许多要点,毁坏交通铁路,夺取敌人武器辎重,这一伟大胜利,是有很大的战略和政治意义。这一胜利,大大地配合东线友军抗战,大大地兴奋了广大的抗战军民,大大地打击了敌人和汉奸,提高了你们的作战信心与战术。这一胜利是由于总司令部、军区司令部正确领导,你们的机动果敢的指挥,和全体干部战士英勇参战,和地方抗战团体与民众的帮助之下取得的。望你们继续这一胜利的精神与经验,再接再厉地为争取新的伟大的胜利而斗争。我们已在盼望你们胜利的捷报,号召广大军民学习和发扬你们的精神与行动,争取抗战的新的转机与胜利。

特此电贺。

毛泽东 **6**

晋察冀军区首次出击平汉路,使敌人大为震惊。

3月4日，日军为了保护其后方和交通线的安全，由高碑店到石家庄调集兵力1.2万余人，在飞机配合下从沿平汉线分四路向阜平、涞源地区发动报复性进攻。

接到报告后，晋察冀军区司令部立即召开作战会议。参谋长唐延杰扼要讲解了易县、满城、完县、唐县、曲阳四路敌人进攻的情况。聂荣臻说："这次敌人兵力集中，炮火猛烈，还有飞机、骑兵配合，我们正面硬拼是不行的，还得用游击战对付，着重袭击敌人的侧后和交通运输线。"大家都同意聂荣臻的决定。

3月7日上午，一架敌机突然飞临阜平上空。哨兵鸣枪报警，人们纷纷往简易的交通壕和防空洞跑去。由于特务事先告密，敌机一来就对准军区司令部和政治部的两座院子狂轰滥炸。幸亏聂荣臻有先见之明，一到阜平就通知机关、部队赶挖防空洞和交通壕，否则这回空袭恐怕要伤亡惨重了。聂荣臻中断了正在召开的作战会议，在警卫班的护卫下，和参谋长、作战科长等人冲向司令部后院的交通壕和防空洞，躲过了敌机轰炸。但是，机关和直属队还是牺牲了几个人。这是军区成立以来机关第一次遭受损失，聂荣臻心情十分沉痛。

3月8日凌晨，侦察员报告：日军已经到了距阜平20多里外的王快镇，有数千人，还有骑兵配合，正向阜平扑来。聂荣臻和几位负责人稍作研究，即令军区机关和边区政府乘当时天还未亮，火速向五台方向转移。当天，他们强行军到达龙泉关，第二天便来到军区的诞生地五台山。军区司令部的新址选在五台山南坡下的金刚库。

按照聂荣臻原定部署，军区各支队及游击队待敌深入后，在敌之侧后及交通线上猛烈袭击。敌后方损失颇重，首尾不能兼顾，极感恐慌，遂于10日开始撤退。

4月下旬，大批日军再次沿津浦路南下，会攻徐州。聂荣臻得知平汉路北段各点的日军向北平集中，估计也是为了转向津浦路，去参加徐州之战

的。为钳制日军，支援国民党军正面战场，他作出了第二次破击平汉路北段
的部署：令第一军分区部队破袭保定以北的平汉路；第三军分区部队袭击保
定，破坏保定以南的铁路；冀中部队和各地方部队配合这次破袭行动。

自 4 月 28 日至 5 月 14 日，各部队出色地完成了任务，连续破坏铁路
170 多里，使平汉线 3 天不能通车。攻占涞水的部队沿平汉线向北推进，争
取了 2400 多名伪军反正，扩大了八路军在这一地区的影响。进攻保定的部
队，两次夜袭，一度攻入保定南关，引起日军恐慌。聂荣臻对这次行动是
满意的，在总结此役时说："致令敌人不得不以大的兵力增援到保定、定县、
石家庄一带，以维持其交通，我则达到了钳制大量敌军之目的。" **7**

第一二〇师主力破袭同蒲路

在同蒲铁路北段，贺龙率第一二〇师主力展开了一场颇有声势的破袭战。

为了有效地指挥这一战役行动，贺龙将师部分成两个梯队：由萧克、关
向应组成野战司令部，前出同蒲路，指挥破袭战；贺龙坐镇岚县，统筹全局。

这时，正值隆冬季节，晋西北冰天雪地，寒冷异常。要在这样的天气里
组织大部队作战，困难甚多，而且，日军为了维护同蒲路的畅通，投入了较
多的兵力。贺龙还接到报告说，有 2000 多日军新从阳曲开到原平，有攻击
在崞县以西的第三五九旅的迹象。因此，在研究破袭计划时，贺龙说："你
们到达同蒲路后，先别急于组织攻击，可以一面做群众工作，侦察敌情，一
面寻找战机。出现了有利时机，再组织战斗。"

萧克点点头表示同意，并说："老贺，你放心吧，我们到同蒲路后，先
弄清情况再作定夺。"说罢，与关向应一起，带领野战司令部出发了。

六七天以后，贺龙得到情报：崞县、原平、忻县一线的日军主力已经南
调阳曲、太原，目前这一带兵力并不多，各个据点里只有百十来人，最多
的也只有四五百人。2000 多日军开到原平的情报是失实的。根据这一情报，

贺龙敏锐地感到，这是个有利时机，必须及时、迅速集中主力，袭击一两个据点，以切断同蒲铁路。他急电在忻县莲寺沟的萧克、关向应，提议立即向忻县以南、阳曲以北地区发动攻势，"占据其一二据点，消灭其一部，并引诱敌之增援，在运动中消灭其增援部队"。他还指出，这次作战的基本目的是袭占忻县以南的平社车站，破坏铁路，并相机袭击忻县关城镇、石岭关、青龙镇之敌。

在前线的萧克、关向应赞同贺龙的作战意图，迅速将第一二〇师两旅主力调集到忻县—阳曲以西地区进行战斗准备。

2月18日，攻击开始了。第三五八旅第七一五团率先在忻县黄岭村伏击了从平社往高村的火车，毙伤日军50多人，但因受地形限制及平社敌人增援，未能将敌全歼。

22日凌晨，第三五九旅第七一七团袭击平社车站。刘转连团长指挥所部利用黎明前的黑暗掩护，秘密接近车站，用手榴弹给敌人来了个突然袭击，歼敌60多人。由于有的营动作不坚决，战至拂晓，未能解决战斗，乃主动撤离。

战斗一打响，在岚县的贺龙坐不住了，他于23日赶到莲寺沟。当晚，他就到了第七一七团，指示他们迅速总结战斗经验，鼓励他们再接再厉，重攻平社，把车站拿下来。贺龙对战士们说："现在天天传八路军打胜仗，就是看不到活的俘虏。你们这回再攻平社车站。少缴几支枪不要紧，一定给我抓几个俘虏回来，看看他们还骄横不骄横。我就不相信鬼子就那么厉害，抓不住他。你们就抓他个活的！"

边上有个战士说："听说抓住的鬼子都不走，咋办？"

"不走？你就抬起他走，怕他不来？"贺龙的话，引得战士们发出了一片笑声。

师长亲临前线，大大鼓舞了部队的斗志。当夜，王震指挥第三五九旅再袭平社。平社守敌畏惧被歼，向东北逃窜。第七一七团占领平社车站后乘胜追击，攻克铁路东侧的豆罗村、麻会镇两个据点。

24 日晚，第七一七团一鼓作气，又攻占关城镇，并捉了 10 来个俘虏。有的真是被捆起来抬下战场的。同日，第七一七团一部破坏崞县、原平间铁路，毁敌火车一列；另一部在崞县以北打敌增援车队，毙敌大队长一名。

日军为恢复该段交通，27 日由忻县出动日军 800 余人，由高村出动 200 余人，向关城镇、石岭地区进攻，企图重占平社。在东西河庄，与贺龙事先部署在这里的第三五八旅第七一六团相遇，激战半日，形成对峙。

贺龙在电话里对第三五八旅旅长张宗逊说："把七一五团调上来嘛！你舍不得什么？要赶快解决战斗！"

张宗逊急调第七一五团于下午 4 时赶到东西河庄。黄昏，两个团同时发起攻击。激战两小时，将日军击溃，并追到 20 里以外的高村车站。

这样，第一二〇师主力在 10 天之内打了 4 仗，歼敌 500 余人，破坏铁路 10 余公里，桥梁 8 座，炸毁敌火车 3 列、汽车 10 余辆，攻占了平社、田庄车站等 7 处据点，切断了忻口至阳曲的交通线，完成了破袭同蒲路的任务。

攻其所必救，复战长生口

遵照总部电令，刘伯承率第一二九师进到正太路东段，准备在井陉方向寻机歼敌，并相机占领娘子关、旧关。几个月前，刘伯承曾率部在这一带作战，对这里很熟悉。但仅隔几个月，这里的景象大变。沿途村庄断垣残壁，瓦砾成堆，日军每进一村，即枪杀群众，烧毁房屋，奸淫妇女，饱受摧残的群众见到八路军欣喜万分，说是打胜仗的队伍又回来给他们复仇了。

一到驻地，刘伯承即令陈锡联、孔庆德等化装侦察井陉方向的敌情，结果发现井陉西南 20 余公里的旧关据点，驻有日军 200 余人，属井陉警备队管辖。

　　这个仗该怎么打？长于用兵的刘伯承决心采用"攻其所必救"的战术。多年后，时任第三八六旅参谋长的李聚奎还以敬佩的口气写道："复战长生口这一仗简直就是一次周密的军事演习。我们的刘伯承师长在一次全师干部会议上说：'我们是战术的创造者，我们要打击敌人的弱点，不错；可是倘若敌人并没有弱点，即应怎么办呢？——给敌人制造弱点。'当时，长生口东边的井陉驻有大部敌人，西边旧关驻有200多敌人，倚仗坚固工事，死守据点。表面看来，并没有多少弱点。怎么给敌人制造弱点呢？刘伯承师长是这样部署的：用第七六九团的兵力佯攻旧关，对敌人实施包围，但并不切断敌人的电话线，让他们向井陉的敌人求援，迫使井陉的敌人不得不走出据点，向旧关增援。一旦敌人出了据点，在行进中便造成了弱点。这样一来，连消灭敌人的地点都由刘师长指定好了，就在我386旅初战告捷的地方——长生口。"**8**

　　第一二九师驰援娘子关时，第七七二团"夜袭长生口"，曾在这里打过一次伏击战，恰好与那次战斗相隔4个月，第二次长生口战斗又要打响了。

　　1938年2月23日凌晨，第七六九团和第三八六旅开始行动。为了保证战斗的秘密性和突然性，部队特地从远纵深开进。第三八六旅旅长陈赓在日记中写道："我们1时出发。山路崎岖，气候严寒，冷风刺面，但均衔枪疾走，勇气百倍，到达红土岭时，东方尚未发白。拂晓前开始部署。4时许，旧关附近发生激烈枪声，知769团已到，开始袭击了。时至6时，尚未见敌援兵到来。正在焦急之际，忽然前面发现枪声，这时候真有说不出的痛快。敌人约200余，一部乘车，一部步行。先头第1部汽车即被击坏……"**9**

　　第七七一团和第七七二团经过激战，毙敌警备大队长荒井丰吉少佐以下130余人，俘敌1人，缴获步枪50余支，8辆汽车被炸毁5辆，剩下的3辆，载着少数残敌窜向井陉，后头还跟着来不及登车的步兵。第三八六旅一部展开追击，一直追到井陉城西，整个战斗持续了5个小时左右。

　　长生口战斗胜利的消息传开后，附近的群众夹道欢呼，煮水送饭，特别是争看胜利品和抓到的东洋兵。连深闺中的三寸金莲少女，走着八字步的老太婆，都一颠一倒地争看日本人。许多少壮的群众对日本兵怒目相向，责问其为何要来中国侵略；也有群众提出不应该让日本人骑牲口，而是应该枪毙。要不是八路军的俘虏政策，这名俘虏完全可能被群众打死。

吸敌打援，神头岭伏击战

长生口战斗结束的当天，刘伯承奉命率部南返，准备将主力集结到邯（郸）长（治）公路以北的襄垣、武乡地区，寻机打击邯长大道上的日军，破坏其交通补给线，以钳制日军的战略行动。

3 月 14 日，襄垣以东浊漳河畔杨家庄。

第一二九师指挥所作战室。

墙壁上悬挂着缴自日军的五万分之一军用地图，邯长公路被红笔醒目地勾了出来。刘伯承翻阅着来自各方的敌情通报和本师部队的侦察报告，不时用放大镜审视着墙上的地图。

邯长公路东起河北邯郸，向西横贯太行山脉，与临（汾）屯（留）公路相接，是晋西南日军从平汉线取得补给的主要交通线。日军在沿线各县都有重兵驻守。据几天来侦察到的情报：黎城驻敌 1000 人，是日军第一〇八师团的重要兵站基地；黎城东北的涉县驻敌 400 余人；西南的潞城则驻有2000 人。

作战室里别无旁人，邓小平、徐向前到八路军总部开会去了，倪志亮留在后方管理师直属队。

不多长时间，一个作战方案在刘伯承心中形成了。

他立刻把李达和有关参谋找来，讲了他的方案：总部令我师进攻东阳关至潞城一线敌人。我打算袭击黎城，吸引潞城和涉县的敌人出援而予以伏击。《孙子兵法》上说，"攻其所必救，歼其救者"，我们这次再运用一下这个战法。部署上，以第七六九团一部于 16 日拂晓前袭击黎城，以该团主力于东、西黄须伏击涉县出援之敌；以第三八六旅3个团在神头村附近伏击潞城出援之敌。

讲完作战方案，刘伯承继续说道："神头村是潞城东北20余里外的一个小山村，从地图上看，一条公路从村西的神头岭下穿过。把伏击部队摆在岭上，居高临下，地形是很理想。至于3个团的兵力如何部署，让陈赓到现场勘察一下再下决心。"

命令传到第三八六旅，整个旅部呈现出紧张、繁忙的景象。新的战斗和即将到来的胜利，使大家兴奋异常。

15日上午，第三八六旅团以上干部齐集旅部召开战前准备会。

陈赓讲了师部的作战意图后，大家在地图前你一言我一语，最后都望着陈赓，等着他作结论。陈赓没有马上作结论，却问道："神头岭的地形谁看过？"

会场沉默。大家都还没有顾上去看地形。

"这不是纸上谈兵吗？"陈赓笑了起来，"刘师长常讲，'五行不定，输得干干净净'。靠国民党的老地图吃饭，要饿肚子哩！我看，会暂时开到这里，先去看看地形好不好？"

一行十多人走出旅部，立刻跨上马，随同陈赓离开驻地。

翻过一座山，神头岭在望了。可眼前的景象使他们大吃一惊：实际地形和地图上标示的根本是两回事，公路不在山沟里，而在山梁上！山梁宽度不过一二百米。路两边，地势比公路略高，但没有任何隐蔽物，只是紧贴着路边，过去国民党部队在这里构筑了些工事。山梁北侧是两条大山沟，沟对面是申家山。山梁西部有个10多户人家的小村子，那就是神头村，再往西，便是微子镇、潞城了。

显然，这样的地形是不大适合于埋伏的，部队既不好隐蔽，也难于展开；北面又是深沟，预备队运动不便，搞不好，还可能使自己陷于困境。十多个人一时都愣住了。

陈赓用鞭梢朝公路指了指说："怎么样，这一趟没有白跑吧？粗枝大叶要害死人哪！"

第七七二团萧永智政委说："差点上了地图的当！"第七七一团吴富善政委说："那些家伙，只吃饭不办好事。打仗要靠那些地图，不打败仗才见鬼！"

陈赓仍在继续观察着，好像要把那些报废了的工事全都数遍。过了好久，才转身一挥手呵呵笑着说："走，回去讨论好啦，地形是死的，人是活的，想吃肉，还怕找不到个杀猪的地方么？"

回到旅部时，天已经黑了。吃过饭，会议继续举行。会场的气氛更热烈了。有的主张在这里打，有的主张在那里打，种种分析，各有利弊。讨论了很久，还是难于得出结论。

陈赓一直仔细听着大家的发言，一直到讨论告一段落，才扫视了一下会场，用洪亮而坚定的声音说："我看，这一仗还是在神头岭打好。"

"神头岭？"有人惊异地问。

"是的，神头岭。"陈赓看了看旅政委王新亭，"看问题要从全面看，不要只看一面，对不对？"

王新亭微笑着点了点头："应该有辩证观点。"

陈赓离开座位走到地图前，说："不要一说伏击就只想到深沟陡崖，天底下哪有那么多深沟陡崖？没有它，仗还是要打。"接着，他分析说，一般讲，神头岭打伏击的确不太理想，但是，现在却正是我们出其不意地打击敌人的好地方，正因为地形不险要，敌人必然麻痹，而且那些工事离公路最远的不过百来米，最近的只有20来米，敌人早已司空见惯。如果我们把部队隐蔽到工事里，隐蔽到敌人鼻子底下，切实伪装好，敌人是很难发觉的；山梁狭窄，兵力确实不易展开，但敌人更难展开。说到这里，陈赓把手杖在两张桌子上一架，问道："独木桥上打架，对谁有利呢？"

第七七一团团长徐深吉笑道："我看是谁先下手谁占便宜。"

"对哇，只要我们做到突然、勇猛，这不利条件就只对敌人不利而对我们有利了！"

陈赓又问第七七二团团长叶成焕："如果把二营放在申家山，能不能在40分钟内冲上公路？"第二营一向以快速著称，这次是留作预备队使用的。

叶成焕团长蛮有把握地说："半个小时保证冲到！我觉得预备队运动问题不大。"

听了这些分析，大家好像从狭窄的山沟里一下走到了平原上，视野突然开阔了，心里豁然亮堂了。但是，又有人问："这样是不是有点冒险？"

"那得看怎么说，"王新亭说，"看来最危险的地方，实际却最安全，这样的事还少么？"

陈赓接过王政委的话继续说："打仗，本来就是有几分冒险的事嘛！有的险冒不得，有的险却非冒不可。诸葛亮的空城计不也是冒险吗？如果一点险也不敢冒，他只好当司马懿的俘虏，还有什么戏好看？"

几句话，说得满屋子的人都笑了起来。

最后，大家的意见归于一致：仗，还在神头岭打。具体部署是第七七一团在左，第七七二团在右，都埋伏在路北；补充团设伏于对面的鞋底村一带，并确定由第七七一团抽出一支小部队向潞河村方向游击警戒，相机炸毁浊漳河上的大桥，切断两岸敌人的联系；由第七七二团第三营担任潞城方面的警戒，断敌退路。

最后，陈赓又问旅作战股长周希汉："潞城敌人有变化没有？"

周希汉回答："还是3000多人，没有大变化。"

"3000多……我们的兵力是有点不足。"陈赓沉思了一会儿，突然扭头对叶成焕说，"你们再抽一个连出来，撒到潞城背后打游击去！"

叶成焕先愣了一下，接着便高兴地连连点头，笑了起来。

3月15日傍晚，部队出发了。长长的行列沿着山间小道向前延伸。部队经过深入动员，情绪极高，尤其补充团的大部分战士，几天以前都还是辽县、黎城、涉县一带的游击队队员和民兵，参加这样大的战斗还是第一次，但劲头却很足。大清早，大家就把红缨枪磨得亮亮的，把鞋子绑扎得好好的，做好了一切准备。看到他们那一蹿一蹿的样子，使人好像能够听到那一颗颗兴奋而激动的心，是在怎样剧烈地跳动。

陈赓也显得非常轻松愉快。他一会儿在队伍里和战士们拉呱，一会儿又和王新亭政委开玩笑，走着走着，突然喊道："瞎子当心，下坡了！"

王新亭是近视眼，平时戴着高度数的眼镜看书，还要凑到眼边才能看得见。这会儿听见喊声，便急忙蹲下来，伸手去摸地，引得大家哈哈大笑。

"唉，你这瘸子……"王新亭自己也止不住笑了起来。但他也不示弱，看清是路以后，立即连连催促："快走！快走！"陈赓腿上负过伤，有点瘸，走不快，只好认输。

过河了，陈赓停住步子，伸出手杖说："来哇，让我这瘸子来牵你这瞎子。"然后小心翼翼地把王新亭搀扶过河。

到达预定位置后，陈赓先在神头村里看了看，又到各团督促大家进入阵地，进行伪装。当他来到补充团阵地上时，五连的一群战士正围在一起研究如何伪装，如何保持地形的本来面貌。陈赓表扬了大家几句，接着说："日本鬼子没有什么了不起，不怕他气势汹汹，只怕我们满不在乎，骄傲麻痹。"又具体指示大家不要随便动工事上的旧土，踩倒了的草，一定要顺着风向扶起来。

这时，一个战士突然问道："旅长，这地方怎么好打埋伏？离路这么近，可不要给鬼子踩到头上发现了啊！"

陈赓笑道："这地方，我看是不错。只要伪装得好，敌人踩到了也不会发现。要是发现了，你们开我的斗争会好不好？"

战士们都嘿嘿笑了起来。

"可是，你们要不好好伪装，暴露了目标，或者打不好，吃不掉敌人，怎么办呢？"陈赓问道。

"你处分我们！"

"处分你们干什么？"陈赓说，"暴露了目标，还当什么八路军，都回家去当老百姓算了。"

正说着，远处突然传来了一阵沉闷的轰隆声，那是担负"钓鱼"任务的陈锡联率领的第七六九团对黎城的袭击开始了。该团第一营于 16 日 0 时 30 分一举攻入城里，消灭日军 100 多名。由于当时天还不亮，正睡着觉的日军被从天而降的我勇士们打得晕头转向，一时摸不清情况，只好龟缩在房子里顽抗，同时，拼命地向潞城、涉县等地呼救。

随着黎城方向越来越密的枪炮声，大家心情也越来越紧张了。战士们加快速度，做好伪装，隐蔽起来。

4 时 30 分，一切都已就绪，陈赓再一次交代各团：每个营只许留一个干部值班，在外边观察，别的人谁也不许露面，然后才离开阵地，回到申家山旅指挥所。

天亮时分，已是补充团参谋长的周希汉，轻轻拨开那黄了一冬刚刚发绿的蒿草向外观察。"四周很静，看不到一丝人迹。神头村离我们只有一两里路，没有鸡叫，也不见炊烟。公路横躺在我们面前，由于长时间没有下雨，加上敌人运输部队往来频繁，路面已经形成了一层很厚的灰土。北面和我们相对的地方，是 772 团 1 营的阵地。他们隐蔽得很好，我极力搜寻，也很难发现一点痕迹。"**10**

一会儿，电话铃响了，耳机里传出了陈赓洪亮的声音。

"周希汉吗？你那情况怎么样？"

"旅长，我们隐蔽得很好哇。"

"沉住气。敌人来到时，一定要等七七二团打响后再动手。"

9点钟左右，周希汉又接到陈赓电话，说潞城出来了1500多敌人，已经到了微子镇。周希汉高兴得赶紧告诉了营长和教导员。同时心想，好啊，来少了不够吃，来多了一口吃不下，1500人，正合适！

潞城有3000多敌人，之所以只出动1500人，正是陈赓让派出去打游击的那个连发挥了作用，他们在潞城背后乒乒乓乓一打，敌人害怕其乘虚攻城，便不敢倾巢出援了。

9时30分，日军在微子镇方向露头了，前面是步兵、骑兵，中间是大车队，后面又是步兵、骑兵，一拉几里长。事后得知，这是日军第十六师团的部队，敌人满以为这样大的部队行动，中国军队根本不敢惹，因此，又带上了第一〇八师团的一个辎重队，妄想救援黎城、护送车队一举两得。

日军先头到达神头村后，停了下来，过了很久，一支30多名骑兵的搜索分队出现了。他们沿着一条放羊小道，径直朝第七七二团第一营的阵地奔去。眼看他们一步步接近工事，马蹄马上就要踩到战士的头上了，周希汉的心一下子被倒提了起来，手心都被汗湿遍了。

但是，不出陈赓所料，敌人只注意了远处，注意了沟对面的申家山，对于鼻子底下那些见惯了的工事，却根本没放在眼里。看到申家山上没有动静，便继续前进了。

等敌人全部进到了伏击圈，第七七二团指挥所发出了攻击的信号。弹指间，平静的山梁好像变成了一座火山，成百上千的手榴弹蓦地在敌人脚下齐声爆炸。横飞的弹片、闪闪的火光，连同那滚腾的硝烟与黄土，汇成了一条愤怒的火龙，一下把那长长的日军队伍和公路都吞没了。

"冲啊！杀啊！"没等再下命令，战士们便从工事里、草丛里飞奔出来，冲进敌群，用刺刀、大刀、长矛奋勇砍杀。尤其补充团，大多是清一色的红缨枪。在这短兵相接的战斗中，被日军称为"长剑"的红缨枪显出了它特有的威力。长长的公路上，只见到处是白光闪烁，红缨翻舞。许多敌人还没有辨清方向就被打死，剩下的企图组织顽抗，但在这狭窄的地形上，根本排不成战斗队形。既没有地形地物可利用，火力又无法发扬，只得在路上来回奔跑。

但是，日军毕竟是有战斗力的。有的滚进了水沟，有的趴在死马后边射击，有的则端起刺刀肉搏。八路军指战员更不示弱，第七七二团第八连连长邓世松胸部负重伤，在临牺牲前的一刹那，仍挥着手榴弹指挥战士们向敌人冲击；第一营一个战士负伤4处，用毛巾扎住伤口后，又一口气刺死了3个敌人，当他停止呼吸时，手里的刺刀还深深地插在敌人的肚子里；司号员杜旺保抱着块大石头冲上公路，把一个日军砸得脑浆迸裂；炊事员老蔡也用扁担劈死了一个敌人，夺来了一支三八式枪……

正杀得难解难分，一阵喊杀声自天而降，远在申家山的第七七二团第二营冲上来了。中段的敌人完全失去了战斗力，除少数窜向东面的张庄和西面的神头村方向外，绝大部分都成了刀下鬼。

正当300多残敌逃向神头村时，陈赓刚好由申家山下来，到了第七七二团指挥所。他对叶成焕道："决不能让鬼子在村里站稳脚跟。村边是哪个排？"

"七连一排。"叶成焕回答。

"是蒲达义那个排吗？"

"是！"叶成焕又答。蒲达义排一贯勇猛顽强，能打硬仗，曾多次受到陈赓的表扬。这时，陈赓点了点头，突然把手杖一挥，斩钉截铁地吼道："命令一排，不惜一切，把村子拿回来！"

20多名战士在蒲达义排长的率领下，一个猛冲，仅以伤亡5人的代价就把敌人赶出了村子，并用猛烈的火力打死打伤了好几十个日本兵。然而，力量毕竟悬殊太大，敌人一出村，马上又蜂拥上来，情况危急万分。就在千钧一发之际，叶成焕团长亲自率八连赶到了村里，巩固了阵地。

敌人还不甘休，又连续组织反扑，机枪、步枪、小炮，集中向村里扫射、轰击。村口展开了空前激烈的拉锯战。

正在激战之时，陈赓来到了神头村里，一边观察村外的情况，一边挥着手杖向冲过身边的战士们喊："快上，把敌人给我赶到山梁上去！"正喊着，一颗炮弹在附近轰然炸裂，一间小草屋立即熊熊地燃烧起来。陈赓的手杖也被爆炸的气浪震落，飞出去很远。

警卫员急得大喊："旅长，这里危险！"

陈赓抖了抖身上的泥土，取下眼镜一边擦着一边说："你老跟着我干什么？快上去告诉大家，决不能再让敌人占一孔窑洞，一栋房子！"

陈赓到了村里的消息，立刻在部队中传开。正在前沿的叶成焕担心陈赓的安全，急得满头大汗。此刻，最好的办法只有一个：把敌人重新逼上山梁，彻底歼灭！他把盒子枪一举，大喊一声："消灭敌人！冲啊！"便冲了出去。战士们立即大喊着，不顾一切地扑向敌人……

枪声渐渐停息了。陈赓穿着灰棉衣，敞开前胸，笑容满面地和叶成焕团长站在村口，看到周希汉走过来，老远就喊："补充团，干得不错呀！"

周希汉把两架崭新的折叠镜箱照相机送到陈赓面前，说："旅长，这也是刚才缴的。"

"嗬，照相机，这是武器呀！"陈赓接过照相机说，"我们可以用敌人送来的机子拍些照片，给报纸、杂志发表，让全中国、全世界人民知道，这就是日本帝国主义侵略中国的下场！"他见机子里装有现成胶片，便打开机匣，对准狼藉满地的日本旗和横七竖八的日军尸体，连拍了好几张……

当神头村围歼战激烈进行的时候，被伏击部队放过去的先头之敌，一到潞河村就被第七七一团一个不剩地给收拾了。第七六九团完成"钓鱼"任务后随即撤离黎城。黎城日军即派一部向神头岭疾进，企图援救神头被围之敌。当其行至赵店村浊漳河畔时，突然遭到第七七一团特务连的阻击。敌人见赵店桥已被我烧毁，即刻组织炮火掩护，抢修赵店桥。特务连得知神头围歼战已胜利结束，奉命撤出了战斗。日军把桥修复后也退回黎城。

13 时许，潞城日军一部乘两辆汽车驰援神头之敌，被第七七二团第七连歼灭于神头村西南处。

14 时，日军 100 余人乘 7 辆汽车前来援救，又被第七七二团一部击毁汽车 3 辆，残敌见势不好，慌忙掉过车头，拖着 4 车死尸和惨叫的伤员逃回了潞城。

16 时，神头岭伏击战胜利结束。这次战斗，共歼日军 1500 余人，俘敌 8 人，毙伤和缴获骡马 600 余匹，缴获各种枪 300 余支 (挺)，我军仅伤亡 240 人。

神头岭伏击战是八路军继平型关、广阳伏击战之后又一次较大规模的伏击战。刘伯承于 1939 年 8 月 22 日在《对目前战术的考察》一文中，把它看成是"吸敌打援"一个好的战例。在这次伏击战中逃跑的日本《东亚日报》随军记者本多酒沼，写了一篇题为《脱险记》的报道，说神头岭战斗大伤皇军元气，八路军的灵活战术实在使人难以琢磨。

战后不几天，日军汽车部队的一名伍长在日记里写道："第一〇八师团这样的损失是从来没有的，潞安到黎城的道上鲜血这边那边流着，我们的部队通过其间，真觉难过，禁不住流下滚滚的热泪。"

神头岭，成了日军丧魂落魄的"伤心岭"。

响堂铺再设伏击战，"向前不减当年勇啊！"

神头岭伏击战胜利后不久，刘伯承根据得到的情况，决心再给日军一次打击。

他和副师长徐向前、政委邓小平研究后认为，可以在邯长公路上东阳关和涉县之间的响堂铺一带，再组织一次伏击。这里地形比神头岭更理想，公路几乎就是一条小河的河滩，碎石满地，汽车不便行驶。路南是高山，多悬崖峭壁，不易攀登。路北为起伏高地，多谷口，利于隐蔽和出击。在这里伏击，兵力好展开，进退两便。

3 月 21 日，刘伯承到沁县小东岭八路军总部开会，接着参加东路军将领会议，因此决定伏击战由徐向前指挥。

与刘伯承一样，徐向前亦堪称一代儒将。他上过两年私塾，尔后转到沱阳读完高小。这在当时已经算是有学问的"文化人"了。1921年，他又考进了公费的国民师范学校，毕业后当了几年小学教员。1924年4月，徐向前考入黄埔军校第一期，9月被编入孙中山卫队，参加了为孙中山放哨、警卫的任务。一个月后，又参加了平定商团叛乱的战斗。也许是和黄埔有缘，徐向前从黄埔毕业后，仅在冯玉祥的国民军中干了一年，就又回到了号称"第二黄埔"的黄埔军校武汉分校，并出任少校队长。所以，多年黄埔军校的熏陶，使他多了几分儒雅的气质，打起仗来善于思考，处变不惊，很有大将风度。

徐向前召集干部会议，确定具体作战部署：第三八六旅第七七一团和第三八五旅第七六九团的主力，分别在邯长大道以北的后宽漳至杨家山一线山地设伏。第七七一团为右翼队，第七六九团为左翼队，并各派出一股部队到大道以南山脚下埋伏。同时，第七六九团抽出几个连在椿树岭、河南店、王堡等地设伏，阻击可能由涉县西援之敌，并掩护该团左翼。第三八六旅第七七二团主力集结在第七七一团右后方之马家拐，并派出小部队向东阳关附近之苏家峧游击警戒，阻击可能由黎城、东阳关来援之敌，以保护我伏击部队右后方安全。

各部队接受任务后，分别抓紧时间进行思想动员和战前准备。当时，指战员绝大多数未见过汽车，对它的性能和特点不了解。对此，第七七一团团长徐深吉和政委吴富善，决定有针对性地进行如何打汽车运输队的战前教育。"教育中，不仅向大家介绍了汽车的性能特点，并着重讲了打汽车运输队的要领，首先是消灭汽车上的掩护部队，使之失去战斗力；第二是打敌驾驶员；第三是打汽车的油箱和轮胎。这一教育，虽然时间很短，但使大家了解了汽车的特点和打汽车的要领，在战斗中确实起了很好的作用。"**11**

在传达战斗任务时，徐深吉和吴富善还特意说明："这次前线指挥战斗的师首长是徐向前副师长。"大家听了这个消息非常高兴，因为他们大多来自红四方面军，徐向前曾任红四方面军总指挥，是他们的老首长，在指战员中有很高的威信。他们纷纷表示，有徐副师长指挥我们打仗，一定能打胜仗。

3月30日午夜，各部队准时进到伏击地域。

次日晨6时，第七七二团突然接到下属部队报告：后方马家峪、苏家峧两地突然出现敌情。第七七二团以为敌人发觉了伏击企图，这是派兵来迂回伏击部队侧背、截断退路的，于是立即报告给第三八六旅部。第三八六旅一面转报师前方指挥所，一面准备转移。

后路被截的消息报到师前方指挥所，人们不免有点惊慌，气氛立即变得紧张起来。

徐向前端坐在一张长方形的小桌前，没有说话，略略思索了一会儿，他立起身对邓小平说："我看先不忙撤退，进一步核实一下敌情再说。"

邓小平点点头："好！就按你的意见办。"

徐向前对作战参谋说："通知各部队继续隐蔽待命，令第七七二团派一个营进到马家峪监视敌人，并火速查明当面敌情，敌人兵力多大？有无后续部队？查明后立刻报来。"

作战参谋刚要去布置，徐向前说："给我要通七六九团团长陈锡联。"

"喂，陈锡联吗？你们要集中精力打敌人的运输车队，就是敌人几百人绕到你们的后面来，也不要管。你和徐深吉各给我一个连，我来掩护你们消灭敌人的运输队以后，向南撤出。"

打完电话，徐向前又让作战科副科长邓仕俊化装，迅速赶往东阳关，了解关内日军的动态。

7时许，第七七二团的报告来了。说经查证，苏家峧并未失守，前来进攻的敌人已被击退，撤回东阳关去了，看来没有发现我方伏击企图。邓仕俊也赶回来报告：通过内线得知，关内敌人没有出动迹象，汽车未集中，弹药未出库，也未见到翻译官到日军队部去。

徐向前放心了，对参谋下令："通知各部按原计划行动。"

9时许，日军第十四师团辎重部队森本、山田两个汽车中队从东阳关东返，开到了响堂铺。他们分属黎城、涉县两个兵站，前一天才会合到黎城。

日军的汽车开到碎石路上，不得不减慢速度，200余辆汽车足足拉了10里长，活像一条缓缓蠕动着的长蛇。

不一会儿，敌先头的几辆汽车已通过第七七一团第一营正面，进到第七六九团的伏击地段。徐深吉和吴富善商量，第七七一团全团担任伏击任务，应该多消灭些敌人，打后头100辆；第七六九团有几个连担任对涉县的警戒任务，放过80辆让他们去收拾。

两人急待出击命令，突然听到"啪！啪！"两声枪响，抬头一看，两发绿色信号弹腾空而起。他们明白，这是徐向前发出的总攻击命令。

顿时，全线的枪声响成一片，机关枪、步枪喷吐出一股股火柱，迫击炮弹带着一道道弧线飞向汽车，手榴弹成堆地甩进敌群。日军毫无防备，被这突如其来的打击吓得手足无措，有的连枪栓都没来得及打开，就一命呜呼了。一部分日军慌乱地跳下车来，或钻到车底下，或卧在公路边，据枪还击。汽车组成的长蛇瘫痪了，有的汽车油箱中弹起火，大火迅速蔓延，滚滚浓烟随风升腾，公路上霎时形成了一条火龙。

战士们乘势冲上公路，端着刺刀、长矛（新战士没有枪）对日军猛刺。日军持枪对抗，很快就招架不住了。

战斗进行了两个小时，公路上的日军就全部被消灭了，有30余个敌人从混乱中死命攀上路南崖壁，狼狈逃逸。

伏击战打响后，西边敌人由黎城出动步骑兵300余人，通过东阳关前来增援。第七七二团第三营正在此等候，在关外一顿猛打，日军掉头而逃。东边日军由涉县乘6辆汽车，倾巢出援，走到椿树岭，第七六九团打援部队实施密集火力拦击，打中一辆，其余退了回去。

下午4时许，敌人出动飞机十多架，飞到响堂铺上空轰炸，但此时部队早已打扫完战场撤离。敌机转上几圈，见到的只是满山沟被击毁的汽车残骸，以及横七竖八躺着的日军尸体，只好发疯似的投下一排排炸弹作为发泄。

黄昏时分，徐向前、邓小平回到师后方指挥所，刘伯承笑着迎了上去："我们刚一分开，你们就打胜仗啊！"

随后，徐向前谈起了有关战况："大约有 400 多鬼子被打死，森本少佐也在里边。活捉了 3 个日本兵。可惜有 30 多个鬼子钻了我们路南山地没有伏兵的空子，突围逃走了。这次我们炸毁的汽车，加上椿树岭打援时击毁的那一辆，一共是 181 辆。"

刘伯承称赞道："这次战斗击毁汽车 181 辆，可是破天荒头一回！向前不减当年勇啊。"

刘伯承、邓小平爽朗地笑了起来。

几十年后，中央军委副主席徐向前元帅回忆起这段战事，写下了这样雄浑昂扬的诗句：

巍巍太行起狼烟，
黎涉路隘隐弓弦。
龙腾虎跃杀声震，
狼奔豕突敌胆寒。
扑灭火龙吞残虏，
动地军歌唱凯旋。
弹指一去四十载，
喜看春意在人间。**12**

注　释

1. 今河南商丘。

2. 中国人民解放军历史资料丛书编审委员会：《八路军·文献》，解放军出版社 1994 年版，第 143 页。

3. 指北平（今北京）至汉口的铁路，今京广线一段。

4. 指正定至太原的铁路，即今石家庄至太原线。

5. 转引自《聂荣臻传》编写组：《聂荣臻传》，当代中国出版社 1994 年版，第 220—221 页。

6. 转引自《聂荣臻传》编写组：《聂荣臻传》，当代中国出版社 1994 年版，第 222 页。

7. 《聂荣臻军事文选》，解放军出版社 1992 年版，第 70 页。

8. 中国人民解放军历史资料丛书编审委员会：《八路军·回忆史料》(1)，解放军出版社 1990 年版，第 326 页。

9. 《陈赓日记》，解放军出版社 2003 年版，第 66 页。

10. 中国人民解放军历史资料丛书编审委员会：《八路军·回忆史料》(1)，解放军出版社 1990 年版，第 339 页。

11. 中国人民解放军历史资料丛书编审委员会：《八路军·回忆史料》(1)，解放军出版社 1990 年版，第 345 页。

12. 转引自《徐向前传》，当代中国出版社 1993 年版，第 461 页。

第 十 四 章
挥师大江两岸

经略河南，发展抗日武装——誓师东征，成立新四军游击支队——窦楼战斗，一枪击毙林津少尉——第四支队挺进皖中，蒋家河口首站告捷——三战棋盘岭——项英称赞谭震林：马家园战斗打得好！——顾祝同故技重演，蒋介石空口嘉勉——第三支队五战繁昌，日军哀叹"唯共产军乃是皇军之大敌"

河南确山县竹沟镇，伏牛、桐柏的余脉在此交汇，人称"小延安"。

竹沟为华中抗战培养了大批队伍，先后从这里走出去的三支队伍，都逐步发展成为新四军的主力部队。

经略河南，发展抗日武装

1938年3月1日，在竹沟的彭雪枫给毛泽东、陈绍禹[1]、周恩来的报告中，谈到了河南工作的重要性：

（一）豫西、鄂北、陕南，这一纵横千里的广大区域内，约有群众千余万，有桐柏、嵩山、伏牛、秦岭诸大山脉，散布其间，有地形、群众及原鄂豫皖、湘鄂西苏区的基础为条件，工作前途是大有希望的。目前豫西各县民众每天总有三五十人，由远方来，连人带枪参加我军，尽量收容……

（二）以目前山西战局及陕北三边形势看，我军有以陕南、豫西及通南巴 **2** 这一地域作大后方的绝对必要。**3**

关于河南的战略地位，中央早就觉察到了。由于日寇大举进攻，国民党数十万大军纷纷南逃，中原地区危机严重。为了开展华中抗战，党中央在年初就命令八路军参谋处处长、驻晋办事处主任彭雪枫到武汉中共中央长江局接受任务。随后，彭雪枫便率领赵启民、成钧、徐祥亨、朱绍清等 60 多人来到确山竹沟镇，加强河南省委工作。彭雪枫任八路军总部参谋处处长兼中共河南省委军事部部长。彭雪枫专门点将张震从山西前来，担任留守处参谋长，负责组训第二批部队以及开展游击战争。随同来的还有岳夏、王子光等一批干部及警卫排、学兵队学员。

当时，日军为了确保平汉线作战，防止中国军队东出太行山，居高临下袭击南下日军，首先一个右勾拳作战，扫清华北西部山区，锋线箭头直指陕北方向。因此，毛泽东对彭雪枫的判断极为赞许，于 3 月 6 日回电说：

雪枫：

观察甚当。目前根据地仍应坚持陕甘边，但准备转移时最好是在鄂豫皖边，望以大力发展该区工作。**4**

发展这个地区，首先需要解决的是武装问题。于是，中共河南省委提出了"建立十万工农武装"的口号。但在这里的新四军第四支队第八团马上就要东征，只有一个以王国华为处长的留守处，人员、经费都是问题。彭雪枫虽然给中央提出了请求，但中央目前也很困难，只答应派少数干部前来。经费、人员、枪支等，毛泽东要求彭雪枫自己解决。

怎么办？中央批准了河南省委的报告：收编绿林武装——"杆子"，从消灭和争取当地土匪的斗争中扩大人民武装。

一开始，收编"杆子"进展比较顺利。在彭雪枫的领导下，新四军利用各种关系，加以耐心说服教育，收编了附近两股较大的土匪武装安永祥、段永祥团，各七八百人，二三百条枪。但收编以后，由于新四军一时发不出粮饷，"杆子"中有些惯匪恶习难改，经常在驻地抢劫骚扰，民愤很大。

3月中旬，彭雪枫、王国华、张震、周骏鸣等人一致达成彻底整编安、段"杆子"队伍的意见：对一般"杆子"进行说服教育，团结利用；而对于那些罪大恶极的"杆子"必须予以铲除。

在新集，由周骏鸣整编段团；在竹沟，由彭雪枫和张震将安团集中整编。

周骏鸣率领一个营的兵力整编段团，力量绰绰有余。

但在竹沟，新四军仅仅只有一个排的兵力，要整编七八百人的"杆子"，困难是可以想见的。最后，彭雪枫和张震商定了一条智取之计：由雪枫同志出面开"联欢会"，请安团官兵吃饭，在吃饭时解决他们。

这天一早，竹沟的八路军、新四军把街道、广场、学校、省委小院打扫得干干净净。彭雪枫、张震来到大街上，准备迎接安永祥。

一会儿，竹沟镇外的大路上尘土飞扬，远远来了一队轻骑：前面是满脸横肉的安永祥，腰里插着两把张着机头的20响驳壳枪。轻骑后面跟着长长的队伍。

事前，为了去掉安永祥的疑心，张震为"杆子"划分了宿营地，叫他们派出设营组安营。然后，彭雪枫亲自请安永祥吃饭，同庆友军胜利会师。

安永祥一听"请"他赴宴喝酒，一张嘴乐得合不拢来，跟着彭雪枫进了省委小院入席。彭雪枫见时机成熟，举杯时使了个眼色，机智勇敢的警卫员程朝先立即猛扑过去，下掉了安永祥的双枪。外屋的手枪班也以迅雷不及掩耳之势，一下子解除了安永祥保镖的武装。

与此同时，张震把安团全体士兵集合在南面学校请吃饭，枪支架在操场上，人员徒手进屋。

上第三个菜时，张震一声令下，冲锋枪排的战士封住了大门，把这数百人尽数缴械。然后，派人骑着安永祥带来的 20 多匹马，到其所设营地点解除了设营人员的武装。

新四军对其中的"杆子头"经隔离教育后，愿意回家的，发结路费遣送回家；出身好愿意抗日的，留下参加共产党领导的队伍。安段两团被编为第二、第三营，充实了第八团，由周骏鸣任团长，林凯任政委，赵启民任参谋长，营、连、排干部均配备了老红军和临汾学兵队毕业生。不久，第八团东进开赴皖东前线，后成为新四军第二师的基干力量之一。

这是竹沟走出去的第一支队伍。

第八团开走后，竹沟留守处的武装力量，加上从临汾带来的少量警卫部队不到百人。为了适应发展武装，开展抗日游击战争的需要，彭雪枫决定把竹沟教导队扩大为教导大队，方中铎任大队长，周季方任政治教导员，招收各地爱国知识青年，分设青年干部、地方干部、妇女干部队以及电台、机关、卫生、司号、供给等专业队。彭雪枫讲游击战争的战略战术，张震、岳夏讲军事工作，王国华讲群众工作。到游击支队组成前，共培训各类干部800 余人，大部分到部队工作，少数回地方组织地方武装。

在中共河南省委统一部署下，各种抗日武装陆续成立。

1938 年 5 月，中共豫东（西华）特委书记沈东平领导的"西华人民抗日自卫军"成立，司令员楚博，副司令员胡晓初、屈申亭、侯香山，参谋长沈东平，政治部主任王其梅[5]，约 1500 人。6 月，中共中央长江局派萧望东、谭友林等到竹沟后，中共河南省委就决定由萧望东率一支部队东进豫东。于是，萧望东率竹沟新兵连 70 余人，以先遣大队名义于 7 月 2 日从竹沟出发，经西华到达睢（县）杞（县）太（康）地区活动，部队很快由 70 余人枪发展到 300 人，枪 230 支。

6月下旬，中共宿县县委把以沈联成为支队长的宿东抗日游击支队和以周龙凤为总队长、赵汇川为副总队长的宿曲抗日总队合编为宿县抗日游击第三支队，司令员赵汇川，中共苏鲁豫皖边区特委郭子化等，在徐州东北组织了"第五战区游击总指挥部抗日义勇队第一总队"，在津浦路西又组建了"抗日义勇队第二总队"，开展游击战争。7月，中共河南省委组织部部长吴芝圃，把中共睢县中心县委书记张辑五领导的游击队、杞县中心县委书记王静敏领导的游击队和太康县的抗日武装统一整编为豫东人民抗日游击第三支队，司令员吴芝圃，副司令员孟若海，参谋长王海山，政治部主任王静敏，辖3个大队，有千余人。9月，国民党永城县原县长、爱国人士鲁雨亭在共产党人的影响和协助下，在其家乡永城山城集组织了一支有3个中队的抗日游击队数百人。10月，中共萧县县委先后组织了微山湖西人民抗日义勇队第二总队的第十九、第二十和新二十大队。以后，中共苏鲁豫皖特委将这些游击队编入八路军苏鲁豫支队。

这些抗日游击武装，为发展豫皖苏边抗日游击战争准备了条件。[6]

在各地抗日武装纷纷组织起来的情况下，选择一个有利于发展的战略基点，建立一支共产党领导的队伍，才能打开局面。1938年9月2日，周恩来、叶剑英指示彭雪枫："把你们工作重心移向豫东，创造苏鲁皖边新局面，与八路军冀鲁豫活动部队（徐向前、陈再道）联系起来，对整个战局有重大意义。""率必要武装到豫东部署工作"。[7]

彭雪枫也有此意，于9月3日给毛泽东、周恩来、叶剑英发了电报，阐述了发展豫东的战略意义：

> 豫东、鄂北、鲁南、皖西北交界地区，不仅国民党力量薄弱，即日人仅盘踞津浦、陇海两线各要点而已。倘我军进入柘城、鹿邑、亳县、夏邑、永城、涡阳、蒙城，配合上述武装，南与第八团队相应，北与徐、陈及山东党武装取联系，面向蚌埠、徐州段以西小山地，背靠西

华、扶沟刘、宋两区，在不断袭扰津浦、陇海之敌及消灭土匪汉奸武装中，能于最短期间中发展壮大自己，相当起牵制敌沿大别山脉西进战略作用，扩大党的影响，发动民众运动。在武汉失守、平汉危急条件下，有可能造成冀察晋前途。**8**

9 月中旬，毛泽东电示彭雪枫："尽快组织部队，先行开展豫东敌后游击战争。"批准彭雪枫、吴芝圃、张震、萧望东等 9 人组成党政军委员会，以彭雪枫为主席，另由彭、吴、萧组成三人团，以便应付紧急情况。并指示成立新四军游击支队，彭雪枫为司令，张震为参谋长。29 日，周恩来又发来急电，称情势紧急，尽快出师东征。

党中央为何如此火烧火燎呢？

1938 年春，徐州、开封相继失守，几十万国民党军队在日军面前望风而逃，河南东部、安徽北部和江苏北部的广大中原地区陷入一片混乱之中。有一首歌曲描绘了当时的情景：

> 雁南飞，
>
> 淮水黄，
>
> 日寇打到我家乡，
>
> 坏官旧军齐逃跑，
>
> 留下了人民遭灾殃。
>
> 南京失守，
>
> 蚌埠沦陷，
>
> 淮河边上起狼烟。
>
> 数十万同胞无家归，
>
> 妻离子散泪涟涟
>
> ……

豫皖苏大部地区沦陷后，当地的官绅纷纷逃难。但也有一些先进绅民或在乡军人等自动组织武装打游击，人枪数支不等，不断派人来联络共产党，要求派人去指导，以图揭竿而起，待机而动。这种形势极利于新四军开展游击战，壮大新四军队伍；而此时一些留任的国民党官吏和悍匪也利用各种名义，收罗游杂武装，扩充部队。为了保证开展敌后战场的先机之利，党中央已派遣数路部队深入敌后。

机不可失，彭雪枫决定率队挺进豫东。

誓师东征，成立新四军游击支队

9 月 29 日，秋高气爽，明媚的朝阳沐浴着这个茂林中的小寨圩。墙壁上到处张贴着各式各样的抗战漫画、大幅的《红旗壁报》和标语。

竹沟恰逢赶集，又值部队誓师出征，整个小镇人头晃动，热闹非凡。

业余宣传队正在演活报剧：一会儿是汉奸带鬼子抢老百姓的鸡，老百姓反抗；一会儿是鬼子拉妇女、拷打群众；最后是游击队冲上来打死汉奸，活捉鬼子。全场沸腾，高呼口号。

远处还传来妇女小合唱《送郎》的歌声："送才郎，送到大门外……家里事情莫操心。哎哟！哎哟我的哥，放心去杀敌人！……"

29 日 8 时左右，在东门外广场，身材高大的张震参谋长精神抖擞地指挥部队列成讲话队形，抢靠右肩坐下，并在队前架起 5 挺苏造乌黑的轻机枪。随后，几十把军号吹奏起雄壮的进军曲，彭雪枫、陈少敏等登上主席台。

彭雪枫中等身材，穿一身灰军装，腰间扎着一根插满子弹的皮带，斜挎着一支乌亮的左轮手枪，绑腿打得利落美观，眉宇间透露着英豪俊气，一口标准的河南口音。

彭雪枫着重讲了东征任务，并表示了杀敌决心。他说："同志们，父老兄弟姐妹们，我们是人民的子弟兵，为了保卫家乡，保卫国家，我们到敌人后方去，一定要勇敢杀敌，多打胜仗，以此报答党和竹沟人民对我们的期望。""从今天起，我们就要在祖国血染的土地上，为民族的生存而斗争。""同志们啊！我们有了枪杆子，就有了自由！只要服从党的命令，胜利永远属于我们！"

在留守人员代表、群众代表热烈致欢送词后，彭雪枫率领游击支队全体指战员，庄严宣誓：

"日寇犯境，大敌当前。我新四军游击支队全体指战员，誓在中国共产党领导下，开赴前线，英勇杀敌。遵守三大纪律八项注意，团结友军，唤起民众，扩大武装，开展游击战争。不复失地，誓不生还。"

会场上沸腾起来，军乐声、爆竹声、口号声、歌声不断，《送郎歌》掺杂其间，经久不息。

同日，《拂晓报》创刊。它与后来创立的拂晓剧团和骑兵团并称为新四军"三宝"。

次日，秋天的阳光，洒满田野，新四军游击支队开始了自己的远征——深入敌人后方去了！

彭雪枫挥手与送行的战友们和乡亲们——惜别后，率领两个新兵连和一批干部共373人，背着背包，挎着钢枪，唱着《东征战歌》，踏上新的征途。嘹亮的歌声伴随着战士的步伐渐行渐远：

> 日本强盗蛮横不讲理，
> 杀我同胞强占我土地。
> 全国同胞们，大家武装起，
> 要把鬼子赶出中国去！
>
> 英勇健壮我们新四军，
> 开赴前线杀敌人。

开展游击战，保卫大河南，

不复失地誓不生还！

这是竹沟走出来的第二支队伍。

彭雪枫后来充满深情地回忆了当时的情景："出发之前，大家兴奋欢欣，每天祈待着命令，连几个小孩子，也成天的哭着闹着，找人'疏通'，要求允许他们到敌人后方去。不准，命令上也不准。然而，他们偷偷地埋伏在行军纵队里，等到发觉，已经到达宿营地了。我们说女同志们的身体受不了在敌后的折磨，不准去，然而她们提出了'妇女问题'来抗议，以一个才出学堂的女学生，也背着大包袱一天走上七八十里，来表示她们的行军能力和抗战热情。那非留下不可的同志们，依依不舍，眼巴巴地望着扬长而去的行列，后来据说，他们哭了。"**9**

游击支队自从竹沟出发后，10月11日在豫东西华县杜岗，与吴芝圃率领的豫东抗日游击第三支队和萧望东率领的新四军先遣大队会师。

关于吴芝圃和萧望东，彭雪枫是这样描绘他们的：

"沦陷区域的共产党员，赤手空拳，鲜血热泪的与敌人周旋。我们的吴芝圃同志自民国十六年以来就没有脱离过豫东的广大群众，尤其是睢、杞、太、陈、通一带，人们奉之为'先生'，敬之为'师长'，因之，敌寇到处，'吴先生'振臂一呼，千百万群众便揭竿而起，风起云涌，于是产生了睢、杞一带著名的三支队。然而他们没有军事人才，他们横冲直闯，'秀才造反'，居然成功。使敌人望风远遁，使他们时常兵临睢州城下。"

"为了声援三支队，为了配合睢、杞活动的武装，首先派出了我们远征的先遣队，那就是豫东有名的'萧大队'。'大队'不过是个番号，其实部队的素质和军容是那样可怜相，然而萧望东同志，以一久经锻炼的长征英雄，并没有顾及这一切，奉了党的命令，毅然决然昂然怡然走向敌人后方去了。"**10**

会师后，正式成立新四军游击支队，彭雪枫任司令员兼政委，吴芝圃任副司令员，张震任参谋长，萧望东任政治部主任。支队下辖信阳、南阳、淮阳3个大队，1个警卫连，1个侦察连，共1020人。并确定了下一步的行动方针和任务是：继续东进，打击日伪，发展壮大力量，建立敌后抗日根据地。

部队短暂整编后，于10月24日离开杜岗，抵达新黄河岸边。

所谓新黄河，又称"黄泛区"，是国民党在1938年6月9日炸开郑州附近的花园口大堤，使洪水沿贾鲁河滚滚流向东南形成的，水宽处达数十华里。

傍晚，指战员分乘数十只木船，开始东渡新黄河。参谋长张震后来充满诗意地描绘了当时的情景："一望无际的黄波起伏眼前，隐约中还有半被淹没的茅屋。准备东进的船只如战舰一般排列着，多么壮丽啊！黄河的微波，迎风摇摆的杨柳，配合着东升的旭日，在欢迎我们前进，在预祝着我们的胜利！"

而从此过去，就是豫东的广大沦陷区，开始看到了敌人的"告示"、"维持会"的传单，还有那敌后同胞们忧愁的脸色。

10月26日黄昏，部队到达淮阳县东北棠棣集，并在附近的窦楼等几个村庄宿营。这是游击支队东征的第一个宿营地。

窦楼虽然处于偏僻的农村，距县城20余公里，但支队的领导人已明显地觉察到敌后环境的那种紧张形势。

彭雪枫每到一处，都要了解当地的敌情。离这里不远的太康有敌骑300余名，西南25里外的洪山庙、四桂树亦有敌骑百余，经常出动；淮阳县内有日伪军200名，汽车7辆；淮柘公路时有敌骑兵及机械化部队出没；淮太公路则常有敌汽车及骑兵来往通过。

多年培养出来的预警系统告诉彭雪枫：此非久留之地！必须依照支队党

政军委员会的既定方针，马上东进鹿邑。

窦楼战斗，一枪击毙林津少尉

27日上午8时，游击支队正在告别乡亲，整装待发。

彭雪枫正在村口树下口述电报：

> 恩来、剑英：
>
> 　　我们全部于24日安全渡过黄河，在西华县东夏亭稍事休息，原拟北去太康，活动于睢杞太地区，但因黄河二次决口，沿岸不能通过，故决定向鹿邑行动。已于25日通过淮太公路，本日渡涡河到鹿邑之护厢集，拟明日继向鹿邑城前进。

突然，村外传来警戒枪声，一个哨兵跑步向彭雪枫和张震报告："发现敌骑兵向我奔袭，现在已进至马菜园无名高地。"事后得知，是附近双庙刘村的汉奸地主张老免告密，驻戴集的日军第十四师团闻讯派一部骑兵50余骑，直扑窦楼。

狡猾的鬼子到达后，先把马匹隐蔽于附近村内，徒步占领窦楼东南约500米的小高地，架起重机枪，作试探性打击。

子弹打在围墙上，溅起缕缕尘土。

情况突变，新兵遇强敌，且在行军中，处境自然是相当危险。彭雪枫却十分镇静，大声说："来得好，我们正可痛歼日寇，以壮军威！"张震也赞同说："好，速战速决，干掉他们！"两人稍作计议，决定采取迂回包围、侧后突击战术：支队直属队控制窦楼南侧，待机增援；以第二大队一部占领马菜园以北起伏地，正面钳制敌人；以第一、第三大队主力从东、西两侧包抄敌人。

当时，游击支队仅有从武汉办事处领来的4挺轻机枪，还有一支花20

元钱从国民党伤兵手里买来的钢枪，其他枪支都是当地土造，打一枪后，子弹退不出来。

张震参谋长率领第二大队一部从正面迎击。只见他手提机枪冲在前面，吸引了敌人主要火力，不料一颗子弹打穿大腿，幸未伤骨，继续指挥战斗。"

迂回中，在距敌约200米处，第三大队副大队长吴守训一枪将敌酋林津击毙。

这时，前方几个坟头后面有人探头探脑，经吴守训一阵射击仍不出来。吴守训命令战士掩护，自己大喝一声，冲上前去，想抓活的。结果冲过去一看，原来是躲避在那儿的农民。

吴守训正要发火训斥几个农民的时候，彭雪枫几乎同时来到他的身边。见此情景，彭雪枫首先安抚了那几个农民，让他们赶快离开，然后语重心长地对他说："你是一个好的战斗员，但还不算一个好的指挥员！"他笑了笑，接着说："你想想看，哪能让战士掩护指挥官亲自冲上去抓俘房呢？你还要不要你这一连人马呀？"

游击支队的夹击部队，像一把钢钳，从三面渐渐向鬼子合拢。日军丧失指挥官，指挥混乱，抵挡不住，慌忙把尸体、伤兵拖到马上，向东南突围逃窜。

这次战斗，仅仅两小时，"由于指挥员决心果断，部队行动迅速，抢占有利地形，积极实施反击，并采取迂回包围、侧后夹击的战术，歼敌一部，取得了遭遇战斗的胜利"。计毙伤敌10余人，还缴获了部分弹药和军用物资。

战后，彭雪枫高兴地对吴守训说："一枪击毙林津少尉，打得不错，称得上神枪手！"《拂晓报》记者采访了吴守训，在报纸上登载了他的事迹。自此以后，神枪手吴守训便誉满全军。

窦楼战斗，仗虽不大，但毕竟是新四军游击支队进军豫东敌后的胜利处女战。在此之前，豫东日军在占领区横冲直撞，从未遇到过坚强的抵抗。窦楼战斗的胜利，粉碎了所谓"皇军不可战胜"的神话，打击了日寇、汉奸的嚣张气焰，鼓舞了敌后人民的抗日斗志，提高了部队的战斗力和胜利信心。

"新四军在窦楼把日军骑兵杀得人仰马翻"等消息很快在豫东敌后人民中盛传开来。

第四支队挺进皖中，蒋家河口首站告捷

新四军一成立，中央就要求新四军各部迅速向敌后挺进。高敬亭的四支队是新四军中人数最多的，中央对这支队伍的使用极其重视。早在1937年12月28日，毛泽东向蒋介石提出长江南北作战部署前两天，就电告新四军军部，要求高敬亭"率部可沿皖山山脉进至蚌埠、徐州、合肥三点之间作战"[12]。

1938年3月1日，高敬亭率第四支队第七、第九团及手枪团由湖北黄安县七里坪出发，第八团也随后由豫东南确山县竹沟出发，按照中共中央关于开展敌后抗日游击战争和江北新四军向津浦路东敌后挺进的指示。

4月，高敬亭因病留立煌县[13]休养，由支队参谋长林维先、政治部主任戴季英率部于4月中旬抵皖中，展开于庐江、无为、舒城、桐城和巢县地区。第七团进至无为县石涧埠（后移至任家山）地区，第八团驻巢县沐家集、庐江魏家坝地区，第九团活动于巢县高林桥、散兵镇、望城岗一线。由在淞沪战役中撤退下来的东北军第六十七军近百名流亡军人组成的东北抗日挺进团，也同时到达皖中地区，经周恩来、叶剑英介绍，归第四支队领导。5月，高敬亭率支队后方机关和手枪团进至舒城县东、西港冲，指挥部队作战。

第四支队出动之时，日寇正集中兵力攻打徐州、浦口。5月，日寇第十师团濑宏支队、第十三师团荻州之一部、第十四师团一部、第十六师团之三十旅团，共约10万人，入侵皖中、皖西，企图由江淮孔道进攻鄂豫，掩护其主力西侵武汉。

日军所到之处，不断下乡"扫荡"，烧杀抢掠，奸淫妇女，无恶不作。国民党军队在日军进攻面前，纷纷溃逃，从津浦路沿线城镇退至大别山区，躲进了深山老林；国民党的地方政权也弃城不顾，竞相逃命；在敌后的广大地区，地主、流氓、土匪乘机而起，成帮结伙，打家劫舍，肆意作恶。广大人民群众在日伪及土匪的双重践踏蹂躏下，痛苦呻吟。

第四支队所到之处，村村有哭声，处处是难民，山山水水一片凄凉。广大指战员都积极请战，希望给疯狂的敌人以迎头痛击，以振奋江北民心。

初战放在哪里呢？第四支队第九团政委高志荣亲自带领侦察队化装成农民，到巢县附近侦察敌情。

从当地老百姓中获悉，巢县沦陷后，日伪军经常派出少数兵力下乡"扫荡"抢掠，蒋家河口一带是敌人经常出没的地方。

为了保证首战告捷，第九团领导又派团侦察参谋郭思进和团侦察队长率侦察人员化装到蒋家河口暗中侦察了3天。通过反复侦察发现，日军每天都要到蒋家河口一带骚扰，时间通常是上午八九点钟。日寇一般从巢县出发，有时乘一两艘汽艇，有时坐一两只木船，人数多时30余个，少时10余个，上岸后在周围一带抢劫糟蹋一番，于午饭前返回巢县。国民党军队胆小如鼠，一直不敢触犯日军，致使他们来去如入无人之境，十分狂妄，因而戒备也比较松懈。

蒋家河口位于巢县东南10里，运漕河（即裕溪河）西岸，河口一带杂草丛生，芦苇茂密，河道纵横，地形复杂，河堤埂便于设伏，是打伏击的理想地形。

5月11日下午3时，第九团将部队集合于银屏山下进行了简短动员。团首长首先向指战员讲清进行这一仗的重要意义，然后分析了打好这一仗的有利条件和不利因素，最后要求大家要首战必胜，多杀几个日本兵，为死难的同胞报仇，让敌人有来无回。

动员会后，部队翻山越岭，涉水渡河，像一把利剑直插蒋家河口，并在第二天拂晓前，按预定计划进入阵地，神不知鬼不觉地完成了埋伏任务。

按照计划，团部侦察队隐蔽在河口西岸堤埂后面，从正面截击敌人；第四连第二排隐蔽在侦察队后面的小村里，第四连连长率第一、第三排潜伏在离河口四五里远的北面小山包下，准备阻击由巢县增援的敌人。战士们个个摩拳擦掌，弹上膛，刀出鞘，严阵以待，决心给侵略者以迎头痛击。

上午 8 时许，日寇的汽艇过来了。一个日本鬼子趾高气扬地站在船头，头上的钢盔和手中的刺刀在阳光下闪着寒光，十分刺目。钢盔下一双贼眼四处搜索，活像一只秃鹰翻动着血红的眼珠在贪婪地寻觅食物。新四军战士个个像守候多时的猎人，两眼紧盯着这群恶狼，只等他们一上岸，就叫他们束手待毙，有来无回。

敌船靠岸了，一些日军下船后毫无戒备，敞开衣胸，捧起运漕河的水向胸脯浇着，倒背着枪，哼哼呀呀地唱着歌，大摇大摆地上岸了。

埋伏在河口西岸的新四军战士见此情景，个个牙齿咬得咯咯响。这时只听"叭"的一声，子弹带着尖利的呼啸，划破长空，穿进敌人的胸膛，一个日军惨叫一声倒了地。这是郭思进发出的战斗信号——这也是新四军进入华中敌后抗击日军的第一枪。

紧接着，埋伏在前沿的团侦察队的机枪、手榴弹一齐吼叫起来。日军被这突如其来的袭击搞得措手不及，晕头转向。敌人见势不妙，不敢抵抗，企图逃命。

第三排以猛烈火力封锁河口，阻敌退路，侦察队乘势一跃而起，集中手榴弹将船炸翻。新四军居高临下，占绝对优势。敌人被逼下河后，困在水中，难以施展，处于被动挨打境地，结果大部分在水中被歼。有个日军企图潜游逃命，被侦察队一战士发现，便猛力扑去，一把卡住敌人的脖子，死死按入水中，这个日军挣扎了几下便像死狗似的沉入河底。

这场战斗出敌不意，动作迅速，整个战斗仅用了 20 分钟，就全歼了 20 余名来犯之敌，缴获枪 10 余支、日本军旗 1 面，新四军无一伤亡。

战斗胜利后，当地群众无不欢欣鼓舞，纷纷从四面八方跑来祝贺。一位老大爷从人群中挤出来，伸出大拇指说："你们为咱中国人出了气，报了仇，是我们信得过的部队。"有的从家中扛来渔具，帮助新四军打捞敌人掉在河里的三八式步枪、指挥刀等战利品。几个水性好的青年，将敌人的尸体绑上石头沉入河底，他们乐哈哈地笑着说："让鱼虾美餐一顿吧。"

这次战斗虽然规模很小，但它是新四军建军后东进抗日的第一仗，有力地打击了皖中敌人的嚣张气焰，震惊了患有"恐日病"的国民党军队，大大激发了敌后人民的热情，揭开了新四军抗日游击战争的序幕。5 月 15 日的《新华日报》专门刊登了这一胜利消息。蒋介石也于 5 月 16 日给叶挺、项英发来贺电："贵军四支队蒋家河口出奇挫敌，殊堪嘉慰。希饬继续努力为要。"**14**

三战棋盘岭

蒋家河口战斗不久，徐州沦陷了，日军开始集结兵力西犯武汉。面对强敌，国民党军撤向大别山区，皖东敌后十分空虚，正是新四军江北部队向东发展的大好时机。

5 月 21 日，叶挺致电毛泽东、周恩来："徐州已失，敌后空虚，四支队在庐、合、无三县间一带，地形情况条件均不利迅速开展，应挺进至滁县、全椒以西，嘉山（明光）以南，巢县以北，定远以南，依靠皇言山脉，向□□山定、滁、巢、全四汽车道及滁临铁道交通线活动。"**15**这一建议很具战略眼光，也完全符合中共中央的战略意图，可惜在四支队没有得到很好的贯彻。

高敬亭虽然对东征挺进敌后不积极，但指挥四支队接连在舒（城）、桐（城）、庐（江）、无（为）地区，取得南港街大关、小关、范家岗、椿树岗、大杵街等战斗的胜利，打得日军不得安宁，有力配合了保卫武汉的战略任务。

但高敬亭决心要打一个较大的伏击战，树立新四军四支队的抗日地位。

9月2日，侦察员报告说，日寇9月1日在范家岗遭到新四军第四支队第七团第三营伏击之后，把注意力主要集中在范家岗西侧地区，而对棋盘岭方面的警戒有些忽视。

棋盘岭位于安庆至桐城之间，离桐城10多公里，安合公路从岭中穿过。公路两边山地高出公路10多米，形成一个天然要隘，卡住公路。在棋盘岭西侧，有七八里路长的小坡，长满小树林，可以隐蔽部队。且安合公路是敌人配合进攻武汉的重要通道，公路上敌军运输频繁，有时一天有上百辆军车通过。

高敬亭快人快事，当即决定第二天设伏棋盘岭。

下半夜，特务营和第七团第三营组成4个连和两个便衣班，在第七团政治处主任胡继亭带领下出发，于3日拂晓前进入棋盘岭伏击地区。

上午快到9点钟时，新安渡方向扬起一股股尘土，传来阵阵马达声。几分钟后，敌车队也看得清楚了：一辆……二辆……三辆……一共来了80余辆，指战员们越数越高兴，个个心里发痒。这下可来个"大会餐"了。

当敌先头两辆运输车驶抵隘口时，整个车队已全部进入了新四军伏击圈。指挥员一声枪响，埋伏的便衣班身怀集束手榴弹，一跃而起，直扑敌先头车辆。

汽车很快被炸翻，车上的10名日本兵当场被击毙6名；负伤的4名被新四军俘获后，不但不断挣扎，还打新四军担架员，企图逃脱，也被击毙。

这时，敌运输车全被堵住，排了足有10里之长。机不可失！新四军如猛虎下山，迅速出击。车上运载的200余日本兵如梦方醒，纷纷跳车乱跑，被新四军火力大量杀伤。其余退到棠梨山顽抗，以机枪火网封锁道路。

这时，新四军侦察员报告：

日军增援的兵车6辆，载有步兵和炮兵300多人，在杨小店下车，正由路东包围过来……

日军骑兵500余，沿公路北进……

棠梨山的日军见增援部队到了，也由路西向前挺进！

日寇的胃口可不小！敌众我寡，走为上。

此时，新四军已用汽油和手榴弹毁了敌 50 余辆运输车，任务已经完成。指挥员立即发出信号，命令部队从何家老屋前小河隐蔽徒涉，经李家圩、方家大屋，向长里冲方向撤出战斗。当敌人进占棋盘岭，炮击挂车河时，新四军已安全抵达长里冲山地集中，指战员们正在笑谈"皇军不可战胜"神话的破灭。

棋盘岭战斗是新四军进入华中抗日以来战果最大的一次战斗。此战大大鼓舞了广大军民抗日胜利的信心，也打得敌军心惊胆寒，牵制了其西犯行动，很好地配合了正面战场，保卫了武汉三镇的作战。在战后的两周内，敌凡有运输车通过棋盘岭地区，事先都派出骑兵或兵车，向杨西桥、新安渡公路西侧严密搜查，以保障其运输的安全。然而日本侵略军的这些防范措施，难不住具有 3 年游击战争经验的第四支队健儿们。据不完全统计，仅 9 月和 10 月，第四支队在高敬亭指挥下，在安合公路上，神出鬼没地伏击敌运输车队 18 次（棋盘岭 3 次），击毁敌汽车 179 辆，毙伤敌 560 余人，俘 3 人，缴获各种枪支 258 件。

同时，新四军又打了肥西的周家老围子、庐江县、无为县，10 月又打了肥西的刘家老围子。通过这些战斗，肃清了周围的敌伪武装，缴获了 500 多条枪，在这一带开辟了根据地。

为巩固根据地，高敬亭派出战地服务团团长程启文、副团长汪道涵率宣传队在行军途中和驻地贴标语、撒传单、唱救亡歌曲、演活报剧，召开军民联欢会等，宣传全民抗日，发动群众组织起来，成立工、农、青、妇等抗敌协会；派张学文、林英坚等协助中共地方组织负责人李世农、桂蓬、曹云露等，建立和发展人民自卫队和游击武装。先后在庐江金牛地区组建了何泽洲大队，在庐江柯家坦、大凹口地区发展了叶雄武游击大队，在巢县柘皋千人桥地区组建了林宗圣游击大队，在潜山王家河组建了王春宴游击大队。8 月上旬，支队决定将中共地方组织领导的游击武装，统一整编为第二游击纵队，司令员龚同武（后叛变），政治委员曹云露，副司令员张学文，政治部主任黄育贤（桂蓬），辖两个大队，1000余人，归第四支队指挥。四支队很快发展到8000多人。

项英称赞谭震林：马家园战斗打得好！

新四军第一、第二支队开拔后，军部也离开岩寺，移驻太平县麻村，后又移至南陵县土塘村。最后在7月1日由南陵土塘移至泾县云岭，从此开始了坚持皖南抗战阵地的斗争，直至皖南事变爆发。

皖南，是当时全国抗日战争的前线，是日本侵略军长江交通的南方重要翼侧。在当时皖南众多的抗日军队中，除新四军以外，更多的是国民党军队，其第三战区总部就设在皖南的屯溪。新四军从容而坚定地面对打击侵略者的考验，也关注与国民党军队的统战关系。

选择泾县云岭作为新四军军部所在地，是有道理的。从政治上看，云岭一带群众条件好，过去就有共产党的活动，那时正值国共合作，关系还不坏。从军事角度看，这里离在苏南的一支队、在苏皖边的第二支队和在皖中的四支队较近，离担任南陵、繁昌一线防务的第三支队更近，适宜作为指挥大江南北部队的中心，也适于设置后方。同时，项英作为中共中央东南分局书记，要领导长江以南东南数省党的工作，而东南分局和军部靠在一起，工作上比较方便。除此，云岭经过"大后方"与中共中央及长江局联系，也较为方便。

6月初，日本华中派遣军为了牢牢控制长江航运线，接济日军对武汉的进攻，命令驻芜湖的日伪军加强攻势防御。于是，日伪军沿青弋江不断南犯，而驻守在那里的国民党第三十二集团军节节败退。

在此严峻的形势下，国民党第三战区司令长官顾祝同电令新四军协助上官云相第三十二集团军加强在芜湖青弋江一线的阵地防务，并把新四军与国民党的两个师呈"品"字配置：第三支队居前，国民党一〇八师的阵地位于右后方，第一四四师的阵地位于左后方。两支部队把第三支队紧紧堵在前面，并限制第三支队在东西不到 20 公里、南北仅 10 公里的地区，不可"越界"。

新四军装备差，只有步枪、马枪和少量机枪，根本不适合担任阵地防御。国民党当局的恶毒用意是非常清楚的：那就是要借日寇之手，消灭新四军。

按照国共两党谈判时达成的协议，新四军的主要任务是开赴东南敌后进行游击战争，不承担正面防务，所以，用项英当时的话来说，这是"为了抗战的需要"，才"勉力接受这个任务"，命令第三支队开赴前线。

6 月中旬，谭震林率领第三支队第五团和第六团第三营从茂林出发，于 7 月中旬到达了青弋江地区的西河镇一线。在这里，国民党第三十二集团军第一四四师和第一〇八师，以红杨树为界，沿江设防。新四军接防前不久，这一带阵地前沿的红杨树已落入日寇之手。

为了夺回红杨树，谭震林指示五团先探探日寇虚实："鬼子刚占领红杨树，立足未稳，地形不熟悉，人心惶惶，你们夜里去闹闹它，让他们六神无主。"第五团随即派出 10 多名有经验的侦察兵，趁着夜色，摸到红杨树村里。外面的部队在村外配合，大闹了半宿。没有想到鬼子胆小，怕给包了"饺子"，第二天天还没亮，便仓皇撤回湾沚据点里去了。

收复了红杨树，完成了一线阵地防御的配置，大大鼓舞了部队求战情绪。但要在这里进行防御，迎击日寇进攻，大家思想上难免有些顾虑。第三支队过去打游击战，"打得赢就打，打不赢就走"，而现在要与日寇在水网稻田地区打阵地战，大家都在思考究竟怎样才能打好这出师的第一仗。

谭震林了解到部队思想状况以后，在蒲桥召开了全支队干部会议。在会上，他分析了抗战以来的形势，指出：虽然新四军装备较差，火力又弱，不宜担负正规阵地防御作战任务，但为了顾全抗战的大局，即使付出大的牺牲也要守住阵地，把仗打好。

部队在乡亲们的帮助下，日夜苦战，在河流、稻田圩埂的拐弯处构筑好了阵地，又在挖断的堤圩两侧，巧妙地挖好隐蔽部，做好暗射击孔，还在掘开的地段上挖好陷阱，埋上芦柴。一切准备就绪，只等日军上门。

10月底，日伪军千余人从宣城连续多次向第三支队防区南陵县马家园等地进犯。11月初，日军第一一六师团的一个大队约三四百人，在大队长川月带领下，驮着钢炮，扛着重机枪，向红杨树开了过来。伪军的一个保安队约200多人，紧紧地簇拥在鬼子后面。

鬼子越走越近，挑着太阳旗的枪刺在烈日下格外刺眼，阵地上一点声音也没有，只有青弋江水低声地流淌。报仇雪恨的机会终于到了。

"打！"鬼子一走进射击圈，圩埂内的重机枪便怒吼起来，一下子撂倒了一串敌人。川月慌忙抽出指挥刀大喊一声，训练有素的鬼子呼啦一下散开了队形，成两路像野猪一般号叫着冲了上来。隐蔽在圩埂两侧掩体内的几挺轻机枪，迎着鬼子叫了起来。不一会儿，圩埂上下又躺倒了一片敌人。

川月大概从未吃过这样的亏，挥舞着指挥刀命令鬼子凶猛地冲上来。

国民党军队的训练，大多都照搬日军和德军的操典，所以日寇对国民党军队的作战方式了如指掌——这也是国民党军队一触即溃的一个缘故。

可新四军的战术在教科书上根本找不到，是人民群众从血战的经验教训中总结出来的。看，日寇刚冲没几步，就被挖开的圩埂挡住了，那里到处布满了障碍物和陷阱。鬼子只顾低头找路，拥挤成一团，大面积地暴露在战士们的射击范围之内，鬼子们的脑袋一个个地被战士点了名。川月气得把指挥刀往地下猛一插，命令架起小钢炮、迫击炮猛轰新四军阵地。

新四军指战员都隐蔽在圩埂底的工事里，敌人的炮弹不是打近了落在阵地前面，就是打远了落到圩埂后面的稻田里。敌人一见死伤惨重，打了半天连个人影还没见到，自知再进攻也是徒劳，只好拖着上百具尸首，狼狈地撤回据点里去了。**16**

这次战斗后，项英见到谭震林时，称赞马家园战斗打得好，打出了新四军的威风，扩大了新四军的政治影响，对保卫皖南抗战阵地、增强广大军民抗日胜利的信心，有着重要的意义。

顾祝同故技重演，蒋介石空口嘉勉

马家园战斗不久，华中重镇武汉沦陷，日军又占领了铜陵县城及大通、顺安等地，原驻守在这里的国民党部队节节溃退，第三战区司令长官顾祝同便把繁昌、铜陵、南陵等地划为新四军三支队的防区。

项英和军部其他领导人考虑到部队实际情况，为方便部队建设和作战指挥，将编制完整、战斗力强的一支队第一团从苏南调回皖南，归军部直接指挥；第三支队第六团调往苏南，拨归一支队建制。不久，在小丹阳地区活动的第二支队第三团也划归军部直接指挥。这样，新四军在皖南就有第一、三、五等 3 个建制团。

当时支队的领导人，主要是副司令员谭震林、政治部主任胡荣和参谋长赵凌波[17]。司令员张云逸主要在军部，间或回支队工作。

三支队这次的主要任务，是同国民党第五十二师、第一四四师一起担任繁昌、铜陵、南陵境内长江沿岸的防御作战任务。国民党又故技重演，把第三支队摆在了最前面，第一四四师在后翼，第五十二师在右后翼，又是像在青弋江一样，把第三支队夹在国民党两军之间的前沿狭小地区，成为日伪军主要的作战对象。

铜陵、繁昌紧靠长江，是从长江进入皖南的门户。这里地形开阔，守备任务十分艰巨。

但国民党当局害怕新四军的发展，不让新四军建立地方武装。第三支队就发动群众，建立猎户队、自卫队等自卫武装。其中，铜陵沙洲游击队发展到近千人，繁昌的长江游击队发展到数百人。部队在群众的配合和支持下，运用游击战术，积极打击敌人，袭击日军沿江据点，破坏日军江防设施和通信、运输线。日军被牵制和袭扰得像陷入了火阵的野牛，对新四军又恨又怕，疯狂反扑，发起一次又一次的"扫荡"。

但第三支队不畏艰险，顶风出击。4月下旬至5月下旬，第一团挺进到铜陵境内袭击敌人交通，伏击敌运输队，接连取得塔里王、谢家垄等战斗的胜利，毙伤日军近百名，使日军感到极其恐慌和不安。5月20日，驻繁昌荻港的日军700余人向孙村、马厂之线合击，驻铜陵顺安的日军700余人向黄木岭进犯。第五、三、一团等部依托有利地形，给予敌人以猛烈打击，并派小分队袭击敌据点，迫敌撤回原防。这次反"扫荡"，毙伤日军300余名，保卫了皖南抗日前线阵地。

蒋介石也颇为高兴，在四五月间，两次发来嘉奖电报。

第一次电报是：

泾县新四军叶军长、项副军长：

　　号午恭电悉。（密）当我各战场正在积极反攻敌人之际，该军能相机策动，予敌以重大打击，殊堪嘉奖。仍仰转饬所属继续努力，以竟全功为要。

　　　　　　　　　　　　　　　　　　中〇敬未令——元远印

第二次电报是：

泾县叶军长、项副军长：

　　感午恭电悉。密。该军游击屡有斩获，至甚嘉慰。仍希继续努力破坏交通，使敌兵力无法转运为要。

　　　　　　　　　　　　　　　　　　中〇世申令——元琦印**18**

蒋介石这两份嘉奖电，虽是一纸空文，但从另一个侧面证明新四军皖南部队这一系列胜利的影响不小。

第三支队五战繁昌，日军哀叹"唯共产军乃是皇军之大敌"

新四军第三支队愈战愈勇。1939 年，他们在铜繁前线共进行了 200 余次胜利的战斗，其中以五次保卫繁昌之战最为激烈。

1938 年 12 月下旬，第三支队刚进入铜繁地区，就遭到日军的"扫荡"。26 日，日伪军 200 余人向第五团驻地发起进攻。第五团利用有利地形，打退了敌军进攻，并乘胜追击，一举攻克繁昌，占领了这个战略要地。从此，繁昌保卫战的帷幕便正式拉开。

1939 年 1 月、3 月，繁昌县城两失两得，新四军第三支队毙伤日军 30 余人。

5 月 20 日，日军又向繁昌地区"扫荡"。新四军第五团和第一团，以机动钳制、侧后袭击、正面阻击等战法，经 4 天激战，毙伤日军 300 余人。日军于 23 日被迫撤退，保卫了繁昌阵地。

1939 年深秋，日本帝国主义对国民党由以军事进攻为主转为以政治诱降为主，把主要兵力用于对付八路军、新四军。特别是日军进攻长沙遭受惨败后，怕东线守军直接策应，进行战役反攻，并为了维护长江的交通和运输，巩固其占领区的统治，采取以攻为守的作战方针，企图先发制人，"扫荡"皖南，先夺繁昌。而国民党顽固派媚敌反共，到处制造摩擦。驻守铜繁前线的新四军三支队，形势更为严峻，面临更大的考验。

这时，第三支队驻守的繁昌当面之敌，是岩松十五师团的川岛警备部队，该部约 600 人；繁昌以西，是清水第一一五师团的石谷第一三三联队，并有西川、藤井、青木等 3 个大队，计 1500 余人。12 月初，日军又从芜湖调来青岛、江海两支部队 1000 余人，并连日召开军事会议，命令据点实行宵禁，严格盘查来往行人，封锁消息，抓紧修筑公路，补充弹药粮秣。

11 月 7 日夜间，川岛警备部队步骑兵和伪军倾巢出动，于 8 日拂晓，分三路到达了新兴街、松林口和三元口附近。

惊心动魄的第四次繁昌保卫战开始！

支队副司令员谭震林分析敌情，认为敌川岛警备部队装备优良，应尽量避免与其决战，决定采取宽正面、大纵深的部署，对敌人形成包围之势。

8日上午7时左右，日军气势汹汹地向繁昌城扑来。

9时左右，日军在炮火掩护下，全部迫近繁昌城。日军攻势猛烈，一部很快突入城内，并向守在峨山头的第六团第三营围攻。第六团第三营以短火力顽强抗击，经过数次反冲锋，将敌击退，牢牢控制着高地。

激战到上午11时，第一营主力已由洋尖山迂回到繁昌城北门，第二营也迅速赶到西门，两支部队将日军紧紧包围在繁昌城内。

敌人试图突围，双方在城厢展开激烈的战斗。

午后3时，新四军从四个方向展开总反攻，战士们一边冲，一边喊着"活捉鬼子！"第一营第一连第三排在连长祝喜良的率领下，和日军展开了肉搏，杀伤了大量敌人，最后全排壮烈牺牲。

日军火力猛烈，新四军一时无法靠近。

激战到下午5时，天渐渐黑了，空中也开始飘下蒙蒙细雨。日军作战极其害怕这种黑天和雨天，纷纷向北门溃退。新四军抓住机会，紧追不舍。

到了草山头附近，日寇见摆脱不了新四军，就施放毒气拦路。此时天已昏黑，冷雨霏霏，新四军被迫停止追击，溃败的日军逃回据点。

但这仅仅是大战的前奏。

南京、芜湖、大通等地的敌情源源不断地传来：日军连日来不停地将附近各地的步兵、炮兵、骑兵、航空兵、水警等抽调集中在荻港。

支队部马上召开营以上干部会议，谭震林作了敌情分析和战斗部署。

从目前形势看，日军企图从第三支队和第一四四师的结合部插进来，先夺取赤沙滩，切断第一四四师与第三支队的联系，然后转过头来，由南向北将第一四四师一口吞掉，从而在铜、繁整个抗战链条上打开一个缺口，孤立繁昌，直逼云岭，策应青阳方向的进攻，威胁徽州、屯溪后方，继之为打通浙赣线创造条件——这是敌人为配合其西南战略进攻的一个重要步骤。

接着，谭震林又作了战斗动员："新四军将士忠心赤胆，向来以民族安危、抗战大局为重。今天，大敌当前，我们要以皖南战局为重，暂且不计较那些反共顽固派的胡言乱语。友军第一四四师受到严重威胁，我们应主动出击，坚决把敌人阻挡在新四军阵地前，予以歼灭，不让敌人从我方地区迂回第一四四师侧后（在后来的皖南事变中，第一四四师却以德报怨，疯狂屠杀新四军指战员）。这是一次恶仗，也是一次政治仗，我们要坚决歼灭敌人，保住皖南前线。让顽固派去胡说八道吧！我们要用作战胜利来回答这些假抗战、真投降的先生们！"说着，谭震林看了一下坐在身旁的四战区"联络参谋"们。这几位"参谋"从岩寺一直跟到这儿，第三支队有什么活动，他们都要干预过问，真是"事必躬亲"。第三支队的指战员都知道他们的真实身份是军统特务，对他们非常鄙视。

13日深夜，正在睡梦中的第二营营长陈仁洪被急促的电话铃声惊醒，话筒中传来侦察班班长祝水生的大声报告："营长！据递步哨报告，有约五六百名鬼子，已于午夜到孙村，很可能沿梅冲南下。另外据获港方向情报员报告，天亮后敌人可能还有一路1000余人从黄浒沿小河东岸南下……"

敌人终于又来了，陈仁洪看了一下表，时针指向凌晨3点钟。

"哒哒嘀……"一声声紧急集合号声，划破了黎明前的寂静，指战员们纷纷跑步集合。陈仁洪作完战斗部署后，副营长马长炎也作了战前动员："这一次，敌人的兵力、武器都要超过我们几倍，大家要做好打大仗、打恶仗的准备，坚决打好这一仗！……一、共产党员、指挥员要身先士卒，与战士同生死，共患难，保证阵地指挥不间断，政治思想工作不间断。二、随时随地搞好战场的宣传鼓动，不断用各种战斗口号激励部队，不打哑巴仗；全营要把杀敌立功、多抓鬼子、多缴枪、保卫繁昌、保卫皖南、与阵地共存亡等口号叫响，使部队始终保持旺盛的斗志……"

山野沉浸在黑色的夜海里，冷风迎面扑来。按照计划，陈仁洪带着通信班紧随着四连前进。

队伍很快到达金山岭。这时，天已经蒙蒙亮，乱云在山谷中飘荡，整个山野笼罩在一片白雾之中，空气中弥漫着野草的芳香，四周一点动静也没有。

"啪啪啪……"前方突然响起一阵清脆的枪声，侦察班已经与敌人接火了。敌人已经到了乌龟山下了！陈仁洪不禁吃了一惊：如果乌龟山被日军占领，后果不堪设想。

陈仁洪大声命令四连连长："林昌杨，敌人刚到乌龟山脚，马上选择冲锋路线，出其不意地把他们赶下去！"

乌龟山本是第三支队与第一四四师接合部上的一道重要屏障，原本是个无名高地，平时双方在这里搞防御作战演习。战士们看它光秃秃、圆溜溜的，像个大乌龟，就给它起了个名字叫乌龟山。

冲锋号声在阵地上骤然响起，战士们在林连长的率领下像烈马一样勇猛地冲上山头。

"咯咯咯，咕咕咕……"已上了半山腰的日军的轻重机枪也响了起来。

战士们甩出一排排手榴弹，爆炸声中，一堆堆日军随着火炮、硝烟、尘土，飞上了天。敌人的迫击炮弹不停地在阵地上爆炸，整个山头浓烟四起。双方的枪弹交织着，连成一片火网。六连也冲上来了，又是100多个手榴弹甩向敌人，日军在号叫声中，像伐倒的树木，轱辘轱辘滚下山去。四连、六连控制了整个乌龟山。

敌人受到新四军火力压制，不能实现其迂回赤沙滩的企图，便迅速占领塘口坝西北的金丛山、九龙石一带高地。而尾随在敌后的新四军五团三营，迅即向敌指挥阵地九龙石发起攻击，双方展开了激烈的白刃格斗。

在乌龟山方向，敌人又集中主力向第二营阵地发起猛烈攻击。他们意识到，只有夺取乌龟山，才能进可攻，退可守。

上午8点多钟，山坳里的雾消尽了，山下的敌人看得更加清楚了。一营以猛烈的火力扫射敌人，打得山下脱缰的战马到处乱跑，敌步兵像死猪一样趴在水里一动也不动。

但凶恶的敌人很快整理好队伍。在密集炮火的掩护下，原来趴在稻田里的敌步兵，不顾一身泥水，呈战斗队形，由西、北两个方向，沿着乌龟山的山脚爬上来。只见满山遍野都是一群群黄糊糊的日军。

阵地西北面最突出的小高地由林昌杨带四连一排坚守，战士们的手榴弹像撒黄豆一样掷出去。敌人一次次集团式冲锋，都被英雄的四连打了下去。阵地前的茅草、灌木在燃烧，树叶和树皮被弹片削光了，石头和野草被翻了个个儿。

敌步兵又发起冲锋，后面紧跟着 100 多骑兵。突然，林昌杨连长那高大的身躯突然晃了一下，便沉重地倒了下去。通信员赶紧扑上去，只见他的胸膛穿过了一排机枪弹，殷红的鲜血把他身下的泥土都染红了。

第二排排长牺牲……第二排三个班长也先后光荣牺牲了……

排长牺牲了，副排长马上代理，副排长受伤了，班长指挥……

整个阵地好似天崩地裂一般，到处是浓烟烈火，到处是吼声和鲜血。日寇的猛烈攻击终于又被四连打退了。

为了保住四连阵地，营部的特派员赵佩枫被派去代理四连连长。陈仁洪大声叮嘱赵特派员："四连阵地需要英勇的共产党员，希望你带领剩下的同志坚决守住阵地。"赵特派员答应了一声，带上通信员便走。小通信员边走边回头说："营长请放心吧！西侧高地只要有一个共产党员在，只要有一个战士还有一口气，阵地就丢不了！"两人随即消失在浓烟之中。

日近午后，日寇又从获港调来几百名援兵。一营阵地上原有的工事绝大部分已被摧毁，战士们只好借弹坑和大石头来隐蔽。这时，营部童金水副官带着猎户队三四十人，送来了阵地上急需的子弹和手榴弹。

日寇又攻上来了，赵特派员一口气向敌人扔出了 4 颗手榴弹。突然，他看到侧方不远处敌人的一挺轻机枪疯狂地扫射，对新四军形成很大威胁。他摸过一颗手榴弹，揭开盖，慢慢地爬过去，靠近后，猛然挺起身，狠狠地将手榴弹掷了过去，只听"轰"的一声，火光一闪，敌机枪哑了！但就在这同时，敌人的罪恶子弹穿透了他的大腿动脉血管，鲜血像喷泉一样射了出来，不到一刻钟，这位英勇的指挥员，便光荣地流尽了他的最后一滴血。

敌人在四连阵地上接连吃亏以后，便把主攻方向转到了乌龟山东侧六连的阵地上来。闽北红军战士、共产党员、第四班班长汤永言率领全班坚守在右侧小高地上。敌人的几次冲锋，都被他们用手榴弹和机枪火力击退，敌人横七竖八地倒在阵地前的小包上。汤班长在战斗中右腿负伤，鲜血透过裤子与阵地上的泥土凝结在一起，但他忍着剧烈的疼痛，继续战斗。不久，敌人的子弹又把他的左臂穿透了。汤班长仍然拒绝下火线："同志们！我不能下去，现在全班只剩4个人，背我下去，只有两个同志守阵地，敌人的进攻还没停止，我们不能把同志们用鲜血换来的阵地白白丢掉！"

正在这时，陈仁洪看到10多个日本兵，正偷偷地从第六连第四班的阵地后面迂回上去，企图袭击第四班阵地。汤班长已被敌人打断了喉管，早已昏迷过去，剩下的3个战士准备跟鬼子肉搏。陈仁洪大声呼喊六连连长："老李！赶快用火力策应四班！把汤班长救下来！"已经负伤的陈仁洪也同时用快慢机狠狠地向敌人扫射。

正在山坳里爬的敌人，突然遭到了杀伤，侥幸活着的，急忙逃了回去。战士们赶紧把第四班班长背下了高地，同时上去一个新的班接替。

下午3时，日寇的攻势已经大不如前。

新四军在塘口坝的浴血奋战，深深感动了繁昌人民，他们纷纷动员起来参战支前，抬担架，送弹药，架小桥，送茶饭，就连国民党繁昌县县长徐羊我也感动得亲自带人抬着担架来了。

一个60多岁的老大娘，带着一个十二三岁的小姑娘，提着满篮子饭团，蹒跚着从山下爬上来。老大娘不顾阵地上的危险，硬是把饭团一个个送到战士们手里，一边送一边说："大妈没有好吃的。吃点饭团点心，好跟鬼子打仗。"

下午 4 时，敌人的有生力量已大量消耗，再也没有进攻的能力，只派小股部队，在机枪火力的掩护下到阵地前来拖尸、收集武器。这时，战士们看到了难以想象的事情，法西斯匪徒不仅用战刀把死者的头砍下来装进大麻袋，而且把重伤兵的头也砍下来！他们在尸体上浇上燃烧剂，点火烧起来。田野上到处冒起了焚烧死尸的黑烟，难闻的臭味顺着北风一阵阵飘过来，整个塘口坝成了日军的火葬场，几百具日军士兵的尸首，在烈火中化为灰烬。

日近黄昏，阵地上一切都静下来，只有断树、焦土、累累的弹坑在无声地诉说这场殊死的冲突。敌我双方僵持着，都已经筋疲力尽。

陈仁洪托着伤臂，看着这决战之后的场面，心里不无遗憾：假如，此时哪怕只有一个连的机动兵力出击一下，那么塘口坝这场阻击战的战果会更大，日军的失败将会更加惨重！只可惜当时第三支队在皖南的兵力已穷其所用，抗住日军的进攻已经尽了最大的努力。

晚上 7 时，黄浒方向突然又来了一批日军，他们匆忙控制了附近几个小制高点后，汽艇便在黄浒至塘口坝的小河里来回运送伤兵和武器。日军就这样慌慌张张地撤出了阵地。**19**

塘口坝战斗就这样以敌人的惨败和新四军的胜利而告终。这次战斗，敌人前后投入的总兵力达 2200 多人，死伤 300 多人，川岛中佐指挥官被一营击毙。

11 月 21 日拂晓，日军又出动 2000 余兵力，分五路进攻繁昌城，妄图挽回"皇军"军威。

谭震林针对敌人增调兵力，以求决战的诡计，在战前召开干部会议，周密地部署了兵力，研究了战法。在他指挥下，第三支队各营先在繁昌城西北山地进行运动防御，并以一部兵力利用地形，节节阻击，以疲劳和消耗敌人。日军至 21 日下午才进入繁昌城。

当敌人入城以后，谭震林一面命令部队坚守峨山头制高点，展开反复拼搏，打垮了敌人多次进攻；一面布置兵力，将繁昌城包围起来，组织部队向城内频繁出击。日军困守城内，交通切断，完全处于被动挨打境地，更兼雨雪交加，弹尽粮绝，恐慌异常。

23 日凌晨，日军企图突围，遭第五团痛击后又缩回城内。7 时，日军拼死突出城外，向马家坝方向逃窜而去。

11 月 8 日至 23 日，经峨山头、塘口坝、繁昌城 3 次较大战斗，历时 15 天，共歼日军 450 余人，第四次繁昌保卫战胜利结束。

日寇不甘心失败。12 月 21 日，日军 1200 余人，第五次进犯繁昌。22 日中午，侵占繁昌城和峨山头。

新四军第三支队组织反击，经两昼一夜鏖战，歼日军 100 余人，重新夺回了繁昌城。

繁昌血战的胜利，伴随着战场隆隆的炮声，很快传遍了江南。当时，日军派遣军总司令不得不哀鸣："国民党军乃是手下败将，唯共产军乃是皇军之大敌。看来要在共产军手中夺取繁昌城是不可能的。"新四军《抗敌报》为此发表了题为《保卫繁昌，屏障皖南的伟大胜利》的社论，高度评价繁昌战役是"芜湖失守以后最大的血战"，是"皖南抗战史上空前伟大的胜利"，它"粉碎了敌人扫荡皖南的野心，屏障了皖南大后方的徽（州）屯（溪）重地"。新四军政治部新编的《繁昌之战》歌曲在大江南北到处传唱：

> 皖南门户，长江边上，
> 平静的繁昌，成了烽火连天的战场。
> 无耻的日本强盗，海陆空军一齐进攻，
> 七次大规模的侵犯，
> 遭受了次次重大的杀伤
> 峨山头的搏斗，
> 塘口坝的血战，

我们用雪亮的刺刀，爆烈的手榴弹，

把敌人打下山岗，

发扬了我们的英猛攻击，无比的顽强。

我们艰苦奋斗，

不怕凄风苦雨，

我们英勇牺牲，牺牲，

不怕饥寒死伤！

我们顽强战斗粉碎敌人的扫荡！

谁说我们游而不击，

谁说我们不能打大仗。

七次伟大的胜利，

我们坚决地保卫了繁昌！

　　这是一首充分表达谭震林亲自指挥繁昌之战胜利的颂歌，也是控诉日军侵略罪行、激励干部战士抗日斗志的生动教材。至今，新四军许多老战士和繁昌地区的老游击队员仍能随口吟唱，备感亲切。

　　就是这样一支战功赫赫的队伍，在以后的皖南事变中却遭到国民党顽固派的血腥屠杀。

注　释

1. 即王明，时任中共中央长江局书记。
2. 指四川省通江、南江、巴中地区。
3. 《彭雪枫军事文选》，解放军出版社 1997 年版，第 62 页。
4. 周为松：《彭雪枫将军在竹沟》，河南人民出版社 1987 年版，第 5 页。
5. 中共西华县委书记。
6. 《新四军的组建与发展》，军事科学出版社 2001 年版，第 119 页。

7. 中国人民解放军历史资料丛书编审委员会：《新四军·文献》(1)，解放军出版社1988年版，第462页。

8. 中国人民解放军历史资料丛书编审委员会：《新四军·文献》(1)，解放军出版社1988年版，第463—464页。

9.《彭雪枫军事文选》，解放军出版社1997年版，第153—154页。

10.《彭雪枫军事文选》，解放军出版社1997年版，第154页。

11.《张震回忆录》(上)，解放军出版社2003年版，第142页。

12. 中国人民解放军历史资料丛书编审委员会：《新四军·文献》(1)，解放军出版社1988年版，第374页。

13. 今安徽省金寨县。

14.《党史通讯》1987年第8期。

15. 中国人民解放军历史资料丛书编审委员会：《新四军·文献》(1)，解放军出版社1988年版，第376页。

16. 中国人民解放军历史资料丛书编审委员会：《新四军·回忆史料》(1)，解放军出版社1990年版，第232页。

17. 后在皖南事变中叛变。

18.《新四军和华中抗日根据地史料选》第一辑，上海人民出版社1982年版，第374—375页。

19. 中国人民解放军历史资料丛书编审委员会：《新四军·回忆史料》(1)，解放军出版社1990年版，第340—347页。

第十五章
粉碎"围攻"

晋察冀根据地遭敌"八路围攻","聂司令员的部队全是天兵天将"——苫米地旅团西进临汾，朱德亲率总部仅有的 2 个连迟滞敌 3 天——日军分五路包围第一二〇师，企图压迫贺龙部渡河——贺龙率部收复七城，王震得了个"飞将军"绰号——朱德、彭德怀主持小东岭会议，国共双方诸将领济济一堂——日军九路围攻晋东南，八路军多部急袭长乐村——叶成焕团长壮烈牺牲，刘伯承、陈赓痛心之极

抗日根据地的初步形成以及游击战争的蓬勃开展，使日军越来越感受到了来自侧后的威胁，他们研究后发现："过去红军一直不能公开进行活动，而如今则公开出现在抗日前线"，第八路军"渡过黄河侵入山西，将山西变成了游击队的巢穴。初期，既打正规战，又打游击战。自山西归属皇军以后，即专门进行游击战"。由于他们能与民众密切联系，因而得以了解我军行动，我军刚要将其包围，他们很快逃遁一空……

"共军之所以顽固，在于他们依靠历来的战术，在我占领区内山岳地带及省境等地开辟了许多抗日根据地。其根据地在地形上为日军无法靠近的山西五台山脉、东南山岳地带、山东泰山山区、河北的铁路中间地带等地区。每一根据地相当于数县之广，在此集中粮食，建立小型武器修造厂，成立宣传机构，建立学校，发行纸币。根据地的县均有共产党的县政府及县长。共军以其特长训练、组织民兵，建立人民自卫团，使之投入抗日战争。这类根据地是分布在日军占领地区以内的。"

"在作战时，共军从正面不公然进入战场，而是经常从侧面或背后进行破坏，妨碍我方交通运输，为此，牵制我不少兵力。战斗部队一来，共军即行逃去，转而袭击后面来的我方辎重部队，确属难于应付的一群对手。"

于是，日军开始对各抗日根据地内的八路军和游击队进行"围攻"和"讨伐"——名曰"肃正作战"。

刚刚建立不久的晋察冀、晋西北、晋冀豫根据地全力以赴，一场"反围攻"作战先后展开了。

察冀根据地遭敌"八路围攻"，
"聂司令员的部队全是天兵天将"

晋察冀根据地首当其冲。

1937 年 11 月 24 日，也就是聂荣臻率领军区领导机关到达阜平的第六天，日军即以 2 万之众的兵力，沿平绥、平汉、正太、同蒲数条铁路干线，分 8 路围攻刚成立的晋察冀军区。

日军来势汹汹，各地纷纷告急。

面对猖獗进犯的日本侵略军，聂荣臻心里清楚，军区新组建的部队，除了一部分老的骨干力量外，大多数还没有作战经验，形势是相当严峻的。

11 月 23 日，反围攻作战开始的前一天，聂荣臻给"毛朱彭任周"及各军分区领导人的电文中，对敌情作了如下判断：

> 因敌深入我境，后方联络线延长，八路军不断的袭扰，晋察冀义军纷起，声势颇大，故敌有肃清联络线，巩固后路之必要。因此敌人可能向我晋察冀区开始进攻，在东面首先占满（城）、完（县）、唐（县）、曲（阳）、行（唐）、灵（寿）、平（山）等县，逐我进山区，离平汉路。

西面有进攻五台、盂县，分为据点之企图。[1]

根据这一判断，基于日军地形生疏，有不少伪军参战，不敢贸然深入我腹地的弱点，聂荣臻决心把有基础有经验的部队部署在机动位置上，相机打击敌人，以大量新组建的游击武装对敌人进行伏击、侧击、夜袭。其具体部署是：以第一军分区主力于广（灵）、灵（丘）、涞（源）之间，第二军分区主力于五台地区，第四军分区主力于上社镇、洪子店地区，第三军分区主力于阜平地区隐蔽集结，待机歼敌。

11月23日，军区发出反围攻作战指示，要求各军分区加强侦察，迅速完成作战部署和各项准备，发动与组织群众实行坚壁清野和封锁消息。

11月24日，由平汉铁路沿线出动之敌第十四师团分两路向西进犯。

一路3000余人，由保定和易县出动，在飞机掩护下向涞源进犯。其中由易县西犯之敌于12月2日进占大龙华。该敌由于沿途遭游击队袭扰，已十分疲惫，疏于戒备。据此情况，晋察冀军区第一支队，以一部于当日夜袭击大龙华，一举突入镇内，与敌展开巷战，激战一夜，歼敌200余人，残敌100余人逃回易县；由保定西犯之敌被骑兵营阻止于满城附近。

一路1000余人，由定县、新乐向曲阳、行唐进犯。该敌于高门屯和豆家庄遭第四支队的有力阻击，于是企图进占曲阳之敌退回保定。由新乐出动之敌在进占行唐后，也停滞不前。至此，由平汉铁路西犯之敌遂停止向边区腹地进犯。

由同蒲铁路东犯之敌关东军察哈尔派遣兵团一部1400余人，由应县出动，在占领浑源后继续向广灵进犯。11月27日，第一支队主力于浑源、广灵间之乱岭关的道路两侧高地设伏。当敌进入伏击区时，突遭猛攻，经数小时激战，第一支队歼敌200余人，随即主动撤出战斗。敌进占广灵县城后未敢冒进。

由平绥铁路南犯之敌关东军察哈尔派遣兵团以3400余人，由怀来、天镇分两路南犯，并于 12 月 4 日占领蔚县后，分别向广灵、涞源进犯。5 日，第一支队主力一部占领蔚县南之北口村，截击由蔚县南犯之敌。当敌进入该地谷口时，第一支队居高临下，以猛烈火力袭击敌人，并乘敌混乱之际发起冲击，经半日激战，歼敌 200 余人，迫敌退守蔚县。

12 月 5 日，在反围攻作战的关键时刻，聂荣臻收到总部转来的毛泽东对反围攻作战的指示：

> 对进攻冀察晋边区之敌，除上月二十九日电及你们来电外，请注意以下各点：
>
> （一）避免正面抵抗，袭击敌之后尾部队。
>
> （二）在敌之远近后方活动，使敌进一步仍在我包围中。
>
> （三）同蒲、正太路必须积极活动，予以有力的配合。
>
> （四）注意在敌后方破坏伪组织、伪军。
>
> （五）加紧瓦解敌军工作。
>
> （六）在确有胜利条件下，集结适当力量给敌以部分的歼灭和有力打击，增加敌恐怖与进攻困难是必要的，但须详细审慎。**2**

遵照上述指示，晋察冀军区部队积极在敌远近后方活动，抓住有利战机打击敌人。

12 月 14 日，第二支队乘代县、原平、忻口之敌第一〇九师团一部 1000 余人进占繁峙、后方空虚之际，夜袭原平镇，一举攻克该镇，歼敌 100 余人，残敌分向代县、忻口逃窜。此时进占繁峙之敌迅速回援，第二支队随即转移。

12 月中旬，正太铁路之敌第五、第一〇九师团各一部共 4000 人，分别向平山、盂县进犯，在第三支队与群众武装连续打击下，十分疲惫。聂荣臻及时抓住这一有利战机，令第一一五师第三四四旅由五台西南之东冶镇进至平山以西之洪子店地区，协同第三支队伺机打击进犯平山之敌。

15 日，敌第一〇九师团一部 1500 余人，由寿阳、平定出动合击盂县，第三支队集中主力于盂县东南地区隐蔽待机，当由平定出动之敌进至清城镇时，该支队乘其立足未稳，突然发起攻击，激战至黄昏，歼敌 200 余人，尔后主动撤出战斗。同日，第三四四旅以第六八七团一部，于小寨地区设伏，击退由井陉北犯之敌，歼其 100 余人。

21 日，敌第五师团之第二十一联队 1000 余人由平山出动，继续向温塘地区进犯。第三四四旅主力与第三支队一部，于温塘地区占领有利地形伏击该敌，当敌进入我伏击地域时，即以优势兵力对敌突然展开猛攻，敌顿时陷于混乱，经数小时激战，歼其 400 余人，余敌逃回平山，未敢复出。

为配合晋察冀军区部队的反围攻作战，第一二〇师和第一二九师各以一部，分别对同蒲铁路北段和正太铁路沿线展开破袭战，调动围攻晋察冀边区之敌回援其交通线。至 12 月 21 日，围攻晋察冀边区之敌，除以一部兵力占据蔚县、广灵、浑源、定襄、盂县、平山和行唐等县城外，大部退回铁路沿线。至此，反围攻作战胜利结束。

历时近一个月的反围攻作战，共歼敌 2000 余人，缴获部分武器弹药和其他军用物资。边区部队带着大量战利品，在父老兄弟姐妹们的欢呼声中凯旋。阜平一位年逾古稀、银须飘飘的老人兴奋得接连饮下 3 大碗家酿的枣酒，朗声大笑道："聂司令员的部队，全是天兵天将，没有打不赢的仗……"

聂荣臻后来对记者谈到了首次反围攻的经验：在一开头，我们对这样犀利的装备着现代武器如坦克、大炮及飞机的敌人，没有作战的经验。"日本人以前也从来没有遇到一个像我们一样精于游击战术的敌人。为应付我们在他们后方的日在增强中的威胁，他们用了他们传统的正面进击，借用陆地与空间的轰炸，意欲占领我们已经占领的一个据点，开始移动军队，向我们进攻。当他们占领了这地方，他们认为战争已告结束。不过我们只是撤离这一据点，以便包抄过去，进袭他们的后方。几乎时常是我们用切断他们和他们的根据地的交通线来强迫他们退走。"**3**

经验证明，以游击战对敌人的正面战，装备着现代武器的日军并非不可战胜的！这极大地鼓舞了边区军民的斗志。粉碎敌8路围攻后，晋察冀抗日根据地得到了巩固和扩大，边区所辖地区发展到36个县，部队发展到2万余人。

苫米地旅团西进临汾，朱德亲率总部仅有的2个连迟滞敌3天

1938年2月20日，朱德和左权率领八路军总部带两部电台离开洪洞县的马牧村，准备去太行前线。随行的除十来名总部工作人员外，只有警卫通讯营的2个连，约200人。彭德怀比朱德早一天乘车带了一部电台先去长治。

这时，山西的局势发生了急剧的变化。侵占了太原的日军在完成对部队的整理、补充后，看到中国军队在积极活动，蒋介石还打算反攻太原，便抢先发动攻势，从北面、东面分两路向晋南大举进攻。此时，八路军第一一五师师部和第三四三旅正在晋西南活动，晋南还集结着相当数量的国民党友军，因此，对沿同蒲路由北向南进军的日军，随时可以进行打击。而在东面，八路军第一二九师主力还在正太铁路一带活动。原来担负正面的国民党军队在日军进攻面前不战自溃。所以，当东路日军在2月20日攻占长治，并沿临（汾）屯（留）公路西进时，沿途并没有足以阻击他们的中国军队。这一路日军对临汾构成了极大的威胁。

21日，朱德一行到达安泽县的岳阳镇。

22日，日军占领长治西北的屯留，向八路军总部所在的安泽县逼近。

23日凌晨，日军先头部队苫米地旅团已进入屯留和安泽两县交界处的良马镇。

八路军总部的安全顿时受到威胁。

当时，朱德身边只有200余名警卫通讯战士。他所在的岳阳镇在临屯公

路北面，周围都是山地，要把总部转移到安全地带是很容易的。但是，这路日军来得太突然，临汾军民还没有思想准备。如果听任日军长驱直入，迅速攻占临汾，对局势将造成十分不利的影响。因此，朱德不但没有向山地转移，反而毅然率领他身边那些数量很少的警卫通讯部队，开到临屯公路附近进行阻击。

24日，总部警卫部队在府城镇（今安泽县县城）附近同日军先头部队接触。朱德一面令附近友军赶来增援，一面致电彭德怀及八路军各部并报毛泽东等人，表示准备以手中现有的两个连尽量迟滞敌军，"以待上列各部赶到而消灭此敌"。

第二天，战场局势更加严重。友军没有能阻止日军西进。毛泽东连连致电朱德，让他设法抽调有力兵团"于临汾府城间，正面迎击顿挫该敌，否则临汾不守，有牵动大局之虞"。同时又通知在临汾的刘少奇（北方局书记）、杨尚昆（北方局副书记）等，做好转移的准备。

这时，东路日军探知在正面阻击他们前进的，竟是威名赫赫的八路军总司令朱德和他的少数警卫通讯部队，于是，出动十几架轰炸机，企图一举炸平朱德的驻地。然而，日军驾驶员搞错了地方，朱德及总部得以脱险。

27日，总部特务团第二营奉命赶到。这是一支新扩建的部队，除班长以上人员外，全部是徒手新兵，每人只有一颗手榴弹。朱德决定由这支新兵袭击日军的后续辎重部队。他们初生牛犊不怕虎，以手榴弹一顿猛袭，竟完全获胜。计缴获步枪3支，军毡200余床，文件数捆，大衣、食品甚多。

28日，日军进占临汾。

日军从府城沿临屯公路到临汾，中间不过百余里路程。朱德以那样少的兵力迟滞敌军一个旅团达三天之久，为临汾军民的安全转移赢得了宝贵的时间。当时在总部经历这场战斗的陆定一后来撰文说：

他（朱德）没有官架子，任何人看到他，就觉得他慈爱可亲。但是，当危难到来的时候，他就表现出革命军人的真价值。他坚如磐石，定如山岳；他忘记了自己的处境危险，他为人之所不敢为，行人之所不敢行；他不怕反潮流，而总要尽自己的力量，以挽救危局。我亲身看见，当苫米地旅团由长治进攻临汾的时候，朱副司令长官（朱德于1939年3月就任第二战区副司令长官）只带了两个连，在良马、府城一带与敌不期遭遇。那时，他为了争取时间，使当时山西省会临汾数十万军民安全转移，亲率仅有的两个连与敌人打了三天之久。**4**

朱德壮哉。

日军分五路包围第一二〇师，企图压迫贺龙部渡河

2月下旬，当第一二〇师主力于同蒲路北段开展破袭战之际，贺龙得到消息，日军一部南侵离石县军渡，一部北犯保德县城。此两地都紧靠黄河东岸。

贺龙在莲寺沟召开会议，研究分析形势。贺龙认为，日军可能有两种企图：一是扫荡晋西北，截断第一二〇师归路，把第一二〇师挤出晋西北；一是占领黄河渡口，西犯陕甘宁边区。他提出："不管哪种可能，我们都要马上返回晋西北。我主力在同蒲路的任务已经完成，应按形势转移。"他下令第三五八旅移往离石、碛口，防止日军渡河西犯陕甘宁边区；第三五九旅往岢岚以东待机；师部则立即返回岚县。

2月28日，大雪纷飞，贺龙率部由同蒲路北段向晋西北腹地转移，回师根据地。

此时，北面的日本驻蒙军第二十六师团黑田旅团的竹下联队已侵占偏关、河曲；千田联队袭占宁武、侵入神池后，兵分两路，一路夺取保德，并

派出 200 余人渡黄河进入府谷，一路由三岔直取五寨。

南面的日本华北方面军第一〇九师团占据离石。一部进至黄河东岸的军渡与碛口，炮击八路军留守兵团河防部队，摆出将要渡河进攻陕甘宁边区的态势；一部侵占岔口、古交、河口地区，并向娄烦进犯。

3 月 2 日，毛泽东电告贺龙："照贺萧关已定部署……以一个旅攻击由五寨向临县进攻之敌，以一个旅星夜兼程至离石以北，攻击碛口军渡两敌之背阻碍其渡河。……如敌突破河防攻绥德，须以一个旅渡河，配合河西部队消灭该敌，保卫延安。"**5**

其实，日军的真实意图是要占领晋西北各县，逼迫中国军队退出山西。3 月 2 日，千田联队队长调回侵占府谷的 200 余人，集中主要兵力进攻五寨和岢岚；军渡、碛口之敌也突然东返离石，转而向北进犯方山、临县。

毛泽东立即看出了敌人企图，他 3 月 6 日电告第一二〇师："敌分五路包围一二〇师及傅作义军，企图压迫我军渡河情况已明，但每路敌力均不大，我贺师应与傅作义协力各个击破之。""如觉王旅或张旅单独作战不能击破敌之一路，而集中则确能击破一路，则以集中打一路为合宜。""目前重点在坚决击破正向静乐方山五寨三点前进之敌，必须击破此三路中之一路或二路，方能破坏敌之包围计划，巩固晋西北根据地，策应其他区域之作战。"**6**

此时，贺龙已回到岚县。接到毛泽东的指示，即决心集国共两党在晋西北的全部兵力，将日军赶出去。

贺龙一面急令张宗逊改变行动计划，迅速率第三五八旅北上，一面去拜访在晋西北的国民党军将领。

当时，在晋西北地区驻有 4 支国民党军：赵承绶的骑一军，驻静乐；郭宗汾的第三十四军（仅军部和第七十一师），驻岚县东村；傅作义的第三十五军，驻临县；何柱国的骑二军，驻偏关以北。可是，在日军进攻的时候，除傅作义的第三十五军对侵犯方山、临县、娄烦的敌人稍作抵抗之外，其他都避而不战。

贺龙先到岚县东村镇去见郭宗汾。

在阎锡山的晋军里，郭宗汾是典型的滑头。虽然身为第三十四军军长，但他只把军部和第七十一师摆在晋西北。他心里很清楚，与日本人作战不能把老本赔上。

此刻，郭宗汾正坐在太师椅上闭目养神，忽报八路军第一二〇师贺师长到。他听罢一怔，随即心中有了数。

"贺将军屈驾光临，小弟倍感荣幸，不知尊意……"

郭宗汾话音未落，贺龙便开门见山地说道："我来求援了，早就听说郭军长麾下兵强马壮，眼下日本人来势凶猛，还请郭军长念民族大义，出兵……"

没等贺龙说完，郭宗汾便插了上来："贺将军太客气了，抗日救国，责无旁贷，小弟见晋西北父老乡亲遭此苦难，也是茶饭无味。只是小弟手下兵少将微，自身尚且难保，怎敢言战？"

贺龙笑道："郭军长不必过虑，贵军只担任一些策应、掩护任务即可以了。"

"贺将军，"郭宗汾哭丧着脸说道，"你看，我的一个师连自己的一个炮兵营都不能掩护，如配合贵军，岂不误了大事。"

贺龙见郭宗汾反复推脱，便说道："郭军长先考虑一下，日后到岚县，我们再具体商量。"

贺龙离开东村镇，与关向应、王震以及续范亭等人又来到了静乐县国民党骑兵第一军军部，商请军长赵承绶出兵参战。

一见面，赵承绶向贺龙作了两个揖说："啊呀！贺师长，你可来了。你们再不回来，我也要走了。"

贺龙说："赵军长，你不要走，我们一起打。有一个月的工夫，便可以恢复北边了。"

赵承绶面带难色："贺师长，我100个骑兵，只能抽出30个人去打仗，要 70 个人看马。我怎么去打？"

贺龙说："赵军长，我们都驻在晋西北。这个时候要同舟共济，不能一走了事啊！"

经过反复劝说，赵承绶答应出一个炮兵连，带两门炮，配合八路军作战。

当谈到战役指挥时，贺龙向赵承绶说："你是军长，我是师长，当然应该由你来当总指挥喽！"

赵承绶难为情地说："我这个军长的老底，你还不清楚？你当军长的时候我才是个营长，我怎么能指挥你的部队呢？还是你贺老总指挥。"

同去的续范亭，是第二战区战地总动员会主任委员，他见两人推来推去，便看看身边的王震，然后说道："你们二位都过谦了，依我愚见，从战局和参战部队的实力来讲，部队由王旅长指挥最为得当。一是第三五九旅兵力充实，英勇善战；二是王旅长身经百战，运筹自如。王旅长担此重任，上前线指挥，我们都到后面吧。"

就这样，王震担任了前线指挥。

3月9日，赵承绶、郭宗汾来到岚县第一二〇师师部，同贺龙、关向应、萧克等人一起开会，商定作战计划。该计划规定：第七十一师一个旅佯攻岢岚；第一二〇师主力位于五寨、岢岚大道以东适当地点，以一部于大道以西打五寨可能增援之敌；骑一军置于神池、五寨之线西北，打击神池、五寨间来往之敌；战动总会游击队在保德、三岔一带活动，归第一二〇师指挥。

然而，赵、郭皆无真实抗敌之意。战斗一打响，赵承绶派两个炮兵连带了两门山炮来配合第一二〇师，在神池、五寨以西也派了一点兵，应付差事。郭宗汾则推三推四，一兵未发。贺龙后来感慨地说："赵承绶算是统一过来了，郭宗汾就没有统一过来。"他非常窝火。在这种情况下，这次反围攻只有靠第一二〇师自己了。

贺龙率部收复七城，王震得了个"飞将军"绰号

反围攻作战首先从攻击岢岚县城开始。

王震率第三五九旅两个团沿同蒲路急行军，赶到岢岚，把敌人紧紧地压缩在岢岚城内。当时，岢岚城驻有敌一个大队和部队骑兵、炮兵和工兵，大约千人。由于侵占时间不长，防御设施尚不完备。岢岚城又四面环山，城内没有水源，一切生活用水都取之于南门外的一条水沟。

这天傍晚，王震主持召开了旅作战会议。他亮开嗓门说道："太原失守后，鬼子十分嚣张，扬言三个月内灭亡中国，我们这次作战一定要打出中国人的威风，让日本人看看，中国还有能战的！"会议研究决定，控制岗漪河，断绝城里的水源，使敌骑兵和马匹陷于绝境，然后以围困袭扰的手段，压迫敌人撤出岢岚，在运动中把它消灭。

会后，王震立即派部队堵塞了流向城里的叉渠，并把各部队的工事向前推进，以便袭击抢水的敌人。这样围了敌人三天三夜，每天都要打死一些抢水的敌人及其军马。

3月10日下午3时，日军弃城向北逃窜。第三五九旅主力立即变成"敌逃我追"的姿态，猛追不舍。敌逃至岢岚与五寨之间的三井镇附近时，被第三五八旅拦住去路，吓得缩进镇内，赶修工事，企图固守待援。当第三五九旅追到三井镇时，天已经黑了，只见镇内到处是火光，敌人正在架锅做饭，烤火取暖。

贺龙命令王震：夜袭三井，不要让他喘息。于是，第七一七团和第七一八团第二营连夜攻击三井，和敌人展开了逐街逐巷的肉搏战。战斗打得惨烈，第七一七团政治处主任刘理明带领战士对敌开展白刃战时，不幸中弹牺牲。第七一八团第二营营长刘源远也为国捐躯。刘理明是井冈山战斗过来的老红军战士，王震闻讯，悲恸万分，热泪夺眶而出……

次日拂晓，日军眼看撑不住了，不料赵承绶部的那两门炮，突然向三井

镇盲目射击，妨碍了八路军的最后攻击。敌人趁机突出重围，朝五寨方向逃去。

此次战斗，共毙伤敌人200余人，俘敌28人。岢岚城收复，首战告捷。

岢岚之敌逃至五寨后，该城日军兵力达到1000余人。五寨城池坚固，又与义井、三岔两个据点互为犄角，易守难攻。如何夺取五寨，指挥部里出现了两种意见：有的指挥员认为，第三五八、第三五九旅都已兵临城下，我军气盛势优，应当一鼓作气，迅速进攻五寨城。贺龙认为，敌人固守坚城，火力也很强，我们虽有赵承绶的一个炮兵连支援，却只有2门山炮，火力有限，强攻会吃大亏。他主张绕过五寨城，袭敌侧后，撼其纵深，断其联络，把日军诱出城来，相机歼灭。

经过深入讨论，终于统一了看法，决定用部分兵力围困五寨，而将大部兵力集中于五寨、神池之间，切断交通运输，打击增援，逼敌退出五寨。具体部署是：用一个营和战动总会游击队伪装主力围困五寨城；将第三五九旅和第三五八旅两个旅的主力分别置于五寨西北和东北通往三岔和义井镇的大道旁，孤立五寨。

3月17日，张宗逊率第三五八旅顶风冒雪越过五寨东北的高山峻岭，在义井以南虎北村地区与从神池南下增援的日军1000余人遭遇，经6小时激战，歼敌300余人，并追击逃敌至义井镇附近。接着，王震的第三五九旅在三岔以南将前来增援的200余日军骑兵打垮，切断了五寨日军与其主力的联系。

在不断打击下，孤守在五寨、保德、河曲、偏关4座县城的日军，自3月20日起先后弃城逃窜，4座县城遂被八路军收复。

在敌撤退之时，第三五九旅主力于田家洼截击、歼灭从保德逃向神池的日军一部，余者逃往义井镇。3月22日夜，集结于义井镇之敌共3个大队，继续向神池撤退时，在凤凰山地区被第三五八旅主力所伏击。日军被歼300余人，其余逃向神池。第一二〇师主力遂跟踪追击至神池城边。敌人不敢再据守县城，仓皇逃往朔县，神池也被八路军收复。

至此，日军侵占晋西北的 7 座县城，只剩下宁武了。

宁武县城位于宁武关口，是同蒲路北段的一个重要车站，也是大同至太原公路的一个咽喉要地。日军在城内留驻精兵 1500 余人，企图长期固守，以控制同蒲路。这时第一二〇师主力连克 6 城，士气正猛，根据贺龙的命令，仍然采用围点打援的办法，以少数部队和游击队牢牢围住县城，以第三五八、第三五九旅主力集结于宁武至阳方口之间的石湖河地区，伺机歼灭撤退或增援之敌。

3 月 31 日，阳方口的敌步骑兵共 600 多名，在飞机掩护下向南进犯，企图接应宁武之敌突围。10 时许，当该敌进至石湖河与麻峪附近时，第三五九旅突然发起攻击，敌抢占有利地形顽抗。战斗打得十分激烈，第七一七团政委刘礼年在战斗中英勇牺牲。

战斗一打响，宁武城内之敌以为援兵已到，联队长千田指挥 500 多人出城突围，企图向第三五九旅侧后进攻。此时第三五八旅第七一五团主动出击，协同第三五九旅夹击该敌，激战整日，歼敌 300 余名，敌千田联队长亦被击伤。黄昏时，宁武日军退守城内，石湖河之敌回窜阳方口。困守宁武之敌看着死守不成，求援又无望，遂于 4 月 1 日晚弃城向北逃窜。八路军展开猛烈攻击，沿途斩获颇多。残敌终于与阳方口敌人会合，一起逃往朔县，第三五九旅当即收复宁武县城。

至此，日军侵占晋西北的 7 座县城全部收复，敌人企图扼杀晋西北抗日根据地于摇篮中的阴谋被彻底粉碎。整个战役共歼敌 1500 余人，缴获山炮 1 门，汽车 14 辆，步机枪 200 多支（挺）。

4 月 10 日，毛泽东发来贺电："9 日电悉。努力奋战击破敌人整个进攻，取得伟大胜利，中央诸同志闻之极为兴奋。伤亡颇大，补充整训极为必要。抗大受训干部，虽因各方需要调出颇多，然月底毕业时，当可分配一个可观数目补充你们。望巩固内部团结，加紧整理训练，争取新的胜利，配合友军，造成巩固的根据地，坚持华北抗战，在全国抗日战争中完成自己的战略任务。"**7**

毛泽东此电中所说的"伤亡颇大，补充整训极为必要"，是指第一二〇师在同蒲路破袭战和收复七城战役中，行军千里，大小战斗10余次的伤亡情况。贺龙、关向应、萧克在4月9日曾报告说："这次战役伤亡数目：三五八旅为580名，三五九旅897名，宋支队47人，警六团39人，总计此战役全师伤亡1563人。"

从这一数字可看出，王震的第三五九旅伤亡近千。他们付出最大，贡献也最大。其辉煌战绩，受到师的表扬。几年以后，贺龙还在检阅第七一七团的讲话中说：七团在九旅是老大哥。九旅无论在红军时代，在抗战中，都建立了许多光辉的战绩。无论任何顽强的敌人，碰到九旅，不全部被歼灭，也要被歼灭一大半。晋西北之役，我们十个营打垮日伪军1万多人，不到一个月，光复7个县城，七团的功劳很大。七团不但在一二〇师是战斗力强的一支劲旅，在八路军中也是主力之一。又说：广大的人民给你们旅长王震同志起了个绰号叫"飞将军"。这个绰号叫得好，因为它是人民自己叫出来的！

朱德、彭德怀主持小东岭会议，国共双方诸将领济济一堂

1938年3月24日，山西沁县小东岭。

八路军总司令朱德、副总司令彭德怀正主持召开东路军将领会议。

一个月前，阎锡山、卫立煌对在同蒲路东、正太路南的国土和各部队实际已无法顾及，遂将分散在这一地区的中央军、地方军和八路军第一二九师、第一一五师第三四四旅，决死队的第一、第三纵队，划为第二战区的东路军，请朱德、彭德怀分任总指挥、副指挥。

38位国共双方的将领济济一堂。除八路军的刘伯承、李达、徐海东、王新亭，以及决死队的薄一波以外，国民党将领与会的，有第四十六军军长李家钰、第十四军军长李默庵、第三军军长曾万钟、第九十四师师长朱怀冰、第一六九师师长武士敏、第十七师师长赵寿山。

会议在小东岭村关帝庙内举行。朱德在开幕词中详细分析了抗战形势，号召东路军将领齐心协力，建立敌后抗日根据地，开展游击战争，坚持华北。

彭德怀在会上作关于东路军作战纲领的报告。在详细分析了敌我双方的形势后，彭德怀要大家接受南京、太原沦陷的惨痛教训，采用新的作战原则：实行战略上的防御战，战术上的进攻战；战略上的持久战与消耗战，战术上的速决战与歼灭战；运用运动战以消灭敌人有生力量，发展游击战以造成我基干军队在运动中大量歼敌的机会。

彭德怀在报告中，向友军详细讲解运动战和游击战的战术、部队的政治工作、民众工作、敌军工作和建立根据地的要求等。针对国民党将领对八路军官兵同心、军民团结的钦慕，彭德怀说："士兵与长官要风雨同舟，尤其是长官与士兵间的生活距离应尽量缩小……士卒同艰苦，是团结部队的重要条件之一"。"对待民众有几件基本的事，就是实行买卖公平，说话和气，借物要还，损物赔偿，离开驻扎地时，实行纪律检查。我们只要做到这几项，就可以获得民众的好感与帮助，军民也就可以慢慢团结一致了。"❽

彭德怀的报告，对一些友军将领触动很大。尤其是早年追随孙中山、在西安事变中又积极支持张（学良）、杨（虎城）义举的第一六九师师长武士敏。他积极抗日，但部队旧习气很重，军民关系不好，使他十分苦恼。

饭后，彭德怀到各处看望，武士敏向彭德怀倾吐心曲，长谈竟夕。

后来，他对人说："当了几十年的兵，真正懂得为国报效，是在小东岭会议上听到了彭副总司令的教诲后才认识的。从此，我才懂得怎样做一个真正的军人。"此后，武士敏学习八路军的经验，与八路军亲密合作，部队改观，在中条山坚持抗日，直至 1941 年 9 月在对日作战中壮烈殉国。

小东岭会议经过热烈讨论，通过了彭德怀所作的作战纲领报告，划定了各军、师活动和建立根据地的地区。会后应友军的要求，八路军总部由左权主持为友军举办了游击训练班、政治工作讲习班等。朱德、彭德怀、左权都亲自给训练班讲授课程。

小东岭会议是山西战场上抗日民族统一战线规模最大的一次高级军事会议，也是以中国共产党的战略思想为指导的一次会议。这次会议，为即将粉碎日军对晋东南的九路围攻奠定了基础。

日军九路围攻晋东南，八路军多部急袭长乐村

小东岭会议刚结束，第一二九师于 3 月 31 日在响堂铺打了个漂亮的伏击战。在缴获的物品中发现了一份有关日军动向的重要文件。内称："共军猖獗，4 月上旬，将由潞安（长治）以北 400 华里内施以痛剿。"

4 月初，日军果然调集第一〇八师团全部及第一〇九、第十六、第二十师团各一部共 3 万余兵力，北从正太路之昔阳、平定，西从同蒲线上之临汾、榆次、太谷，东从河北之元氏、赞皇、涉县，南从屯留、长治出动，分九路大举围攻晋东南，企图歼灭这一地区的中国军队。

4 月 6 日，朱德、彭德怀紧急向东路军发布关于部队和民众动员的训令。

根据这一训令，八路军和友军各部普遍召开军人大会，说明粉碎这次围攻的意义，讲解新的作战要求，各军同仇敌忾，士气大振。八路军总部派出政工人员，和地方党组织、牺盟会、战地动员委员会等抗日团体协同，深入乡村宣传群众，实行空舍清野，组织担架队、运输队、破路队，支援反围攻。

为迎击各路来犯之敌，朱德、彭德怀连夜拟定作战方案，以八路军一

部，决死纵队第一、第三纵队和国民党友军，在地方游击队的配合下，分别钳制各路之敌，掩护八路军主力隐蔽待机。待敌人消耗疲乏到一定程度时，即集中主力击破敌之一路，再扩大战果。

部署就绪，彭德怀说："我们先到鬼子眼皮底下去游一圈，游到有一两股敌人胆大妄为了，再一锤子收拾它。"

4月8日，自屯留北犯之敌进入沁县，八路军总部从容离开小东岭，向武乡县石盘山转移，设指挥部于山上的义门村。

各路进攻之敌均受到阻击。唯由屯留北犯的日军第二十五旅团之第一一七联队，未受打击即占据了沁县，又放火烧毁了历史悠久的武乡县城。

第一一七联队是配属给第一〇四旅团指挥的。旅团长苫米地此时正亲率第一〇五联队，向蟠龙、辽县方向进攻。苫米地是日军中一位凶狠毒辣、刚愎自用的将领。在2月底日军3路会攻临汾的作战中，他曾同朱德的警卫部队交过手，抢先攻进了临汾城，获得了日军大本营颁发的一枚勋章。自此他更加狂妄骄纵，自诩精通八路军的游击战术，叫嚣要打垮八路军的主力部队。他根据八路军"敌退我追"的原则，发明了一种所谓"拖刀计"的战法：在作战中烧民房后假装撤退，当八路军游击队尾随追击时突然进行伏击或围攻。这种战法起初曾让一些游击队吃了亏。他越发自鸣得意，目空一切。

朱德、彭德怀见苫米地一味孤军深入，企图独占九路围攻的头功，遂令待机的第一二九师主力，从涉县北星夜赶赴武乡，准备予该敌以严惩。

4月14日，刘伯承遵总部电令，率部秘密西移至武乡以北地区。

刘伯承已研究了苫米地的所谓"拖刀计"。他认为，八路军的作战原则是灵活机动，战术是死的，人是活的，战略战术岂能千篇一律，死板地套用？有一句话他经常挂在嘴边：不管黄猫黑猫，抓到老鼠就是好猫，后来这句话被邓小平用于新中国成立后的经济建设和改革开放，收到奇效。刘伯承这句生动、诙谐的语言是要告诉大家，一切战术都要根据具体情况灵活而定。就像他一年之后在《对目前战术的考察》中讲到的，"老住一地，将遭袭击，老走一路，将遭伏击。这是最有害的被动。我们必须根据当前敌情、本身地形与时间，灵活地计划和决定游击队袭击的动作，并且是秘密而周到的准备，迅速而突然的袭击"。

因此，在刘伯承面前，苦米地的"拖刀计"只能是班门弄斧。恐怕苦米地也不会想到，在即将到来的战斗中，他会落得一个"拖刀而逃"的下场。

15 日，侦察参谋报告：武乡日军进到榆社后，因城中群众"空舍清野"，无法获得粮秣给养，去辽县的道路又遭严重毁坏，大部队难以通行，所以又返回来了。

刘伯承听完报告"腾"地站起来，高兴地说："鸟入笼，鳖入瓮，这下可有大仗打了，先让第七七一团派两个连，严密监视这股敌人。"

他已研究了当前的敌情我情：苦米地指挥的日军正分两路北犯。左翼第一一七联队这一路兵力较弱，西面我又有第一一五师第三四四旅旅长徐海东率该旅在沁县小东岭策应。右翼苦米地若回援也较易阻击。因此，这个战机必须抓住！

徐向前接过话茬，"鬼子一天之内，从武乡到榆社，跑了一个来回，足有 150 里路，够他们受的。"

"我们的动员工作搞得好，榆社给鬼子摆了一个'空城计'，让鬼子饿着肚子跑路"，邓小平对榆社群众的"空舍清野"十分满意，"鬼子扑来扑去，搞不清我们在哪里，我们却一直盯着它呢。看它还能往那里逃"。

晚 10 时，陈赓旅长电话报告：据监视部队报告，武乡的敌人向东撤退，其后卫部队尚在马庄停留。

"追！"刘伯承毫不犹豫地对陈赓下令，"六八九团归你指挥，同七七二团为左纵队，沿浊漳河北岸追击。第七七一团为右纵队，沿着南岸追击，第七六九团为后续部队，沿武乡至襄垣大道跟进"。

遗憾的是，刘伯承给陈赓打完电话后，再给第六八九团打电话时，第六八九团的电话线断了，再试着给第七六九团打，也打不通了。他迅速派人检修电话，但这两个团赶到预定地点的时间仍然晚了几个小时。

陈赓率第七七二、第七七一团向东猛追。日军在他们的左前侧，大约有3000人，携有山炮、机枪，一旦反扑过来还是够厉害的。但他们毫不畏惧，他们知道日军一路困饿，已成疲惫之师，现在是乘夜逃跑。

16日清晨7时，第三八六旅追到长乐村附近，日军正行进在狭窄的河谷里，一面是浊漳河，一面是山崖。第七七一、第七七二团左右两路形成了极好的夹击之势。这时，第一一五师第三四四旅之第六八九团和第三八五旅第七六九团还未赶来。陈赓见敌人一部已走出河谷，袭击机会稍纵即逝，当即下定进攻决心，命令第七七一、第七七二团立即向日军开火。

长乐村急袭战打响了。

山坡上第七七二团重机枪猛烈地响起来，这种刚刚装备的苏式机枪，射击的声音浑厚响亮，盖过了日军九二式机枪的声响。迫击炮接连打出20多发炮弹，落入敌群后发出巨大的炸裂声和回响。

指战员们乘机发起了冲锋。第七七二团第三营从山上冲下去，到了山边发现是高3丈左右的断崖，营长雷绍康奋不顾身，带头滚了下去，干部战士一个接一个地跟着滚下去，紧接着特务连也冲了下去。指战员们冲入敌群，左刺右砍，勇猛异常，杀得日军人仰马翻，一下子把河谷里的1500多日军截成了数段。

已经走过长乐村的日军，一看后队被打，集中千余人掉过头来解救被围部队。他们向七七二团阵地左翼戴家垴猛攻，企图从这里打开一个缺口，接应被围的后队。戴家垴本应由第六八九团防守，但该团尚未赶到战场，情况十分危急！

刘伯承接到报告，命令陈赓抽调一个连守住戴家垴，坚决不让敌人突破。第七七二团第十连奉命开上戴家垴，同数倍于己的日军浴血奋战，顽强坚守了4个多小时，最后全连人员全部壮烈牺牲。

正在这时，第六八九团赶上来了，他们一个勇猛的冲锋，就把阵地夺回来了。日军组织力量进行了一次又一次的反击，第六八九团的指战员们沉着应战：日军实施炮火准备，他们隐蔽在工事里；敌人步兵冲锋，他们用手榴弹炸；敌人冲到阵地前沿，他们端着刺刀跃出工事，高呼着"杀"声把敌人赶下去。

刘伯承通过望远镜注视着戴家垴阵地的战况，深为第六八九团指战员们的大无畏气概所感动，他情不自禁地说："六八九团打得多英勇啊！已经打退了鬼子的7次冲锋了。"

"真是好样的，"在一旁观察的徐向前也发出赞叹，"一一五师的战士有一股子顽强劲！"

戴家垴英勇的阻击战，有力地保障了河谷里的歼灭战。第七七一、第七七二团和后来赶上来的第七六九团一部，集中力量朝分割开来的敌人反复冲杀。敌人一开始还指望前队掉头救援，抵抗比较顽强，后来发现援兵迟迟不到，便变得沮丧了。指战员们越战越勇，渐渐把敌人大部分消灭了。

下午3时，师前方指挥所得到报告：从蟠龙方向来了一股援敌。此方向本来是国民党第三军负责打援的，可是日军的援兵竟毫无阻挡地过来了。刘伯承皱起眉头："曾万钟搞的啥子名堂嘛！"急令第七七二团派一支小部队以侧翼包抄的战法扭住它。

下午5时许，辽县方向又增来千余敌人，反复向第七七二团阵地实行反突击。陈赓在日记中记述道："此时炮轰如雨，战斗之激烈为抗战来第一次。敌向第七七二团数次反复冲锋，均被我有组织之火力射杀，伤亡甚重，目睹达200余人。我为避免过大牺牲，寻求敌之弱点再击起见，自动向巩家垴撤退。是役我伤亡约达400余。我们英勇坚决的叶团长头部受重伤，恐有生命危险，这是我们的一个大损失。"**9**

长乐村急袭战，毙伤日军2200余人，缴获步马枪100余支和大批军用物资。在缴获的物品中，还有旅团长苫米地未及发出的一封信，是他亲笔写给女儿的，信中说："天皇因我先入临汾，赐我一个勋章，我已挂在左胸前，我的右肩也高了起来。你看像不像墨索里尼？……"这位临汾战役的"英雄"，却在长乐村惨败给了刘伯承和陈赓。他的"墨索里尼梦"注定做不成了，他的"拖刀计"也最终变成了"拖刀而逃"。

长乐村战斗胜利后，各路日军被迫纷纷回窜。八路军各部和国民党友军乘胜追击，又给了败退敌人以有力的打击，八路军克复了晋东南的 18 座县城。敌人的九路围攻被彻底粉碎了。

叶成焕团长壮烈牺牲，刘伯承、陈赓痛心之极

然而，第一二九师连同第六八九团，也在这次战斗中付出了较大代价，共伤亡 800 余人，其中包括第七七二团团长叶成焕。

4 月 18 日凌晨，叶成焕牺牲，年仅 25 岁。

叶成焕是河南省光山县人，1930 年参加红军，任过通讯员、指导员、营政委、团政委、师长、师政委，是红四方面军的一员著名战将。不仅如此，他还勤于思考，善于临机处置，深得刘伯承喜爱。听到叶成焕伤重不治的消息，刘伯承三步并作两步地赶来，抓起他的手连连摇晃着，痛呼："成焕、成焕哪……"热泪顺着他的脸颊滚落下来……

长乐村战斗前不久，师里正准备研究提升他担任第三八六旅的副旅长。战斗前，叶成焕患了肺病，已经有三天没有吃饭了，陈赓劝他去休养一段时间，但他却坚持要打了这仗再走，没想到却发生了这种意想不到的情况。陈赓痛心之极。"今日规定的部队工作，亦受到影响。成焕平日团结干部甚好，许多干部均面有忧色。特别是他的勤务员，更是痛哭不止。"**10**

第一二九师为叶成焕等阵亡将士举行了简朴而庄严的追悼大会。

会场设在离师部不远的一个山岗上，灵堂正中的一张桌子上放着由第七七二团参谋长王波精心绘制的叶成焕的遗像。

刘伯承致悼词。

他悲痛地说："叶成焕等烈士的死，是光荣的死，永垂不朽的死。这种

光荣是怎么得来的呢？像叶团长，他原来不过是一个种庄稼的农民，如果鄂豫皖不闹革命，他最多是在贫穷的日子里熬死。革命爆发了，叶成焕觉悟了，参加了革命。在以后的战斗中，党培养了他。他没有辜负党的教育，进步了，发展了，终于成为一个很好的布尔什维克！"

最后，刘伯承说："在我们纪念牺牲烈士的时候，我们更应该向烈士学习，向着他们未完成的事业突击，征服一切艰险和困难。" **11**

追悼会后，山上多了一座新坟。每逢年节，当地的群众都会来到这里，为他们敬仰的这位抗日英雄扫墓。全国解放初期，河北邯郸晋冀鲁豫烈士陵园建立，叶成焕的遗骨被迎往邯郸烈士陵园安葬。

青山埋忠骨，英名日月辉。

人民将永远记住这位年轻而善战的指挥员的名字。

注　释

1.《聂荣臻传》编写组：《聂荣臻传》，当代中国出版社 1994 年版，第 217—218 页。

2.《毛泽东军事文集》第二卷，军事科学出版社、中央文献出版社 1993 年版，第 126 页。

3.《聂荣臻传》编写组：《聂荣臻传》，当代中国出版社 1994 年版，第 218 页。

4. 陆定一：《贺朱副司令长官五十四寿诞》，《新华日报》（华北版）1939 年 12 月 15 日。

5.《毛泽东军事文集》第二卷，军事科学出版社、中央文献出版社 1993 年版，第 175 页。

6.《毛泽东军事文集》第二卷，军事科学出版社、中央文献出版社 1993 年版，第 185、186 页。

7. 转引自《贺龙传》，当代中国出版社 2007 年版，第 145—146 页。

8.《彭德怀传》，当代中国出版社 2015 年版，第 111 页。

9.《陈赓日记》，人民出版社 2013 年版，第 95—96 页。

10.《陈赓日记》，人民出版社 2013 年版，第 97 页。

11.《刘伯承传》编写组：《刘伯承传》，当代中国出版社 1992 年版，第 202—203 页。

第十六章
巩固大本营

八路军后方总留守处成立，萧劲光成了南京政府的"命官"——毛泽东风趣地拍拍萧劲光的肩膀，"我在延安，就是靠你们留守兵团吃饭喽"——边区剿匪，德国人李德再犯教条主义毛病——守卫千里河防，毛泽东、萧劲光周密部署——边打边摸索，实践出真知

日军对山西各抗日根据地展开围攻的同时，也不断向陕甘宁边防河防进犯，企图切断陕甘宁边区与山西各抗日根据地的联系，并威胁中共中央、中央军委指挥中枢的安全。

陕甘宁边区地处陕西、甘肃、宁夏三省交界，北起长城、西接六盘山、南临泾水、东靠黄河，是土地革命战争时期创建的老根据地。在红军主力长征到达陕北后，这里就成为中共中央、中央军委的所在地。全民族抗战爆发后，通过同国民党政府的谈判，陕甘宁边区苏维埃政府改名为陕甘宁边区政府，下辖23个县，面积12万余平方公里，人口约200万。它是共产党和八路军敌后抗战的指挥中枢和总后方，是抗日的大本营，在全国抗日军民中的影响力与日俱增。

而当初围绕陕甘宁边区能否作为抗战的大本营，指挥中枢是否放在这里，还有过一次不大不小的争论。

在1937年8月的洛川会议上，毛泽东提出，八路军主力开赴华北前线之后，党中央仍留在陕北，并且要留下一支部队巩固陕甘宁根据地，使它成为全国抗日的大本营。但也有少数人不同意这个意见。他们提出，陕北地瘠

民贫，不宜做抗日大本营，担心主力走后，根据地守不住，主张党中央随着主力走。

毛泽东不同意这个意见。他认为，有陕甘宁边区这样一块根据地是十分宝贵的。我们走了两万五千里，几乎把所有的根据地都丢了，就是这块地方没丢，它的存在意义重大。不要小看延安这个地方，唐朝以后，这里就成了边塞要地。我们要在这里扎根，要在这里学汉高祖刘邦，建立根据地。后方有"家"，开出去的部队就有回旋余地。党中央扎根于陕甘宁，使它成为大后方，有利于指导敌后抗日根据地的建设。

据参加会议的萧劲光回忆，"对于这个问题，会前毛泽东同志多次与我谈过，并且已经确定我留守陕甘宁根据地。毛泽东同志说，陕甘宁根据地是十年内战后留下的唯一根据地，是我们出征抗日的唯一依托，党中央要在这里扎根。陕甘宁有它的优势，从地理条件上说，它交通不便，又有黄河阻隔，是敌人进攻的薄弱环节。它距离华北前线不远，指挥比较便利。从根据地现状来说，由于大革命的影响，当地群众有较高的觉悟，我们又有了两年的工作基础。主力开赴前线，对敌人是很大的威胁和钳制。我们再留下一支部队，党中央在西北立足是完全可能的。对于毛泽东同志的分析，我心悦诚服"[1]。

后来，大家统一了思想，决定党中央继续留在陕北指挥抗战，并从整编的各部队中抽出一部分部队，留守陕甘宁根据地。

八路军后方总留守处成立，萧劲光成了南京政府的"命官"

1937 年 8 月，八路军后方总留守处成立，萧劲光为主任。根据中共中央军委的指示，八路军总部令第一一五师炮兵营、辎重营，第一二〇师第三五九旅之第七一八团，第一二九师第三八五旅（欠第七六九团），及该两师之特务营、炮兵营、工兵营、辎重营，共 9000 余人留守陕甘宁边区，归总留守处指挥，担负保卫边区的任务。考虑到边区面积较大，军委决定划分为东地区和西地区两个留守处。神木、府谷、靖边、安定、志丹、肤施、甘泉、洛川等县划为东地区留守处，陈伯钧为主任，陈先瑞为副主任。定边、盐池、环县、庆阳、合水、正宁、淳化等县划为西地区留守处，王宏坤为主任，王维舟为副主任。

总留守处成立之初，机关只有十几个人，管得部队多，又来自不同单位，组织零乱，头绪繁杂，萧劲光忙得不可开交。

这天晚上，萧劲光忙活了一整天，刚得一点空，就拿起一本《战役问题》，在灯下读了起来。

萧劲光两次留苏，学过军事，也算得上是共产党内的军事"科班出身"了。他学生时代加入过"俄罗斯研究会"。1920 年到上海外国语学社学习俄语，第二年赴莫斯科，入东方劳动者共产主义大学学习。其间，在苏联初级军事学校学习一年。1924 年列宁逝世时，他和任弼时等人曾作为东方民族的代表，为列宁守灵 5 分钟。同年秋回国后，他到安源路矿从事工人运动。1925 年冬，被派往国民革命军第二军第六师任党代表，授中将军衔，年仅 22 岁。在北伐战争中，参加了南昌、南京、鄂西等战役。1927 年大革命失败后，再次赴苏联，入列宁格勒军政学院学习，同学中有李卓然、傅钟、蒋经国等。"有了大革命失败的教训，有了不重视军事工作的切肤之痛，我们这些被派来学军事的同志，都感到肩上的担子很重，更加如饥似渴地学习。"萧劲光回忆道，"我在学习中对军事最感兴趣，最喜欢上军事课，下的功夫也最大"[2]。三年后学成回国，他被派往闽西苏区，先后任闽粤赣特区军委参谋长、闽粤赣军区参谋长兼政治部主任，兼彭（湃）杨（殷）军事政治学校第三分校校长。1931 年 9 月指挥地方武装及军校学员，配合中央苏区第三次反"围剿"作战，连克汀州、连城等地，10 月任红十二军军参谋长。11 月到瑞金，任中央军事政治学校校长。12 月，任红五军团政治委员。以后又先后当过红十一军团政治委员、红七军团政治委员，率部参加第四、第五次反"围剿"。

与邓小平第一次落难相似，萧劲光也有过一次挨整的经历。1933 年 11 月，他被当成"罗明路线在军队中的代表"，遭到无情打击，并险些被李德等人判处死刑。只是由于毛泽东等人坚决反对，才从轻发落，被判五年监禁，并剥夺上诉权。毛泽东心里很清楚，李德、博古等人名曰反对罗明路线，整"邓、毛、谢、古"，整萧劲光，其实是"杀鸡儆猴"，意在整他毛泽东。因此，他对萧劲光等人很是关怀。在毛泽东等人的内外活动下，萧劲光被关了一个来月后，被安排到红军学校当了一个名义上还是"犯人"的战术教员，后来又在并未宣布恢复党籍军籍的情况下，调到中央干部团，在陈赓手下作了一名上级干部队队长，并率队参加了长征。1935 年 1 月遵义会议后，他的错误处理得到纠正，调任红三军团参谋长。长征到达陕北后，任中共陕甘省委军事部部长兼红二十九军军长，后任中央军委参谋长，直接在毛泽东帐中作"参军"……

萧劲光正看得出神，毛泽东推门进来了。

见是毛主席，萧劲光忙把书合上，起身让座，"哦，是主席，请坐，请坐。"

毛泽东笑眯眯地说："特来向你道贺呀，你的主任任命，南京方面批下来了。"

"感谢主席对我的信任，委以这样的重任。"萧劲光说。

"我那个提议不算数的，蒋介石这个委任状含金量高哇。"

毛泽东慢慢坐下来，顺手拿起萧劲光刚看的那本书，"哦，《战役问题》，不错嘛。听说你这儿藏了宝贝，给我看看怎么样啊？"

"宝贝？"萧劲光丈二和尚摸不着头脑。

"子珍昨天来过了嘛。她说你这里藏了很多宝贝。我今天可是专门来挖一挖的哩！"毛泽东把眼光停留在萧劲光案头的一摞书上。

萧劲光明白过来了："哦，主席是说那几本破书啊！"

"噢，我看是宝贝！"

"子珍同志昨天来都看了，就这几本破书。以前有一些，长征时都丢了。可惜呀，现在找书太困难了！"萧劲光一边感叹，一边把书拿了过来，摆在毛泽东面前。

"是呀，物以稀为贵。一贵就变成宝了嘛。"毛泽东低头一本一本地翻着看。不一会儿，他拿起《战役问题》和《战斗条令》两本书，对萧劲光说："我想研究一下军事问题，这两本书，我借去看看。"

毛泽东对战争理论的兴趣由来已久。但苦于戎马倥偬，没有太多的时间从理论上加以总结。到延安后，生活相对安定一些，他便通过各种渠道，包括国民党统治区购买到一批军事方面的书籍，如饥似渴、不分昼夜地发奋攻读。他反复地精读马克思主义的军事著作，认真研究德国克劳塞维茨的《战争论》，日本人写的关于外线作战的书籍等，还研读了中国古代的《孙子兵法》。他后来多次讲道：在遵义会议时，有人说我打仗是照《孙子兵法》打的，其实我当时并没有看过这本书，倒是到了陕北后才读了这本书。他还组织一些富有实际经验的干部一起，联系中国革命实际来研究和讨论这些军事理论问题。

昨天，他听贺子珍说萧劲光这里有些军事书籍，今天就迫不及待地登门借"宝"了。

萧劲光听了毛泽东的话，一时没吱声。这两本书是他在中央苏区时收集到的，长征那样艰苦，闯封锁线、爬雪山、过草地，几次轻装，什么都扔了，就这两本书没舍得丢，从瑞金一直背到延安。来延安后，这儿什么资料都难弄，这两本书就成了萧劲光的"家珍"，他的确有些怕书借去了回不来。

"怎么不说话呀，舍不得了？"毛泽东一边翻一边说，"好小气哟！"

萧劲光有些不好意思起来："军事方面的书就这两本了，部队的许多工作，我还真拿它当拐棍哩。"

"噢？那你就先给我当当拐棍嘛。借你的是一定要还的，怎么样？"毛泽东看着他这位湖南同乡。萧劲光是湖南长沙人。

萧劲光有些勉强地说："主席一定要借，那就借呗。"

毛泽东笑了起来："人说萧劲光大将风度。我看，那也得看在什么时候哇。"

说笑了一阵，毛泽东话锋一转，与萧劲光谈起了边区的工作。

"劲光啊，现在全国形势很严峻。边区土匪还相当猖狂，人民生活还相当苦，你们要保卫边区，肃清土匪，安定人民生活，巩固与扩大留守部队，任务是蛮艰巨的哩。"

毛泽东伸手摸烟，萧劲光连忙把桌上的一包烟递过去。

他这个主任的确感到肩头担子很重。边区东面，隔河相对的，是从华北沿平绥线进攻的日军，要随时准备抗击日寇入侵，固守千里河防；南、西、北三面，有国民党二十几个师包围。在边区内部，当时亦是国共两个政权并存，虽然建立了统一战线，但磨擦反磨擦的斗争还时有发生。同时，边区内部大大小小的几十股土匪经常四处袭扰，严重威胁边区正常的生活秩序。

毛泽东点燃纸烟，深吸一口，缓缓说道："当前工作头绪多，首要的是抓好部队整顿，提高战斗力，加强战斗准备，培养与积蓄干部。"

"主席说的很对。留守兵团的这些部队，来自各个根据地，基本的政治素质和军事素质都是不错的。大部分同志经过长征，是在残酷斗争环境中成长起来的。我调查过，排以上干部都经过战斗的考验，平均每人负伤两次，战士大部分有 3 年军龄，党员比例也比较大。这是部队好的一方面。但另一方面，部队还存在不少问题。主要是组织零乱、不健全，机构不统一，编制装备参差不齐；纪律涣散，军容风纪不整，游击习气浓厚，执行命令不坚决；本地干部与外来干部之间，同级干部之间，上下级干部之间都存在一些不团结的现象；战士中开小差的现象也时有发生。另外，对于抗日民族统一战线，思想上有不少模糊认识；主力东进以后，也有一部分同志不安心后方工作……"

萧劲光竹筒倒豆子，一口气讲了这么多，是想多得到主席的指点。

毛泽东笑了。他摁灭烟蒂，亲切地看着萧劲光说，"要抓根本呐。部队整顿是件大事，关键就在于按照《古田会议决议》的精神去做，加强政治思想工作，加强团结。多到干部中做做工作，使他们明确留在根据地的意义和作用，带好部队，完成中央赋予的光荣任务。"

两人谈了半夜。怎样开展和做好边区留守部队的工作，萧劲光感到心里有了底数。

毛泽东风趣地拍拍萧劲光的肩膀，
"我在延安，就是靠你们留守兵团吃饭喽"

10月，中央军委给留守部队下达了"保卫边区，肃清土匪，安定人民生活，保卫河防，保卫党中央巩固与扩大留守部队"以及"建设正规化部队，提高战斗力，加强战斗准备，培养与积蓄干部"的指示。根据这一指示，总留守处确定了以"政治、军事、文化、党的工作"为留守部队的四大工作。政治方面，注重加强连队党支部建设，建立了经常性的政治教育制度，每星期给战士上四次政治课，干部普遍组织了学习小组，加强党的基础理论和方针政策的学习。军事方面，要求团以上干部要研究军事思想和战略战术，部队训练要少讲多练，提高军事技术，把部队建成有很强战斗力的正规兵团，并很快办起了参谋、防化、侦察、机枪、特等射手等各种训练班。

为了加强领导和指挥，军委决定将八路军后方总留守处对内改称留守兵团，萧劲光任司令员，莫文骅任政治委员，曹里怀任参谋长。

12月，留守兵团召开了第一次兵团首长会议。

这次会议，决定取消过去各单位杂乱的番号，实行新的编制序列，除第三八五旅旅部和第七七〇团外，将其余部队整编为 8 个警备团，并配齐了干部：

第一二〇师辎重营、炮兵营改编为警备第一团，团长贺晋年，政委钟汉华。

第一二九师特务营、炮兵营分别改编为警备第二、第三团。警备第二团团长周球保，政委甘渭汉；警备第三团团长阎红彦，政委杜平。

第一一五师辎重营、炮兵营改编为警备第四团，团长陈先瑞，政委刘国桢。

第一二〇师特务营、工兵营分别改编为警备第五、第六团。警备第五团团长白志文，政委李宗贵；警备第六团团长王兆相，政委张达志。

第一二九师工兵营改编为警备第七团，团长尹国赤，政委刘随春。

第一二〇师第三五九旅第七一八团整编为警备第八团，团长文年生，政委帅荣。

还有一个鄜³甘（泉）独立营和一个骑兵营。

另外，在绥德成立警备区，司令员陈奇涵，参谋长毕占云。后来，陕甘宁边区保安司令部及所辖关中、庆环、三边、神府军分区统归留守兵团指挥。保安司令部司令员为高岗。

全部队共约 1.5 万人。兵团成立了参谋处、政治部、供给处、机要处等直属工作机关。

这次会议实际上是留守兵团的正式成立大会，是一个确定方向、制定措施的决策性的大会，中央军委、边区政府都十分重视。毛泽东、周恩来、王稼祥、张闻天、林伯渠等亲临会议。

毛泽东在会上做了热情洋溢的讲话。他风趣地拍拍坐在他旁边的萧劲光的肩膀，"同志们，我在延安，就是靠你萧司令，靠你们留守兵团吃饭喽"。

大家都舒心地笑了。

毛泽东又当众开了一句意味深长的玩笑："萧劲光啊，我准备死在延安，埋在清凉山，你也得作这个准备哟。"

萧劲光接过毛泽东的话，表态道："我们留守兵团的干部都要作这个准备。"

毛泽东神态严肃起来："同志们，党中央决定在西北立足，建立巩固的根据地，靠谁呢？在前方靠英勇作战的部队，在后方就是靠你们留守兵团。军队是根据地赖以存在的必不可少的武装力量，你们要把留守任务看得同前线抗日救国一样重要，要使留守各团尽快走上正规化的建军道路。……"

毛泽东的一席话，像重锤敲着留守兵团每一个干部的心，也震撼着萧劲光的心。当晚，他挥笔写下了六个大字：任务重于生命。

这是萧劲光的心声，也是留守兵团的训令。

边区剿匪，德国人李德再犯教条主义毛病

留守兵团创建之初，陕甘宁边区的社会秩序还很混乱。尤其是土匪蜂起，四处窜扰，奸淫烧杀，无恶不作，成为巩固根据地的大患。因而，留守兵团的一项迫切任务就是靖匪除暴安民。

据统计，当时边区23个县境内，共有土匪40余股，计4000余人，2000多支枪。这些土匪大体上可分为两类：一类是以打家劫舍、掠夺财物为主要目的的普通土匪，较大的有在延长、延川一带抢劫的陈老大股匪，有安定的刘志清股匪等。另一类则是有一定背景的"政治土匪"。他们除了抢劫钱财以外，专门以摧残共产党的地方政府机关、破坏党和群众组织、刺杀党政领导人和军队工作人员为目的。这些"政治土匪"中，有的是在土地革命时期遭到斗争打击的恶霸地主和反动地方军阀武装，如三边的张廷芝股匪；有的是由国民党顽固派操纵指使的著名惯匪，如盘踞在陇东一带的赵思忠（外号赵老五）股匪等；有的是与日伪勾结的汉奸武装，如三边的薛子茂股匪等。

为了尽快肃清匪患，萧劲光和兵团几个领导干部研究，决定与地方党政机关取得密切联系，通过他们广泛发动边区的群众与地方武装自卫军，都来捕捉土匪。于是有的地方组织了小分队，和部队一起战斗，有的发现匪迹，暗地监视，及时报告，对军队的剿匪进行了有力配合。地方政府还采取了一些措施，积极改善人民生活，解决群众的温饱问题，使得一部分因生计所迫、铤而走险的散匪，改邪归正。

肃清顽匪，主要靠军事围剿。怎样围剿？采取什么样的战术？

这天，兵团召开军事会议，进行专门的研究。

李德发言了。他提出要采取平推的战术，派大部队齐头并进。理由是采取这种战术声势大，力量集中。

李德就是那个共产国际派来的顾问，德国人，原名奥托·布劳恩。此人以军事专家自居，主观主义、教条主义严重，又孤芳自赏、固执己见，在中央苏区的第五次反"围剿"中，他与博古一起，推行"左"倾冒险主义那一套，使红军和中国革命遭受惨重损失。萧劲光本人也深受其害，险些被他们处决。遵义会议后，李德被撤销了军事顾问职务。在跟随中央红军到达陕北后，曾在红军大学讲过课，以后又被派来帮助留守兵团训练过骑兵，有时也参与研究一些有关军事方面的问题。

李德这回又犯了教条主义的毛病，他的这个建议与实际情况不符。

从实际情况来说，陕北高原地形复杂，土匪分散，采用他提出的这种战术，只能像赶鸭子一样，把土匪赶跑，而不可能把土匪消灭。今天赶跑了，部队一离开，明天土匪又会窜回来，继续为非作歹。

萧劲光对李德说："土匪刁滑得很，昼伏夜出，分散活动，到处流窜，哪里会'集合'在一起，让你去打呀？我们的战术，一定要适应土匪活动的这些特点。"

李德听了又是摇头，又是耸肩，老大不高兴。

会后，萧劲光把同李德的争论，向毛泽东作了汇报。毛泽东笑了笑，说："没有李德就不行吗?"

毛泽东在遵义会议上依靠张闻天、王稼祥等人的支持，把博古、李德赶下了台。长征结束到达陕北后，于 1936 年 12 月写出了《中国革命战争的战略问题》，系统批判了博古等人的错误。对毛泽东来说，李德已是一匹"死马"，他不想再提起他了。毛泽东对萧劲光说："你准备怎样清剿?"

"我准备用追击、堵截与合击相结合的方法，在每一匪区集结相当兵力，统一指挥。一经与匪接触，即轻装尾追;一旦判明匪路，即分路堵截、合击。"萧劲光胸有成竹地说。

"我看这个方法好。"毛泽东又鼓励地看着萧劲光，"你认为正确的就做，任何事情最怕的就是瞻前顾后。"

从 1937 年 11 月开始，留守兵团开展了声势浩大的剿匪行动。他们首先集中了警一团、警二团、警五团和两个骑兵营，以及蒙汉骑兵支队，共 2000 余人的兵力，在三边地区的官滩、盐池以北趴蜡梁和安边以北的仓房梁一带，对张廷芝、范玉山、薛与茂等股匪，连续进行了三次围剿、打击，先后击毙土匪 100 余人，马 100 余匹，缴获枪支 60 余支。与此同时，警八团在鄜县以西的黑水寺、张村驿一带，消灭了企图为匪的民团两股，获枪 70 余支。

毛泽东对剿匪行动始终关注，并随时加以具体的指导。11 月 28 日，他与萧劲光联名致电陕甘宁边区保安司令部司令员高岗：

（一）张范两匪据守土围，强攻土围须有严密的侦察，周详的计划，并对围内及围外之敌须有严密的警戒，不可疏忽。

（二）即请将土围巩固状况，匪之兵力工事，设备粮草柴水之供给，群众条件及匪外援之可能性详查明告我。

（三）二十七军[4]是否有迫击炮，攻坚的火力如何，均请告，在未有十分把握以前不可轻动。**5**

1938 年 2 月以后，驻各地的警备团队与地方群众武装密切配合，采用政治瓦解与武力清剿相结合的办法，布下天罗地网，对大小股匪，继续穷追猛打。盘踞黄龙山地区的股匪，被清剿部队击毙 100 多人，获枪 70 余支，只有很少一部分逃离边区。在安定南区一带窜扰的刘志清股匪也被全歼。

陕北地处黄土高原，海拔普遍在八九百米以上。厚厚的黄土层，经流水切割，年深日久，形成典型的塬、梁、峁、沟壑等地形，山高沟深，人烟稀少。冬春季节又长，到处是冰天雪地。在这样的地区剿匪，部队非常艰苦。特别是三边一带，地接塞外荒漠，遇上大风天，风沙弥漫，天昏地暗，白天点灯都看不清人脸。大小砂石打在头上、脸上，疼痛难忍。有一次，一个战士外出执行任务，躲在一个甘草洞里避风，一阵大风刮来，竟把这个战士活活埋在里面。剿匪同其他战斗不一样，扑空是常有的事。有时爬山越岭，跑了许多路，到达预定地点，土匪已经无影无踪了。条件尽管这样艰苦，战士们却毫不畏缩，特别是那些经过两万五千里长征、爬过雪山、越过草地的老战士们，更是以苦为荣，迎难而上。

经过数十次战斗，历时不到一年，各地的土匪就基本上被肃清。按当时统计，被彻底消灭的土匪有 36 股，被击溃的土匪 10 余股，生俘匪徒 900 余人，缴获轻机枪 10 挺，步马枪 1700 余支，迫击炮 2 门，子弹 20 余万发。对那些被捕获的匪首，大都由当地政府进行公审，对罪大恶极的坚决予以镇压。这年 6 月，在定边公审枪决了罪恶累累的惯匪艾中福、宋闰兰；在延川，公审枪决了谋财害命的宿匪霍生福。

在剿匪战斗中，边区军民也付出了代价，共计伤亡 700 余人，其中有 2 名团级干部、10 名连排干部牺牲。

这天晚上，夜深人静。萧劲光来到毛泽东的住处。

毛泽东照例在灯下工作。萧劲光向他汇报了留守兵团的工作，当说到边区境内的土匪已经基本上被肃清了的时候，毛泽东又惊又喜："这样短的时间就把土匪基本肃清了?!"

他详细听了剿匪的经过和战果，十分高兴，当即拿起笔来，起草了一份电报，向全国各抗日根据地通报了这一战绩，表彰了边区军民。

守卫千里河防，毛泽东、萧劲光周密部署

守卫千里河防，是留守兵团面临的又一个重大而艰巨的任务。

陕甘宁边区的东边是奔流不息的黄河。这段黄河，北起府谷，南至宜川，蜿蜒约 500 公里，人称"千里河防"。河防得不到巩固，不但边区不得安宁，而且势必割断大本营及指挥中枢与各抗日根据地的联系。因此，守卫千里河防，是事关抗战全局的至关重要的大问题。

1937 年 11 月太原失守后，日军继续南进，在北起大同，南至风陵渡，沿同蒲路部署了 4 个师团又 1 个旅团的兵力，从东面严重威胁陕甘宁边区的安全。

日军将会在什么情况下进犯黄河河防？留守兵团能否守住千里河防，打退敌人的进攻？萧劲光召集兵团的领导干部多次进行分析研究。

这天，他正在司令部里和曹里怀研究河防部署，毛泽东派人来找萧劲光。

"萧司令员，主席叫你和曹参谋长去一趟。"

"出什么事了？"萧劲光敏感地问道。

"没看出来。"来人说，"这几天前线一切顺利，主席挺平静的。"

萧劲光放心了，便和曹里怀朝毛泽东的住处走去。

一进门，毛泽东显然兴致很高，当头就给曹里怀出了个题："参谋长啊，你说说，中国哪些城市是日军进攻的战略要地？"

曹里怀是湖南资兴人，参加过湘南起义，后随部到井冈山，当过红四军

连党代表、军部参谋，是毛泽东的老部下了。长征中任红四方面军司令部第一局局长，因拥护北上抗日，曾被张国焘撤职和开除党籍。恢复党籍后，在红军大学上级指挥科当科长。不久前在抗日军政大学队长任上，被毛泽东点将，作了留守处的参谋处处长、参谋长。

见毛泽东发问，他先说是上海。因为上海是华东门户。

毛泽东直言相告："说西北吧。"

"西北肯定是西安。西安是西北的门户啊。"曹里怀随口一说。

"对！"毛泽东说，"日本人占领沈阳夺了东北，攻下上海直逼华东，进入北平、太原，下一步自然是西北和西安。这可不是下棋的一小招，这是一个战略。"

毛泽东又将目光转向萧劲光，"司令员，你说说，日军会在哪几种情况下威逼河防，进攻陕北呢？"

"请主席指示。"

"唉，听你的。说说你们自己的意见嘛。"

萧劲光与曹里怀交换了一下目光。

"这个问题，这几天来我们一直在讨论。我们认为敌人的进犯主要有三种可能：一是日军要进攻大城市西安的时候，可能以一支部队进犯河防，配合行动；二是日军要进攻整个大西北时，可能以一路兵马进攻陕北；三是日军在山西进行'扫荡'，可能侵犯河防，威胁边区的安全。"萧劲光说完，等待主席说话。

"就这几种情况，你萧劲光守得住吗？"毛泽东看着萧劲光问。

"单靠留守兵团，想完全守住这千里河防，当然是有困难的。"萧劲光话锋一转，"但我们也分析了有利条件。首先，地理上占有优势。黄河水深流急，浪涛汹涌，古来就有天险之称，沿岸渡口少，我们这岸多悬崖峭壁，对岸多土山，无法架桥，利于我守而不利于敌攻，日军强渡决非易事。其次，在黄河以东，晋西北、晋西南和晋东南都有八路军的主力和部分友军在打击敌人，破坏敌人的进攻计划，阻止敌人西渡黄河，使敌人难以接近河防，即使接近河防也有陷入腹背受击之虑。再者，我们留守兵团由中央军委直接领导，有情况可以很快向中央和毛主席报告，及时得到指示……"

毛泽东打断了萧劲光的话，"那么，你谈谈具体的河防办法吧。"

"按主席几次谈话精神，我们采取了这样一种分段设防，紧密配合的办法……"萧劲光又详细汇报了河防部署。

毛泽东边听边思考。听萧劲光讲完，他接上一支烟，说道："你按下面内容拟一份电文，给贺龙他们。"说罢，便开始口述。

萧劲光连忙拿过笔纸，记录并稍加整理，一份字数不少的电文放在毛泽东面前，内容如下：

> 甲、为保障我们河东部队能在晋省支持艰苦持久的游击战争，及于必要时能迅速安全的西渡，且增加敌人河渡之阻碍，故河防之巩固为目前紧迫任务。

> 乙、已将整个河防线由神府马镇到宜川临真河划分三段，各段设河防司令部指挥之。

> 1、从临真河以北到清涧之河口，设两延河防司令部，何长工任司令员，以警备五团为河防部队。

> 2、从河口到佳县归五县警备区指挥，以七一八团及警备三团为河防部队。

> 3、从佳县到马镇设神府区河防司令部，以神府保安营任河防部队。

> 丙、为保障河东部队必要时实施西渡，拟选择以下地段之渡河要点：

> 1、从三交到绥、米各渡口。

> 2、两延间之马头及平渡两渡口。

> 3、神府河防区内选择二三渡口（预备晋西北各兵团使用）。

丁、每一渡河地段备置船二十只以上，大船每只可容百人，并征集必须的水手舵手。为隐蔽我之企图，这些船只应隐蔽河之西岸并派兵看管，防敌毁坏及刺探。其他各渡口之船只，除在必要任交通的渡口上留下一二只渡船外，其余一律或集中他处或停泊西岸，并准备必要时破坏之。

戊、凡对我军不需用之渡口，应依照计划有步骤地进行彻底破坏，并在沿河某些要点上，特别在我渡河地段上，利用天然险要，或破坏或构筑相当程度工事。其具体布置由各河防司令部负责侦察计划，并告我们。

己、两延及五县河防区已着手布置。关于神府区，请贺萧直接派人，或令王兆相派得力干部为该河防区司令员，前往侦察布置一切与指挥担任该段河防之保安部队，并请转达神府特委知照。

毛 萧
十七号晚 ❻

兵力部署大体就绪，河防部队立即投入紧张的战前准备工作：侦察敌情，察看地形，深入进行战斗动员，抓紧战前练兵，尤其是构筑河防工事，成了战前准备中一项最重要也是最繁重的任务。

黄河河防打的是防御战，虽然有黄河天险，但如果没有坚固的防御工事，也难以抵挡敌人的飞机、大炮。因此，河防部队下了很大功夫，克服了技术上、工具上的困难，选择有利地形，利用河岸的悬崖峭壁，以石头、木料、沙土等为材料，在人民群众的支援下，不辞劳累，星夜赶修，很快构筑起一道有相当纵深的类似坑道的坚固防御工事。当时，阎锡山第二战区曾派员前来视察，看了河防工事后也情不自禁地称赞："八路军能做这样坚固的工事，实是我们所预料不到"，"这真正算国防工事"。在后来的河防战斗中，由于河防工事隐蔽、坚固，大大减少了部队的伤亡，并为河防部队消灭敌人创造了极为有利的条件。

边打边摸索，实践出真知

1938 年春，日军开始了对黄河河防的侵犯，河东八路军主力积极行动，进行战略和战役战斗的钳制和配合，对阻止日军西渡进犯陕甘宁边区起了重大作用。当日军兵分几路，直逼黄河东岸，并占领了一些渡口时，根据党中央的命令，贺龙的第一二〇师集中主力，打击了进至晋西北的各路敌军，收复 7 座县城，歼敌 1500 余人；同时，驻晋西南的第一一五师回师晋西，迅速控制了吕梁山地区，主力转至隰县、大宁一带作战，歼敌 2000 余人。在晋东南一带的刘伯承部，为策应第一一五师和第一二〇师作战，也给予敌人以沉重的打击和削弱。这些战斗，有力地牵制了敌人，巩固了黄河防线。即使后来，当第一二〇、第一一五师的主力，开赴冀中和山东等地作战以后，留在河东的八路军部队，继续打击和牵制敌人，对于巩固千里河防，仍然发挥了重大的作用。

当然，黄河河防最直接、最主要的力量还是留守兵团。2 月份，日军进占黄河东岸的一些据点后，萧劲光立即下令所属部队立即动员起来，紧急备战，随时准备战斗。

但河防战斗怎么打？具体应采取什么战术？却是一个面临的新问题。曹里怀在回忆录里写道："我们留守兵团的各级指挥员，都是在红军时期打惯了运动战和游击战的，打这种基本属于凭险据守的战斗，还是一个新课题。""萧劲光司令员提出河防战斗也要贯彻积极防御的作战方针。但是，贯彻这个作战方针，具体应该采取何种战术，一下子还提不出来，只能边打边摸索，实践出真知。"**7**

3 月 13 日，侵占晋西北兴县之敌 2000 余人，携炮 20 余门，进抵黄河东岸，企图强渡黄河。日军先是以十多架飞机在河西阵地上空来回侦察和轰炸，接着用大炮对河西阵地轰击了约 3 个小时。之后，大队日军开始渡河。

警备第六团团长王兆相沉着指挥。在敌机轰炸、炮火轰击时，他下令部队隐蔽不动；待大队敌人密集半渡之时，他认为时机到了，命令机枪手开火。霎时，全部火力一起射向敌人，河谷间响起了震耳欲聋的枪炮声。河中间的敌人遭此打击，十分狼狈。趁敌慌乱之际，警备第六团事先准备好的一部兵力渡过河东，袭敌侧背。敌人终于支持不住，向兴县方向撤退。

这次战斗，共毙伤敌 140 余人，缴获步枪 10 余支和一些军用品，河防部队仅伤亡 6 人。

战斗结束打扫完战场，王兆相他们将缴获的日本大衣、罐头、军刀和其他武器送到中共中央所在地。毛泽东背着手出来，在战利品面前转了几转，笑呵呵地望着大伙说："这洋货是好啊！"

萧劲光、王兆相详尽地向毛泽东汇报了战斗的经过，尤其是"半渡而击"的战法。毛泽东点着头说："就照这打法打。"

5 月初，日军约一个旅团，携炮 30 余门，经大武向军渡进犯，企图占领军渡，在宋家川附近渡河西进。

"好哇，小鬼子嫌上次败得不够惨，又送上门来了。"政治部主任莫文骅兴奋地说。莫文骅也是从抗大调来的，之前任抗大政治部主任。他是广西南宁人，参加过百色起义，当过红七军直属政治处主任。后来长期从事政治工作，曾任红五军团宣传部部长，第十三师政治部主任。长征中任红八军团宣传部部长，上级干部队政治委员、干部团政治处主任，是个老"政工"了。

"如法炮制，来它个半渡而击，让小鬼子到黄河里喂鱼！"曹里怀用笔点着桌上的地图说。

萧劲光没吱声。春季那场战斗，部队半渡出击取得胜利，军委给予了充分肯定，还要求留守兵团认真总结经验。可用兵之道在于诡秘，敌人还会一错再错吗？

作战科科长送来了敌情通报。曹里怀看罢，递给了萧劲光。

"敌人的先头部队已经抵近王老婆山，后续部队仍源源不断。"曹里怀说。

"这么快？"萧劲光沉吟片刻，扭头问作战科科长，"部队的布防情况怎么样?"

"部队均已进入前沿阵地。在敌人可能渡河的方向上是警备八团。"作战科科长报告。

萧劲光点点头。

"要是不出意外,明天就可以和小鬼子干一场了。"曹里怀自言自语地说。

意外?萧劲光心里一咯噔。作为指挥员,兵力部署既定,担心的就是意外。我们怕有意外,敌人呢?他们难道就不怕?我们在阵地上坚守,被动地让敌人飞机大炮狂轰滥炸,为什么不能主动出击呢?想至此,萧劲光有了主意。

"给警备八团发报,"萧劲光命令道,"让文年生带支部队,东渡黄河,注意隐蔽,等敌人到了岸边,乘其立足未稳,夜袭敌营。"

"对,先发制敌,打他个措手不及。"曹里怀赞同道。

"是不是先向军委报告一下再定?"莫文骅问。

"不用了。"萧劲光一动不动,"错失良机,兵家之大忌,把电报发出去。"

按照萧劲光的命令,警八团团长文年生亲率一支部队,在日军到达对岸之前,东渡黄河,隐蔽待击。

半夜时分,文年生率部向刚刚进到王老婆山的日军一个大队突然发起袭击,经数小时激战和白刃格斗,歼敌200余人,缴获步枪、机枪20余支,营长郭永清还抓了一个日军俘虏。

日军遭此突然打击,再加上第一一五师第三四三旅和地方游击队也在敌侧后开展游击战,被迫掉头向东退去。

1939年元旦,又发生了一次较大的河防战斗。2000余名日军分两路占领河防南段的马头关、圪针滩两渡口的东岸后,以飞机轰炸扫射,大炮机枪隔河射击等手段,猛烈攻击对岸阵地,并发射毒瓦斯弹数十发。河防部队抗击数日,使敌无法实施强渡。与此同时,河东八路军第一一五师独立支队和决死队、游击队,不断袭击敌人的辎重和增援部队,进行有力的配合。日军被迫于4日晚开始向东撤退。河防部队乘胜东渡黄河，发起追击，歼敌一部，在收复大宁、吉县等地后安然撤回河西。

这次战斗后，留守兵团召开了作战会议，对一年来河防战斗的情况进行了总结，交流了作战经验。曹里怀还写了《河防战斗的检讨》一文，刊登在《八路军军政杂志》第4期上，对河防部队作战的经验教训及其战术作了介绍。在战术方面，"主要有两条：一条叫'半渡而击'。这是由在武器装备上敌优我劣的客观条件决定的。我方的主要火器是轻重机枪，在敌人未达到我火力地带以前，要善于隐蔽，不过早开火，否则，既是拚无谓的消耗，又会暴露我方的火力点。待敌人进入我武器有效射程，就应最大限度地发挥全部火力，或击敌于对岸上船处，或击敌于航渡之中，或击敌于登陆之际，以达大量杀伤敌人的目的。我们能够实行这条战术，是因为有坚固、隐蔽的河防工事。再加上指战员的沉着、勇敢，能够顶住敌人大炮、飞机的狂轰滥炸。另一条叫'主动出击'。我们打的是防御战，但不是单纯防御，消极地等着挨打是守不住也打不退敌人的进攻的。我们要善于选择时机，或于敌立足未稳之时，或于敌遭我火力打击处于混乱之际，派出精干得力的部队迂回渡过河东突击敌人的侧后，以配合正面的防御。这一条要奏效，及时准确地获得情报是个关键。在这方面，边区自卫军的配合起了很好的作用。他们不时派出小分队过河去侦察敌情，与河防部队派出的侦察人员一道，形成了一个严密、有效的情报网，使我河防指挥机关基本上做到了耳聪目明，能随时掌握敌人的情况"[8]。

自1938年春到1939年底，日军先后对黄河河防进攻23次，每次使用兵力少则2000余人，多则2万余人。河防部队在留守兵团和中央军委的领导下，贯彻执行积极防御的作战方针，机动灵活，沉着勇敢，在河东八路军部队的有力配合下，粉碎了敌人的各次进攻，大本营的千里河防固若金汤。日军始终未能越过黄河踏入陕甘宁边区一步。

注　释

1.《萧劲光回忆录》，当代中国出版社 2013 年版，第 95 页。

2.《萧劲光回忆录》，当代中国出版社 2013 年版，第 33—34 页。

3. 鄜（fū），指鄜县，今富县。

4. 指红二十七军。抗战开始后改编为第一二〇师炮兵营、辎重营，再整编为警备一团。

5.《毛泽东军事文集》第二卷，军事科学出版社、中央文献出版社 1993 年版，第 124 页。

6.《毛泽东军事文集》第二卷，军事科学出版社、中央文献出版社 1993 年版，第 121—122 页。

7. 中国人民解放军历史资料丛书编审委员会：《八路军·回忆史料》（1），解放军出版社 1990 年版，第 465 页。

8. 中国人民解放军历史资料丛书编审委员会：《八路军·回忆史料》（1），解放军出版社 1990 年版，第 466 页。

第 十 七 章

东进冀南豫北

毛泽东发出"开展平原游击战争"指示——刘伯承风趣幽默：平原作战是"光着屁股洗澡，全部露在外头啊"——陈再道、宋任穷率部东进——徐向前提出平原地上造"人山"——收复威县，打击反动会门"六离会"——萧华来到冀鲁边——八路军总部机关学习《论持久战》——朱德鼓励杨得志，平原作战不熟悉可以学嘛！

在八路军粉碎日军围攻、巩固抗日根据地和大本营的同时，国民党正面战场取得了台儿庄大捷。1938 年 4 月 3 日至 6 日，第五战区司令长官李宗仁率部同日军激战四日，歼灭日军近万人，这是中国抗战继平型关战役之后取得的又一次重大胜利！

台儿庄大捷振奋了国人。中国最高军事当局集中了 64 个师又 3 个旅于徐州附近，企图与日军展开决战。

5 月中旬，日军形成对徐州的四面合围态势，为避免不利形势下的决战，中国最高军事会议决定放弃徐州。

5 月 19 日，徐州陷落。

日军沿陇海铁路西进，于 6 月 6 日占领开封。

为阻止日军前进，蒋介石于 6 月 9 日下令炸开郑州以北的花园口黄河大堤。黄河决堤虽暂时迟滞了日军的进攻，但却造成了河水改道泛滥，致使下游千百万人民的生命财产遭受了惨重损失。日军避开黄泛区，以一部沿大别山北麓西进，配合其主力沿长江及其两岸攻取武汉。

毛泽东发出"开展平原游击战争"指示

4月21日，延安。

毛泽东手抚地图上的华北平原，在头脑中筹划着一个大动作。

八路军东渡黄河，在山西配合国民党军作战，是迈出了出师抗日的第一步；太原失守后，八路军独立坚持山地游击战争，这是第二步；而这第三步，就应是在山地游击战之后，展开平原游击战争。

在山地打游击，这是红军的"拿手好戏"。第二次国内革命战争时期，红军已经同蒋介石在山地打了十年，并在此基础上总结出了一整套带有山地游击色彩的作战原则，所以山地游击战对由红军转变而来的八路军来说并不陌生。但在平原打游击会怎么样？毛泽东心中并不踏实。

在2月份的时候，毛泽东就曾有个大胆的设想："当敌集力攻陇海路时，河北全境及山东境内乃至江苏北部必甚空虚，同时晋察绥三省之敌一时尚无力南进"，八路军可向河北、山东等地进军。"如证明大兵团在平原地域作暂时活动是有利的，而且渡黄河向南与渡运河向西均不成问题"时，还可进一步出山东转入安徽，以鄂豫皖边为指挥根据地，为保卫武汉而作战。毛泽东认为，"这一战略行动在国内国际之政治作用很明显不必说，从抗日军事战略说来，也是必要与有利的。问题是比较带冒险性"。[1]

聂荣臻报告，在冀中，吕正操的人民自卫军和河北游击队发展很快，冀中抗日根据地正在建立之中；刘伯承报告，在冀南，游击战亦已顺利开展。他们在1937年11月即制定了一个"路东计划"，派出了30多名营连干部，组成挺进支队，进入平汉路以东的任县、隆平等地活动。12月中旬又抽出部分兵力组成"八路军东进纵队"，由陈再道率领到了冀南。一个月之前，为加大力量，又派出了由宋任穷率领的师骑兵团。这些活动引起了毛泽东的重视，他在3月25日的电报中表示了对平原游击战的关注："铁路以东冀鲁豫地区工作十分重要，我们所得该处情况甚少。陈宋活动情形如何，望经常详细电告。"**2**

现在，山区根据地已初步巩固，日军华北方面军抽出两个多师团南下进攻徐州，华北日军的机动兵力大为减少，我正可乘虚而入，发展平原游击战争。

于是，毛泽东在这天联名张闻天、胡服（刘少奇），发出了一封致八路军总部、第一二九师、晋察冀军区及中共中央北方局负责人的电报：

> 甲、根据抗战以来的经验，在目前全国坚持抗战与正在深入的群众工作两个条件之下，在河北、山东平原地区广大地发展抗日游击战争是可能的，而且坚持平原地区的游击战争也是可能的。
>
> 乙、党与八路军部队在河北、山东平原地区，应坚决采取尽量广大发展游击战争的方针，尽量发动最广大的群众走上公开的武装抗日斗争。秘密的抗日斗争只有在敌人统治的城市与铁道附近才成为主要的方式。
>
> 丙、根据上述方针，应即在河北、山东平原划分若干游击军区，并在各区成立游击司令部，有计划地系统地去普遍发展游击战争，并广泛组织不脱离生产的自卫军。
>
> 丁、在收复的地区应即建立政府，设法多少恢复当地的抗日秩序。这些政府由上级或司令部委任，或由民众团体推选，都跟随一个游击队行动，发布简单的布告与法令，组织民众抗日斗争，镇压汉奸，保护民众利益，帮助部队筹措给养等。
>
> ……**3**

第二天，八路军总部作了具体部署：令徐向前率两个团、一个支队挺进冀南；令陈再道、宋任穷部仍发展冀南，并组建一个支队挺进冀鲁边；令宋时轮支队与邓华支队组成一个纵队深入冀东；令第一二九师主力在正太路 **4**

和晋冀边地区积极活动，以策应平汉路东的我军迅猛发展平原游击战争和第三四四旅与决死一纵队开辟太岳山脉南部地区。

刘伯承风趣幽默：平原作战是 "光着屁股洗澡，全部露在外头啊"

4月23日，山西辽县 ⁵ 西河头。

刘伯承在全师团以上干部会议会上宣读决定：为加强主力兵团，成立新的第三八五旅，由陈锡联任旅长，谢富治任政治委员，汪乃贵任副旅长，下辖第七六九团、独立团和汪乃贵支队。全师主力以平汉铁路为界，编为两路纵队，"路东纵队"以第七六九团和第一一五师第六八九团及曾国华支队组成，由徐向前率领，挺进冀南；"路西纵队"以第三八六旅主力组成，由陈赓率领，向邢台、沙河一带展开，配合路东纵队的行动。

刘伯承讲完部署，邓小平接着鼓励大家："同志们，我们这是背靠太行山，脚踩大平原。只要我们坚决按照中央的方针去办，广泛发展游击战争，发动群众参加抗日武装斗争，建立抗日民主政权，安定社会秩序，就能够得到各阶层人民的拥护和支持，实现平原大发展的目标。"

4月26日，"路东纵队"从辽县出发，向冀南挺进。他们要与先期到达那里的陈再道和宋任穷会合，大力发展冀南的游击战争。

陈再道率领的500多人的东进纵队，是在年初的1月中旬挺进冀南的。

走出太行山，来到平原，陈再道乍有些不适应。他站在一个高坡上，用望远镜眺望远方。只见漠漠原野，茫茫苍穹，不要说看不到崇山峻岭、峭壁深沟，就是连个土丘也没看到，真是一眼望不到边的大平原。陈再道意识到：在这平原上打仗，开展游击战争，地形条件真是个大问题。

他不由想起了来时刘伯承在师部向他交代任务时的情景。

刘伯承敲着地图对陈再道说:"再道同志,你看清楚了没有?"

"看清了,是一片大平原。"陈再道回答。

刘伯承接着说:"开辟冀南平原抗日根据地,对我们来说是头一次,对我党我军来说也是个新问题。因为那里没有山地依托,是光着屁股洗澡,全部露在外头啊。"

刘伯承的风趣幽默使在座的都笑了起来。然后,刘伯承又充满信心地说:"在平原创建根据地,要比山地困难得多,但是完全有可能的。"他拿出一张图表来看了看后,说:"我们大概计算了一下,敌人在华总兵力的一半以上,约40 万至 50 万的样子,可以分布在整个华北,但他的兵力不够分配,这是敌人致命的弱点。如果敌人进攻冀南,我们太行这边就可以配合你们作战,冀中、山东也可以配合你们作战。敌人不可能在几个地方同时集中兵力作战,这是我们开展游击战争的有利条件。冀南有三四十个县,到处可以打游击,有很大的回旋余地,关键是政策对头,指挥适当,主观指导上不要出大纰漏。"

陈再道、宋任穷率部东进

陈再道一进入平原,从解决"巨鹿事件"开始,就深刻体会到了刘伯承这句话的正确性。

巨鹿县是冀南的一个门户,也是东进纵队进兵冀南的第一站。但此时这里正闹得不可开交。巨鹿县的保安团正在和刘磨头(本名刘国栋)一伙打仗,已经在巨鹿边界上拉开了一条 20 多里长的战线,打了十几天了。

据了解,刘磨头等是惯匪,盘踞在任县、隆平一带,作恶多端,群众恨之入骨。近来他们打着"抗日义勇军"的旗号,收容了国民党军队的散兵游勇,裹胁了一些群众,居然扩大到三四千人,是冀南土匪武装中较大的一股。巨鹿县保安团团长王文珍等,则是巨鹿县封建势力的代表,1935 年曾残酷地镇压过中共领导的农民暴动,屠杀了大批共产党员和无辜群众。七七事变后，他们又秘密接受了日军的委任，筹组维持会。保安团有近千人，人数虽然没有土匪多，但老兵多，装备好，自己还会造手榴弹，又有一定的统治基础，是战斗力较强的一个团队。双方之所以火并，主要原因是巨鹿县保安团在抗日战争爆发前，曾应任县国民党政府的邀请，打过土匪刘磨头。现在，刘磨头的力量壮大了，要报"一箭之仇"，并乘机扩展地盘，扬言要"打进巨鹿城过年"。

　　看来，这个问题必须解决了。巨鹿是进入冀南的一个门户，这一问题如果不解决或者解决不好，不仅会阻挡东进纵队的去路，而且还会对今后游击战争的开展造成困难。怎样解决？陈再道分析了双方的情况，认为唯一的选择只能是从中调解，劝说双方停火，并争取他们走上抗日的道路，而决不能帮助任何一方。因为他们一方是打着"抗日"旗号，而实为土匪部队；另一方是已与日军暗中勾结的封建势力，支持任何一方都会在群众中造成不好的影响。从巨鹿保安团的情况看：他们最怕土匪打进巨鹿城，危及其封建统治，但又无把握挡住土匪的进攻；他们当然也怕共产党、八路军报复，但只要说明中国共产党为了抗日不念前仇、不计旧恶，团结起来共同抗日，他们的顾虑是可以解除的。同时，在广大群众积极要求抗日，八路军威震华北，并已来到他们面前的情况下，他们还不至于敢公开投敌，有可能接受调停。土匪刘磨头等，虽然人多势众，却是一群乌合之众，内部也矛盾重重，互相倾轧，自知打进巨鹿城，消灭保安团实非易事。同时，他们现在还打着"抗日"旗号，如果一味打中国人，就会更加遭到群众反对，陷于孤立。因此，说服他们停止进攻，也是可能的。

　　于是，陈再道一面派人去刘磨头指挥部，一面送信到巨鹿城保安团，劝说双方停火。果然，派到刘磨头那里的代表，当天就回来了。刘磨头在八路军代表的耐心说服下，权衡得失，答应停火。保安团王文珍第二天也复信，欢迎八路军派代表到巨鹿城进行商谈。经过谈判，王文珍提出只要刘磨头停火，保安团就撤回巨鹿城，八路军也可开进城内。

双方停火后，陈再道率队来到城门口，王文珍却以种种借口阻止八路军进城。陈再道心想，"这些家伙，真是本性难改，太不讲信义。走，进城去，看他能对我们怎么样？"但转念又想起了刘师长交代过的那番话。是啊，关键是讲政策。此时如果强行进城，可能会发生极不愉快的情况，会给敌人以造谣的口实，不利于分化和争取各地的保安部队，也不利于团结广大群众，看来得另想方法。想到此，陈再道表示，"既然你们有困难，我们就暂且在附近村庄住下吧"。

第二天，天气晴朗，万里无云。早饭后，陈再道派骑兵连经城西门外去警戒威县、平乡之敌。骑兵连拉长距离，绕城半圈向东南奔驰而去。这里是一片沙土地，又值冬季干旱季节，只见尘土飞扬，万马奔腾，很多群众跑到城墙上目睹八路军的雄壮威严，一片惊奇赞叹之声。

王文珍得知这一情况后，觉得八路军准备包围巨鹿城，非常恐慌，急忙以县政府、保安团、警察局等的名义邀请陈再道去赴宴，以示欢迎。陈再道考虑，不给他们一些压力，他们是不会老实的。因此，一请没去，二请也没去。这一下，王文珍一伙确实坐不住了，他们不得不三请陈再道。事不过三，陈再道带着三个骑兵警卫员去了巨鹿城。

酒过三巡，陈再道站起来说话了，尽管他的湖北口音很重，但王文珍一伙没有一个走神，都竖着耳朵听，生怕漏掉什么。

陈再道严肃地说："我们是奉蒋委员长和朱总司令的命令，去破击津浦路，配合徐州会战来到这里的，并且要在冀南开展游击战争，创建冀南根据地。诸位当中不少是不愿做亡国奴，主张抗日的。我们共产党、八路军不计前嫌，凡是抗日的都是我们的朋友。"陈再道明确提出三点要求：一、团结起来共同抗日；二、接受共产党和八路军领导；三、保安团听候改编。

陈再道话音刚落，几位绅士连忙举杯，表示坚决拥护。王文珍也不得不强打精神，宣称接受陈再道提出的条件，欢迎八路军明日进城。

1月27日上午，八路军东进纵队的战士们迈着雄健的步伐，唱着抗日歌曲，在群众夹道欢迎中，开进了巨鹿城。

东进纵队在巨鹿城开展了几天工作后，继续开进，于2月8日进驻南宫城。

南宫，位于冀南的中心，是平（北平）大（名）公路上的一个重要县城。这里交通方便，店铺林立，商业发达，素有"小北平"之称。陈再道率部来到这里后，宣传党的政策，建立抗日政府或"战委会"，组织抗日自卫队、农救会、妇救会、儿童团等群众抗日团体，各项工作有条不紊，尤其是收编各种杂色武装，更是开展得有声有色。

驻在冀县码头李的金庆江原是个土匪头子，七七事变后，招兵买马，很快发展到3000多人，成立了"青年抗敌义勇军"，自封为司令。八路军在冀南的影响日甚一日，金庆江想以八路军做靠山，派人到南宫找陈再道要求收编。但他有一个条件，必须有朱德的委任状。正在谈判时，金庆江部的地下党组织送来消息，认为金庆江投奔八路军没有诚意，不除掉金庆江，便不能实现改编金部为八路军的计划。得到这一消息，陈再道立即扣押了金庆江，并随即率领部队赶到码头李，向群众做宣传和解释工作。没想到群众和金庆江部早已不能忍受金庆江的土匪作风，已经自发地组织起来，夹道欢迎陈再道一行。很快，金庆江部被改编为"东进纵队第二支队"。

占领威县的日伪军，对东进纵队的威胁最大，但要消灭这股敌人，东进纵队的力量还不够。于是，陈再道决定首先争取伪军反正，孤立日军，再图良策。驻威县的伪军"警备第一旅"原是威县城北的民团，"团总"是高士举。抗战后，高士举为保存实力，投降了日军，日军封了他一个旅长的头衔。经过做工作，高士举愿意弃暗投明，参加抗日。于是，陈再道将其部改编为"冀南抗日游击独立第二师"，任命高士举之子高希伯为该师师长。

东进纵队以南宫为中心，向东、向西都发展得比较顺利，但在向北发展时，却遇到了困难。这是由于这一带盘踞着两股较大的力量。其一是赵云祥的"河北民军二路"，其二是段海洲的"青年抗日义勇军团"。赵云祥原在国民党二十九军当过手枪队队长和团长，七七事变后，从保定一直逃到冀县武邑一带。他打着抗日的旗号，收编了大量散兵游勇及一些县的保安团，组成了两个旅，竟发展到近四五千人。段海洲是河北安平县人，出身于地主家庭，在北平上过大学。七七事变后，回到老家，在武强、平安、交河一带，打起抗日旗帜，吸收了一批抗日青年和知识分子，收编了一些散兵游勇，也将队伍扩大到 3000 多人。

赵云祥为了同八路军争夺势力，迫不及待地想以武力改编段海洲部，不停地向段部进攻，并扣押了段海洲的参谋长。而段海洲吃够了赵云祥的苦头，想借八路军之力与赵云祥作斗争，于是，特派秘书到南宫同东进纵队联络，表明愿意联合的愿望。

根据这些情况，陈再道提出召开三方会议的建议。段海洲当然立即同意，赵云祥虽然心里不太愿意，但也无可奈何。"三方会议"一开始，他就极力拉拢段海洲，想共同对付八路军，以争取领导地位。但不料段海洲不买他的账，反而在会上历数他挑起武装冲突的事实，让赵云祥颇为难堪。陈再道适时阻止住了两人的争吵，将话题转到了三方成立军政委员会的问题上来，并提出了各部由军政委员会统辖，不得扰乱地方、危害人民等要求。段海洲对陈再道的提议，表示同意，并提出要划定驻守区域，各部不得越界行动，由陈再道任军政委员会主任，他和赵云祥任副主任。赵云祥一开始不同意，段海洲便说，"如果赵先生不同意成立军政委员会，就由我和陈司令两方组成"。赵云祥见此情势，怕八路军和段海洲联合起来对付他，勉强表示同意。军政委员会的成立，确立了八路军在冀南的领导地位，对进一步稳定冀南局势、打开整个冀南局面，起到了积极作用。

3 月 19 日，为加强冀南地区的领导力量和军事力量，第一二九师派遣师政治部副主任宋任穷率领一个骑兵团来到冀南。

收编了段海洲、赵云祥，成立了冀南军政委员会，又得到了一个骑兵团的支援，陈再道、宋任穷在处理问题时强硬了许多。他们决定对一些暗中与日伪军勾结、破坏抗战的土匪，采取以武力打击为主的策略。

邱庆福原本是盘踞在隆平一带的股匪头头，被东进纵队收编后仍匪性不改，他暗中勾结日本人，不断扩大自己的地盘，甚至带着部队到南宫附近烧杀抢掠，民愤很大。陈再道与东进纵队第一团团长程启光一商量，决定智擒匪首。陈再道以检阅部队为名，令邱部在南宫城北樊家庄的一个大场子里集合。场子旁边有个干壕沟，是个很好的天然战壕，东纵的两个连站在壕沟的前面。邱庆福的队伍站在场子的另一面，后面也有一条壕沟，水很深。樊家庄村北有一栋高房子，陈再道在房顶上隐蔽处布置了几挺机枪。

程启光在场子中间一个方桌上给邱部讲话时，陈再道令邱庆福来司令部开会。邱庆福带了十几个卫兵，一进司令部大门，就被卫兵拦住："里面屋子小，进不了那么多人。首长交代，只能几个人进去。"邱庆福没有防备，用手一指，"你，你，还有你跟我进去，其他人留在这，不许他娘的乱跑"。进入第二道门时，司令部的一位参谋又高声说："今天陈司令要同邱司令商谈军机要事，只请邱司令一人进去，其他任何人不能进。"邱庆福不知是计，虽然不太请愿，也只好一个人进到院子。陈再道一见他只身来到了北屋，一声令下，预先埋伏好的几名战士冲了出来，将他按在地上。邱庆福骂骂咧咧，拼命挣扎，还是被捆了个结结实实。接着，又以同样的方法，将邱部中队长以上的人员全部缴了械。

邱部中有些顽固分子感到事情不妙，刚要喊"打"，场子这边东纵的两个连迅速退到后面的壕沟里，不待对方动手，抢先开枪射击。对面房顶上的机枪也同时开了火。邱部群龙无首，乱作一团，到处乱窜。有的跳进水里，有的被打死打伤。不到半个小时，邱庆福部就被全部解决。

解决了邱庆福之后，陈再道和宋任穷决定进剿刘磨头部。

刘磨头被东纵收编后，也是表面一套，背后一套，暗中与日军勾结，接受了"任县地区保安司令"的委任。他率领的土匪盘踞在任县东北十余里的环水村，像一个小小的"梁山泊"，易守难攻。智取刘磨头的任务交给了宋任穷带来的骑兵团，并以东纵第一团相配合。攻打环水村之前，参战部队找到了刘磨头部的一个小头目——刘富子。这是一个可利用的人物，经过说服教育，他同意为骑兵团带路。

4 月 4 日拂晓，大雾弥漫。攻击部队一部，首先用机枪封锁了村子周围的主要通道。同时，以一个排为突击部队，在刘富子的引导下，向环水村疾进。到了村边，村口的哨兵高声问话，刘富子赶忙应答："我是刘富子，外出回来了"。哨兵一听是刘富子的声音，没再吭声。突击部队催舟急进，一举上岸，捉住了哨兵，后续部队随即发起攻击，毙伤匪徒百余人，俘 200 多人。与此同时，驻在附近村庄的刘磨头匪部 500 余人也被歼灭。但遗憾的是，其中不见刘磨头的踪影。审讯了几个匪徒后得知，他早在三天前就带着姘头不知到哪里去了，有的说他逃向了邢台。

这样，东进纵队在冀南短短几个月里，消灭了当地的土匪势力，协助冀南党组织建立了 20 多个县的抗日政权，改编了杂色武装和部分伪军，部队由来时的 5 个连、500 多人发展到 1 万多人、3 个团。东纵领导也加强了，司令员陈再道，政治委员宋任穷，政治部主任胥光义（后邓永耀），参谋长卜盛光。4 月中旬，正式成立了冀南军政委员会，共产党和八路军在冀南站稳了脚跟。

徐向前提出平原地上造"人山"

4 月 26 日，徐向前率第七六九团、第一一五师韩先楚的第六八九团及曾国华的第五支队，从太行山开赴冀南，随同前来的还有第一二九师政治部副主任刘志坚。

5 月 7 日，徐向前一行进入南宫城，住在北街华兴烟草公司院内。他一住下，就听取了陈再道、宋任穷等人的汇报。他详细询问了陈、宋到冀南后的活动情况，敌伪军分布和民情地貌等各方面的情况，认为冀南平原根据地开创工作进展很快，成绩很大。同时，对如何巩固和发展根据地，谈了他的想法。陈再道回忆，"他不是就事论事，而是以军事家、政治家的战略眼光提出问题。他说：冀南地处平汉、津浦两大铁路干线之间，西靠太行，北连冀中，东临山东，南接河南，人口众多，物产丰富，战略地位十分重要。建立冀南抗日根据地，可以破坏日军在平汉、津浦两大铁路干线的交通运输，使日军的资源掠夺，物资补充，兵力转移，陷于被动；可以使我们在这块富裕的土地上立足生根，以冀南的人力、物力充实抗战力量，支援抗日战争。在冀南平原上怎样才能立足生根，徐副师长提出在冀南创造'人山'的想法。他说：冀南是广袤无垠的平地，如果单从战术眼光来看，部队的活动自然没有象（像）在山地活动那样有利。但是，河北是人口较稠密的区域，假如我们能在河北平原上，把广大的人民动员到抗日战线上来，把广大的人民群众造成游击队的'人山'，我想不管什么样的'山'，也没有这样的'山'好……"**6**

　　十几天后，徐向前这一平原造"人山"的思想，系统地出现在他写的一篇《开展河北的游击战争》的文章里。他写道：如果单从战术上的眼光看来，游击队在平原上的活动，自然没有象（像）山地那样多的地形上的便利，相反敌人的机械化的兵种或骑兵，倒有较便利的条件了。因此或许有人会怀疑到平原地开展游击战争，也许会不可能。有些人说游击队无山的依托与隐蔽，自然地形上的帮助是很少的，而人的两条腿又哪能跑过机器的汽车或坦克车呢？不错，在平原地上进行游击战争，上面这些困难，确实是存在着的，但这仅仅只是困难，不能因此作出平原地无法进行游击战争的结论。

　　徐向前分析道，游击队活动的依托，一方面是地形上的便利条件，如山地森林等等，另一方面是与广大人民的结合。游击队要自己能巩固和发展并进行机敏的灵活的动作，其主要条件是取得广大人民的拥护与帮助。过去宝贵的经验，都是这样告诉我们的。河北是人口较稠密的区域，假如我们能在河北平原地上，把广大的人民推动到抗日战线上来，把广大的人民造成游击队的"人山"，我想不管什么样的山，也没有这样的山好。人民的力量是最伟大的力量，也只有这伟大无比的活动的人的力量，是日寇无法战胜的力量。我们要在平原地开展游击战争，就必须把广大的人民造成"人山"。但是如何能把散漫的人民造成团结的"人山"呢？那就必须在人民中进行广泛的深入的教育说服、宣传组织等艰苦工作，提高人民的民族意识与政治觉悟，使人民本身的利益，与抗日的利益联系起来，使每个人认识到要想自己不受日本的蹂躏，那就只有为中华民族的自卫战争而牺牲一切，为民族的生存而奋斗到底。

其次，从日寇的力量上说，也可清楚地看到日寇虽然占据平汉、津浦铁路的北段及沿铁路的重要城市，但因为战区的日益扩大，战线的不断延长，与各地人民抗战武装的继续兴起，游击战争的广泛开展，日寇的兵力异常不够分配，这是日寇最痛苦的地方，所以日寇只能抓着交通线上要点的要点，而不能分兵深入各地。

因此，无论从主观上还是从客观上来说，造成"人山"的条件是具备的。但是必须同样指出，空喊是不成的，我们必须有进行这种工作的决心，一切的游击队必须有良好的纪律，具有抗日的高度积极性，在一切行动中，真正表现自己是为民族利益而斗争，真正站在保护人民的利益上，才能造成"人山"。这是政治上最主要的工作。

现在日寇在各地的奸掠烧杀所造成的种种惨状，迫使河北同胞不能不起来与日寇作自卫的战争。推动这些民间武装，使他们走上抗日的道路，是异常紧迫的工作。但这个工作，不仅各方面在精神上物质上人力上予他们以帮助，而且必须在政治上提高其民族意识与政治觉悟，调解相互间的争端，加强抗日的团结，逐渐消灭其宗派门户之见，逐渐破除其落后迷信的思想，使其在抗日的过程中，锻炼成为国防的力量。这是目前在河北开展游击战争的任务之一。

只要我们有正确的政策，有艰苦卓绝的工作精神，把我们的工作重心放在争取每一个中国人、每一个武装部队到抗战道路上来，只要我们有决心去组织与进行河北的艰苦的游击战争，我们便一定能够创造广大的"人山"，创造出许多平原游击战争的经验与英勇奋斗的光辉篇章，最后配合主力，葬送日本帝国主义，收复我们的失地。**7**

收复威县，打击反动会门"六离会"

正是在这一平原造"人山"思想的鼓舞下，徐向前根据陈再道和宋任穷介绍的情况，决定扩大冀南根据地，并把第一个攻击目标选定了威县。

威县距南宫以南70余里，是临清、邢台公路的重要交通枢纽，占据该城的日伪军是冀南根据地中心的最大威胁。攻打威县的部署还是围点打援。具体的部署是：由韩先楚率领第六八九团攻击威县，吸引日军出援，以骑兵团及东纵一部，设伏于临清至威县的公路附近，伏击临清援敌；以第七六九团和曾国华支队，设伏于威县以西的高阜镇，伏击邢台、平乡援敌。

5月9日夜，战斗打响。第六八九团的两个连首先悄悄从威县城东北角爬上城墙，冲进城去和守城敌人展开了巷战；从东门、北门攻击的部队也和日军展开激战。威县守敌在第六八九团的猛烈攻击下，惊恐万状，急忙向临清、平乡之敌呼救，但电话线已被切断。于是日军便派两名骑兵去送信求救。这两名骑兵经过第七六九团伏击区时被击毙，搜身时才发现他们带有威县日军的求援信。因此，第七六九团伏击敌援兵的计划未能实现。徐向前后来曾说，这一仗得不偿失，证明一个战斗细节上出了差错，有时也会影响全局。我们平时反复强调各级指挥员要胆大心细，原因就在这里。

虽然威县一仗没有取得预想的结果，但日军在遭到袭击后，仍惊恐异常，威县、临清的守敌相继逃往邢台，威县一带随即落入八路军手中。

威县战斗的第二天，徐向前派往夏津任津浦支队政委的王育民一行，行经南宫以东张马村一带时，被"六离会"的人杀害，所携电台被抢走，一行42 人只有 8 人幸存。这就是轰动一时的"张马事件"。

"六离会"是冀南影响最大的一个会门组织，会员有 8 万之众。"六离会"之名，源于八卦，以八卦中的第六位——"离"字命名，故称"六离会"。其头目李耀庭，南宫人，保定武备学堂毕业生，曾在直系军阀部队当过中将旅长，七七事变后，投靠日本人，当了汉奸。东进纵队到南宫后，对他做了大量的工作，但他执迷不悟，竟诬蔑八路军为"叫花子军"，并以种种手段强迫群众参加"六离会"，而不准参加抗日自卫队。直到制造了这次严重的流血事件。

事件发生的当天，徐向前即向刘伯承、邓小平以及总部发电，报告了事件的经过和分化瓦解、孤立、严惩首恶分子的对策。刘、邓接电后，立即商量回电。

"冀南会道门的问题很复杂，向前同志对这个问题抓得很准，我们就是要'枪打出头鸟'。"刘伯承说。

"这个'六离会'，肯定有反动背景。他们不抗日，却来打八路军。向前同志这个意见很好，抓住'六离会'的头头，开公审大会，枪毙他几个，以儆效尤"。邓小平表示完全同意。

刘伯承给徐向前拟了一个回电：同意你们的措施，必须坚持打击、严惩首恶分子，对被裹胁参加的群众，着重于教育争取。你们可做好准备，待总部答复后，立即行动。

第二天，朱德、彭德怀的复电也到了，同意采取争取和打击相结合的方针。

根据师部和总部的指示，徐向前带陈再道、宋任穷等亲赴"六离会"集中的张马村，召集群众开会，进行教育争取，要求他们停止危害抗日的行为，放回被俘人员，交回电台。但是，"六离会"的首领不仅不听劝告，反而扬言要"与八路军决一死战"。这时，徐向前才下定决心，将主力集结于南宫附近，准备武力解决之。

5月16日，"六离会"在南宫东南的孙村一带集结会众万余人，准备向八路军进攻，徐向前当机立断，令第七六九团和骑兵团将其包围。会徒们头扎红布布，身披红带子，认为吞了符，披了法，刀枪不入，排成方队冲了过来，看上去红彤彤一片。徐向前为减少伤亡，刚开始只准朝天放枪，有的会徒误认为真的刀枪不入，更加疯狂，这时徐向前才令部队开枪还击。"六离会"本是一帮乌合之众，见死的死，伤的伤，纷纷逃散。李耀庭等头目被生俘。

随后，召开了有万人参加的群众大会，公审、处决了李耀庭等反动头目，宣传了八路军的政策，许多会徒幡然悔过，主动交出武器和红包裹（内有法衣、符等迷信物品），有些还参加了八路军的地方组织。至此，"六离会"遂告瓦解。多年后，徐向前对这件事仍记忆犹新：对付六离会，打是一个关键。你不打他，他要打你。不打，我们就存在不住，只有回太行山去，所以非打不可。但是，打又不能太狠，目的在于镇住他们，进行深入细致的分化瓦解工作。

"六离会"事件解决后，徐向前挥师向东、向南发展，连克临清、高唐、夏津、枣强、永年、成安、肥乡等县城，开辟了卫河两岸和漳河以北广大地区。沿途消灭伪军2000多人。

冀南局势的巨大变化，促使游杂武装进一步的动荡和分化瓦解。河北民军第二路司令赵云祥接受冀南军政委员会领导后，不久又反悔，勾结冀察挺进军司令胡和道，挑拨和怂恿已被八路军改编的游杂武装叛乱，公然与八路军为敌。徐向前指挥部队予以坚决打击，歼其大部，其所部葛贵斋等接受改编，大大削弱了反动游杂武装的实力。

5月14日，青年抗日义勇军司令段海洲，慑于赵云祥遭打击的压力，主动要求徐向前收编。徐向前拟将其编为"八路军青年游击纵队"（简称"青纵"），并派李聚奎去担任政委。刘伯承收到徐向前的电报后，赞叹说："向前有办法，去了不到半个月，就有了两个捷报，增加了4000人的抗日力量。"当即回电："同意段海洲部编为八路军青年游击纵队，以聚奎为政委，可以朱、彭电令委任，让其宣布显明旗帜，并受一二九师直接领导。"**8**

6月21日，活动在束鹿、晋县、赵县等地区的"民众抗日自卫军"司令赵辉楼要求改编。刘伯承接到徐向前的报告后，当即回电同意赵辉楼部3000多人改编为"冀豫游击支队"，纳入第三八五旅序列，赵辉楼任副旅长兼支队司令员。后来，他成为一名光荣的共产党员。

到6月底，冀南地区先后收编和改编了大小数十股土匪、游杂武装和20余县的民团、保安队，总计2万多人。

刘伯承、邓小平见出兵平原的中路突进十分顺利，就及时把两翼的部队派出去。6月上旬，第三八六旅政委王新亭率第七七一团由太行进到邯郸外围；第三八五旅政委谢富治率汪乃贵支队进到石家庄外围。三支队伍纵横驰骋，互相配合，完全展开在冀南地区，实现了中共中央开展河北游击战争的构想。

7月5日，第一二九师政委邓小平来到冀南。他立即抓紧进行部队的整编工作和政权建设。整编中，他把老部队与新收编的部队混编，老部队作骨干，以老带新。把老部队的副职和机关干部派到新部队中去担任指挥员和政工干部，以便从政治上、组织上加以掌握。由于新编部队很多，干部不够分派的矛盾十分突出，邓小平果断地决定：把班长拿出一大批来，集训后放到新部队中去当干部。随后在广大士兵中进行政治教育，发展学员。经过一番整编，冀南的部队在大发展的基础上得到了巩固。

政权建设方面，邓小平7月上旬抽调大批党员到各县进行改造政权的工作。至8月初，基本上掌握了冀南县一级的政权。8月中旬，召开了各县代表会议，改组冀南军政委员会为冀南行政主任公署，杨秀峰当选为主任，宋任穷当选为副主任。

至此，以南宫为中心，西起平汉路**9**，东抵津浦铁路**10**，北至沧石公路，南跨漳河的冀南抗日根据地基本形成。

萧华来到冀鲁边

鉴于八路军在冀南站稳了脚跟，1938 年 5 月，八路军总部决定从冀南地区抽调第一一五师第五支队和第一二九师津浦支队，挺进冀鲁边。第五支队是由第六八五团工兵营和第六八九团一部扩编而成的，由曾国华率领；津浦支队则是以第一二九师工兵连与抗大分校 48 位干部组成的，由孙继先率领。这两支部队，是八路军主力部队进入山东的先锋。

6 月底，曾国华和孙继先支队由冀南地区经鲁西北越津浦铁路，于 7 月上旬进抵乐陵、宁津地区，协同当地抗日武装开展游击战争。7 月下旬于庆云县城西北的黑牛王地区歼灭伪军 800 余人；8 月收复宁津县城，歼灭伪军千余人，摧毁了该地伪组织，打开了该地区的抗战局面。

为了加强该地区的领导，9 月下旬，第一一五师政治部副主任萧华奉命率第三四三旅司令部、政治部百余名干部进抵乐陵，随即成立了冀鲁边军政委员会，并将该地部队整编为八路军东进抗日挺进纵队，萧华任军政委员会书记兼纵队司令员和政治委员。同时扩充了部队：第五支队由 3 个营扩编为 3 个团，曾国华任支队长；津浦支队由 2 个营扩编为 3 个营，与冀鲁边起义武装整编为第六支队，孙继先任支队长，下辖 3 个团。部队整编后，进一步开展游击战争，分别袭占了沧县城东南七里淀、盐山城西孟村等敌伪据点，破坏了沧（县）盐（山）公路，袭击了连镇、安陵、泊头等车站，几度中断津浦铁路德州至沧县段敌之交通运输。与此同时还协同中共地方组织，发动群众，开展根据地工作，先后成立了津南、泰山、鲁北、惠民、宁津、阳信、商河等若干个地方游击支队。

至 1939 年上半年，冀鲁边武装扩大到 2 万余人，根据地包括天津以南和山东省北部以宁津、乐陵为中心的 15 个县。

八路军总部机关学习《论持久战》

就在冀南、冀鲁边抗日根据地日益扩大的同时，第一一五师第三四四旅代旅长杨得志奉命率部向豫北发展。

杨得志原任第三四三旅第六八五团团长，因第三四四旅旅长徐海东有病，他由第六八五团调到第三四四旅任副旅长，代理旅长职务。当时，第三四四旅旅部驻晋东南长治附近高平县的安昌村，八路军总部驻故县村，两地相距不远。

杨得志到总部受领任务。

到了总部驻地，杨得志见机关的一些人正坐在树荫底下，学习研究毛泽东刚发表不久的《论持久战》讲演稿。

《论持久战》是毛泽东 5 月 26 日至 6 月 3 日在延安抗日战争研究会作的长篇讲演，随后整理出版。在《论持久战》中，毛泽东指出："中日战争不是任何别的战争，乃是半殖民地半封建的中国和帝国主义的日本之间在二十世纪三十年代进行的一个决死的战争。"日本是一个强的帝国主义国家，但它的侵略战争是退步的、野蛮的；中国的国力虽然比较弱，但它的反侵略战争是进步的、正义的，又有了中国共产党及其领导下的军队这种进步因素的代表。日本战争力量虽强，但它是一个小国，军力、财力都感缺乏，经不起长期的战争；而中国是一个大国，地大人多，能够支持长期的战争。日本的侵略行为损害并威胁其他国家的利益，因此得不到国际的同情与援助；而中国的反侵略战争能获得世界上广泛的支持与同情。毛泽东总结道：这些特点"规定了和规定着战争的持久性和最后胜利属于中国而不属于日本。战争就是这些特点的比赛。这些特点在战争过程中将各依其本性发生变化，一切东西就都从这里发生出来"。他得出结论："中国会亡吗？答复：不会亡，最后胜利是中国的。中国能够速胜吗？答复：不能速胜，抗日战争是持久战。"

毛泽东指出：这场持久战将经过三个阶段：第一个阶段，是敌之战略进攻、我之战略防御的时期。第二个阶段，是敌之战略保守、我之准备反攻的时期。第三个阶段，是我之战略反攻、敌之战略退却的时期。毛泽东着重指出，第二个阶段是整个战争的过渡阶段，将是中国很痛苦的时期，我们要准备付给较长的时间，要熬得过这段艰难的路程。然而，它又是敌强我弱形势"转变的枢纽"。毛泽东强调"此阶段中我之作战形式主要的是游击战，而以运动战辅助之"。"此阶段的战争是残酷的，地方将遇到严重的破坏。但是游击战争能够胜利"。

为了实现持久战的战略总方针，毛泽东还提出一套具体的战略方针。这就是在第一和第二阶段中主动地、灵活地、有计划地执行防御战中的进攻战，持久战中的速决战，内线作战中的外线作战；第三阶段中，应该是战略的反攻战。毛泽东特别强调游击战争在中国抗日战争中的重大意义，他在《抗日游击战争的战略问题》一文中对它作了更全面、更详尽的论述。

在《论持久战》中，毛泽东还强调了"兵民是胜利之本"。他说："武器是战争的重要的因素，但不是决定的因素，决定的因素是人不是物。""战争的伟力之最深厚的根源，存在于民众之中。"只要"动员了全国的老百姓，就造成了陷敌于灭顶之灾的汪洋大海，造成了弥补武器等等缺陷的补救条件，造成了克服一切战争困难的前提"。[11]

毛泽东这些异常清晰而符合实际的判断，回答了人们最关心而一时又看不清楚的问题，使人们对战争的发展过程和前途有了一个清楚的了解，大大提高了坚持抗战的信念。一位外国记者评论说："不管他们对于共产党的看法怎样，以及他们所代表的是谁，大部分的中国人现在都承认毛泽东正确地分析了国内和国际的因素，并且无误地描绘了未来的一般轮廓。"这一著作还影响到不少国民党将领。据程思远回忆，白崇禧看到《论持久战》后深为赞赏，认为这是克敌制胜的最高战略方针。后来白崇禧又把它向蒋介石转述，蒋也十分赞成。在蒋介石的支持下，白崇禧把《论持久战》的精神归纳成两句话：积小胜为大胜，以空间换时间。并取得了周恩来的同意，由军事委员会通令全国，作为抗日战争中的战略指导思想。**12**

朱德鼓励杨得志，平原作战不熟悉可以学嘛！

朱德戴着眼镜，手里拿着一本油印的《论持久战》，见杨得志来了，扬了扬，问："毛主席的这个讲演稿，你读过了吗？"

杨得志赶紧告诉朱老总："我从介休赶到旅部后，才见到毛主席的讲演稿，读是读过了，领会得却还很肤浅。"

朱德摘下眼镜，说："主席说了二十几个问题，很重要。各方面都讲到了，讲得很全面。特别是持久战的三个阶段——要我们有耐性，不要犯急性病。抗战一开始我们就坚信日本不可能灭亡中国，但是也应该看到，我们一天两天也打不败他们。"他拿起毛巾擦了一把脸上的汗水，接着说，"战争嘛，就是政治、经济、兵力和武器装备、指挥艺术的较量，看谁的优势强！我们最大的优势是民心所向、或者叫作政治优势，这是任何敌人所无法和我们比拟的！毛主席说'兵民是胜利之本'，可见最后胜利一定是属于我们的！"

朱德接着同杨得志谈起了具体任务："海东同志身体不太好。你是代旅长，要把所有的工作'带'起来。前一段，中央派徐向前、宋任穷、陈再道等同志到冀南去了。你们去的这一片，属于冀鲁豫三省边区，是古战场。这里自古就是兵家必争之地啊。著名的城濮之战、楚汉相争、官渡之战、朱仙镇破金，以及唐末的黄巢农民起义等都发生在这一带。如今，这里对确保太行山，沟通山区与平原的联系，扼住日军南下和西进，起着很大作用。所以，无论如何要牢牢地控制在我们手里。任务艰巨啊！"

"冀鲁豫地理位置的重要我知道一些，但对在平原作战，特别是在敌后作战，自己还缺乏经验。"杨得志如实道来。

"困难嘛，不会少的。而且你这次去，号称一个旅，但你的政治委员黄克诚同志和主力部队不能马上和你一起走。你和崔田民只能带一点部队先去，所以叫做开辟根据地嘛。"朱德特别强调了"开辟"两个字，"在那个地区很早就有我们党的工作，也有一些革命武装力量，群众基础也还不错。另外，还有不少有志于抗战的上层人士。至于平原作战，可以学嘛！当初上井冈山的时候，谁想过要强渡大渡河，要过雪山草地；要在平型关打板垣师团呢！"

一席话，把杨得志说笑了。

朱德见杨得志汗水直淌，叫警卫员拿来一个西瓜切开，一边同杨得志一起吃，一边继续说："到那个地区后，对日军作战我倒不怎么担心，因为据了解，那里日军主力比较少，但汉奸、顽固派、各式各样的杂牌军——有些老百姓叫'土匪'——多得很。群众反映，那地方的'司令多如牛毛'哩！怎么办呢？毛主席在《论持久战》里说中国要战胜日本有三个条件，而主要的是'中国人民的大联合'。工作艰苦，形势和斗争也会错综而复杂，不过我看没有啥子了不起的嘛！"

"朱老总总是这样，在谈古论今，闲聊似的谈话中启发我们，教育我们，使我们在不知不觉当中得到提高，学到许多既有理论又有实际的东西。"[13]杨得志在回忆录中记述道。

回到住地，杨得志同第三四四旅政委黄克诚研究确定，将第六八七团留晋东南；杨得志和旅政治部主任崔田民率第六八八团去河南滑县，与先到那里的韩先楚领导的第六八九团会合（第六八九团此时已由冀南转战豫北）。

第三四四旅原来是红十五军团的底子，战斗力很强。但是杨得志对这支部队的状况不很熟悉，对如何带好部队完成上级交给的任务，心中还不太有底。黄克诚年长杨得志好几岁，而且早就是红三军团的领导人之一，为人正派耿直，原则性强，又有丰富的战斗和政治工作经验，很受人尊敬。因此，杨得志便把一些想法毫无保留地告诉了他。

黄克诚听罢，在自己的头顶上画了个圈，笑着说："你有这些想法不奇怪。平型关战斗后上级派我来的时候，我也有过类似的思想。这次朱德同志亲自找你谈了话，任务交代得很明确，老杨，这种时刻派你来接替海东同志的工作，担子满重的啊！关于这支部队的情况嘛，一是去了以后就会慢慢了解的；二嘛，崔田民同志是老陕北，他可以协助你；第三，大家都信任和支持你，你就放心大胆地干吧！"

告别留守部队和安昌村的群众时，黄克诚一直把杨得志一行送出村外很远。他握着杨得志的手说："你们先去打前站，说不定哪一天我们都得去。有什么情况我们及时联系，好在离得不算远嘛！"**14**

告别黄克诚，杨得志一行经过十多天的连续行军，翻过太行山，从豫北的淇县、汤阴之间越过平汉铁路封锁线，在滑县地区同第六八九团会合了。此时已是1938年9月中旬。

沿途这一带虽未被日寇侵占，但由于匪患严重，以及洪涝灾害，群众生活十分贫困，精神非常紧张。为了防范"兵匪"的骚扰，几乎村村寨寨都修起了土围子。部队经过许多村庄时，老乡们也都是把围子门关得紧紧的。大人们躲着不见面，只有一些面黄肌瘦的孩子，瞪着一双双惊恐好奇的眼睛，远远地望着他们。但是到第六八九团驻地，情况却完全相反，群众的衣着虽然也相当破烂，但情绪高涨。他们送茶送水，问长问短，孩子们兴高采烈地喊着："快来看啊！又来了八路军的大部队啦！"

看到这样热烈的场面，部队受到很大的鼓舞。杨得志高兴地对韩先楚说，"你们的群众工作搞得很好呀！有些什么经验，给新来的同志们介绍介绍嘛！"

韩先楚操着一口湖北黄安话说："什么经验？还不是咱们那老一套——事事严格纪律，处处爱护群众，尽力帮助他们解决些实际困难。再加上一条，就是对敌、伪、顽和土匪不客气。打几个胜仗，解除群众的'后顾之忧'。这就行了！"

韩先楚的话说简单，但杨得志知道，眼前这一切他们是付出了辛勤努力和巨大的代价换来的。韩先楚还告诉杨得志，这一带反动势力比较大，党的活动暂时还处于秘密或半公开的状态。目前虽有了几支游击队，但武器装备很差，成分也比较复杂，思想政治工作又没有跟上去。所以战斗力比较弱。最主要的问题是党的统一领导还没有完全形成，中坚力量不强。他最后说："你们来了就好了。"

"你们搞得不错，打下了很好的基础。"杨得志说，"我看，关键问题还是要加强党的统一领导，就我们来说，要多打几个胜仗，杀杀敌人的气焰，鼓舞群众的情绪。一句话，局面已经初步打开，经过大家的再努力，形势会越来越好的！"

大家都高兴地笑了。

部队会合后没几天，总部指示他们堵截在冀南地区受到沉重打击、向南逃窜的一股伪军。这股伪军的头目叫扈全禄，原系国民党军，在前不久的漳南战役中受到重创。

——8月下旬，为钳制企图进攻潼关、洛阳之日军，并开辟漳河以南地区，消灭盘踞该地的伪军，第一二九师遵照八路军总部的指示，令陈再道、王新亭统一指挥青年纵队、东进纵队等部发起漳南战役。31日，上述各部分四路进袭临漳以南的贾河口、秤钩湾等地，消灭伪军2000余人。9月上旬，又连续攻占临漳、内黄、安阳间之回隆、楚旺、吕村集、豆公集、大韩集、崔家桥等重要集镇，歼灭伪军近2000人。扈全禄一部仓皇南逃。不想正被杨得志的部队堵个正着。

为了统一指挥，杨得志的第六八八、第六八九团奉命与青年纵队、新一团等组成漳南兵团，由王新亭、杨得志统一指挥。部队从滑县经浚县过平汉路追到汤阴以西，将扈全禄部全部歼灭，俘虏伪军1400多人，并趁势收复滑县、道口等城镇。经过一个月的漳南战役，基本肃清了平汉路东、漳河以南、卫河两岸，南北数十公里地区的伪军和土匪，并协助中共直南特委开辟了安（阳）、内（黄）、汤（阴）、浚（县）、滑（县）地区，建立了安、内、汤等县的抗日民主政权，为建立冀鲁豫边抗日根据地奠定了基础。

注　释

1. 《毛泽东军事文集》第二卷，军事科学出版社、中央文献出版社 1993 年版，第 157、157、158 页。

2. 《毛泽东军事文集》第二卷，军事科学出版社、中央文献出版社 1993 年版，第 210 页。

3. 《毛泽东军事文集》第二卷，军事科学出版社、中央文献出版社 1993 年版，第 217—218 页。

4. 正定至太原的铁路。今石家庄至太原线。

5. 今山西左权县。

6. 《陈再道回忆录》（上），解放军出版社 1988 年版，第 365 页。

7. 《徐向前军事文选》，解放军出版社 1993 年版，第 47—50 页。

8. 《刘伯承传》编写组：《刘伯承传》，当代中国出版社 1992 年版，第 211 页。

9. 北平（北京）至汉口的铁路，今京广线一段。

10. 天津至浦口的铁路，今京沪线一段。

11. 《毛泽东军事文集》第二卷，军事科学出版社、中央文献出版社 1993 年版，第 305、297、340、308—309 页。

12. 程思远：《我的回忆》，华艺出版社 1994 年版，第 131 页。

13. 杨得志：《横戈马上》，解放军文艺出版社 1984 年版，第 220—222 页。

14. 杨得志：《横戈马上》，解放军文艺出版社 1984 年版，第 223 页。

第 十 八 章

转战冀中冀东

      吕正操小樵镇脱离东北军，所部改称"人民自卫军"——人民自卫军路西整训，聂荣臻对吕正操关怀备至——八路军第三纵队成立，破路拆城，改造平原地形——邓华支队转战冀东——宋时轮、邓华支队合编为八路军第四纵队——铁厂镇联席会议后，宋时轮进兵都山失利，邓华率部西撤受挫——毛泽东、聂荣臻总结经验教训，重组力量进军冀东

山西五台金岗库。

收到毛泽东 4 月 21 日关于大量发展平原游击战争的电报，聂荣臻心中很高兴。

他对开展平原游击战争也早有认识。

早在 1937 年 9 月 30 日，他就向毛泽东等报告："平汉¹、津浦²两路之间，（系）地广人多区域……扩红³上，能在该区域内（工作）一礼拜，当胜在山地数礼拜。"⁴1930 年，聂荣臻曾任顺直省委组织部部长，因此对于河北平原包括冀中地区并不陌生。

冀中地处北平、天津、保定、石家庄之间，千里平原，土地肥沃，人口众多，村庄稠密，是华北比较富庶的地方。这里是燕赵大地，自古多慷慨悲歌之士，并有悠久的革命传统。河北的党组织曾在冀中多次领导和发动了农民起义和学潮斗争。七七事变后，八路军开赴前线的时候，党曾派孟庆山到河北组织抗日武装。孟庆山原是红军的一个团长，河北人，参加过宁都起义。他从延安出发途经太原，又接受了北方局的指示，同河北省委接上了关

系，被委任为保属特委的军事委员。根据党的指示，孟庆山在高阳、安新、任丘等群众基础好的地区，开办短期训练班，讲解游击战术，培养了不少武装斗争的骨干力量。

这些情况，聂荣臻都了解。更让他兴奋的，冀中地区还活跃着一支东北军，不但打起了抗日的旗帜，而且还改编成了人民自卫军。他派人一打听，这支队伍是原东北军第五十三军第一三〇师第六九一团，团长是中共地下党员吕正操。

吕正操小椐镇脱离东北军，所部改称"人民自卫军"

吕正操，辽宁海城人。1922 年入张学良的卫队旅，次年考入东北讲武堂。1925 年毕业后，当过张学良的副官、秘书。1929 年任东北军第十六旅参谋处处长。1933 年随部到热河参加对日军作战，任东北军第五十三军第一一六师第六四七团团长，就在这时，他开始结识共产党人，对中共一致对外的抗日主张深表赞同，领导所部积极开展抗日救亡活动。1934 年率部担负北平城防任务。1935 年一二九运动中，支持学生的爱国行动。1936 年 9 月参与筹建东北武装同志抗日救亡先锋队，任总队长。不久被调往西安，加入东北革命军人同志会。1936 年 12 月，张学良、杨虎城发动西安事变时，他被认为是身边最可靠的人，调到张学良公馆担任内勤工作，就住在张学良私邸的东楼。周恩来一行到西安后也住在东楼，因此他和周恩来的随行人员罗瑞卿、许建国等常有接触，和参加西安事变的地下党员刘鼎、宋黎等朝夕相处，萌发了加入中国共产党的强烈要求。1937 年 2 月，中共北方局派往第五十三军工作的李晓初告诉吕正操，北方局已批准他秘密加入中国共产党，并由他做吕正操的入党介绍人。5 月 4 日晚上，在从定县去往石家庄的途中，吕正操在一个帐篷里正式履行了入党宣誓仪式。

七七事变后，吕正操的第六九一团被派到永定河地区作战，后来随国民党军南撤。第六九一团的士兵大多是东北人，干部几乎全是东北人。南撤，南撤，这分明是离开家乡越来越远。撤到哪里是个头呢？于是在南撤途中，士兵们纷纷议论起来：

"堂堂几尺高的男子汉，要劲，满身是；要枪，手里有；眼看着日本鬼子横行霸道，不让去打，真是活受罪！"

"妈拉巴子的，蒋介石跟秦桧一样，把咱东北送给鬼子还嫌不够，又要送华北了！"

"他呀，就会坑害咱们杂牌军。每月发那么六角钱，够喝西北风的！再看看这穿戴，简直像个叫花子。这窝囊气我可受够了。"

"有朝一日，老子不干了。你蒋介石不抗日，中国自有人领着咱们抗日哩！"

听到士兵们的这种呼声，吕正操心里很高兴。不能再继续南撤了，再撤就要过黄河了，北上抗日才有出路，问题是得找个合适的机会。没想到，机会很快就来了。蒋介石作为削弱异己的一种手段，让嫡系先撤，杂牌殿后。而第六九一团又奉命掩护第五十三军，更是处于一种最危险的位置。但是这种安排，恰巧为他们脱离第五十三军提供了方便。1937 年 10 月 10 日，第六九一团在藁城以南的梅花镇同日军打了一仗，歼敌七八百名。战斗结束后，吕正操和同是地下党员的沙克商量："军长万福麟跑远了，把我们丢给了敌人。这正是机会，就此脱离他们，北上找党，打游击去！"当晚，吕正操召集营连军官开会，大多数人同意回师北上，吕正操遂率部北进至晋县小樵镇。

10 月 14 日，吕正操在小樵镇一所小学校的大教室里，召开了全团官兵代表会议。会议最后决定：断绝同第五十三军的一切联系，第六九一团改称"人民自卫军"，下设三个总队，立即北上抗日。他们还设计了人民自卫军臂章的样式：白底，蓝边，上面为"人民自卫军"五个蓝字，中间是一颗红星，以区别于国民党旧军队。消息传开后，官兵莫不欢欣鼓舞。由于新式臂章一时还制作不出来，士兵们就找来一些红布、红线，缝在挎包或碗套上，队伍里出现了大小不同的红星。群众见了，开始是不解，后来争相簇拥，伸起大拇指赞扬地说："干得对！"小樵镇呈现出一片欢腾景象。

小樵镇改编之后，吕正操同党组织接上了关系，在党的指示下，继续向高阳一带进发。他们沿途向群众宣传抗日救国的主张，解决了流窜到这一带的一些杂色武装和当地的保安团，缴枪千余支，并攻下高阳城，部队迅速发展到5000多人，开始成为共产党直接领导下的一支武装力量。

人民自卫军路西整训，聂荣臻对吕正操关怀备至

了解到这些情况，11月初，聂荣臻派孙志远携带密码到达冀中，与人民自卫军建立联系。孙志远原是中共北方局派往东北军工作的干部，曾作过东北军将领黄显声的秘书，同吕正操多有往来，是老熟人了。后身份暴露，来到晋察冀军区。孙志远来到冀中后，人民自卫军马上和晋察冀军区取得了直接联系。

不久，吕正操、孙志远来电，要求上级帮助对部队进行整训，以学习红军的好传统、好作风。聂荣臻认为这个想法很好。的确，人民自卫军虽然属于党领导下的一支部队，但它毕竟是刚刚从旧部队脱胎出来的，还没有经过认真的改造，官兵关系和军民关系都存在着许多问题。同时，他们还缺乏游击战争的经验，不少干部对在冀中平原坚持敌后游击战争信心不足，新扩大来的战士带有较重的家乡观念，部队纪律也欠整顿。为了把这支部队训练成八路军式的坚强队伍，聂荣臻决定，并报经毛泽东和八路军总部批准：调人民自卫军主力到平汉路西进行整训。

12月12日，人民自卫军的主力由吕正操、孙志远率领，开来路西整训。留下的部队编为游击军，由孟庆山任游击司令。吕正操他们过平汉路时分别袭击了定县城、新乐和寨西店车站，最后到达晋察冀军区三分区的曲阳、王

快。部队留在三分区整训，吕正操和孙志远两人赶到阜平，来见聂荣臻。

初冬时节，天寒地冻。吕正操的心头却洋溢着难以抑制的激动和兴奋。他后来回忆说：我跟孙志远到阜平，初次见聂司令员。他给我的第一个印象是军容严整，正正规规，显得很严肃，但是对同志却很亲切，使人感觉见到的是一位忠厚长者。我们部队旧的习气多，见到红军——当时我们习惯地这样称呼八路军——这么正规，精神为之一振。聂司令员特地安排唐延杰、我和孙志远与他住在一起，同睡在一条炕上。这样我们就朝夕相处，随时交谈。他详细地询问了冀中的情况。我还向他讲了我的经历，在东北军的情况，以及和张学良的关系。"我特别提到，自己虽然是北方局在东北军中发展的共产党员，但在旧军队中待久了，对革命部队的许多东西感到生疏，请聂司令员多多帮助。聂司令员鼓励我说：'你带领部队在冀中抗日，很短的时间里就和地方党的同志在冀中开创了一个新的局面，梅花镇阻击日军、挥师北上、小樵镇誓师、打开高阳城等，这第一步就搞得很好嘛！特别是冀中那个地方是平原地区，这个意义就更大了。'" **5**

吕正操很快把聂荣臻看作自己的师长，有事就向他请示。每逢夜幕降临，聂荣臻处理完一天繁忙的军务，就和吕正操聊天，讲笑话，交流情况。聂荣臻还把长征时保存下来的一双袜子送给了吕正操。吕正操立即珍藏起来，并表示由衷的感谢。聂荣臻对吕正操的印象也很好。12月14日，他在给"毛周朱彭任"的报告中说：吕正操率领到路西的部队约2300人，步枪约1200支，还有轻重机枪60多挺，各种炮16门，骑兵1个连。在谈话中，"我对吕的感觉很好，政治上开明，对党的工作、部队的改造、群众工作等都很注意，该部党员甚多……最近由地方党介绍了一批党员进去，此部队的成份和质量均好"。报告最后建议，在延安受训的河北省籍干部，最好能尽快调回，以帮助吕部开展工作。**6** 当时根据地扩大很快，缺少干部是当时的大问题。后来吕正操回冀中后向军区要干部，一时要不到，情急之下就打电报抗议。不久他回军区汇报工作，聂荣臻把他说了一顿：要干部就要干部，你抗什么议？但不久就把王平派来当冀中军区政治委员，再后来又派孙毅来当冀中军区参谋长。聂荣臻对吕正操和冀中工作是真重视、真关怀。

吕正操对聂荣臻最感激的一件事，是"肃清托派"时很讲政策，实事求是，关心和爱护干部。1938 年，曾任人民自卫军政治部主任的李晓初，因其兄被定为"托匪"，本人也被抓了起来，经审问后定为托派分子被枪决（此案是个错案，直至 50 年后才平反）。李晓初是吕正操的入党介绍人，吕正操也担心受到牵连。有次他到路西开会，聂荣臻态度明朗地说："李晓初是你的入党介绍人，他是党组织派去的，你是你，他是他，跟你没有关系，不会因为这件事使你受到牵连，党是信任你的。受牵连的都是冀中的干部，我相信他们绝大多数是好人，所以把他们送到延安去审查，以免冤枉好人。"

聂荣臻对人民自卫军的关怀是多方面的。他不但从政治上关心他们，亲自给干部们讲解中共的统一战线政策和如何进行游击战争的问题，还派军区组织部部长王宗槐带着军区慰问团前往整训驻地慰问，并且就冀中抗日根据地的建设问题，进行具体的研究和指导。

这天，吕正操和孙志远参加军区政工会议，会议专题讨论了冀中区的工作。

聂荣臻很有气势地用手在地图上画了个大圈，对吕正操和孙志远说："经八路军总部和党中央批准，你们就在平津路、平汉路、津浦路之间，南边以滏阳河为界，搞冀中根据地吧！"

聂荣臻把手从地图上拿开，拉开凳子，在地图前的长方桌前坐下，然后娓娓道来：

"开展敌后游击战争，光靠山是不行的，首先要靠人民群众，只要有了人民群众的支持，不论是山地，还是平原，我们都可以牢牢地站住脚。人民群众比山靠得住，广泛的群众基础比地形靠得住。就说大山吧，如果山上没有群众，山路又很窄，敌人把山路一堵，我们根本不能坚持，不用说别的，吃的问题就没办法解决，没有群众供养我们，难道能吃石头嘛！对于建设敌后根据地，首要的问题是发动群众，得到人民群众广泛的支持，地形的作用还是比较次要的，而且也是可以改变的。我们晋察冀这块根据地虽然发源于五台山，但我们不是有了五台山，才有了这块根据地，而是敌后的群众支持我们，拥护我们，才使我们能够得到这样大的发展。"

"是这样。"吕正操也充满信心地说，"冀中平原大得很！日本侵略军兵力不足，根本没法控制这么大的地方，我们依靠广大群众这个人山人海，到处可以走来走去，活动余地是很广阔的"。

聂荣臻继续说道："你们的实践是有深远意义的，这是我们党在平原上开创的第一个根据地，你们成功了，对于全国其他平原地区的抗战，将提供很有价值的经验。"

聂荣臻的这番话，使吕正操和孙志远很受鼓舞，同时也感到肩上的责任光荣而重大。

最后，军区政工会明确了冀中下一步的工作安排：肃清反动势力，改造杂色武装，有计划地扩大武装力量和根据地，发展群众组织，逐步建立和完善抗日政权，整顿社会秩序，安定人民生活。

军号响了，在路西整训了一个多月的人民自卫军就要返回冀中了。

百闻不如一见。路西整训时间虽短，却使吕正操及其人民自卫军亲眼看到和学习了红军的好传统好作风，并且建立了具有红军优良传统的政治工作制度，明确了创建冀中平原抗日根据地的指导思想和坚定信心。所以，吕正操率人民自卫军返回冀中后，工作开展得颇有起色。他利用日军兵力少而分散的弱点，迅速收编或歼灭了10多股土匪武装及部分伪军、伪组织，以后又北上到北平、天津、保定之间的三角地区开展工作。与此同时，由孟庆山任司令员的河北游击军很快发展到万余人，并取得了许多胜利。

送走吕正操部不久，聂荣臻亲自到完县、唐县一带靠近平汉路西侧的丘陵地区，观察平汉路东冀中平原的情况。事后他向总部建议："河北平原村庄极稠极大，树木亦多，敌人固然随处可到，但我亦可随处活动，且村庄树木（多），极易隐蔽……我已有相当根据地之基础，平汉路东西也能有好的配合，当敌人进攻时仍可（相互）支持。"[7] 说明平原适合开展游击战，希望多派些党政军领导干部去，以加强那里的工作。客观情况的发展，完全证实了聂荣臻的上述论断。

所以，当毛泽东 4 月 21 日电报指示传达到这里的时候，他既感到高兴，又感到很踏实。

八路军第三纵队成立，破路拆城，改造平原地形

1938 年 5 月，中共中央和八路军总部根据聂荣臻反映的情况，决定人民自卫军与河北游击军合编为八路军第三纵队，同时成立冀中军区，吕正操任司令员、孟庆山任副司令员，孙志远任政治部主任。军区主力部队达 6 万余人。部队力量的扩大，使群众性的游击战争有了主心骨。此后，军民协力，对平汉路、津浦路等敌占区进行了一系列的袭扰和破坏。

——7 月中旬，袭击石家庄车站，歼敌 20 余人，毁敌汽车 7 辆；27 日，又以一部夜袭安次[8]，一举攻入城内，与敌展开激烈巷战，战至次日晨，毙敌 40 余人，并争取了 30 余名伪军反正；同日夜，另以一部袭击正定车站，毙敌 20 余人，缴获军用物资一部。

——9 月，以一部深入大青河北，打开该地区抗战局面，成立了第五军分区。9 月 24 日夜，袭击津浦铁路上的陈官屯车站，毁敌机车 1 台，毙敌 20 余人。25 日攻入平汉铁路上的定县城，毙敌数十人。

——10 月 9 日夜，攻入青县城内，与敌激战数小时，毙敌 60 余人。10 月 16 日，又袭入青县南之徐官屯，捣毁了伪青年学校，俘获日军教官以及学生 42 名，缴获军用物资一部。

冀中平原游击战争的广泛开展和对敌占平汉、津浦等主要交通线的破

袭，不仅扩大了冀中抗日根据地，而且策应了正面战场友军的徐州会战和武汉会战，直接配合了晋察冀边区的反围攻作战。

为了更好地开展平原游击战争，冀中军民还大规模地开展了破路、拆城、改造平原地形的群众运动。由于敌人是使用汽车、装甲车、骑兵的快速部队，平原地形，有利于敌，不利于我；另外，敌人占了城池，凭坚固的城墙据守，不利于我军攻夺。因此，冀中军民开展了大规模的破路、拆城活动。

开展破路时，首先把高出地面约 2 米的沧石公路和平北大路北段彻底破坏，将其夷为平地，由附近的农民分种。至秋末，不仅破坏了公路，连乡村土道也进行了破坏。最初是拦路挖横沟，但群众来往耕作极感不便，而日军的快速部队仍可绕道通过。于是后来改为顺道挖沟，纵横贯连各村庄的大道沟，深 2 米多，宽 3 米多，挖出的泥土堆在道沟两旁筑成土墙。乡村的大车、人力车可在沟内通行无阻，而且每隔 80 米筑一个圆形土丘，围绕土丘筑上下道，两辆车可以在这里错车，还可以防止敌军顺沟射击。这样，冀中军民从这个村庄到那个村庄，可以沟内行走，还不会被敌人发现。这就大大方便了八路军行军、伏击敌人和运输，而敌人的机械化部队则无用武之地。

在破路的同时，还发动群众拆城。继 1938 年 1 月拆除肃宁县城墙后，又先后拆除了河间县城墙，和以"固若金汤"而闻名的蠡县城墙。几百年前封建统治者修筑蠡县城墙，曾用了 12 个年头，城墙是巨砖灌石灰凝成一体，十分坚固，但不到一个月即被冀中军民全部拆除。在两个多月时间中，冀中腹心地区 24 座县城的城墙均被拆除。这给敌军固守城池增加了困难，却大大方便了八路军的作战。这正应了毛泽东的那句名言：真正的铜墙铁壁是什么？是群众，是千百万真心实意地拥护革命的群众。

至 1938 年 10 月，冀中抗日根据地已发展到西讫平汉路，东至津浦路，北至北宁路，南至沧石路，共有 44 个县、800 万人口的广大地区。

邓华支队转战冀东

冀东，历来是兵家必争之地。它北依长城，南临渤海，是华北通向东北的咽喉要地。1933 年初，日本侵占东三省后，兴兵攻占冀东长城各口。同年 5 月，日本同国民党政府签订了"塘沽协定"，把冀东划分为"非军事区"。1935 年 6 月，双方又签订了"何梅协定"，日本攫取了冀东主权。同年 11 月，日本侵略者又炮制了伪"冀东防共自治政府"，以伪军、伪警驻扎各县城镇，加强殖民统治，冀东人民处于水深火热之中。

全民族抗战爆发后，中共组织陆续向冀东派遣干部，加强党的领导和军事指挥，发动群众，开展游击活动。1938 年 2 月 9 日，毛泽东致电八路军总部和北方局："雾龙山为中心之区域，有广大发展前途，但是独立作战区域，派去部队须较精干，且不宜过少，军政党领导人员须有独立应付新环境之能力，出发前须作充分准备。""干部除主要的由荣臻及你们配备外，后方亦正在选择东北及冀热察籍之干部，同时亦请北方局选派干部。""荣臻此刻不能离开冀察边，但应准备至适当发展时期派高级领导人去雾龙山，此事由前后方共同考虑。"**9**

接到毛泽东和总部指示后，聂荣臻反复思考，认为冀东地区非常重要，它是日军入侵华北的陆路咽喉，而且沦陷早，在那里建立根据地，斗争定会很激烈。毛泽东要求派有独立应付新环境能力的干部去，而且要带一支精干部队。谁去好呢？

他拿着电报问唐延杰。唐延杰说："毛主席不是要你定吗？不过，我看还是从一分区派人去好，因为独立团发展快，红军骨干比较多，基础也好。"

聂荣臻以商量的口吻说："你看邓华去怎么样？这个同志我了解，是一军团的老同志，打仗行，政策水平也可以，比较稳当。"

唐延杰点头赞同。

于是，聂荣臻给邓华打电话，要他立即到阜平来。

邓华，湖南郴州人。1927 年 3 月加入中国共产党。1928 年 1 月参加湘南起义，在工农革命军第七师政治部任组织干事。后随朱德、陈毅到井冈山，先后在中国工农红军第四军任组织干事、第三纵队政治部组织科科长。曾出席中共红四军第九次代表大会（即古田会议）。1930 年后，任红十二军教导队政治委员、红三十六师政治委员，红一军团第三团、第二团政治委员，率部参加中央苏区历次反"围剿"。参加长征到陕北后，任红一军团第二师政治部主任，红一、红二师政治委员，率部参加了直罗镇、东征、西征和山城堡战役。全面抗日战争爆发后，任第一一五师六八五团政治处主任，参加了平型关战斗。后调到杨成武的独立团（不久发展为独立师），先后任师政治委员、第一分区政治委员。

一见面，聂荣臻便对他说："根据毛主席的指示，你要带一个团立即去冀东开辟根据地。据河北省委前两天派李楚离同志来介绍，冀东地方党正在积极准备组织冀东群众武装抗日起义，迫切需要主力部队前去撑腰。现在冀西、冀中、平西革命的游击战争发展很快，对冀东人民的影响是很大的。特别是冀中，因为紧靠冀东，影响更大。就冀东的群众基础而言，也并不比冀中和冀西差，这个地区早就有我党领导的工人运动，在遵化、玉田一带农村，也有我们党长期工作的基础。日本帝国主义侵占华北以来，冀东地区是最受害的，那里的群众受压迫最深，对亡国的苦难尝够了。目前地方党的同志在群众中进行了深入的发动工作，基本群众已被我们掌握起来了。因此，在冀东建立根据地，开展游击战争，是很有条件的。你们的责任很重，要足够地估计到日本侵略军在冀东搞了那么久，决不会轻易让你们在那里立足。因此，你们到冀东以后，要紧紧地依靠地方党，发动群众，把游击战争开展起来。"

邓华聚精会神地听着。他见聂荣臻以询问的目光注视着自己，就问道："开辟根据地，担子不轻。不过请首长相信，我坚决执行！但要注意哪些关键问题呢？"

聂荣臻说："关键是要在那里牢牢地站住脚跟，打出一个好的局面来。

不能到了那里，扩充一些部队，抓一把就走。'抓一把'，是抓不到东西的，也是同我们建立根据地的意图相违背的。至于部队的名称，军区已经研究过了，就叫邓华支队。"

唐延杰补充说："你们可以先北上平西地区，再转向平北，开向冀东，逐步前进，这一带敌人力量较弱，开展工作容易些。"

聂荣臻说："这个部署是经过我们研究的，比较妥当。"

邓华受领任务后，立即率领约一个团的部队向平西出发，一路打了一些小的战斗，进展顺利。他3月中旬向聂荣臻报告说：一个月来，在其他部队和游击武装配合下，先后开辟了涞水、房山、良乡、宛平、昌平等地区的工作，消灭了多股地主土匪武装，摧毁了一些伪军、伪组织，占领了不少据点，还建立了3个联合县政府及一批人民自卫队武装。

聂荣臻很高兴，认为邓华挺进冀东的第一步是成功的，达到了预期的目的，建立了一个可靠的前进基地。他立即把邓华的报告转报给八路军总部。

宋时轮、邓华支队合编为八路军第四纵队

4月下旬，八路军总部为贯彻毛泽东大力开展平原游击战争的指示，命雁北地区的第一二〇师宋时轮支队开赴平西，与邓华支队会合，编为一个纵队，受晋察冀军区指挥，挺进冀东，创建冀东抗日根据地。5月下旬，宋时轮支队进抵平西斋堂、杜家庄地区，随即与邓华支队合编为八路军第四纵队。宋时轮任司令员，邓华任政治委员，下辖第一支队（辖第三十一、第三十三大队）、第二支队（辖第三十四、第三十六大队）和独立营、骑兵大队，共5300余人。

5月20日，聂荣臻电令第四纵队，应乘徐州会战"敌后空虚，尚不能转移力量对付我们时，（速向冀东开进）立稳自己足跟，迅速创造根据地"。6月12日及22日，聂荣臻再次电令四纵队："为执行创造新的根据地之任

务，宋、邓纵队应乘敌空虚迅速开往冀东，首先袭取兴隆，以该处为中心。现决定分两路进攻，宋支队进袭密云以东平谷、三河、蓟县，以便相机占各县城；邓支队进逼兴隆，成功后，继续向东南地区发展。"你们现既到达兴隆县，就应在此地开始创造根据地的工作……你们似宜依靠雾灵山向四周发展。"[10]此后，第四纵队连克昌平、延庆、永宁、四海、兴隆等城镇，使冀东人民深受鼓舞。他们在家乡沦亡了几年之后，看到八路军大部队开来，真是喜出望外，欢欣若狂。部队所到之处，附近民众自动募捐慰劳，杀猪宰羊送给部队。有人还写歌唱曲，歌颂八路军的胜利：

> 小日本，心不正，
> 一心要把中国征，
> 恶人有恶报，
> 民众上征程。
> 陕北红军到，
> 鬼子要吹灯！
>
> 好男儿，志气高，
> 八路军，逞英豪，
> 人手一把鬼头刀，
> 砍得鬼子没处逃，
> 嘿，没处逃！

铁厂镇联席会议后，宋时轮进兵都山失利，邓华率部西撤受挫

此时，地方党组织也广泛发动群众，准备举行冀东大起义。他们已经准备了很长时间，准备部队一到，就里应外合，在冀东掀起抗日大潮。

7 月上旬，在冀东地方党的领导下，以四纵队为坚强后盾，冀东爆发了 20 万群众参加的抗日大起义。"从 7 月 6 日港北开始，经过 1 个多月的暴风骤雨，首先在以滦县、昌黎、乐亭、迁安、遵化、丰润、玉田、蓟县、平谷、三河地区和开滦煤矿为中心的广大山地和平原发展起来，并推动了周围各县人民参加起义，如卢龙、抚宁、密云、顺义、昌平、香河、宝坻、宁河、武清、兴隆、青龙县等，共计 22 个县参加起义，仅抗联（冀东抗日联军）系统就组建了有 7 万多人全副武装的 39 个总队。此外，由地主、旧军人拼凑起来的'忠义救国军' 1 万多人；流氓、土匪也打起抗日旗号拉起队伍，约几千人；各地闻风而起没有名义的队伍 1 万多人。" 起义武装捣毁敌伪政权，打击敌伪军，破坏敌交通运输线，其声势之壮、规模之大，一时震动了全国。日本人也惊呼："延安触角伸进冀东，热河、冀东行政无法行使！" "北宁铁路中断，危及帝国安全！" 他们加紧策划，准备向四纵和抗日联军扑来。

8 月中旬，邓华率领的第四纵队一部与冀东起义部队于遵化县铁厂镇会合。

8 月 27 日，在铁厂举行了中共冀热边特委、四纵和抗日联军代表参加的联席会议。

会议由邓华主持。他在报告中分析了大起义后的形势，指出冀东大起义是胜利的，但部队多、秩序乱、纪律差，需要统一领导和指挥，要抓紧整顿。同时，提出建立抗日根据地，决定成立冀察热宁军区，由宋时轮任司令员，邓华、李运昌等任副司令员，下辖 5 个军分区。会议还决定成立冀热察宁边区行政委员会，统一领导各县的抗日政权，负责筹粮筹款，支持部队。

中共中央得悉铁厂会议消息后，于 9 月 1 日发出贺电："以十万分的高兴，庆祝抗日联军反日反汉奸起义的胜利与八路军纵队的汇合"，并指示要扩大与巩固胜利，"创造冀热边新的抗日根据地，长期坚持抗战"。9 月 10 日，毛泽东、朱德、刘少奇等联名电示四纵和河北省委，要求宋、邓部队以团营为单位，分散到各军分区去，与起义队伍合编，使冀东游击队正规化，各军分区正副司令由八路军干部和地方干部担任，并着手建立各县区政权。**12**

铁厂会议后，邓华电请宋时轮来铁厂主持军区工作。宋时轮于9月初来到铁厂。

听了邓华的详细介绍，宋时轮沉默了一会儿。

"铁厂会议的决议，恐怕很难执行。不稳固建立根据地，平原地区游击战争能坚持吗？青纱帐眼看要倒了，青纱帐倒后，部队失去隐蔽场所，敌人来个大扫荡，主力可能待不住。再说，新部队未经整训，敌人一来，就可能垮掉。"宋时轮表态了。

邓华说："铁厂会议决议成立五个军分区，就是分头建立根据地，主力一支队（邓部）和二支队（宋部）也分别担负建立一个军分区的责任，就是从稳固建立根据地考虑的。"

"现在需要集中兵力创建山区根据地。"宋时轮提出，热宁边界地区的都山是个大山区，九一八事变后，抗日义勇军曾在那里坚持过，建议立即前往，开辟都山抗日根据地。

丰润县霍庄。

李运昌的指挥部。他正在这里召开会议，贯彻铁厂会议精神，部署整训部队肃清土匪，准备建立丰滦迁遵根据地。

正在这时，他接到了宋时轮关于到都山建设根据地的命令。李运昌回忆道："我率2万余人进驻迁安县包各庄一带，准备出冷口进都山，适有伪满军1个营进入我驻地，激战数小时，将该敌全部歼灭，生俘敌营长朱宝兴以下200多人……在胜利中，忽又接通知停止进军都山，令部队撤回原地。"**13**

原来，宋时轮率部进军都山时，其先头到达长城线上之桃林口、燕河营一带，遭到敌关东军和伪满军的阻击，再加之正值连绵阴雨，山洪暴发，困难重重，部队不能立足，便退回滦河以西，转移到蓟县北部山区。

9 月中旬，传出了日军将大举围攻冀东的消息。四纵党委开会，商讨应对之策。

都山失利，导致许多指挥员情绪低落。会上，多数人主张主力西撤平西，并动员一部分起义部队随主力到平西整训，明年再拉回来。也有少数人认为，主力有条件也应当在冀东坚持下来，并且也能够在冀东创建巩固的抗日根据地。

邓华认为，冀东有条件坚持，而且也必须坚持。但是怎样坚持，特别是青纱帐倒后怎样坚持，多数人提出问题也是有道理的。但主力撤回平西，这是一个战略性变动，需要请示八路军总部。他于 9 月 19 日将上述两种意见综合上报，等待上级批示。

宋时轮于会后，即率领四纵主力四个大队中的三个大队和骑兵大队，往西撤至蓟县、平谷、密云地区，并接着渡过白河以西。

9 月 26 日中央回电指示："创造冀热察边区根据地，创造相当大的军队，是有可能的。但环境是严重的，工作是困难的，必须以高度的布尔什维克的精神，克服斗争中的一切困难，坚持统一战线的原则，建立坚决持久抗战胜利的信心，克服起义的新军中不可免的复杂的严重现象。""我们认为目前主要的力量在白河以东之密云、平谷、蓟县、兴隆、遵化，以部分的力量在白河以西创造根据地。"*14*

邓华认为这个回电是不同意主力西撤。而此时，他的手中仅有一个大队和一个特务连的兵力了。手中兵力不足，可说是困难重重。他想，如果部队留在冀东就地整训和坚持斗争，就须把已开走的主力部队调回来，至少要调回一个大队。于是他就此再次打电报请示。

10 月 2 日，毛泽东等来电，"在冀热边区创造抗日根据地有极重要的战略意义，宋邓纵队与冀热边区全体同志应为达成这个任务而坚决斗争。当目前敌人主力尚在进攻华中、华南，冀东八路军与全党团结并执行正确的政策与战略战术，创造冀热边区根据地是完全可能的，目前困难及游击队纪律不好等现象是能够克服的。"电报还特别指出，"全党与八路军的团结一致特别重要。如果在党内八路军内发生任何磨擦，有任何不团结的现象，均将被日寇、汉奸、敌探所利用，给我们以最大的损害"。并号召："宋邓二同志必须亲密合作。""八路军干部与地方党及游击队中的同志亲密团结。"**15**

10月8日，邓华收到八路军总部和中共北方局来电："只有到万不得已时，方可率主力向白河以西转移。"并说："省委主要干部如老马**16**、胖子**17**等应随主力西进。"

显然，中央和总部来电的基本精神，仍然是要求主力坚持在冀东开创抗日根据地。但邓华认为中央的指示较以前有所松动，并且认为这时已经到了"万不得已时"。

第二天，邓华主持在丰润县的九间房会议，有河北省委、四纵、冀热边特委和抗联部队主要负责人参加。大家一致决定：除留下陈群、包森、单德贵三个小支队（每队200人左右）继续坚持冀东游击战争外，邓华率领的四纵一部和抗联部队约5万人，分三个梯队向平西转移。

10月11日，聂荣臻致电四纵队，要他们克服困难，坚持在冀热边地区立足，不宜回平西。但这时，无论是邓华，还是马辉之、姚依林，他们都认为已经到了如同八路军总部和北方局电示所说的"万不得已时"，而且部队正在西撤途中，也难以停止前进。15日，马辉之、姚依林、邓华三人联名致电中央、八路军总部和晋察冀军区，认为"还是西撤为有利"，并且提出若要坚持冀东，需派一至二个团的兵力，并派多少营团干部，补充弹药，口气很硬。

由于方针不对，组织工作不得力，途中又不断遭敌袭击，起义部队的许多人不愿远离家乡，所以人心涣散，逃亡严重，到白河以西时，只剩下2000余人。四纵也受不小损失。10月下旬，起义领导人李运昌等人研究了面临的严峻形势，决定停止西撤，率部分部队返回冀东。途中又受重大损失，到达迁安地区时只剩下 100 多人，与第四纵队留下的 300 余人会合。到年底，部队发展到 1000 余人，坚持了冀东地区的斗争。

毛泽东、聂荣臻总结经验教训，重组力量进军冀东

对于四纵队开辟冀东地区的胜利与反复，毛泽东等 11 月 25 日致电朱彭聂并转宋、邓：

> 宋邓纵队深入冀东苦战数月，配合并促成地方党所领导的冀东起义，恢复了冀东的中国政权，发动了群众，建立了冀东的游击区，扩大了我军在敌深远后方的政治影响，给敌人以打击，一般说来是获得了成绩。但是没有尽可能的保持并发展这一胜利，没有很好的团结地方党及军队，没有很镇静的应付那里的局面，以致退出原地区，军队及群众武装受到相当大的损失。**18**

聂荣臻认为，这个结论是客观的。1939 年 1 月，他在晋察冀边区党委和晋察冀军区联合会议上的讲话中指出："这次挺进冀东给我们的教训是，创造新的根据地不是容易的，是长期性的，不是一下子就可以干好的事情，特别是不能有抓一把就走的思想，而要着眼于在激烈的斗争中建立根据地。基于这样的认识，我们在冀东还需要认真执行这个任务，继续完成这个任务。"

1939 年 2 月，根据中央指示，成立了以萧克为司令员兼政治委员的冀热察挺进军，重新组织力量进军冀东。坚持冀东斗争的部队在李运昌、李楚离等人领导下，积极发动群众，打击敌人。到 1940 年，冀东终于成为一个拥有 560 万人口的冀热辽抗日根据地。

注　释

1. 北平（北京）至汉口的铁路，今京广线一段。

2. 天津至浦口的铁路，今京沪线一段。

3. 即发展抗日武装。

4.《聂荣臻传》编写组：《聂荣臻传》，当代中国出版社 1994 年版，第 206 页。

5.《聂荣臻传》编写组：《聂荣臻传》，当代中国出版社 1994 年版，第 207—208 页。

6.《聂荣臻传》编写组：《聂荣臻传》，当代中国出版社 1994 年版，第 208 页。

7.《聂荣臻传》编写组：《聂荣臻传》，当代中国出版社 1994 年版，第 211 页。

8. 今河北廊坊。

9.《毛泽东军事文集》第二卷，军事科学出版社、中央文献出版社 1993 年版，第 153 页。

10.《聂荣臻传》编写组：《聂荣臻传》，当代中国出版社 1994 年版，第 214 页。

11. 中国人民解放军历史资料丛书编审委员会：《八路军·回忆史料》（1），解放军出版社 1990 年版，第 379 页。

12. 罗印文：《邓华将军传》，中共中央党校出版社 1995 年版，第 110 页。

13. 中国人民解放军历史资料丛书编审委员会：《八路军·回忆史料》（1），解放军出版社 1990 年版，第 380 页。

14.《毛泽东军事文集》第二卷，军事科学出版社、中央文献出版社 1993 年版，第 365、365—366 页。

15.《毛泽东军事文集》第二卷，军事科学出版社、中央文献出版社 1993 年版，第 367 页。

16. 马辉之，时任河北省委书记。

17. 指姚依林，时任河北省委宣传部部长。

18. 中国人民解放军历史资料丛书编审委员会：《八路军·文献》，解放军出版社 1994 年版，第 254 页。

第 十 九 章

南进北上

日军进攻武汉，我们放手发展——陈赓笑对刘伯承：今天冀南豫北差不多已成了我们的天下——徐海东、黄克诚率部南进阳城——毛泽东目光投向大青山——大青山支队夜穿平绥铁路——陶林、乌兰花、蜈蚣坝之战——李井泉三路分兵，游击根据地初建成

1938 年 5 月 26 日，延安。

徐州失守后，日军下一步会怎样行动？

八路军应采取怎样的作战方针和部署？

毛泽东在房间里来回踱着步，摇曳的灯光把他高大的身影投在窑洞的墙壁上、窗户上……

日军进攻武汉，我们放手发展

在徐州会战的四五月间，我军抓住华北日军的机动兵力大为减少的大好时机，走出了极其重要的一步棋：到平原地区大力发展游击战争。八路军一部东进冀鲁豫平原，打开了新局面，开局很好。

不久前，汉口的《大公报》就徐州会战发表社论，认为它不失为"准决战"，"因为在日本军阀，这一战，就是他们的最后挣扎"。这种论调是不对的。徐州决战只应该是某种程度的战役决战，而决不应该看作战略决战。日军攻占徐州后，还会继续南进。必须准备在徐州决战失败之后，仍有充足的

力量来保卫武汉。这一点，毛泽东已在前些天告诉了长江局的王明、周恩来、博古等，要他们引起注意。抗日战争是持久战，速胜论或亡国论都是不对的。但许多人对这一点还认识不清。

在一些人那里，日军占领徐州之后是否进攻武汉，竟成了疑问，许多人认为"不一定"，许多人认为"断不会"。

还有些人判断，日军攻占徐州后，会将主力立即转向华北及西北，打击游击队，切断中苏交通。

这些看法和估计都是不适当的。其根本，就在于对中日双方的特点缺乏分析和认识。

毛泽东的思绪在快速跳转。

徐州失守后，日军下一阶段会把主要精力放在武汉会战，华北将暂时无法顾及。应抓住这一有利时机，广泛开展华北游击战争！

毛泽东停下脚步，就着油灯伏案疾书。

很快，上述思想落脚在一封致八路军总部及各部负责人的电报上：

甲、徐州失守后，判断敌将以进攻武汉为作战计划之中心。

乙、以为敌置武汉抗日的重心于不顾，而将主力立即转向华北及西北打击游击队及切断中苏交通的估计，是不适当的。这一步骤的到来，将在稍后。

丙、如果欧洲发生战争或重大危机，敌将迅速进攻广东。

丁、我们的口号是保卫武汉，保卫广州，保卫西北，坚持华北游击战争。

戊、在上述情况下，华北游击战争还是广泛开展的有利时机，目前应加重注意山东、热河及大青山脉。[1]

20 天后，毛泽东再次就华北西北放手开展游击战争作出指示，电报中说，"敌之主要进攻方向在武汉，对华北、西北则均暂时无法多顾及，给我们以放手发展游击战争并争取部分运动战的机会"，"目前为配合中原作战，为缩小华北敌之占领地，为发展并巩固华北根据地，都有大举袭敌之必要"。**2**

陈赓笑对刘伯承：今天冀南豫北差不多已成了我们的天下

平汉路以东，冀西豫北地区。

在徐向前率领"路东纵队"跨过平汉路，发展冀南根据地的同时，陈赓率领以第三八六旅主力组成的"路西纵队"，正活动在冀西的邢台、沙河一带。这一方面是配合路东纵队的行动，另一方面也是进一步巩固和扩大太行山脉根据地。

4 月 28 日，陈赓率部进抵邢台以西的路罗镇。

此时这里也像许多地方一样，在国民党军队撤出后，一些散兵游勇、土豪劣绅乃至土匪流氓，乘机招兵买马，拉起了各色队伍。他们打着抗日的旗号，实际上却是各霸一方，鱼肉百姓，甚至沦为日本人的帮凶。

路罗镇里就设有一个冀西民训处邢台区的一个"司令部"，司令张锡九。经深入了解，这个"司令部"全系买空卖空，仅有几支破烂不堪的枪。它所依靠的实力，是当地一个名为红枪会的组织。该会在镇里设总团部。这伙人不仅平日里私立苛捐杂税，剥削村民，还曾聚众抢劫过八路军的储备粮，擅自扣留群众支前的物资。更为严重的，还杀害了第一一五师的侦察员 6 人。

当日深夜，陈赓令人以突然手段，一举端掉了这个"司令部"和总团部。

第二天下午，陈赓主持召开群众大会，宣布了这些反动组织首领欺压百姓，与抗日的八路军作对的事实，当众处决了其罪大恶极的首领 7 人，并宣布成立抗日政府，取消一切苛捐杂税。群众兴高采烈，纷纷要求参加游击队。

通过侦察，陈赓得悉龙泉寺一带，盘踞着申国栋的伪军百余人，长短枪70余支，轻机枪4挺。他们打着民训处的招牌，到处掳人勒索，群众痛恨已极。陈赓令第七七一团赶赴那里解除其武装。第七七一团到达龙泉寺后，仅用17分钟便将其全部解决，未使一人一枪逃脱。群众欢欣鼓舞，赞扬八路军为民除了一害。

5月1日，陈赓率部进抵距邢台仅20余里的赵孤庄。他让第七七一团依托该庄作为预备队，亲率第七七二团经孔庄袭击邢台。在平汉路东陈再道纵队的配合下，攻城部队从四面进行环袭。从当日23时至次日凌晨4时，部队冒着敌人从坚固工事里发起的猛烈射击，连破敌两道铁丝网及装甲火车组成的障碍，将城北道路破坏。据陈赓几天后的日记，"'五一'的夜袭，敌人恐慌已极，紊乱异常，死伤约80余人，邢城完全断绝交通，至今仍不敢出城一步，邢台以北数日交通完全中断，邢台以南仅有铁甲车和空车来往"[3]。

至5月底，陈赓率第三八六旅主力由北向南，横扫邢台、沙河、武安、磁县以西山区的日伪军，先后歼灭大小10余股伪军、土匪和反动会道门武装，连克峰峰、西佐、彭城等伪军据点，打击了日伪势力，基本上扭转了日军自控制武（安）涉（县）大道以来这个地区一度出现的混乱局面，为进一步开展抗日游击战争和发展根据地与抗日武装力量创造了有利条件。

6月以后，第三八六旅主力继续南下，进至漳河以南、道清路[4]以北的豫北地区。这一地区，已有先期到达的补充团和赵（基梅）涂（锡道）支队在活动。主力部队到达后，陈赓统一指挥，相继攻克观台、水冶，袭入汤阴、辉县等地，歼灭日伪军近千人，并打击汉奸土匪，将日伪势力逐步从山区驱逐至铁路沿线。同时，配合地方党组织广泛发动群众，组织抗日武装，建立抗日政权，初步开辟了安阳、林县、辉县等地山区抗日根据地和道清路两侧的广大游击区。

第三八六旅在豫北地区的节节胜利，大大活跃了当地的抗日气氛，扩大了八路军在群众中的影响。陈赓在日记中写道：近来，"由于我们的积极动作，群众对我们的信仰更加提高，吃粮食完全不成问题。群众说：'供给八路军粮食，我们不吃都应该供给，供给"吃队"（群众称吃饭不战之友军），实在不愿意。'各处派有代表来慰问我们——如汤阴、安阳等处"。6月25日的日记写道，今天"令第七七二团在姚村组织胜利品展览会，陈列日本枪支、军用品、军旗等约五六百件，到会军民千余，大家很兴奋，对八路军更表同情。对那些破坏统一战线，故意诬蔑八路军的胜利是吹牛皮的分子，如张荫梧者流，以铁的事实作了回答"。5

7月下旬，刘伯承来到活动在辉县境内的第三八六旅，直接领导平原游击战争。

刘伯承见到陈赓，很满意他这一段的工作，以赞赏的语气说："你这个陈赓，干得不错嘛，所向披靡，战绩卓著啊。"

陈赓笑着说："师长，还不是你和邓政委筹划有方啊！真可比得上当年的诸葛亮安居平五路。这几个月的发展真是迅速，冀南、豫北差不多已成了我们的天下啦。"

"我们开辟平原的斗争是很顺利，形势确实令人鼓舞，可没有远虑，必有近失。日军5月份攻陷徐州，现在正忙着进攻武汉和陇海中段，对华北后方暂时只好放弃。武汉、陇海战事结束后，它会回过头来对付我们的，国民党也不会坐视我们发展壮大，这些都必须有思想准备。"刘伯承变得严肃起来，他继续说道：

"我这次来，一方面是想了解一下三八六旅的情况，一方面是带了任务来的。"

一听说有任务，陈赓立即兴奋起来，"什么任务？"

"总部要我师配合国民党第一战区部队作战，阻止日军向洛阳、潼关运送部队和物资。你这个旅正在平汉、道清路的交叉口上，所以决定这个任务由你来担负。"

陈赓愉快地接受了任务。

8月6日，陈赓率部袭击了平汉路上的潞王坟车站。他在日记中记述了这次战斗情况：

"下午13时由鹿台山出发，黄昏到达杨间。了解情况后，决心：（1）以772团全部袭击潞王坟车站，并破坏其附近铁桥。（2）以771团1营附工兵1排破坏汲县附近之仁里屯铁桥。

"各部均约20时出发。我随772团前进。24时进至潞王坟，离车站尚有4里，即闻轰然之声，几如山崩地裂，发自汲县附近，知1营已在轰炸仁里屯铁桥。此时所得情况：'日寇约40名，机枪4挺、小炮2门，固守潞王坟车站，围以铁丝网两道，附近房屋可以为我们利用而接近的，均被焚毁。'部队摸索前进，我到达距车站约1华里的小高地上，即闻机枪声，继以手榴弹声，我第3营10连及12连已冲破两道铁丝网，接近敌人，占领车站矣。即令第2营及工兵连立刻破坏车站以西铁桥两座，第1营即位置我在之小高地，准备迎击可能由新乡来援之日军。此时轰轰之声3发，震动山岳，两座铁桥已在空中飞舞。我3营占领车站，敌冲入票房（敌驻地），敌一部由地洞逃脱，大部仍固守楼上，以手榴弹向楼下投掷，以致许多胜利品不能搬出。我10连2排长从容爬上房顶，将日旗夺下，然后放火焚烧。一时火光烛天，呻吟声不断从楼上发出，弹药爆炸声，胜似过新年。这是给侵略者的回答，让这班侵略者的'英雄'们领教领教咱们的厉害。

"天将拂晓，发出撤退号令。据检查，共获步枪约10支，日寇大部被焚毙，共炸毁铁桥两座，破路一段，百余公尺。"[6]

一连十几天，刘伯承和陈赓指挥部队破击平汉、道清两路，拆除铁轨，锯断电线杆，中断了敌人的运输。敌人派兵押着民工来抢修，第三八六旅又分散进行袭扰，敌人十分恼火，但又无可奈何。

徐海东、黄克诚率部南进阳城

晋南长治。

第一一五师第三四四旅在参加粉碎日军对晋东南地区的九路围攻之后，向南发展，来到了长治一带进行整训和扩兵。

长治原为国民党军驻守，后沦入敌手。八路军的到来，给长治人民带来了希望。广大青壮年积极报名参军。仅两个多月，第三四四旅就扩充兵员3000 多人，壮大了力量。同时，广大指战员刻苦进行以投弹、射击和刺杀为主要内容的军事训练，随时准备惩罚日军。

6 月 30 日，旅长徐海东、政委黄克诚接到师部命令：国民党守军准备反攻侯马，为配合友军作战，你部即日开赴阳城一带，寻机歼敌，打击由晋城开往侯马的援军。

接受任务后，徐海东、黄克诚亲率第六八七团（团长田守尧）、第六八八团（团长韦杰）和新兵营组成的一个加强支队，从长治出发，一路南进，经高平县向阳城进军。于 7 月 1 日夜到达阳城以北的町店地区。

町店是阳城县的一座小镇，南北是山，一条不算宽的公路在两山之间沿町店向东西延伸。敌人要通过这里，第三四四旅无论占据南北哪一个山头，都能居高临下，打它个人仰马翻。

部队宿营后，旅部接到师指挥所的一个通报：日军第一○八师团的一个联队，将从晋城出发，路过町店去侯马，预计最近几天便会到达。徐海东当即召开营以上干部会。他强调说，日本侵略军自恃装备优良，必然骄横麻痹。我们要利用这一点，把工事构筑在距大路 200 米甚至 100 米处，隐藏在敌人的鼻子底下，打它个措手不及。接着，他作了具体部署：第六八八团担任伏击任务，第六八七团待命增援。

7 月 6 日上午，第六八八团进入伏击阵地。第一营在东，负责切断日军退路，阻击东路援兵；第三营在西，在晋豫边游击队配合下切断敌西进道路；第二营在中间，担负正面伏击任务。

太阳当头，把人烤得火辣辣的。青纱帐里，指战员们伏在潮湿的泥土上，目不转睛地注视着前方。一些不知名的小虫子，不时地骚扰着大家，不是叮脸，就是咬脖子，又疼又痒。"啪！"不知是谁，用手把一只小虫子拍死，嘟哝道：

"娘的，我们打鬼子，你有意见？"

"不，"一个战士接上说，"它是提醒咱们不要睡觉，别把日军放走。"

两人的对话，逗得大家忍不住发出嗤嗤的笑声。顿时，大家情绪为之一振，注意力更加集中了。

上午约 10 点钟，负责正面观察的战士突然压低嗓门对第六八八团第二营营长冯志湘说："营长，你看，来了。"

冯志湘顺着手指的方向望去，敌人果然"大驾光临"了：50 辆汽车载着步兵，另骑兵一部，气势汹汹地从晋城方向开来。他们疏于防备，根本没有料到这里会有伏兵。因此当骑兵过后，汽车进入二营正面伏击路段时，他们竟停下来午休。有的钻到汽车底下睡大觉，有的坐在树荫下打盹，更有甚者，脱光了衣服跳到路边的河里洗起澡来。

是时候了。冯志湘把手枪一挥，令全营利用地形地物做掩护，迅速向敌人靠近。500 米，300 米，100 米，距离敌人越来越近了。

就在这时，在后边山头指挥位置上的徐海东一声令下，第六八七团第二营向尾部敌人开火了，枪声、喊杀声响成一片。第六八八团第二营的指战员也一跃而起，猛虎下山般地冲入敌群。稍远一点的用枪打，距离近的用刺刀捅，用梭镖扎。顿时，敌人一个个倒了下去。第五连第三排有个战士外号叫"傻大个"，平时不大说话，打起仗来也不吱声。他紧闭着嘴，瞪着眼，一梭镖捅死一个日本兵。有个日本兵从汽车底下钻出来，拼命到汽车上面去摸枪，"傻大个"赶上去，照他后背上就是一梭镖，这名日军"啊"的一声，倒在地下就再也不动弹了。那些在河里洗澡的日军，在枪声中一个个赤身裸体地往岸上爬。在前头的刚离开水面，就被刺刀捅死；后面的见势不妙，调过头来就往回游，但一阵枪声过后，大都葬身于河水之中。

日军开始反扑。第六八八团边打边撤，在町店北边的松树岭上进行阻击。

敌人调集步枪、机枪、小钢炮等所有武器，一齐向八路军阵地开火，顿时沙石横飞，迷得睁不开眼。第六八八团则利用山沟、田埂作掩护，狠狠地回击敌人。

第六连连长郭本银素有"神枪手"之称，100 米之内枪响靶落。此时，他隐蔽在一块大石头后面，不慌不忙，一下一下地扣动着扳机，随着 10 声枪响，10 个敌人应声倒下。日军急眼了，一个军官举着指挥刀，大喊着驱赶日本兵继续往上冲。

"好啊，不怕死的就来吧！"郭连长换上弹夹后又是一枪，敌军官挺了几下肚子，倒下了。日军士兵见自己的上司被打死了，便一股脑地退了下去。就这样，敌人冲上来，被打下去；再冲上来，又被打下去。一直到下午 7 点，敌人先后发动 6 次冲锋，始终没冲上第六八八团阵地。

就在这时，一队人马从第六八八团第二营的后侧飞速而来。冯志湘一看，原来是第六八七团第二营的，跑在最前头的是营长蔡家永。只见他肩扛一支崭新的三八式大盖枪，腰里还挂着一束无柄手榴弹，很显然，那是缴获的战利品。

"怎么样，老蔡，你那里打得不错吧！"

"不错，挺过瘾。"蔡营长抹了抹满是烟灰的脸，讲起了他们的战斗情况。

原来，尾部敌人在他们营的打击下，死伤严重，不得不向中间的敌人靠拢。"敌变我变"，蔡营长他们就赶到这儿来了。

"好！"听了他的介绍，冯志湘高兴地一拍大腿，"老蔡，咱就来个合作，共同收拾这些家伙。"

随即决定：蔡营长带他们营向右运动；第六八八团第二营第五连向左运

动；冯志湘带领一部分人员仍然负责正面反击。

部署就绪，单等敌人再来送死。

傍晚时分，夕阳西下。战场上的硝烟随风飘移，送来一阵阵刺鼻的火药味。"呼——咣——"，突然，一发炮弹在不远处落下，炸起的石块沙土呼啸着四处飞散。紧接着，一发发炮弹铺天盖地而来。

"娘的，有种就枪对枪、刀对刀地干，打炮算什么本事！"冯志湘他们真恨自己手里没有几门炮，不然也叫这些鬼子尝尝炮弹的滋味。

炮火一延伸，敌人又蜂拥而来。考虑到左右两侧都有部署好的部队，冯志湘故意把敌人放得更近一些。200 米，100 米，50 米，就在先头敌人距离不足 30 米时，冯志湘一声"打！"，一束束的手榴弹，雨点般地飞入敌阵。与此同时，两侧的部队也一齐开火，顿时，机枪声、步枪声、连同手榴弹的爆炸声，响成一片。敌人被打得血肉横飞，如同无头苍蝇一般四下乱窜。

就在冯志湘要下令反冲锋时，突然，一发炮弹呼啸而来，正好落在他的掩体内，特派员何传州当场牺牲，冯志湘也负了伤。望着何特派员那血肉模糊的身躯，冯志湘非常难过。他在回忆录中写道，何传州是非常好的同志，"平时，他总是默默无言的帮大家做各种事情，可牺牲前，连句遗言也没留下。大家牙齿咬得嘣嘣响，一颗颗预先打开保险盖的手榴弹，狠狠地向敌群砸去，随着'轰隆隆'的爆炸声，敌人又死伤一片"[7]。

日军的第 7 次冲锋又被打退了。

这时，徐海东旅长来到第六八八团第二营。他看到冯志湘负了伤，命令道："你受伤了，快，快下去休息。"徐海东一边说，一边朝两位战士招招手。尽管冯志湘想竭力坚持，但毕竟因伤势过重没有劲了，被两个战士架了下去。在徐海东的亲自指挥下，又打退了敌人第 8 次冲锋。

经数小时激战，共歼日军 500 余人，俘虏 4 人，缴获重机枪 8 挺，轻机枪 30 挺，步枪 900 余支，掷弹筒 100 余具，八二炮 15 门，六〇炮 18 门，战马 130 余匹，焚毁敌汽车 20 余辆，缴获其他军用物资一大批。敌遭打击后，行动迟缓，不敢长驱直入，第三四四旅圆满完成了任务，达到了迟滞敌人、策应友军的目的。

在路西纵队向冀西、豫北发展，第三四四旅向晋南发展的同时，晋冀豫军区所属 5 个军分区的基干支队积极行动，在敌占区和铁路沿线取得了多次战斗胜利，并扩大了根据地。

6 月，晋冀豫省委根据北方局指示及本区当前的有利形势，作出了关于建立巩固的晋冀豫边抗日根据地和广泛开展游击战争的决定。

从 7 月开始，一个以扩大民主、改善民生、改造政权为中心的群众运动便在全区开展起来。在一些工作基础较好的地区，实行了减租减息和交租交息政策，进行了肃清汉奸和改造政权的斗争，先后在冀西建立了 7 个县的抗日民主政权，在豫北建立了 3 个县的抗日民主政权，从而提高了人民的民主权利，并在一定程度上改善了群众生活。随之，在全区广大农民中形成了参加八路军、游击队、民兵和担负战勤的热潮。在短短的两个月中，各基干支队均由原来几百人发展到一千至两千人。至 9 月，晋冀豫军区所属基干武装已由几千人发展到近 2 万人，游击战争蓬蓬勃勃地开展起来了。

自 5 月至 10 月，晋冀豫边区的广大军民还先后对平汉、正太、道清等铁路进行了 10 余次的破击行动。在刘伯承、邓小平的统一号令下，第三八五、第三八六、第三四四旅等主力部队和各基干支队以及广大民众一起行动，袭击敌车站、据点和小股部队，毁坏路基、桥梁，拖走铁轨，烧毁枕木，砍倒电线杆，割取电话线，使敌交通运输陷于半瘫痪状态，有力地配合了国民党军在徐州和武汉地区作战，巩固了晋冀豫抗日根据地。

毛泽东目光投向大青山

绥远大青山。

毛泽东在把目光投向华北平原，投向河北山东的同时，并没有忽略平绥线上的塞外高原。

1938 年 5 月 14 日，他致电朱德、彭德怀和贺龙、萧克、关向应："在平绥路以北，沿大青山脉建立游击根据地，甚关重要。请你们迅即考虑此事。"**8**

大青山位于绥远 **9** 境内阴山山脉的中段，东西长 350 余公里，南北宽四五十公里，横亘内蒙古高原。平绥铁路 **10** 沿山南麓通过，沿线有集宁、归绥 **11**、包头等几大重镇。从战略上看，大青山地区是陕甘宁边区的北部门户，是华北通往大西北的咽喉，地位甚为重要。开辟这块根据地，既可以粉碎日军西进宁夏、甘肃，分割大西北的企图，又可以与晋西北、晋察冀部队相互配合作战，扼制日军对我陕甘宁边区的进攻，还可以沟通与苏、蒙的联系。因此，毛泽东很关心大青山地区的工作。

对大青山地区的重要性，贺龙、关向应也早已注意到了。早在 1937 年11 月间，在绥远工作的共产党员杨植霖曾专程到五寨面见贺、关，向他们报告绥远被敌人侵占后的情形。贺龙曾经详细询问过那一带的具体情况，并且提出：能不能把当地武装调到晋西北来整训，增加一些新成分后，再回去打游击。次年 4 月间，还将对大青山地区调查所得情况向毛泽东作过报告。

6 月 7 日，贺龙、萧克、关向应等，将调查情况电报中央军委和八路军总部。6 月 10 日，朱德、彭德怀转报毛泽东，并提出具体意见，说明这里的气候寒冷，建议组建骑兵团或调陕北骑兵团前往为宜。

6 月 11 日，毛泽东回电朱彭和贺萧关：

> 大青山脉的重要性如来电所述，该地应派何种部队、何人指挥及如何作法，由你们依据情况处理之。惟开始建立根据地时，敌人知其重要意义，必多方破坏，故部队须选精干者，领导人须政治军事皆能对付，且能机警耐苦，而有决心在该地创立根据地者。陕北骑团现控制河套蒙

古广大区域，在定盐以北五百里之杭锦旗一带配合蒙民抗御敌军南下，故不能调动。*12*

大青山支队夜穿平绥铁路

接到毛泽东的电报，朱德、彭德怀决定，去大青山的部队由第一二〇师派出，归贺、关指挥，并且根据毛泽东的有关指示，建议由第三五八旅政委李井泉率队前往，其他事项由贺、关、萧决定。

贺龙拥护毛泽东和总部的这个决定。红军改编前，李井泉曾任红二方面军第四师政治委员，在贺龙直接领导下工作，他对李井泉还是较为了解的。李井泉参加过南昌起义，当时是第二十五师的宣传员。起义失败后随部南下广东，参加三河坝战斗后，留在大埔、丰顺、梅县等地做共青团工作。1930年夏任中国工农红军第一方面军总司令部办公室秘书长，与毛泽东朝夕相处。后任红一方面军总司令部直属队党总支部书记，红第三十五军政治委员，赣南独立三师政治委员，红第二十一军政治委员，红三军团第四师政治部主任，参加了中央苏区历次反"围剿"。长征时任军委干部团政治教员、中央直属纵队没收委员会主任、中央直属纵队政治处主任，后留四川冕宁地区，率独立营执行开辟新根据地的任务。红一、四方面军会合后，任红九军政治协理员，军委总司令部侦察科科长。贺龙也觉得，这个同志做过军事工作，又做过政治工作，还独立执行过开辟新根据地的任务，派他去大青山工作，是个非常合适的人选。

贺龙、关向应、萧克立即决定：组织大青山支队，李井泉任司令员，第三五八旅参谋长姚喆任参谋长，第三五八旅第七一四团政委彭德大任政治部主任。支队主要武装是第三五八旅第七一五团和师直骑兵营一个连。第七一五团有3个营15个连，每连120人左右。团长王尚荣、政治委员朱辉照、参谋长李文清，都是南征北战的红军指挥员。排以上干部140余名，近半数是老红军，党员占三分之一，军事素质好，战斗力强。这是挺进大青山坚持和发展敌后游击战争的坚强骨干。

贺龙提议，"是不是请战动总会派出一支武装力量，同去大青山？"

关向应也表示同意，"为了创建根据地，战动总会也应进入大青山开展工作，建议战动总会派一部分干部随队前往"。

战动总会是经阎锡山同意成立的统一战线的半政权性质的组织，全称是"第二战区民族革命战争战地总动员委员会"，续范亭任主任委员。7月间，战动总会晋察绥边区工作委员会在岢岚县组成，由武新宇任主任。战动总会很快确定：由武新宇带领六七十名干部随军北上，主要是进行发动和组织群众抗日的工作；战动总会所属的抗日游击第四支队亦随队前往。第四支队约300人，其成员多为原太原市成成中学的学生，很有生气，由成中原校长、共产党员刘塘如任支队长，在军事上受大青山支队指挥。

这样，大青山支队随即组成，全支队共2300余人。

1938年7月29日，在李井泉、姚喆指挥下，支队开始向大青山挺进。

出发前，李井泉司令员和姚喆参谋长把干部们召集起来，通报了大青山地区的敌情和社情，让大家有应付艰难复杂局面的足够思想准备。

当时的大青山地区，敌情和社情都相当复杂。敌情方面，日军第二十六师团，除常驻张家口的1600余人外，大部分沿平绥路驻扎在大同、集宁、归绥、包头及其附近的城镇和火车站。由日军扶植起来的伪蒙古军2万余人，大部分也驻守在大青山地区。日军对大青山地区的统治非常严密，在伪蒙军内设有"顾问"和"指导官"，直接指挥其行动；在伪"蒙疆政府"内设置了日本"参事"、"顾问"、"次长"等，掌握着军事、经济、政治、人事等各项实权。还通过办学校、训练班等方式，实行以"亲日防共"为基本内容的奴化教育。社情方面，在国民党绥远驻军傅作义的第三十五军、董其武的第二一八旅奉命撤到山西后，目前有一支"绥远民众抗日自卫军"，它是由绥远地方势力将各县保安队和土匪流氓拼凑起来的，共 10 路近万人马，主力驻在大青山。这支部队虽然挂着"抗日"的牌子，并属国民党中央及绥远当局管辖，但根本不敢和日军交锋，相反却经常骚扰百姓，使群众大失所望。此外，大批土匪流窜山中，无恶不作，使大青山地区人民群众的生活苦不堪言。在政治上，"恐日病"和"亡国论"蔓延于各界，群众对国家前途十分忧虑。

尽管支队对面临的困难有足够的思想准备，但还是没有料到第一次北上会受阻。

7 月 29 日，王尚荣亲率第七一五团第三营由晋西北出发，率先从杀虎口越过长城，进到绥远省凉城县的厂汉营。8 月 2 日，战动总会和四支队也从晋西北相继北上，到了右玉、平鲁县一带。八路军的北上行动使日军恐慌万状，急调 5000 余兵力，分 7 路扑来，企图消灭八路军于长城脚下。为保存实力，避开与早有准备的众敌正面交锋，同时为了迷惑敌人，支队决定分路突围转移。各部队突出敌人的包围圈后，转移到了偏关县贾堡一带。第一次北上行动受阻。

一周之后，部队稍事休整，第二次北上。为了隐蔽，部队白天休息，夜间行军。沿途克服山岳、河流等种种困难，经杀虎口越过长城，跨入凉城县境，再次到达厂汉营集结。先头部队第七一五团第三营在营长陈刚的率领下，直捣岱海滩以南天城村敌据点，出其不意地消灭了据点内的大部分敌人，吸引了敌人的视线。大部队则乘机分路从岱海滩直抵蛮汗山中心地带的太平寨，为继续北上开辟了一个落脚点，取得了进军大青山的第一个胜利。

到太平寨后，经支队研究决定，由姚喆参谋长带第七一五团第一营留在蛮汗山发动群众，宣传抗日，并负责与雁北联系，准备接运冬装；由李井泉、武新宇、王尚荣率大青山支队、战动总会和四支队继续北上大青山腹地。

经过对敌情、地形和路线的周密侦察，李井泉决定在 8 月 31 日夜间从旗下营车站和三道营车站之间穿越平绥铁路北上。

行动之前，李井泉再次作了动员和部署。他说："同志们，我们战胜重重困难，两次北上，好不容易才前进到这里。前面就是平绥铁路了，这是我们支队挺进大青山的最后一关。我们一定要冲过去，前进到大青山，实现党中央和毛主席的战略意图。"

李井泉离开桌子，指着墙上的军用地图，"平绥铁路是绥远的大动脉，是日军在绥远进退和掠夺供应物资的生命线，在沿线各站都布防严密。既有日军督察，又有伪军把守。支队要求，各部队要行动敏捷，人和驮骡马匹均不得发出声响"。

他的目光快速地从王尚荣他们面前扫过，又侧过脸望着武新宇、刘塘如这些战动总会的干部，关照道，"部队在铁路两侧均设有警戒哨，还派有干部专门指挥督促。各部队行动一定要快，务必保持肃静"。

这天夜里，下着蒙蒙细雨，战士们静悄悄地快速行进，奇怪的是骡马也没叫一声，敌人在雨夜也没有出动。天亮以前，全部人马安全顺利地通过了平绥铁路，于9月1日到达预定地点大滩和甘沟子，并在9月下旬，在归绥城东40公里处的面铺窑子，与杨植霖领导的蒙汉抗日游击队胜利会师。

在支队主力向大青山腹地开进的同时，留在蛮汗山地区活动的八路军一部使日军惶恐不安，忙从归绥、凉城等地调集日伪军数千人，围攻蛮汗山地区。第一营在姚喆和营长傅传作的指挥下，以灵活的战术与敌人周旋，并在崞县窑子与敌人交火，激战半天后，迅速向南转移。敌人向南紧追，第一营退回平鲁县境内，甩掉了敌人的追击。

第一营安全撤回平鲁时，大青山支队政治部主任彭德大带领着100多头毛驴的运输队，驮着1400多件皮大衣到了平鲁。于是，第一营又担负起运输任务。全营战士背着沉重的皮大衣迅速向大青山进发。在警备第六团的掩护下，第一营于10月初越过平绥铁路抵达速勒图一带，与第七一五团参谋长李文清率领接应的部队会合。至此，大青山支队全部到达大青山腹地的绥中地区。

陶林、乌兰花、蜈蚣坝之战

为了迅速打开局面，李井泉决定尽快打几个胜仗，杀杀敌人的嚣张气焰，扫除群众心头的阴云，并确定首先攻打陶林县城。

陶林城[13]是个有千余户居民的大集镇，有各种商号50多家，是集宁以北最大的贸易集散地，也是日军在绥中的政治、军事指挥中心。城内驻扎日军1个中队，伪军3个中队，共约500余人。

9月3日，李井泉亲率第七一五团第二、第三营从大滩出发，傍晚到达陶林城西南5公里处的山地隐蔽，深夜开始攻城。第三营第十连在营长陈刚的带领下首破北门，攻入县城。很快，西门也被攻破。在猛烈攻击下，伪军被消灭一部，其余四散逃命，日军凭借坚固的工事顽抗。这时，驻集宁之敌闻讯乘汽车前来增援，为避免腹背受敌，李井泉下令撤出战斗。这一仗虽未全歼敌人，但却大大振奋了民心，"八路军来打日本鬼子啦!"这一消息迅速传遍阴山南北。

9月10日，李井泉又率部奔袭了乌兰花镇。乌兰花位于陶林县城西北50公里，驻有伪蒙军1个加强连，全部日式武器装备，还驻扎着四子王旗保安队，共180余人。攻击部队天黑前到达乌兰花镇，并很快把镇子包围。深夜，采取突袭手段，一举冲入镇内，将伪蒙军和四子王旗保安队全部俘虏，缴获机枪9挺，长短枪80余支和战马100多匹。支队进驻乌兰花镇后，严格遵守"三大纪律、八项注意"，在凛冽的寒风中露宿街头，广泛宣传党的抗日救国十大纲领和民族政策，并全部释放被俘的伪蒙军官兵，从而得到当地各阶层人民的热烈拥护，共产党八路军的政治影响迅速扩大。

陶林和乌兰花之战，使日军极为惊慌，急忙向武川、陶林、乌兰花、百灵庙等地增调兵力，以图加强大青山北麓的布防。大青山支队得知敌人意图后，决定利用归（绥）武（川）公路之间蜈蚣坝一带的险峻地形，打一场伏击战。

蜈蚣坝为蒙古语的音译，即敖根达巴，意为圣岭，与爬虫蜈蚣并不相干。它在归绥以北 17 公里处，是大青山脊的顶端。归武公路从这里穿过，公路两侧是悬崖峭壁，地势十分险要。敌人在这里驻有一个伪警察小分队。

9 月下旬的一天，第二营营长唐金龙率队乘夜包围了蜈蚣坝附近的伪警察小分队，迫使小分队队长给归绥日军打电话，报告有八路军活动，请求派队搜剿。而后，第二营将公路上的一座桥梁破坏，又加以伪装，部队设伏在蜈蚣坝周围。次日凌晨，敌人果然派出满载日军的 4 辆汽车，爬上蜈蚣坝来。第一辆汽车刚开上被破坏伪装的桥梁，便一头栽了下去。后面 3 辆车顿时拥挤在狭窄的公路上。这时，埋伏在公路两侧的部队居高临下，向敌人猛烈开火，很快将大部敌人击毙。残敌纷纷钻到车底下或石头后面顽抗。在嘹亮的冲锋号声中，指战员向敌人猛扑过去，一阵白刃格斗，将敌全歼。战斗仅进行了 25 分钟，共消灭日军 80 多人，其中少佐军官 1 人；缴获机枪 9 挺、掷弹筒 5 具和一批枪支弹药。

蜈蚣坝伏击战打得干净利落，日寇胆寒，人民吐气，八路军在大青山地区声威大振。

李井泉三路分兵，游击根据地初建成

9 月下旬，李井泉在武川县井儿沟主持召开了党政军干部会议。

他首先对前一段的工作做了总结，接着便说，"经过同志们的艰苦努力，我们已经在大青山站立住了脚跟，实现了第一步目标。师首长对我们的成绩是满意的。下一步，我们要进一步扩大游击根据地"。

他清了清嗓子，继续说道："同志们也都看到了，大青山这个地方，人烟稀少，村庄稀稀落落，一般只有三五户人家，上了十几户人家的村庄，就算是大村了。我们老待在一个地区，筹款、扩军都很困难。再者，我们也不能割断与晋西北老根据地的联系。所以，我和几位负责同志商量了一下，准备今后划分三个地区行动，除绥中以外，再向西、向南活动，开辟绥西和绥南。"

大家议论了一阵，都同意李井泉的这个意见。最后商定：由姚喆、武新宇、朱辉照、唐金龙带领大青山支队第一、第二营的三个连、骑兵连、第四支队第三、第四连和战动总会部分工作人员，以大滩为中心，坚持和发展绥中的游击战争；第一营副营长邹凤山带第一营第三连和第四支队第一连及战动总会部分工作人员回师蛮汗山，开辟绥南游击区；李井泉、彭德大、王尚荣、杨植霖、李维中、陈刚、宁德青等人，率领第三营和第二营第五连、第四支队第二连、绥蒙游击队（蒙汉游击队改编）及战动总会部分工作人员，挺进绥西，开辟绥西游击区。

会后，各部队便整装出发。

西进部队从井儿沟直达武川、萨拉齐、固阳三县交界处的官地一带。这里地理位置较好，南面出沟可直入土默川平原，西经山地能抵包头，北可进入达尔罕旗大草原，东南有大青山主峰——九峰山。敌人得知八路军主力西进后，便从包头、固阳等地抽调37辆汽车，满载日军向官地一带扑来。李井泉率部沉着应战，一举歼敌200余人，挺进绥西首战告捷。

接着王尚荣率队在一个雨夜奔袭了归绥、包头之间的陶思浩火车站，消灭日伪军几十名，还活捉了伪镇长。经过宣传教育，伪镇长表示愿意弃暗投明，并将聚敛的银圆数千元、伪钞数万元交给八路军。

不久，王尚荣带第三营又乘雨夜奔袭了离包头东北45公里处的石拐镇。驻该镇的是伪蒙军第四师一个团。第三营仅用半小时就歼敌近100人，缴获长短枪300余支，子弹数万发，战马200余匹，缴获电台1部，还将伪团长抓获。这个伪团长原系张学良部的一个连长，经宣传教育，他痛哭流涕，申明愿意弃恶从善。为团结抗日，八路军将俘虏的伪军全部释放，并将缴获的武器和一部分战马发还他们。对此，伪军官兵感激万分，纷纷表示以后要支持八路军抗日。

西进部队三战三捷，在绥西打开了局面。广大群众惊喜不已，日寇惶恐不安，伪军心惊胆战。正在绥西活动的国民党"绥远民众抗日自卫军"第八路也积极与八路军接近。为开展统一战线工作，李井泉顺水推舟，派干部到"自卫军"里进行政治工作，教唱抗日歌曲，宣传八路军的抗日主张，启发"自卫军"官兵的抗日热情。这里的"自卫军"人称"双枪军"，大部分人一支步枪，一杆大烟枪。吸烟吸得精神不振，意志消沉，根本谈不上抗日。对此，李井泉派人帮助他们举办了两期戒烟班，效果良好。

重返蛮汗山的部队，在第一营副营长邹凤山带领下，在太平寨西北的碾房窑子一带开展群众工作，扩大队伍。他们将部队的一部分划分为三五人一组的工作组，与动委会工作人员一起，分别深入山区村庄宣传抗日政策，发动群众扩大队伍。并根据群众的要求和意愿，对扰害蛮汗山区的几股土匪进行了坚决的打击，夺回了被土匪抢去的牛羊马匹和财物，归还原主，解救了许多被土匪抢走的妇女，得到了群众的极大信任和拥护。

在三个多月的时间里，大青山支队在战动总会和四支队的协同配合下，横扫阴山几百里，在铁路以南建立了以蛮汗山为中心的绥南游击区；在铁路以北，归武公路以东，以大滩一带为中心建立了绥中游击区；在归武公路以西，从归绥到包头西接河套地区建立了绥西游击区。同时，建立了绥蒙总动员委员会，并在三个游击区内分别设立办事处，下属各县也成立了动员委员会，以代行政权职能。这样，大青山抗日游击根据地基本形成。

当然，由于绥远重要的战略位置，敌防范甚严，再加上特殊的民族关系和民族矛盾，大青山抗日根据地有其独特性，必须有长期坚持和发展的思想。而且，在游击战争中如何处理各种关系，也需要有更为实际的政策和更高的要求。1938 年 11 月 24 日，毛泽东等中央领导致电李井泉，进行了具体的指导。

电报中说，"大青山北靠外蒙，敌正重视，察热游击战争尚未开展，又形孤立，欲在那里建立冀察晋型的根据地，在今天则不可能，但坚持长期游击战争，建立游击根据地，完全可能，而且是中心任务。"所以，那里的一切政策，如组织伪军反正、争取和改造自发抗日武装、统一战线工作等等，都应以长期游击战争性质为出发点。"组织伪军反正应避免过早不必要的零散爆发"，"对大股土匪或半土匪性质的自发抗日武装，应采取上层联络与影响推动和帮助它进步，勿造成对立以增加我们游击队和地方工作的困难"，对"自卫军"亦应考虑到它与傅作义的关系，主要是上层联络以及帮助它进步，不采取分化瓦解的方针。总之，"绥远问题，须处处照顾到与傅作义的统一战线，对绥远当地上层统一战线与对伪政权等策略，应不违背长期游击战争这一特点"。

毛泽东又指出，大青山支队"另一基本任务是：团结蒙汉人民联合抗日，以我们正确的少数民族政策来改变中国过去传统的错误政策，我们做成模范来推动影响国民党"。要"估计蒙民的民族意识，蒙民对王公的信仰"，"尊重蒙民风俗习惯、宗教并发扬其文化，勿侵犯蒙民利益，特别是收买马匹。必须切实教育部队"。要注意"吸收蒙人中知识分子，培养蒙民干部，做蒙民工作"等等。**14**

这些重要指示，对长期坚持大青山游击战争，起了重要的指导作用。

1938 年冬的大青山格外寒冷。就在这时，敌人调集日伪军六七千人，以黑石旅团长为总指挥，分别从大同、集宁、归绥、包头一线出动，兵分三路，向绥南、绥中、绥西游击区发动冬季大"扫荡"，妄图摧毁刚刚开辟的大青山抗日游击根据地。

为粉碎日军"扫荡"，大青山根据地利用山区的有利地形，运用灵活机动的战术，与敌人展开周旋，伺机歼敌。一星期后，敌人被拖得疲惫不堪，其小股部队不断遭我袭击，损失惨重，不得不结束"扫荡"。

这次反"扫荡"，共打死打伤日军 400 多人，伪军 300 多人，缴获机枪 12 挺，长短枪 260 支，子弹数万发，战马数十匹，军需物资 80 多驮。

这一连串的胜利，震动了整个塞北。绥远各族群众精神大振。抗日气氛空前高涨。尤其是八路军打日本、打土匪，秋毫无犯，切实保护了他们的利

益，使他们深受感动。一些群众还编唱了绥远小调，来歌颂他们从没有见过
的好队伍：

> 八月里来秋风凉，
>
> 李支队来到大青山，
>
> 打敌人，剿土匪，
>
> 百姓回家呼救星！
>
> 唉嗨……
>
> 游击根据地创造成。

注　释

1. 《毛泽东军事文集》第二卷，军事科学出版社、中央文献出版社 1993 年版，第 227 页。

2. 《毛泽东军事文集》第二卷，军事科学出版社、中央文献出版社 1993 年版，第 355 页。

3. 《陈赓日记》，人民出版社 2013 年版，第 104 页。

4. 道口至清化的一段铁路。道口，即今河南滑县。清化，即河南博爱县。

5. 《陈赓日记》，人民出版社 2013 年版，第 126—127、127 页。

6. 《陈赓日记》，人民出版社 2013 年版，第 144—145 页。

7. 中国人民解放军历史资料丛书编审委员会：《八路军·回忆史料》(1)，解放军出版社 1990 年版，第 387 页。

8. 中国人民解放军历史资料丛书编审委员会：《八路军·文献》，解放军出版社 1994 年版，第 186 页。

9. 旧省名，辖今内蒙古自治区中部地区，1954 年撤销。

10. 北平（北京）至绥远包头的铁路，即今京包线。

11. 今呼和浩特市。

12. 《毛泽东军事文集》第二卷，军事科学出版社、中央文献出版社 1993 年版，第 353 页。

13. 今科布尔镇。

14. 《毛泽东军事文集》第二卷，军事科学出版社、中央文献出版社 1993 年版，第 436、437 页。

第 二 十 章

风雨五台

王震旅转兵恒山地区——晋察冀边区战云密布——牛道岭击毙清水大佐，攻五台日军抬棺进城——聂荣臻给杨成武下死命令：三天内不许一个鬼子进阜平——邵家庄伏击战——夜战滑石片——晋察冀边区建成了模范抗日根据地

王震旅转兵恒山地区

1938 年 5 月 20 日，晋西北崞县上阳武，第三五九旅旅部。

正率部在同蒲路北段开展破路、袭敌活动的王震，接到八路军总部指示：第三五九旅前去位于恒山山脉的应县、浑源、广灵、蔚县等地，协同晋察冀军区第一军分区部队，执行向北扩展根据地的任务。

王震立即召集营以上干部会议。

在岚县的第一二〇师师长贺龙也星夜赶来，进行思想动员。

贺龙说，开辟桑干河两岸的雁北、察南地区，不仅对巩固和扩大晋察冀根据地意义重大，而且直接威胁热河、察哈尔，增加日本鬼子的后顾之忧，对正面战场的作战，也起极大的配合作用。这是你们的光荣任务，一定要全力完成。他简要总结了收复七城战役的经验教训，表扬了第三五九旅的英勇顽强，也批评了他们在收复七城中干部和战士伤亡过多的现象。他说："你们一定要注意，战斗中要注意保护干部，保存有生力量。我们八路军打仗要打得活，打得巧，不能硬拼嘛！"

王震告别贺龙，率领第七一七、第七一八团从崞县上阳武地区出发，通过太和岭口与代县间的雁门关公路，开往桑干河流域，于6月5日到达繁峙。

当时，这一带情况十分复杂，日、伪、顽、匪各种势力犬牙交错，土匪、伪军活动异常猖獗。王震率部到达这里后，在同日军作战的同时，详细分析了各股匪伪势力的情况，决定对盘踞在应县下社镇的乔日成匪徒开刀。乔日成是雁北地区一大恶霸，有3000多匪众。他们作恶多端，民愤极大，投靠日军后，被编为保安总队。6月上旬，第七一八团从繁峙北上，急行军直奔下社，配合第七一九团进攻乔部。部队刚一逼近下社，乔匪就慌忙龟缩城内顽抗。八路军连续发起攻击，给予其很大杀伤。乔匪惧怕被歼，遗弃物资、马匹逃走。这一仗虽然没有全歼乔匪，但对其他匪伪震动很大，从此不敢轻举妄动。

下社镇战斗结束后，王震率部进至浑源、灵丘、广灵、蔚县、涞源地区，先后恢复了该地抗日政权，并以一部深入到桑干河以北的阳高地区，先后袭击了大同东南的友宰堡及后子口，歼灭日伪军300余人，还连续袭击了平绥铁路之聚乐堡、罗文皂、永嘉堡等车站。

从6月初到7月中旬，第三五九旅挺进恒山地区一个多月，在数十次连续频繁的战斗中，共歼敌伪2000人左右，给了雁北、察南地区的敌伪军以沉重的打击。同时，基本消灭了桑干河南岸的土匪武装，摧毁了所到之处的傀儡政权，以浑源、广灵、灵丘、涞源为中心的察南抗日根据地得到了巩固和发展。

晋察冀边区战云密布

为进一步牵制敌人，配合友军保卫武汉，在纪念"七七"全民族抗战一周年之际，晋察冀军区部队和第一二〇师第三五九旅又分别向平

汉 **1**、平绥 **2**、正太 **3** 等铁路沿线城镇出击。

早在6月20日，根据总部关于纪念抗战一周年，向敌进攻与示威的命令，聂荣臻即发布了《电令军区各部向敌进攻的部署》。部署规定：第一、第二军分区在第一二〇师第三五九旅配合下破击平绥路，以第五支队逼近北平，袭击平西；第三军分区与冀中部队配合向保定之敌进攻；以第四军分区为主破袭正太路。按照部署，晋察冀军区各部于7月6日深夜至8日，采取了协调一致的突然袭击行动。

7月7日、8日两天，军区司令部作战室电话铃声不断，捷报频传。

第一、第二军分区报告：7日凌晨3时，第五支队按计划突然袭击了北平西北郊的石景山发电厂，用手榴弹和炸药炸毁了其两座大锅炉和一个火车头，使北平城内断电，一片漆黑，日军紧闭四门不敢出战，直到天亮才派兵出城；一部袭击香山附近敌军，我军与之激战，歼敌不少；一部在广灵、西合营、暖泉一线与敌激战，击毁汽车10余辆，缴获极多。

平汉线方面，八路军袭击易县县城并占领大部，两天后方退至城外，破坏了附近的铁路线。另一路袭击保定，将南、北两关占领。保定至定县间的一段铁路被拆毁，敌军车一列出轨，车头被炸毁。徐水、满城也遭到八路军袭击，90多名伪军连同他们的大队长，一齐被俘。

正太线方面，八路军一部曾袭占平山县城北门。一部在正定附近诱敌出城，予以伏击，敌惨败而归。八路军一部还攻入新乐及长寿车站。

来自四面八方的捷报，使聂荣臻感到振奋。军区参谋长唐延杰向他报告，这次出击，共歼敌1400多人，俘伪军130多人，缴获各种枪300余支（挺），还有大量的军需物品。聂荣臻高兴地说，看来这次我们取得了预定的结果。

八路军频频出击，不断扩大其根据地，使日军感到极大的威胁。北平敌伪《正报》在一篇通讯中写道：

数月来中国共产匪军，即所谓朱德麾下之第八路军，乘日军大举围攻武汉之际，肆意猖獗于晋北、察南[4]、冀东诸地……惟查彼等匪军之总巢穴，乃在山西省北部高峰之五台山附近，上述各地皆属支蔓。不图近日益居心不逞，意图扰乱内长城线，威胁京师，日军坐视不忍，遂决心分兵围剿，开始犁庭扫穴工作。

1938年9月，日本华北方面军司令官杉山元，根据大本营"中攻武汉，南取广州，北围五台"的作战计划，调集3个师团、3个旅团等共5万兵力，从9月20日起，兵分25路，从四面八方开始向五台山区发动进攻。敌人此次出动的部队，几乎是清一色的日军，进攻的目标是晋察冀边区党、政、军领导机关驻地和八路军控制的县城，其作战方针是分进合击，逐步推进，步步为营，企图东西对进，南北夹击，一举歼灭八路军主力和领导机关于五台、阜平之间地区。

晋察冀边区一时战云密布。

此时，边区军民已经有了近一年反围攻的锻炼，对于粉碎敌人新的围攻充满信心，并立即投入了各方面的认真准备。政治上，广泛深入地进行政治思想动员，讲明反围攻的有利和不利条件，以坚定军民反围攻斗争的胜利信心和防止轻敌麻痹思想；经济上，组织教育群众迅速收藏秋粮，实行彻底的"空舍清野"，不留可供敌人利用的资材，使敌难于立足；军事上，组织群众拆除可能为敌人利用的城墙围寨，破坏便于敌军机动的道路，做好战场准备。聂荣臻等军区领导还分析了敌人这次围攻的特点，明确了各部队应采取的作战原则：首先使用小部队不断袭扰敌人，以消耗和疲惫敌人，相机选择有利战机，集中兵力歼灭敌一股或一部；在敌人兵力占优势、我军不可能阻止其前进的情况下，以灵活的游击战与敌周旋，我军主力则转入外线实行机动；对深入与据守边区内地的敌人，要连续猛烈袭扰，开展交通破袭战，打击它的运输补给，配合彻底的坚壁清野，以围困的办法逼退敌人；待敌人疲愈已极被迫撤退时，我军集中兵力，抓住敌撤退途中的有利战机，歼灭其一股或一部；等等。

牛道岭击毙清水大佐，攻五台日军抬棺进城

五台，是日军进攻的重点之一。

9 月 20 日，日军独立第四混成旅团联队长清水大佐率部从正太铁路以北之盂县出发，渡过滹沱河，在飞机掩护下进攻五台东南的柏兰镇。当时，聂荣臻和军区领导机关正在耿镇、石嘴附近的一条山沟里。第二分区部队和军区学兵营负责掩护军区机关撤退。他们事先占据了有利地形，给敌以顽强阻击。

9 月 29 日晨，参谋长唐延杰指挥部队在牛道岭袭击了敌人。据一位老参谋回忆："我们事先知道日军从牛道岭的山上下来，在山下的下耿家庄镇过夜。参谋长让部队避开敌人，在夜间悄悄地上山占据有利地形。9 月 29 日清晨，敌人正在集结准备出发，参谋长下令主动袭击敌人，他亲自带一个警卫连冲下去，敌人猝不及防，一下子被击毙了不少人。当时并不知道清水大队长（联队长——编者注）也被打死了。这一仗打得好，但是时机不对，不应该主动进攻敌人，而应该避敌锐气，与敌周旋。结果，敌人武士道精神十足，立即组织反扑，攻上山来，掷弹筒、机关枪全干上了，我们遭到了不小的损失，伤亡了几十个学兵营的干部，参谋长也负了伤。"**5**

聂荣臻一听牺牲了这么多宝贵的干部，一反常态地变得急躁起来，对着正打电话汇报情况的唐延杰喊道："你——伤口疼不疼？"

"疼！"

"疼！我还要找你算账呢！"聂荣臻很少发脾气，这是少见的一次。

当扎着绷带的参谋长出现在聂荣臻的面前时，这位平素儒雅温和的将军

背着手，低着头，闷不出声地快步走来走去，房间里的空气陡然凝固了，参谋人员和警卫人员都躲到屋外。

聂荣臻走着走着，突然在唐延杰面前停住，猛地抬起头说：

"我就这么点宝贝干部，一下子叫你给损失了不少！战机掌握得不对不说，你一个军区参谋长，高级指挥员，不是连排干部，随便离开指挥位置，带人冲杀，只图一时痛快！你要是战死了，敌人轻易地搞掉我们一个高级干部，我怎么向中央和总部交代？怎么对得起你老兄？嗯？"

发过火之后，聂荣臻重归平静。他也知道，唐延杰完成掩护任务心切，主动袭敌的出发点是好的。

牛道岭战斗，共歼灭清水联队长以下400余人。击毙清水联队长之事，聂荣臻也是20天后从敌人的报纸上得知的。那天的日本《福冈日日新闻报》上，发了日本同盟社的一条电讯：

"山西肃清战中著有赫赫武勋的清水大佐战死……而在这些将校的死亡之外，其兵士死伤的人数，更不在少数。"那张报上还刊登了日军抬着装有清水尸体的棺材进五台县城的照片。

聂荣臻后来回忆说："这次围攻开始时，清水嚣张得很，一再扬言要占领五台。结果，刚到牛道岭，就丧了命。具有讽刺意味的是，这个发誓要攻占五台的家伙，被装进棺材，由他的部下抬着进入了五台城。敌人的画报还刊登了一幅'抬尸进五台'的照片，真是自己嘲笑自己！"**❻**

然而，5万多敌军压境，并陆续侵占了边区重要城镇，情况是空前严重的。中共晋察冀分局发出号召，要求全边区人民紧急动员起来，配合部队作战，将日军赶出边区。9月30日，聂荣臻在一天之内连续向总部和中央发出两份电文，如实反映了困难的局面与要求："我已无绝对把握击溃敌人一面，如勉强行之，将造成更不利之势，而以三万之众束缚于大荒山地，无食无住，且不能周旋。""五台很有可能失守，请速令一二九师及一二〇师给我配合，若五台失守仍须积极配合我作战，否则我将处于最不利之地位。"[7]

党中央和八路军总部领导人以焦急的心情，密切关注着晋察冀的反围攻斗争。10月2日，毛泽东、朱德、彭德怀等致电聂荣臻："估计华北游击战的普遍发展，全国抗战配合，目前敌仍不能集中绝对优势兵力进行周密的围攻计划。因此，应以各方动员起来争取战胜敌之围攻，但五台、阜平、灵丘、涞源及某些大乡镇一时期有被敌占去的可能。"根据敌人的进攻特点，应"相当地集中主力于我有利的各种条件（敌人弱、地形有利）方面，准备待机"；"以小部队与敌进行极不规则的小战，迟阻和疲惫敌人，以相当有力部队转入敌之后方交通线，打击敌之运输"；"如敌无弱可乘，不便我主力集中打击或消灭敌时，待敌人进至利害循环变换线，即将主力转至敌后方，仍以小部队分途逐渐引敌深入，使敌疲惫疏忽扑空，待敌转移方向或退却时，给敌以突然的袭击或追击"。[8]在这份电报中，总部还令第一二九师破坏正太路，积极尾击由正太路北进之敌；令第一二〇师采取有力措施配合晋察冀军区作战。

这份电报来得很及时，对这次反围攻作战的胜利起了重要的指导作用。

聂荣臻给杨成武下死命令：三天内不许一个鬼子进阜平

阜平作为晋察冀边区的首府，自然是敌人围攻的重中之重。

反围攻开始前，聂荣臻即将第一、第三军分区主力及冀中独立旅一部，布防于王快镇至阜平城之间的东、西庄一带，意在敌进攻时，沿线袭击、疲惫之，并寻机歼敌。

10月2日，由平汉路之定县、望都、保定等地出动之敌约六七千人，在占领曲阳、唐县、完县之后继续西进，其先头部队已进抵王快镇，并进窥阜平。

此时，边区党政机关正在撤离阜平城，向龙泉关东北山沟转移。城内及城周围各村民实行坚壁清野后，也分别向各山村疏散。第一军分区司令员杨成武负责统一组织指挥阜平以东的战斗。他把部队作了部署后，用电话报告给聂荣臻。

"杨成武，给你一个原则：三天以内不许一个鬼子进阜平。"电话里传来聂荣臻严厉的声音。

"一定完成任务。"

聂荣臻又叮嘱说："要知道，阜平县是我们晋察冀的军事、政治中心之一，不能轻易丢给敌人，你们可在阜平以东消灭它几百，能全歼就全歼，能将其大部消灭就大部消灭，要给敌人以迎头痛击。这对我们来说，不仅可以鼓舞士气，而且有利于我们的下一步行动。"

交代完杨成武，聂荣臻又给一分区的第三团团长纪亭榭打电话：

"纪亭榭！我告诉你，几十万边区票子还没运出去，你一定要顶住！我给你下个死命令：你一定要做到人在阵地在。听清了吗？"

纪亭榭义无反顾："好！我和我们三团全体人员一定按司令员命令，做到人在阵地在！"

10月3日，日军100多人向阜平以东的东、西庄进行试探性进攻。他们吸取以往孤军深入、横冲直撞的教训，这次并不急于前进，而是行动谨慎，步步为营，每推进三五公里，便停下来筑工事、修据点，以一部兵力展开前进，其余主力则采取阶梯队形跟进。因此，当这股敌人遭三团一部兵力打击后，便急忙撤回，龟缩进了王快据点。

第二天，太阳刚露头，日军派出1000多名骑兵，在大炮、飞机和坦克的掩护下，向阜平进攻。上午9点左右，日军的先头部队约200人到了西庄。一团团长陈正湘提醒担任正面阻击的第二营营长宋玉琳，一定要将敌放近些再打。就在敌将要接近第二营前沿阵地的河滩时，宋玉琳猛喝一声"打！"，枪声顿时响彻山谷。

敌人清醒过来后，即以密集的火力向一团阵地压来。重机枪"哒哒哒"狂扫不止，炮弹落在阵地上，一个个烟柱冲天而起，被掀起的沙土碎石飞溅空中，随后又唰啦啦倾泻下来。阵地上的果树有的顷刻间被炸断，有的被连根拔起抛向空中，又倒栽下来。

炮火一停，日军端着刺刀扑了上来。指战员们先是以一阵子弹、手榴弹猛揍，把敌人压了下去，接着便发起反冲击，呐喊着冲入敌群，一瞬间就进入了白刃战。东、西庄一带的公路上、田地里、草丛中，到处是刺刀击撞声和日军的惨叫声。战士们和敌人滚在一起肉搏，不时从崖头滚下沟谷，从野地滚入河滩……敌人被冲垮了。

第一团和第三团占据着有利地形，接连打退了敌人的三次冲锋。敌人正面硬攻不行，两侧迂回又不能奏效，便纠集起更多的兵力，并用上了毒辣的手段——施放毒气弹！

在三团阵地上，团长纪亭榭打得火冒三丈，由于通往各营的电话线被打断，他抓起香烟盒，写下给各营长的命令后，把那张香烟纸交给袁升平政委，说："政委，这里你指挥吧，我冲下去了！"

袁升平刚要阻拦，纪亭榭和副团长邱蔚已率战士们冲出山头阵地，一路呐喊着，扫射着，朝敌群扑去。

杨成武从望远镜中看见第三团指挥所冲出去一伙人，急忙打电话问："那是谁？"

袁升平报告说："是纪亭榭同志。"

"你叫他回来！"杨成武有些生气。战前就交代过他，必须牢牢地守在指挥位置上，不许横冲直撞。他却说，"了不起牺牲呗"，还说让敌人用几百条命来换他这个脑袋。真是乱弹琴！

袁升平命令身边的人喊话、打旗语，可是纪亭榭连头都不回。

这时，敌人开始连连发射毒气弹。灰黄的烟雾笼罩了山头，辛辣的气味呛得指战员头晕、咳嗽、呕吐、四肢无力，好些人当场昏倒。懂些防护知识的人急忙抓过毛巾浸上水或尿，紧紧捂住嘴和鼻子。

第一团团长陈正湘、政委王道邦见此情景，果断地指挥部队全线出击。

敌人原以为毒气会把山头的人统统熏倒，万万没想到，在毒气烟雾中冲来大批战士，用手榴弹、刺刀以及吐着火舌的机枪乒乒乓乓一顿猛揍。敌人顿时乱了阵脚，纷纷弃枪逃跑。

在第三团的阵地上，纪亭榭从山上冲下来，看见山坡上散卧着十几个伤员，心中有些不忍，可又不肯停止追击，就歉疚地对他们喊道："同志们，一会儿就回来接你们。"伤员们一看是他，精神大振。

纪亭榭一面跑，一面挥舞着驳克枪，率领战士们一气追出几里，直到歼灭了不少敌人，才收兵撤回。当他回到山头团指挥所，看见袁升平满脸血红，忙问："你怎么啦？"

袁升平气鼓鼓地说："你跑得倒快，我守在这儿挨毒气弹，中毒啦！"

原来，他和坚守阵地的一些战士，刚刚才苏醒过来。

他俩忍不住大笑起来。

这场恶仗反反复复，足足打了3天，敌人伤亡1300人以上，而我方也伤亡了400多人，其中有40多位连、排干部牺牲了。此外还有700多人中毒。杨成武回忆说："自东渡黄河以来，我们还没碰到过这么艰苦的战斗。"**9**

10月6日，日军进占阜平。他们付出了巨大代价，得到的只是一座小小的空城和数不清的抗日标语。此外，找不到一只鸡、一只羊，也找不见一口锅、一粒粮。他们虽然进入了根据地腹地，但聚歼八路军主力和领导机关的企图却未能得逞。

敌在侵占五台、阜平后，即在根据地内加修道路，建立据点，企图以先分割、后"清剿"的手段，达到各个消灭八路军主力和领导机关、摧毁根据地的目的。

针对敌之企图，晋察冀军区遵照毛泽东、朱德等人指示，于10月7日决定以主力一部化整为零，以大队或营连为单位，配合民兵游击队，开展广泛分散的游击战，不断袭扰敌人，攻击或围困敌薄弱据点，使敌惶恐不安；

而以主力深入敌之后方交通线上打击敌人，断敌交通补给，增加深入腹地之敌的困难，使其难以立足。

东、西庄战斗结束后，杨成武率第一、第三团主力在三分区部队的配合下，专打曲阳通往阜平的敌人运输线，先后对敌运输部队进行了19次的袭击和伏击战斗，其中尤以10月20日于郑家庄伏击敌之辎重部队，对敌打击最重，缴获敌向阜平运送粮弹的大车200余辆。与此同时，军区骑兵营袭击曲阳、定县间之高门屯敌后方粮站，缴获了大量的给养，从而断绝了阜平之敌的后方补给。

10月21日，敌为打通曲阳、阜平间的交通运输线，分由两地出动约6000人的兵力，企图夹击消灭八路军。八路军得到情况后迅速转移，敌军不知情，竟于当日夜在韩家峪相互对打起来，双方反复冲杀，各不相让，大打出手。更有趣的是，双方都发报叫飞机来助战。天亮时四架飞机临空，把他们的骑兵认作八路军，接连丢下数枚重磅炸弹，炸得敌人马倒人亡，只一阵子，就有100多人毙命。等他们发现是场误会时，已是死伤甚众。

在困守阜平之敌惶恐动摇之际，26日，第三五九旅之第七一七团、第一军分区第三团趁夜袭入阜平县城。敌不明情况，在夜战中自相混战，死伤很多。27日晨，敌在飞机掩护下，大量施放毒气，弃城东逃。八路军乘胜追歼逃敌，并炸毁石高崖隘口，断敌退路，残敌遂改路逃向曲阳、定县。

敌花费巨大代价占据了21天的阜平城，终被八路军收复。

阜平城既收复，聂荣臻遂令第七一七团和第一军分区主力北返涞源、灵丘，打击北线之敌。

邵家庄伏击战

在北线，侵入灵丘、涞源之敌，在频频打击下也处于困境之中。

10月26日，敌北线指挥官独立混成第二旅团旅团长常冈宽治中将，由蔚县到广灵，准备前往灵丘督战。第三五九旅旅长王震判断敌必去灵丘，令第七一九团埋伏于广灵以南 20 公里处的张家湾、邵家庄地区；同时估计灵丘之敌必来接应，又令第七一八团埋伏于灵丘以北 20 公里处的黄台寺、贾庄地区，准备打一场伏击战。

接到命令后，第七一九团团长贺庆积率部经过 12 小时的隐蔽行军，于28 日拂晓到达预定地区。

这是一条南北走向的狭长山川，东西两旁是突兀的山峦。地里的庄稼已经收完，只留下一垄垄的谷茬子。靠近西山脚下有一条砂石路。往南约 500米处的道路顺着山势有个急弯，一座小山包正好对着这条砂石路，形成一个天然屏障。贺庆积迅速部署好部队，并投入了紧张的战前准备：构筑简单的隐蔽工事；沟通团指挥所与各营之间的通信联络；在高地上设置观察哨；在伏击地域的公路上由工兵排布设上"自发雷"、"拉线雷"，并规定以"雷响为号"发起攻击。

28 日 10 点刚过，常冈宽治一行 200 余人的车队出现在张家湾北侧的山口。

第一辆汽车忽然停了下来，下来几个敌人，向一个放羊的老百姓打听附近山上有没有八路军。"敌人哪里知道，从老百姓嘴里是打听不到任何消息的。因为我们的先遣人员已经做好了群众的工作，群众都积极配合我们打伏击，无论在场院打场，在山上放羊，在家里挑水做饭，都和往常一样，不让敌人看出一点破绽。"**10**

日军没有打听到消息，认为八路军真的不在此地活动，十多辆汽车又加足马力，一辆辆地开进了伏击圈。

突然，一声巨响震撼山谷，"自发雷"爆炸了，"拉线雷"也一个个拉响了。第七一九团趁势勇猛发起了攻击……

经 30 分钟激战，歼其大部，缴获山炮 1 门，轻重机枪 7 挺，烧毁汽车5 辆。一小股残敌从西北侧小高地逃窜。

11时，灵丘出动接应之敌，乘12辆汽车北来增援。当其进入黄台寺伏击地域时，被第七一八团阻击，歼敌200余人，击毁汽车5辆，残敌逃回灵丘。

在打扫战场时，贺庆积他们发现了一把铸有天皇头像的指挥刀。据当时俘获的汉奸供认：此乃常冈宽治之物。

邵家庄战斗后，伟大的国际主义战士白求恩大夫，在王震旅长的陪同下，在野战医院为负伤的伤员做了手术。他以满腔热忱、极端负责的精神和精湛的医术，挽救了不少生命垂危的八路军官兵，赢得了指战员们的爱戴。

夜战滑石片

为增强晋察冀边区反围攻作战的力量，八路军总部命令，第一二〇师第三五八旅主力于10月下旬东越同蒲路，到达五台东南地区，准备在五台至河边村地区寻机歼敌。

第三五八旅旅长张宗逊回忆说："那时，我358旅的电台只能和师部联络，来到北岳区以后，一直没能和晋察冀军区的领导联系上，得不到指示。因此，当时我们只知道五台县城有敌人，驻地周围的敌情到底怎样，一点也不了解。11月2日，旅部派716团刘忠参谋长带1个骑兵排，冒着风雪到五台县城一带侦察，准备相机攻打五台县城的敌人。可是，直到晚上刘参谋长还没有回来，大家都非常焦急。"

11月3日中午过后，刘忠参谋长回来了。他报告说，五台县城日军蚋野大队几百人，昨晚从五台县城出动，向东进犯，经过35公里山地夜行军，今天凌晨偷袭了驻五台县高洪口镇的晋察冀军区二分区第五大队，当地军民受到一些损失。

得到了日军动向的消息，张宗逊为之一振，当即叫来了政治部主任张平化和第七一六团团长黄新廷、政委廖汉生，围着地图研究分析起来。大家判断，这股敌人是孤军出动，没带多少给养，又有后顾之忧，必然迅速退回原来据点；敌人经过整夜长途行军，估计可能要在高洪口镇休息，今晚或明早撤退；按敌人以往的行动规律，将按原路返回。

听了大家的意见，张宗逊用手指沿着地图上从高洪口到五台县城的大道慢慢移动，最后停在一个叫滑石片的村庄。从地图上看，这里山峦起伏，两山之间夹着一条长达数里的山沟，大道从沟底蜿蜒而过，沟深路窄，我军若在此设伏，突然开火，即可陷敌于不利地位。

"在这里设伏，击其惰归，歼灭这股敌人是完全有把握的，关键是我们要按时赶到滑石片。"

张宗逊毕业于黄埔军校，有着很好的军事素养。大革命失败后参加湘赣边界秋收起义，随毛泽东到井冈山，之后在战争实践当中逐步成长为智勇双全的高级指挥员。曾任红一方面军第十二军第三十六师师长、红十二军军长、红军大学校长兼政治委员。长征中任红三军团第四师师长、第十团团长，率部参加了夺占娄山关、攻克遵义城等战斗。后调往红四方面军，当过红四军参谋长、红军大学参谋长。可以说既有丰富的实战经验，又有一定的军事理论素养。

他在地图上计算着，"敌人距滑石片只有 10 公里，而我们却要走 25 公里。因此，关键在一个'快'字，要和敌人抢时间，争取先敌到达，做好伏击准备，起码也要和敌人同时到达，打个预期的遭遇战"。他看看黄新廷和廖汉生：

"老黄，老廖，你们能按时赶到吗？"

"嗨，长征都走过来了，这点路算个啥子"，廖汉生操着浓重的湖南口音答道。

"那好，你们七一六团进到滑石片两侧设伏，并准备在开进中随时和敌遭遇，坚决歼灭敌人；七一四团急行军到滑石片西北的南院村地区，选择有利地形，负责警戒五台县城方向，防止敌人增援，并准备截击从滑石片漏网向西逃窜的敌人。"

张宗逊最后加重语气说:"大家注意,要快,一个小时以内,部队一定要出发。"

黄新廷和廖汉生立即分头向各营布置任务。

这时候,各连队已经做好了晚饭,还没有开饭。任务向下一传达,战士们纷纷表示:不吃饭了,打敌人要紧。部队踏着积雪,在当地群众的带领下,抄捷径向滑石片疾进。各连的连长、指导员一边行军、一边跑前跑后向战士们传达上级的指示,进行政治动员。立刻,队列里响起了"坚决消灭蚋野大队","把敌人赶出边区去"的口号声。有的还展开挑战应战活动,使队伍加快了前进的速度。

太阳落山后,气温骤降,大家的衣服却被汗水湿透了。汗湿的衣服紧贴在人们身上,凉透肺腑。崎岖的山道只有一尺来宽,在逐渐加浓的夜色之中,越来越分辨不清。不少战士跌倒了,爬起来继续赶路,有的还开玩笑说:"快到滑石片了,怪不得滑得站不住脚了。"

旅部和第七一六团只用 4 个多小时,就走完了 25 公里山路,晚上 9 点登上了滑石片以西高地。

不一会儿,派出的侦察员跑来报告:敌人来了。黄新廷和廖汉生立刻命令部队按原定的部署展开:第三营拦头,第二营拦腰,第一营堵尾。旅和团的指挥所设在大沟西面的西天和村附近。

战斗命令刚下达,各连正迅速展开向山下预定地点运动时,远处就传来了皮鞋和马蹄声,敌人进沟了。

突然,从第一营方向传来了一声枪响。大家一听,坏了,开火过早。过了一会儿,第一营的通讯员气喘吁吁地跑来报告:"一营只插过去两个连队,剩下两个连还没有过去,敌人就上来了。营长请示首长怎么办?"

黄新廷没有直接回答他,问道:"刚才是谁乱开枪?"

"那是敌人放枪壮胆。"通讯员边说边擦头上的汗。

"原来是这样。"黄新廷对通讯员说："告诉你们营长、教导员，没有过去的部队就不要强行通过了。注意隐蔽，把敌人全部放进沟里。三营在前边一打响，你们就堵住敌人的后路，不准放掉一个敌人！"

第一营通讯员刚走，敌人已经来到山下，不时传来人喊马嘶和牛、羊、鸡、鸭的鸣叫声。这些日本兵在高洪口抢掠了一番，正扬扬得意，行军警戒极为疏忽，入沟后一点也没有发觉中了埋伏。

第三营各连队下到陡崖上时，敌人的先头分队 10 多个人已经过去了，这时九连几十个精壮小伙子组成的突击队猛扑到沟里，用步枪、机枪、手榴弹一齐向敌人开火。疏于防备的日军做梦也想不到八路军会在这里冒出来，顿时人喊马嘶，乱作一团。过了一会儿，敌人集中全部骑兵，向第九连正面猛冲，企图突出沟口，第九连突击队的火力眼看压不住敌人，黄新廷对第三营营长王祥发说："往下压！"王祥发把棉衣脱下往地上一甩，挽起衣袖，一手提驳壳枪，一手拿手榴弹，大吼一声："一连跟我来！"战士们像一阵风似地跟着他扑下去。第九连连长曾祥旺也带两个排，从侧翼向下压。片刻，山下响起了猛烈的手榴弹爆炸声。在团团闪亮的弹光中，战士们端着刺刀和敌人展开了激烈的白刃格斗，使敌人无法发挥火力优势。王祥发果敢沉着地指挥第三营指战员接连打退了敌人的 5 次冲击。

与此同时，第二营在营长蔡九和教导员黄新义带领下，从大沟西侧向下压，和向前涌的敌人遭遇。走在前边的第八连连长李家富没等上级号令，就带着全连跑步接近敌人，勇猛冲杀，把敌人拦腰截断。第二营其他连队紧跟着从山上插下去，用手榴弹和机枪、步枪火力，向敌人侧翼冲击。第五连连长巴尚真和指导员万在明率领全连，硬是在敌人中间突过去，飞速占领了东侧山坡上的两个小庙，控制了制高点，把正在向东坡上爬的敌人打得滚回沟里。

第一营第三连在敌人后尾过完之后，也迅速向敌人侧后包围攻击。敌人正面和侧翼被第二、第三营打得死伤狼藉，向前冲不出去，又转过头来往回突。这时，第三营阵地的枪声越来越密。廖汉生对黄新廷说：

"得派 1 个连去加强一营。"

黄新廷马上说："你在这儿指挥，我去！"

刘忠参谋长在一旁听了，急忙说："我去！"说完立即跑向第二营，带上 1 个连奔向一营阵地。

战斗进行到了白热化程度，战士们发扬八路军夜战近战的特长，各自为战，英勇杀敌，经过两小时激烈战斗，就将敌人的行军纵队分割成数段。大部敌军被迫躲在陡崖下进行垂死挣扎，少数退到沟西北的石沟村几间土屋里困守，已失去反击能力了。

这时，张宗逊来到前沿阵地，对干部战士们说：

"敌人已经被打乱了，不能让他们有喘气的机会。全团应该立即冲下去，彻底消灭这股敌人！"

团指挥所马上向各营传达了总攻击的命令。顿时，嘹亮的冲锋号声四起。战士们端着雪亮的刺刀，喊着"冲呀！""杀呀！"如猛虎下山似地冲入沟底，用刺刀和手榴弹歼灭被分割的敌人。

第七一六团和敌人进行了一夜的战斗，除几十名残敌绕到北边的灰窑沟逃出了伏击圈外，其余悉数被歼。

第七一四团距离滑石片西边的南院村有 50 多公里，接到命令后立即出发，经过一夜急行军，4 日拂晓到达南院村附近，正遇从滑石片逃出的几十名敌人，团领导立即派 1 个营跟踪追击。这时，由五台县城方向出动的一小股增援滑石片之敌，很快与几十名残敌会合。第七一四团马上投入战斗，给这股敌人以迎头痛击。敌人被打得狼狈不堪，扭头就往五台县城逃。第七一四团紧紧追击，一直撵到五台城下。

4 日晨，彻夜的枪声停止了，太阳从东方升起，万道霞光照耀着滑石片四周的远山近村。恢复了宁静的山沟里，到处横七竖八地躺着日军的尸体和军马，毒瓦斯弹、烟幕弹、残刀断枪和军用给养品扔得遍地皆是……

此战，共毙伤日军 500 余人，俘敌 20 余人，缴获步枪 300 余支、轻重机枪 30 余挺，山炮、小炮 6 门，军马 100 余匹，电台 1 部及其他军用物资一批。

滑石片歼灭战是晋察冀边区反围攻作战后期取得的一次较大胜利。除此之外，其他地方的边区军民也给了日军以沉重打击。在南线，第四军分区以第九大队在正太铁路阳泉至井陉段积极展开破袭战，以第七大队不断袭击回舍、洪子店等地敌军；第一二九师也以主力一部向正太铁路沿线出击，从而迫使平山、盂县等地敌军主力回防正太铁路。八路军乘机收复回舍、洪子店等地。

至 11 月 7 日，反围攻作战基本结束。聂荣臻在回忆录中自豪地写道。"在击破敌人多路围攻的 48 天中，边区军民共进行了大小战斗 100 多次，毙伤日军旅团长、大队长以下 5200 多名，还缴获了许多武器弹药和军用物资。日本侵略军围攻五台的幻梦，落了个损兵折将的下场，最后不得不狼狈逃窜。"*12*

晋察冀边区建成了模范抗日根据地

还让聂荣臻高兴的是，在反围攻作战期间，中共中央正在延安举行六届六中全会，大会主席团 10 月 5 日给晋察冀边区发电慰勉，电报中说：

> 全会完全同意边区党委所执行的坚定的统一战线的方针，并在这个方针下，依靠全党全军的努力，已经创造晋察冀边区成为敌后模范的抗日根据地及统一战线的模范区。这些都在华北抗战中已经和将要尽其极重大的战略作用，而且你们的经验将成为全党全国在抗战中最有价值的指南。全会完全相信你们必能更加团结一致……胜利地粉碎敌人对于你们的围攻，并且进一步巩固与扩大你们的根据地。希望你们继续坚持统

一战线的方针，动员一切力量，执行灵活的游击战与运动战，进行坚壁
清野，准备长期战斗，镇压汉奸日探，粉碎敌人的进攻……长久保持晋
察冀边区是最进步的模范的抗日根据地，作为将来进攻日寇最好的前进
阵地。全会对你们有无限的慰问与希望！**13**

接到中央的电报，聂荣臻立即在边区党的会议上宣读了。"当时，会
场的情绪极为振奋，这是党中央第一次对晋察冀工作所作的全面评价，对
我们是极大的鼓舞。我们留在晋察冀以后，党中央和毛泽东同志一直关心
着我们，注视着我们。因为，这是我们党在敌后创立的第一个抗日根据
地，其他根据地的开创工作正在展开，我们的成败，自然受到各方面的重
视。晋察冀根据地处于敌人的四面包围中，困难很大，究竟在敌后能不能
存在？许多困难能不能解决？这是党中央和毛泽东同志一直惦念的事情。
如果我们这里成功了，其他地区也可以这样搞。结果是，我们在敌后牢牢
扎下了根，敌人的围攻奈何我们不得，并且初步积累了根据地建设的经
验，开始形成一些稳定的政策。党中央和毛泽东同志得知这一切，自然是
非常高兴的。"**14**

毛泽东的确很高兴。他一直关注着晋察冀根据地的情况，并对聂荣臻在
五台山取得的成绩多次称赞。1938 年 3 月，国际友人白求恩大夫要求到晋
察冀，毛泽东向他介绍说：

"中国有一部很著名的古典小说，叫作《水浒传》。《水浒传》写了鲁智
深大闹五台山的故事，五台山就是晋察冀。五台山是前有鲁智深，今有聂荣
臻。聂荣臻就是新的鲁智深。"**15**

毛泽东在陕北公学的一次演讲中也说道："如李白所说，'大块假我以文
章'，岂只大块地方可以做文章吗？……——五师副师长聂荣臻现在五台山
造成一个抗日根据地，在平汉、平绥之间大唱其戏。"**16**毛泽东说话很幽默，
他一边说一边比画，台下听众开心地笑了。

他接着说，日本人喊"活捉聂荣臻"，打了好多回合，日本人打不过，便烧了老百姓好多房子。也好，烧了房子他自己也不能去，老百姓又好去当游击队。于是男女老少，全体动员，自卫军、少先队，又办学校，训练干部。几十个县城没有官了，于是建立抗日政府，且向热河打去……我们要在各地建立五台山，人山，各种根据地。**17**毛泽东有力的大手向前推去，台下的听众被强烈地感染了，使劲鼓掌。

刚刚结束反围攻斗争，聂荣臻就晋察冀创建一年来的斗争情况，向中共中央写了一份详尽、系统的报告。毛泽东看后认为很有意义，要聂荣臻补充修改后出版。第二年5月，这本书在延安、重庆两地公开出版发行，成为第一本系统介绍八路军坚持敌后抗战的专著。书名由毛泽东亲笔题写：《抗日模范根据地晋察冀边区》，并亲作序言：

> 晋察冀边区是华北抗战的堡垒……聂荣臻同志的这个小册子，有凭有据地述说了该区一年半如何实行三民主义与如何坚持游击战争的经验；不但足以击破汉奸及其应声虫们的胡说，而且足以为各地如何实行三民主义，如何唤起民众以密切配合抗战的模范。谓予不信，视此小册。**18**

经过风吹雨打，巍巍五台傲然屹立，更为绚丽壮美！

注　释

1. 北平（北京）至汉口的铁路，今京广线一段。

2. 北平（北京）至绥远包头的铁路，今京包线。

3. 正定至太原的铁路，今石家庄至太原线。

4. 察哈尔南部。察哈尔，旧省名，辖今河北省西部地区及内蒙古自治区一部，省会张家口，1952年撤销。

5. 转引自《聂荣臻传》编写组:《聂荣臻传》,当代中国出版社 1994 年版,第 228 页。

6. 《聂荣臻回忆录》(上),人民出版社 2022 年版,第 350—351 页。

7. 《聂荣臻传》编写组:《聂荣臻传》,当代中国出版社 1994 年版,第 229—230 页。

8. 《毛泽东军事文集》第二卷,军事科学出版社、中央文献出版社 1993 年版,第 369、370 页。

9. 《杨成武回忆录》,解放军出版社 1987 年版,第 453 页。

10. 中国人民解放军历史资料丛书编审委员会:《八路军·回忆史料》(1),解放军出版社 1990 年版,第 426 页。

11. 中国人民解放军历史资料丛书编审委员会:《八路军·回忆史料》(1),解放军出版社 1990 年版,第 402 页。

12. 《聂荣臻回忆录》(上),人民出版社 2022 年版,第 351 页。

13. 转引自《聂荣臻回忆录》(上),人民出版社 2022 年版,第 351 页。

14. 《聂荣臻回忆录》(上),人民出版社 2022 年版,第 352 页。

15. 转引自《聂荣臻传》编写组:《聂荣臻传》,当代中国出版社 1994 年版,第 264 页。

16. 转引自《聂荣臻传》编写组:《聂荣臻传》,当代中国出版社 1994 年版,第 233 页。

17. 转引自《聂荣臻传》编写组:《聂荣臻传》,当代中国出版社 1994 年版,第 233—234 页。

18. 转引自《聂荣臻传》编写组:《聂荣臻传》,当代中国出版社 1994 年版,第 234—235 页。

第二十一章

吕梁三捷

第一一五师帮助决死第二纵队整军——一战薛公岭——二战油房坪——三战王家池——杨勇25岁生日，山本联队长送来战书——罗荣桓赴延安参加中共六届六中全会

1938年春夏两季，是吕梁山根据地迅猛发展时期。

日军集中兵力到津浦线方向作战，第一一五师主力趁势占领了汾（阳）离（石）公路以南，禹门口以北，同蒲路以西，西迄黄河沿岸的广阔地域，与陕甘宁边区隔河相望。

第一一五师帮助决死第二纵队整军

午城、井沟战斗之后，陈光、罗荣桓率部在汾阳、孝义一带广泛发动群众，师部与决死第二纵队驻地相邻。

一天，决死第二纵队领导来到第一一五师师部，见到罗荣桓，提出由于部队发展很快，缺干部，少经验，战斗力不强等问题比较突出，请求第一一五师帮助解决。

罗荣桓痛快地答应了。

他知道，决死第二纵队是山西新军的一部分。山西新军挂的是阎锡山的名，却主要是共产党掌握的武装。把新军搞强大，不仅有利于统一战线，有利于发展和巩固吕梁根据地，从长远看，更有利于党的事业。

山西新军是中共与阎锡山统一战线的产物，是薄一波等一批共产党员在阎锡山支持下搞起来的一支抗日武装。

卢沟桥事变后，阎锡山急于寻求暂时的同盟者帮他渡过难关，于是想到了"联共"。他知道，这要冒很大的风险，可是没有万全之计，这个风险不能不冒。他相信，共产党斗不过他，成功的将是他。他常对部下说，做头等好事的人，可以团结头等好人；做二等好事的人，只能团结二等好人；做坏事的人，只能团结坏人。在他看来，共产党是做头等好事的人，因此只能团结圣贤那样的人，而圣贤很少，所以共产党不会成功；蒋介石惯于搞阴谋兼并，是做坏事的人，所以只好团结坏人，坏人也很少，因此也不能成功。而他自己则是做二等好事的人，唯独他才能赢得多数，才能成功。

根据这一"唯中"哲学，阎锡山构思了一种"新"策略：起用一些坚决抗日又在山西有一定号召力的共产党人，但以山西的抗日进步分子名义出现；采取共产党的某些进步口号和措施，但在提法上换成"山西语言"；借助共产党的影响，但要打着山西的旗号。这样，他把山西籍的薄一波等人请到了山西，以帮助他完成"保晋大业"。

薄一波于 1925 年在山西国民师范学校读书时参加共产党，先后担任过支部书记、区委书记、山西临时省委委员。1927 年大革命失败后被反动当局通缉，离开山西去天津，在顺直省委[1]军委工作。1931 年在北平遭奉系军阀逮捕，被关押在北平军人反省分院（即草岚子监狱）。阎锡山想利用共产党人"共策保晋大业"，其亲信赵戴文、梁化之[2]向他推荐了薄一波。薄一波等人在阎锡山的支持下，很快把山西的抗日救亡运动搞得有声有色。后来，日军侵入山西，阎锡山的晋绥军和蒋介石的中央军，相当一部分一触即溃，或闻风而逃，阎锡山对旧军已失去信心，于是，薄一波向他提出了组建新军的建议。薄一波后来写道：我对阎说，"看来仅靠旧军不行，必须尽快组建一支新军。他很快同意了，决定把这个任务交给我们，要我负责先搞 1 个团，试试看。我当即报告北方局。刘少奇同志说：好，赶快去！要抓枪杆子。不要说 1 个团，就是 1 个营 1 个连，也要坚决搞。"[3] 在以共产党员为骨干的"牺盟会"的基础上，很快组建了"山西青年抗敌决死队"（简称"决死队"），不久即发展到四个决死纵队（相当于旅）和一个工人武装自卫总队。

决死队成军后不久，薄一波带领第一纵队开往五台一带，在路上碰见了朱德总司令。"朱总司令说：五台地区是战略要地，北上可以威胁北平，南下可以直趋太原，八路军准备在这个地区建立抗日根据地，你们不要在这里了，要设法得到阎锡山的许可，把决死队开到晋东南的上党地区去。他还告诉我们，离开延安时，毛主席谈论过，我们打的是持久战，军队要插到敌后去，和下围棋一样，先做几个活眼，准备在华北同敌人长期周旋，首先要占领晋察冀、晋东北、晋东南这 3 个战略要地。我们听了中央的部署，更增强了深入敌后长期坚持斗争的信心。"[4] 薄一波把转兵晋东南的想法告诉了阎锡山，得到了阎的同意。阎还附庸风雅地谈了一番历史，说上党地区是表里山河，得了上党，跨过黄河就是洛阳，就可以得天下，所以历代都把那里看作兵家必争之地。他不仅同意薄一波带决死一纵队去，还委任他为山西第三行政区政治主任。这样，决死一纵队转而南下到晋东南的沁县地区。

与决死第一纵队东西呼应，决死第二纵队活动在洪洞、赵城一带，正好与陈光、罗荣桓率领的第一一五师主力相邻。

这天，罗荣桓将决死第二纵队的领导干部张文昂、韩钧、徐荣、郝德青等请到师部，商谈第二纵队的建设问题。

寒暄一阵，罗荣桓说道：

"你们的部队发展得很快，这很好，说明群众的抗日热情高涨。但是军队是要打仗的，部队不但要多，而且要精。所以，我建议你们进行整军。"

张文昂、韩钧时任决死第二纵队的政治委员和政治部主任。他们虽都是共产党员，但带兵打仗的经验毕竟不足，他们都仔细聆听着。罗荣桓又说：

"部队要整编，不要怕编掉几个团，主要看部队有无战斗力，能不能打仗。在整军的基础上，抓紧进行军政训练，特别要加强部队的政治思想工作，搞好官兵关系，加强部队的团结。"

这时张文昂开口道："罗主任，八路军是老大哥，样样没的说。可我们新军的绝大多数领导人，包括我自己，都没有直接指挥过像样的战斗。部队中一些旧军官虽然打过仗，但许多人'内战内行，外战外行'，不敢接敌。部队成员大多是青年学生，抗战热情很高，但战斗素质较差。"

罗荣桓微微一笑，"战斗力的提高可是个慢功夫。不过，眼下要以干部为主"。他把目光转向陈光：

"我说老陈啊，咱们可以先请有经验的同志去上上课嘛。比如你陈师长，久经沙场，作战经验丰富，莫保守，去传传经嘛。"

陈光见罗荣桓点将，开玩笑地说："我咋个行嘛。上阵跟鬼子甩驳壳枪，那没说的，可讲课，只怕是八十岁的公公挑担子——心有余而力不足哇。"

一屋子人愉快地笑了。他们不少人对八路军的这位骁将早有耳闻，也十分仰慕。

陈光是湖南宜章栗源堡人。早年在家乡从事农民运动，曾任乡农民协会委员。1927 年底加入中国共产党。1928 年初参加湘南起义，后率栗源堡赤卫队加入朱德、陈毅部队。此后，陈光跟随毛泽东、朱德等保卫红色井冈，转战赣南闽西，历经中央苏区各次反"围剿"作战，先后任红四军连长、副支队长、营长，第十师参谋长、师长，少共国际师师长，红一军团第二师师长。长征中，他率红二师担任前卫，强渡乌江、进攻遵义、四渡赤水、夺取泸定桥、攻占腊子口。到陕北后，任红一军团第四师师长、代理军团长，真是身经百战、骁勇善战的红军名将。全民族抗战以来，他是八路军中赫赫有名的第一一五师第三四三旅旅长，林彪负伤后，他接任第一一五师代师长。午城、井沟战斗，他和罗荣桓指挥所部歼敌千余，早就名声在外了。

张文昂恭敬地说："陈师长过谦了。如果陈师长能亲临指导，那我们真是求之不得啊。"

恭敬不如从命。陈光接受了邀请。

不久，陈光、萧华和宣传部部长萧向荣等，多次给纵队的干部上军事课、政治课，给他们讲解如何建设人民军队，如何开展游击战争，如何做部队的思想政治工作等等，具体地传授红军的建军经验。陈光还在二纵队住了半个多月，言传身教，帮助他们进行整顿。

在罗荣桓、陈光的具体帮助下，决死第二纵队进行了一次认真的整军。他们首先整顿了组织，将11个团编成8个团，共约1.5万人，使部队更加精干。团、营、连都配备了政治工作干部，排还配了政治工作员，部队从组织上得到了加强。然后，又在第一一五师派出的干部的具体帮助下，进行了认真的军政训练。军事训练，着重练习射击、投弹、刺杀、侦察、夜战、破铁路、攻碉堡等，学会游击战的战术；政治训练，着重讲解抗日民族统一战线政策、抗战的形势、前途，以及军政一致、军民一家、官兵平等等建军原则。

通过整顿和军政训练，使这支部队从一开始就接受了红军的建军经验，受到了红军优良传统的影响，同旧军队有了本质的区别，很快建成了一支具有一定战斗力的抗日部队。

在第一一五师帮助决死第二纵队整训的同时，从延安抗大来到山西八路军办事处主办学兵大队的何以祥，根据北方局的指示，也到晋西组织抗日武装。他从学兵大队带来的10多个学员，都被各县要去了。他既缺人，又缺武器。一天，他带着晋西区党委的介绍信来请示罗荣桓，罗荣桓鼓励他说：

"人是不缺的，干部也不用愁。"

"在哪里呢？"何以祥不解地问。

"不在我这里，在人民群众中间。你要去发动群众，从群众中发现和培养干部。"罗荣桓接着具体交代：

"红军东征时，在汾阳、孝义、灵石一带撒下了一些'种子'，有的党员现在隐蔽起来了，你要到每个村、每个区去找，恢复党的组织。在以阎锡山的名义建立的牺牲救国同盟会中有很多进步分子，你要同他们取得联系。在阎锡山政权的县长、科长里头，也有一些进步分子，你要学会做统战工作，争取他们抗日，同时还要做青年工作、妇女工作，深深扎根于群众之中……"

何以祥从罗荣桓那里没有得到人和枪，但他得到了办法和信心。他按照罗荣桓的指示，深入到群众中去，从秘密串连到公开活动，团结的群众越来越多。根据群众提供的线索，找到了阎锡山部队撤退时丢下的几百条枪，把新发展的游击队员全副武装起来了。

何以祥又去师部汇报，罗荣桓鼓励他：

"你做得对，有了朋友，胆子就大了；有了群众，办法有了，枪也有了。"5

为了组建这支部队，罗荣桓还派第一一五师的干部去传授经验，训练干部，派宣传队去演戏、慰问，又组织这支部队的新干部到第一一五师学习。这支白手起家的晋西南游击第一、第二、第三大队，很快发展到2000多人。

一战薛公岭

8月，日军大本营为策应武汉、广州会战，令华北方面军尽快扫荡黄河以北之敌，并确保黄河北岸要点。第一军司令官香月清司决定兵分两路：第一〇八师团向西占领离石、柳林、军渡，伺机渡河威胁陕甘宁；第二十师团向南直奔永济、风陵渡，威胁西安。

9月上旬，日军西进的先头部队已侵占了军渡至碛口一线。指挥此次行动的敌第一〇八旅团旅团长山口少将，已亲率其指挥机关进驻离石。同时，敌人在汾阳城内集中了大批弹药、粮秣和渡河器材等物资，随时准备起运。总部指示第一一五师：坚决拖住敌人，保卫延安，巩固晋西北根据地。

陈光、罗荣桓召集第三四三旅和决死第二纵队干部举行作战会议，布置战斗任务。经研究决定：决死第二纵队负责看家，并向孝义方向警戒；第三四三旅迅速进至汾（阳）离（石）公路两侧，相机歼敌。

9月中旬，军渡、碛口的日军开始与八路军留守兵团的河防部队隔河炮战，隆隆的炮声频频自西北传来；汾离公路上，整日烟尘滚滚，日军的运输车辆嘟嘟地号叫着，来往不断。第三四三旅的战士们，个个摩拳擦掌，把"保卫延安！保卫党中央！"和"不许鬼子渡黄河！"的口号喊得震天响，急切地盼望着早点下手。但是怎样下手呢？曾吃过游击战不少苦头的日军，这次表现得特别小心和狡猾，行动前就在公路两侧到处设据点、筑碉堡，而在运输时，又前有尖兵开道，后有部队掩护，使人难有可乘之隙。

这天，第三四三旅第六八六团团长兼政委杨勇，带着各营的干部又出去观察地形。天刚麻麻亮，他们便登上了汾离公路中段的薛公岭，隐蔽在半人高的蒿丛中向公路瞭望。

只见薛公岭四周峰峦重叠，沟壑交错，汾离公路顺着山势，由东蜿蜒而来。公路在薛公岭下爬过一段陡坡之后，便进入凹地。凹地一带并排平列着四条山沟，每条沟里都长满了齐腰深的茅草和杂乱的灌木。

杨勇手拿望远镜正看得出神，一名侦察员气喘吁吁地跑上来了。

"报告团长，师部紧急命令！"侦察员打开文件夹，将一纸命令交给杨勇。

杨勇接过一看，上面写着：敌20辆满载弹药和渡河器材的汽车，将在两天后从汾阳起运。总部和师部命令你团相机截击。

大家知道了这个情况，指着那段凹地异口同声地说："团长，这儿就是个好战场，就在这儿干吧！"一个个劲头都挺大，唯有刘善福坐在一旁没有搭腔。

他是杨勇派出的侦察队队长，一个多星期前就来到了薛公岭，情况最熟，为什么他不说话呢？

"刘善福，你看怎么样？"杨勇指名问他。

"好是好，就是那个碉堡讨厌！"他指着对面一个山包上的碉堡说道。

原来敌人对这段凹地也十分警惕，在对面的制高点上专门修了两座高大的碉堡。每当敌人运输车队到来时，总是先派巡逻队搜索一下山沟，然后控制碉堡，掩护汽车通过。如此说来，这倒真是个十分讨厌的事！

怎么办呢？大家围绕这个问题议论起来。

"干脆提前拔掉碉堡！"

"不行，那会打草惊蛇！"这个意见很快就被大家否定了。

"那就兵分两路，一路在沟里埋伏，一路埋伏在碉堡后边的山坳里，同时打！"又有人提议说。

"还是不行，碉堡背后的山凹不大，顶多只能隐蔽一个排，多了很容易暴露。"

……

讨论来讨论去，仍没结果。

这时，一直低着头在一块石头上画来画去的迫击炮连连长吴嘉德，蛮有把握地冲着杨勇说："这个任务交给我们吧！保证三炮消灭碉堡。我已经将射击诸元计算好了。"

杨勇后来在回忆录中写道："问题就这样解决了，大家都很高兴。"**❻**

9 月 14 日清晨，浓雾渐渐散去，金黄色的朝霞映照着苍翠的群峰，吕梁山显得分外雄伟。第六八六团经过整夜的行军，已经在拂晓前隐蔽在岭下的山沟里。

杨勇和团政治处主任曾思玉站在薛公岭南山一棵高大的核桃树下，用望远镜观察。只见山下的公路静静地躺在那里，公路两旁，漫山满沟的蒿草，随着晨风摆动。山谷的早晨是如此宁静。

杨勇深深地吸了一口气，兴奋的心情驱走了连夜行军带来的疲劳。

曾思玉打破沉寂，笑着说："战士们隐蔽得很好，这才叫磨道里等驴——没跑！"

7点多钟，活动在汾阳城附近的侦察员通过各村情报站送来了报告：敌人的汽车已经出城了。

两小时之后，杨勇又接到报告：汽车队到达了薛公岭前不远的王家池，在那里加了水，添了油，正等着没情况后出发。王家池据点的敌人，已经派出了一队巡逻兵在前边开道，朝洼地搜索来了。

杨勇举起望远镜观察，正好望见薛公岭东山顶上露出了钢盔和刺刀的白光。敌人持枪哈腰，成战斗队形沿公路缓缓前进，还煞有介事地走走、停停，停停、打打。待进至四条山沟附近时，一面虚张声势地咋呼着，一面用机枪、步枪四处盲目射击。也许近日来一直未在此地发现过什么情况，日军很快搜索完毕之后，便稀稀拉拉地朝碉堡走去。一边走，一边还"哇啦哇啦"地扯起嗓门唱歌。

"叭！叭！"，两发信号弹升上天空。这是敌人向隔山等候的汽车队宣布：已经没有问题，可以通过了。

轰轰隆隆的马达声由远而近。转眼间，满载着敌兵和军用物资的20辆汽车，便一辆接一辆地开了过来，进入第六八六团的伏击圈。

杨勇放下望远镜，拿起电话：

"吴嘉德，开炮！"

话音刚落，只听"轰"的一声，第一发炮弹爆炸了。不偏不歪，恰好落在那个碉堡跟前。

曾思玉禁不住说："好！打得好！"

紧接着又是两炮，也打中了。碉堡腾起粗大的烟柱。砖石四溅，尘土飞扬。转瞬间，那座高大的碉堡变成了一堆瓦砾。里边的敌人差不多一起报销了。

随着第一发炮弹的爆炸声，战士们端着枪，挺着刺刀，神兵天降似地从几条山沟里冲了出来。没等押车的敌人弄清是怎么回事，成排的手榴弹就甩上了汽车，战斗一开始就在短距离内白热化了。

狭窄的路面上，着了火的汽车"呜……呜……"地挣扎着、相互挤撞着。车上的敌兵，有的跳下车来搏斗，有的趴在车厢里射击……

近在咫尺的王家池据点的敌人，听到激烈的枪炮声，一时还糊里糊涂，摸不到头脑。他们打电话向汾阳报告，电话线早已被截断了；出兵增援，又恐自身难保。中队长川琦大尉无计可施，只好架起钢炮向薛公岭的群山盲目轰击。

一小时后，薛公岭方向的枪声渐渐稀疏。最后彻底沉寂了。

川琦中队长望着腾入空中的烟雾痴痴地出神，他不知汽车队和巡逻队命运如何，甚至一厢情愿地估计八路军已被击退，他的巡逻队很快就会凯旋。直到日落西山，暮色四合，巡逻队仍然没有消息。川琦这才慌神了，预感到失败的是皇军。他气急败坏，下令士兵将弹药库中的整箱整箱的炮弹通通搬出来，向薛公岭猛烈轰击。小钢炮一直轰到半夜，川琦的愤怒仍没发泄够。

杨勇和曾思玉率指挥所下到洼地是上午 11 时左右。那时战斗刚刚结束，烈焰腾空的汽车仍在公路上毕毕剥剥地爆响，轮胎燃烧的焦臭味充满了整个洼地。杨勇亲自清点了鬼子的尸体，一共是 213 具。另有 3 名日军士兵被俘虏，他们是被汽车爆炸时的气浪掀到空中，摔昏在路沟的石头上，战斗结束时才苏醒的，在八路军的刺刀下不得不乖乖地举起手来。

杨勇见他们负了伤，对曾思玉说：

"曾主任，找军医为他们治疗，转送师部，别让他们死了。"

"明白！"曾思玉笑道，"敌人到底有变化，跟平型关那会儿不一样了。说明我们的政治宣传起了作用。"

"快一年了，"杨勇感叹道，"什么时候才能像打白匪那样，让敌人整团整旅地投降呢！"他脑海里又闪现出平型关战斗的情形。在那次战斗中，身为副团长的他率领第三营夺占对面的老爷庙。在冲过公路时，遇到突围的日军，一颗手榴弹在他身边爆炸，弹片在他腰部犁出一道沟，鲜血流了下来。他硬是让战士们架着他，冲上了老爷庙阵地，一直坚持指挥，直到战斗结束。

这时又听曾思玉说道："持久战嘛！毛主席早就说过，抗日战争不会速胜，但是我们必胜！"

杨勇点了点头，下令从速打扫战场，尽快转移。

第二天，汾阳城里的敌人出动一个联队，外加上千名伪军气势汹汹地扑来。可是除了几只野狗正在撕吃尸体，薛公岭下的洼地静悄悄的。

恼羞成怒的敌人用机枪射死仓皇逃遁的野狗。联队长山本朝薛公岭狂吼了一阵，朝着据守王家池据点的川琦大尉脸上一顿耳光，下令将尸体装上大车，竟满满装了 5 车。

汾离公路上不见了日军汽车的踪影。远在黄河岸边的日军第一〇八旅团粮弹两缺，不仅无法渡河攻击陕甘宁，甚至连持续了二十多天的隔河炮战也进行不下去了。山口少将迫于无奈，只好下令部队出去抢粮，却又遭到游击队的袭击，伤亡惨重。

山口少将不得不允许饥荒难耐的部下屠杀战马。

二战油房坪

9 月 16 日上午 10 点，侦察队队长刘善福自薛公岭打来电话，说有 6 辆汽车到了王家池据点，正在加油加水。其中 5 辆汽车满载全副武装的士兵，只有 1 辆汽车装着粮食。

杨勇立即将此情况报告师部。

陈光问罗荣桓如何处置。罗荣桓挥着一把蒲扇，笑道：

"敌人重兵护送区区一车粮食，这是试探。不如送个人情，放其通过，诱敌上当。"

"放长线钓大鱼，好主意！"陈光抓起电话，打通第六八六团，"喂！杨勇吗？我是陈光。让敌人通过……才一车粮食嘛，别眼馋，敌人尝到了甜头就会……你明白就好，这是罗主任的诱敌之计。"

陈光放下电话，摆弄起他的驳壳枪。罗荣桓面对窗口，望着烈日下纹丝不动的古榕树挥扇说：

"天气如此闷热，我料定今晚必有大雨。"

陈光抬头，看着罗荣桓被汗水浸透的后背，笑道："可是天上连一丝云彩都没有。不过，无论下不下雨，我看鬼子的汽车明天必定会出动！"

"嗯，不错，我也这样认为。只是今夜杨勇他们会受苦的，冒雨行军滋味可不好受。"

"补充团也要求打一仗，我已经批准了。"陈光将驳壳枪的机件全卸开，铺得满桌都是，"彭团长说让新兵们锻炼锻炼。我想多下副夹子，逮豹子的把握就会更大。"

罗荣桓转身，笑道："你这只快慢机怕是个大功臣了吧，一共消灭了多少敌人？"

"这可算不清，"陈光不无得意地说，"白匪就不提了，单说日本鬼子，平型关那次就不下五六个，广阳也不少于四个。不过，自从到了师部，这个大功臣就成了瞎子的眼睛，聋子的耳朵——摆设！"

陈光沉浸在对战斗的回忆之中。到了师部以后，他不能直接到第一线拼杀了，这使他多少有些遗憾。

第二天，敌人果然胆大起来，又出动汽车 18 辆，满载通讯、渡河器材从汾阳西进。当天下着大雨。100 多押车的敌人，个个被浇得像落汤鸡。汽车在坎坷不平的公路上整整颠簸了大半天，好不容易到达王家池据点。

杨勇率第六八六团还在薛公岭设伏。洼地因积水不便埋伏，而且上次敌人在此吃了亏，这次必会认真搜查。杨勇和曾思玉正在选择伏击阵地，突然接到补充团彭雄团长送来的一封信：

杨勇同志：我团在油房坪设伏，已进入阵地，如果你们在薛公岭伏击有暴露目标的可能，不妨放过敌人，让我们团的新战士一试身手……

杨勇和曾思玉商量了一下，决定撤兵。

第六八六团撤退不久，王家池据点的敌人又出来巡逻了。30多名日军穿着墨绿色的雨衣，水鬼似地从茫茫雨幕中钻了出来。下到洼地，日军分两路开始搜查公路两侧的山沟。这一次他们谨慎多了，挺着刺刀拨开蒿草，一直走到沟沿。当他们发现沟里积满了雨水时，仍不放心似地又是开枪，又是投弹，将泥水炸得四处飞溅。

巡逻队判断确实"平安无事"，打了两发红色信号弹。王家池据点的汽车队出动了，他们小心翼翼地驶过薛公岭，挣脱洼地的泥泞，眼看走过了大半行程，来到油房坪一带平坦的地方。

谁知刚一放松警惕，灾祸便降临了。汽车队在一个"之"字形弯道处减速慢行。此时突然枪声大作，手榴弹密如飞蝗，上千名满身泥水的八路军在刺耳的铜号声中蜂拥而至。200多名押车的日军迅速跳下汽车，冲下公路拼命掩护车队逃遁。战斗在滂沱大雨中激烈进行。补充团的新战士初上战场，个个如猛虎下山，锐不可当，只半个小时便将挡路的日军杀得狼狈四窜。可惜他们战斗经验稍显不足，让前面的11辆汽车逃走了。后面的9辆在劫难逃，满车的通讯器材被全部缴获。

山口少将在离石城里见到那11辆被打得千疮百孔的汽车，气得七窍生烟。

自己的第一○八旅团在汾离公路上连续遭到袭击，已损失了300多名士兵，原有的50辆汽车被搞掉了近30辆。后方补给线被切断，渡河器材无法运来，粮弹无以为继。山口忧心如焚，一颗强渡黄河、扫荡陕甘宁的野心早飞到了九霄云外。他长叹一声，这一切也许是天意。既然武运不佳，天不佑我，不如趁早退兵。

9 月 19 日清晨，日军的大炮开始轰鸣。一枚枚炮弹带着尖利的啸声越过古老的黄河，在西岸的河堤上炸起一柱柱浓烟。沉寂了六天之后，日军再一次隔河炮战。

不久，陕甘宁边区的河防部队也开炮还击。由于八路军的大炮射程有限，炮弹飞过黄河之后便纷纷跌落在沙滩上，在沉闷的爆炸声中掀起怒气冲天的沙石。

这一次，日军的炮火空前猛烈，但是效果却差得远，几乎没有命中什么有价值的目标。其实，这是日军撤兵前的发泄。他们在倾泻了两个小时的炮弹之后，开始往离石县城撤退。

在离石县城一番烧杀，山口率领 3000 余名兽兵踏上汾离公路，向汾阳城撤退。山口骑在一匹栗色洋马上望着前面的巍巍群山，心上布满了阴云。他预感到这一路将会危机四伏，于是下令：若遇小股游击队的袭击，不得恋战，快速前进。

果然，一进吕梁山区，就不断受到游击队的袭扰，冷枪骤响，流弹横飞，甚至还有鞭炮声和锣鼓声，搞得日军人心惶惶。

三战王家池

黄昏时分，杨勇接到师部命令：西犯之敌正在撤退，要不怕牺牲，不顾疲劳，迅速准备再战……为集结优势兵力歼敌大部或一部，师部决定将第六八五团第二营和师特务连临时配属给你们……

杨勇独自登上南月牙岭，面对西沉的夕阳苦思破敌之策。

敌人屡遭打击，步步小心，特别是地形险要之处，也正是敌人严加防范的地方，显然不是最佳战场，达不到战斗的突然性。怎样才能做到出其不意，攻其不备呢？

杨勇紧蹙双眉陷入沉思。

金黄色的夕阳照在他那年轻、英武的脸庞上，使他显得尤为潇洒。

再过几天，便是他 25 岁的生日。

十多年的革命生涯还不算长，但已涂抹上了几分传奇色彩。

杨勇出生在盛产鞭炮的湖南浏阳文家市，原名杨世峻，小名统伢子。北伐军打进浏阳县城时，杨勇正在家乡上高小。那时他爱上体育课，练队列时步子走得好。党支部书记、教师陈世乔说，同学们，你们都应该像杨同学一样，认真对待军事训练。我们要保卫这个好日子，没有战士是不行的。大家知道，"勇"这个字是由两部分组成的，下面是个"男"字，上面好像一顶帽子，男儿戴上军帽，那当然是士兵。所以这个字是形容士兵的。希望你们做一个能文能武的士兵。以后统伢子就改名"杨勇"，表明一生为兵的愿望。不久，杨勇当了儿童团团长。秋收暴动时，他的大哥是赤卫队队长，另一个哥哥是赤卫队员，母亲是妇救会长。

1930 年，彭德怀领导的红五军在平江黄金洞成立了随营学校，向浏阳要 20 名青年学生，训练后分到红军作战部队去。这样，杨勇当上了红军，入了党，并被选为党支部青年委员，还担任了学员队里的班长。从随营学校毕业后，杨勇在红军这一革命的大熔炉中锻炼成长，曾任红三军团第八军政治部宣传队大队长、第四师连长、第二师独立营营长兼政治委员、第四师第十团政治委员。

杨勇骁勇善战是出了名的。他多次在战斗中负伤。一次，一发子弹击中了他的右腮，又从嘴唇钻出，打掉了六颗牙。当时血流满面，他仍不下火线。说不了话，他就用笔写命令。直到最后失血过多，昏倒在地。伤愈后，杨勇脸上留了一个"酒窝"，说话连漏风带口音，常常让人听不大清。

杨勇参加了中央苏区历次反"围剿"和长征。长征途中，还救过表弟胡耀邦一命。杨勇的母亲和胡耀邦的母亲是姐妹，所以他们是姨表兄弟，还是同学。1926 年春天，胡耀邦从偏僻的山村来到文家市读书，和杨勇一起考入浏阳中学,分在同一个班,住上下铺,胡耀邦在上铺,杨勇在下铺。长征开始不久,胡耀邦在军委纵队中央工作团任职时,不幸染上了疟疾,发作起来,不能走路,不得不和一些伤病员躺在路边。队伍不断往前走,伤病员得不到救护,死去是常有的事情。这时,杨勇走过来了,他也负了伤,但他有一匹马。他把胡耀邦扶起来,让他坐上自己的战马,跟上了队伍。这件事,胡耀邦一直没忘。长征结束到陕北后,杨勇任红一军团第一、第四师政治委员,参加了直罗镇、东征、西征和山城堡等战役。此时他已经是一名智勇双全的红军将领。

……

一番思考之后,杨勇突然心生一计:将伏击地点设在王家池据点附近,钻到敌人鼻子底下去打。他后来在回忆录中写道:

> 王家池一带山大路窄,过去我们曾多次在那里设伏。敌人就是因为在那里吃过亏,才特地在那里安了个据点。到敌人据点前设伏,困难当然很多,但大家认为,越是这种大胆的行为,越会出其不意。"不入虎穴,焉得虎子!" 7

经过研究,便决定去冒一冒这个风险。

9 月 20 日午夜,杨勇率领部队趁夜悄悄潜入王家池附近,迅速进入公路两侧指定位置,隐蔽起来。

次日 9 时许,据点里的敌人出村巡逻。他们搜查了村西的一段公路,那是山口旅团主力将要出现的方向。而八路军的伏击圈在王家池东侧的公路上。

整整一个上午,八路军指战员忍饥挨饿,趴在草丛中一动不动。直到太阳当头,曾思玉突然发现西边的山头上那棵"消息树"渐渐倾斜了。

"团长,你看!"

"终于盼来了。"杨勇长出了一口气。

不久，敌人的骑兵出现了，随后是辎重队的骡马大车和炮兵，最后是步兵。王家池据点的敌人立即到村外迎接。800多名敌人浩浩荡荡地拥入王家池。这是山口旅团的先头部队，山口本人和旅团机关也在其列。

山口不敢在王家池停留，下令继续前进。队伍刚出村子，便遭到迫击炮的袭击。一霎时，冲锋号声、呐喊声、枪声和手榴弹爆炸声震荡着山谷。

第六八六团第二营首先发起冲锋，随后其他部队也潮水般涌向敌人。潜伏在碉堡附近和村庄里的部队也同时杀出，将山口旅团和据点里的敌人打得晕头转向。

山口的指挥机关首当其冲，被冲上公路的第六八六团第二营拦腰斩为几段。两头的日军见旅团机关被围，拼命反扑，妄想解围，使包围圈越缩越紧。

师特务连全部是日式装备，火力很猛，将敌人的后卫部队打得人仰马翻。

杨勇及时将预备队第六八五团第二营投入战斗，这支生力军如猛虎下山，直扑敌指挥机关，帮助第六八六团第二营中间开花，打乱了敌人的中枢神经。

山口旅团长没来得及拔出战刀便在战斗开始时被迫击炮命中，连人带马被冲击波掀进了路旁的深沟。副官冒着密如骤雨的流弹将他的尸体背上公路，扔上马车，仓皇东逃了。当时伏击圈尚未合围，这是战斗中唯一漏网的日本军官。

激战仅两个多小时，800多名日军被分割包围，一段一段吃掉了。王家池据点的碉堡是迫击炮的重点打击对象，在首轮射击中变成了废墟。川琦中队在惊慌中逃出据点，遭到潜伏在村里的八路军的猛烈冲击，很快被杀得片甲不留。

这次伏击，共歼灭旅团长以下800余人，缴获战马100余匹，各种枪支560余条。

杨勇 25 岁生日，山本联队长送来战书

吕梁山三战三捷，共歼敌 1100 余人，俘 19 人。这一胜利传到延安，陕甘宁边区政府组织了庆祝活动。山口旅团强渡黄河威胁陕甘宁的狂妄企图终于化为泡影。

延安召开庆祝大会的同时，日军的"慰悼"大会也在凄凄惨惨地进行着。汾阳城一连几天四门紧闭，焚烧尸体的烟雾四处飘荡，满城臭气熏天。800 多具尸体被堆在岗楼林立的日军营地的操场上，浇上煤油点火焚烧。山本联队长领着一群身着和服的军官跪成一片，痛哭流涕。

灵前哭罢，军官们要求与八路军决一死战。山本突然想起在王家池收尸时捡到了一份八路军的文件，上面有杨勇的签名。山本立即写了一份挑战书，逼迫一位老百姓前往吕梁山送信。

1938 年 9 月 29 日，这一天正是杨勇 25 岁生日，侦察队队长刘善福押来一名形迹可疑的人。

"这家伙自称是从汾阳城来的，非要见你不可。"刘善福说。

"您就是杨勇将军吧。"那人哭丧着脸说，"日本鬼子把我全家都抓起来了，逼我到吕梁山给您送信。"

那人从怀里摸出一封信，递给杨勇。杨勇拆开一看，禁不住放声大笑。

原来是日军驻汾阳联队司令官送来的挑战书，大意是：前与贵军交战，遗憾万千……唯敝军不愿山地作战，愿约贵军到兑九峪决一雌雄……

曾思玉接信一看，也止不住笑了起来：

"山本说我们打埋伏的战法太不光明正大，说明我们的游击战术搞得他们束手无策了。"

多年后，杨勇在回忆录中写道："看起来，敌人对我们的游击战术感到头痛了。打仗嘛！就是要'以己之长，攻敌之短'，对这个愚蠢的挑战，我们只一笑置之。"[8]

没过几天，敌人当真调集了许多人马进驻兑九峪，等着与八路军"决一雌雄"，还冲着吕梁山用炮猛轰了一阵。但日军哪里知道，等着他们的不是什么兑九峪的决斗，而是在整个吕梁山区更为广泛炽热的游击战争！

罗荣桓赴延安参加中共六届六中全会

"三战三捷"刚结束，罗荣桓作为第一一五师的代表，赴延安参加中共六届六中全会。会议从9月29日至11月6日在延安桥儿沟天主堂召开。这是1928年六大以来到会人数最多的一次中央全会。

会议第一天，毛泽东、王稼祥、王明、康生、周恩来、朱德、彭德怀、博古、刘少奇、陈云、项英、张闻天被选举为全会主席团成员。毛泽东宣布会议议事日程。这时，传来武汉情况紧急的消息，大会主席团决定以毛泽东的名义给蒋介石写一封信，鼓励他坚持团结，坚持抗战到底。10月4日，毛泽东的这封亲笔信由周恩来带到武汉送给蒋介石。

10月12日至14日，毛泽东代表中共中央向六中全会作《论新阶段》的政治报告。毛泽东在报告中明确指出：中国抗日战争将进入一个新阶段，它的基本特点是一方面更加困难，另一方面更加进步。在抗日战争的新阶段中，抗日民族统一战线必须以一种新的姿态出现，才能应付战争的新局面。这种新姿态，就是统一战线的广大的发展与高度的巩固。他说："坚持抗战，坚持持久战，力求团结与进步——这就是十五个月抗战的基本教训，也就是今后抗战的总方针。"毛泽东的话使许多与会者感到豁然开朗。

11月5日、6日两天，毛泽东在六届六中全会上作结论，着重讲了统一战线中的独立自主问题、战争和战略问题。

他说："为了长期合作，统一战线中的各党派实行互助互让是必需的，但应该是积极的，不是消极的。""用长期合作支持长期战争，就是说使阶级斗争服从于今天抗日的民族斗争，这是统一战线的根本原则。"他批评"一切经过统一战线"的口号时说："中国的情形是国民党剥夺各党派的平等权利，企图指挥各党听它一党的命令。我们提这个口号，如果是要求国民党'一切'都要'经过'我们同意，是做不到的，滑稽的。如果想把我们所要做的'一切'均事先取得国民党同意，那末，它不同意怎么办？国民党的方针是限制我们发展，我们提出这个口号，只是自己把自己的手脚束缚起来，是完全不应该的。"**9**

关于战争和战略问题，毛泽东从中国历史的角度进一步强调武装斗争在中国革命中的重要性，指出："在中国，离开了武装斗争，就没有无产阶级和共产党的地位，就不能完成任何的革命任务。"因此，"全党都要注重战争，学习军事，准备打仗"。**10**全会决定党的主要工作方面是战区和敌后，批判了那种把战胜日本帝国主义的希望寄托于国民党军队，以及把人民的命运寄托于"合法运动"等错误思想，并再次强调了坚持敌后游击战争的"极其重要的战略地位"。

毛泽东从抗战以来一直坚持的正确主张，在这次会议上得到绝大多数人的理解和拥护。彭德怀在会上的发言中说，领袖是长期斗争经验总结的，是长期斗争中产生的。毛泽东的领导地位是由正确的领导取得的。罗荣桓在发言中拥护毛泽东所作的报告，并结合第一一五师一年来的工作，着重谈了两个重要的问题：一个是坚持抗日游击战争的战略方针问题；另一个是在新形势下加强党的领导和政治工作的问题。

他在发言中用午城、井沟战斗、吕梁三战三捷这些生动的战例，说明了游击战争的战略方针是完全正确的。他还直率地谈到，由于部队改编时一度取消政治委员，缩小政治机关，没有建立党委会，加之第一一五师政治部又在较长的时间单独行动，远离部队，而且有大批政工干部调到地方工作，因此，使党对部队的领导和政治工作受到削弱，军阀主义和贪污腐化的现象有所滋长。他汇报了第一一五师到晋西以后，克服政治上的麻痹情绪，加强思想政治教育的成果。他建议充分发挥党支部的作用，加强部队的政治教育，特别是系统的基本教育，以及我军光荣传统的教育，使部队保持思想上的纯洁。

中共六届六中全会是一次非常重要的会议。它在抗日战争即将进入新的发展阶段的重要时刻召开，取得了重大的成果。毛泽东后来说："六中全会是决定中国之命运的。"

会议进行过程中，广州、武汉在 10 月 21 日和 27 日相继沦陷。

抗日战争由此进入到一个新的发展阶段——战略相持阶段。

注　释

1. 后改称中共中央北方局。

2. 赵、梁二人是薄一波在山西国民师范学校读书时的前后任校长。

3. 中国人民解放军历史资料丛书编审委员会：《八路军·回忆史料》(1)，解放军出版社 1990 年版，第 168 页。

4. 中国人民解放军历史资料丛书编审委员会：《八路军·回忆史料》(1)，解放军出版社 1990 年版，第 169—170 页。

5.《罗荣桓传》，当代中国出版社 1993 年版，第 154 页。

6. 杨勇：《吕梁三捷》，载刘伯承 贺龙 陈毅 罗荣桓 徐向前 聂荣臻 叶剑英等：《星火燎原·精选本》(融媒书) 中卷，解放军出版社 2019 年版，第 347 页。

7. 杨勇：《吕梁三捷》，载刘伯承 贺龙 陈毅 罗荣桓 徐向前 聂荣臻 叶剑英等：《星火燎原·精选本》(融媒书) 中卷，解放军出版社 2019 年版，第 351—352 页。

8. 杨勇：《吕梁三捷》，载刘伯承 贺龙 陈毅 罗荣桓 徐向前 聂荣臻 叶剑英等：《星火燎原·精选本》(融媒书) 中卷，解放军出版社 2019 年版，第 353 页。

9.《毛泽东选集》第二卷，人民出版社 1991 年版，第 537、538、539—540 页。

10.《毛泽东军事文集》第二卷，军事科学出版社、中央文献出版社 1993 年版，第 419、420 页。

参考文献

1.《毛泽东军事文集》第二卷,军事科学出版社、中央文献出版社 2004 年版。

2.《邓小平军事文集》第一卷,军事科学出版社、中央文献出版社 1993 年版。

3. 中国人民解放军军事科学院军事历史研究部:《中国人民解放军战史·抗日战争时期》,军事科学出版社 1987 年版。

4. 中国人民解放军历史资料丛书:《八路军·回忆史料》(1)(2)(3),解放军出版社 1990 年版。

5. 中国人民解放军历史资料丛书:《八路军·参考资料》(1)(2),解放军出版社 1990 年版。

6. 刘伯承 贺龙 陈毅 罗荣桓 徐向前 聂荣臻 叶剑英等:《星火燎原·精选本》(融媒书)中卷,解放军出版社 2019 年版。

7. 中共中央文献研究室:《毛泽东年谱》(1893—1949)中卷,中央文献出版社 2002 年版。

8. 金冲及主编:《毛泽东传》(1893—1949),中央文献出版社 1996 年版。

9. 金冲及主编:《朱德传》,中央文献出版社 2000 年版。

10. 金冲及主编:《刘少奇传》,中央文献出版社 1998 年版。

11.《彭德怀传》,当代中国出版社 1993 年版。

12.《彭德怀自述》,人民出版社 1981 年版。

13.《聂荣臻回忆录》(中),解放军出版社 1984 年版。

14.《聂荣臻军事文选》，解放军出版社 1992 年版。

15.《刘伯承军事文选》，解放军出版社 1992 年版。

16.《贺龙文选》上卷，军事科学出版社 1996 年版。

17.《徐向前军事文选》，解放军出版社 1993 年版。

18. 徐向前：《历史的回顾》（下），解放军出版社 1987 年版。

19. 徐海东：《生平自述》，生活·读书·新知三联书店 1982 年版。

20.《杨成武回忆录》（上），解放军出版社 1987 年版。

21.《陈再道回忆录》，解放军出版社 1988 年版。

22.《吕正操回忆录》，解放军出版社 1988 年版。

23.《萧劲光回忆录》，解放军出版社 1987 年版。

24. 罗印文：《邓华将军传》，中共中央党校出版社 1995 年版。

25.《陈赓日记》，解放军出版社 2003 年版。

26. 刘家国：《浴血奋战——抗日英雄八路军》，广西师范大学出版社 1994 年版。

27. 何理、刘建泉、杨宣春：《八路军事件人物录》，上海人民出版社 1988 年版。

28. 张国平：《抗日的第八路军》，抗战出版社 1937 年版。

29. 慧明贺编著：《八路军怎样作战》，新生出版社 1938 年版。

30. 中共左权县委员会、左权县人民政府编：《八路军总部在麻田》，山西人民出版社 1990 年版。

31. 李志宽、王照骞：《八路军总部大事纪略（转战华北期间）》，解放军出版社 1985 年版。

32. 孙月娥、徐伯勇：《敌后神兵——八路军、新四军反"扫荡"纪实》，河南大学出版社 1995 年版。

33. 李达：《抗日战争中的八路军一二九师》，人民出版社 1985 年版。

34.［日］香川孝志、前田光繁：《八路军中的日本兵》，长征出版社 1985

年版。

　　35. 中共南京市委党史办公室八路军南京办事处纪念馆编：《抗战初期的八路军驻南京办事处》，南京大学出版社 1987 年版。

　　36.《抗日战争时期的八路军和新四军》，人民出版社 1953 年版。

　　37. 王明湘、刘立群等编著：《中共中央南方局和八路军驻重庆办事处》，重庆出版社 1995 年版。

　　38.［英］林迈可：《八路军抗日根据地见闻录——一个英国人不平凡经历的记述》，杨重光、郝平译，国际文化出版公司 1987 年版。

　　39. 胡兆才：《八路军名将名战》，黑龙江美术出版社 1997 年版。

　　40. 潘伟民编著：《八路军新四军的故事》，蓝天出版社 1997 年版。

　　41. 平山：《八路军抗战史》，广东人民出版社 1995 年版。

　　42. 金涛编著：《八路军新四军全面抗战纪实》，黄河出版社 1995 年版。

总　策　划：蒋茂凝

策划编辑：曹　春

责任编辑：曹　春

封面题字：李向东

装帧设计：汪　莹

图书在版编目（CIP）数据

抗日战争．深入敌后：1937 年 7 月—1938 年 10 月　／

《人民军队征战丛书》编写委员会编；张文杰编著．

北京：人民出版社，2025. 8（2025. 10 重印）. --（人民军队征战丛书）.

ISBN 978－7－01－027514－7

Ⅰ．K265.06

中国国家版本馆 CIP 数据核字第 2025VF7852 号

抗日战争　深入敌后

KANGRIZHANZHENG SHENRU DIHOU

1937 年 7 月—1938 年 10 月

《人民军队征战丛书》编写委员会　编

张文杰　编著

人民出版社 出版发行

（100706　北京市东城区隆福寺街 99 号）

北京汇林印务有限公司印刷　新华书店经销

2025 年 8 月第 1 版　2025 年 10 月北京第 2 次印刷

开本：710 毫米 ×1000 毫米 1/16　印张：30.5

字数：413 千字

ISBN 978－7－01－027514－7　定价：118.00 元

邮购地址 100706　北京市东城区隆福寺街 99 号

人民东方图书销售中心　电话（010）65250042　65289539